SÉRVIA

Uma nação mutilada

Autor
Márcio Forti

Equipe Editora D3 Educacional
Direção
Edson Prates

Editor
Naidson Pires

Projeto gráfico, design de capa e diagramação
Ativa Criação - www.ativacriacao.com.br

Catalogação na publicação
Elaborada por Bibliotecária Janaina Ramos – CRB-8/9166

F741s

Forti, Márcio

Sérvia: uma nação mutilada - do fatídico ano de 1389 à Agressão Bélica Neoliberal de Clinton nos anos 1990 / Márcio Forti. – São Paulo: D3 Educacional, 2023.

504 p., fotos.; 16 X 23 cm

ISBN 978-65-87654-13-3

1. História. I. Forti, Márcio. II. Título.

CDD 901

Índice para catálogo sistemático
I. História

www.d3educacional.com.br

SÉRVIA

Uma nação mutilada

Do fatídico ano de 1389 à Agressão Bélica Neoliberal de Clinton nos anos 1990.
Uma história de difamações, calúnias, barbárie e mentiras.

Uma retrospectiva histórica, através de uma abordagem multidimensional.

Márcio Forti

Dedicatória

A Deus, que nos criou e foi fundamental nesta tarefa. A minha namorada, Maria Macias Ventura, futura esposa e companheira eterna, pelo carinhoso e acolhedor apoio no processo de concretização da obra. A minha família e amigos pelo respaldo e incentivo. Aos sérvios caídos pelas sucessivas agressões forâneas que receberam ao longo da história e aos valentes de nossa era que resistem diante dos cercos promovidos pelas grandes corporações geofinanceiras e por diferentes jaulas unipolares, tentando estabelecer a necessária multipolaridade.

Agradecimentos

Agradeço, primeiramente, a Deus, que me concedeu energia para concluir todo esse complexo trabalho, iluminando cada um de meus passos em meu caminho durante esta longa jornada. Agradeço à minha namorada, Maria Macias Ventura, futura esposa e companheira eterna, pelo profundo apoio, repleto de amor e carinho, concedido no processo final da obra, respaldando-me no trabalhoso processo de revisão de texto, sempre incentivando-me, jogando um rol de enorme relevância na concretização da publicação desta obra, estando presente na sacramentação do projeto com a editora, em 28 de dezembro de 2022.

Agradeço aos meus pais, irmãos, outros familiares e a todos meus seres queridos que me incentivaram, ao longo destes últimos anos em que estive nessa empreitada. Aos meus pais, Silvio Forti e Ana Lúcia, por acreditar em meu potencial e capacidade, investindo em mim e por me forjar com caráter, princípios, valores, ética, moral, fazendo com que, meu compromisso sempre seja com a justiça, pela busca da verdade, diferente dos que são reféns de narrativas falaciosas. Por certo, a busca pela verdade, que sempre deve ser revelada, necessita ser sempre o dever de todo historiador e jornalista. Afinal, somos amigos da verdade e não da propaganda. Ao meu tio, Aércio Lombardi, por todo o empenho e dedicação em minha trajetória acadêmica e profissional, contribuindo para que, atualmente, essa obra possa ser uma realidade. Também o agradeço por ajudar-me na revisão de texto, em suas etapas iniciais. Eternamente presente em nossas vidas, sendo seu legado eterno.

Aos professores, palestrantes e conferencistas, que ampliaram meu acervo cultural, com os quais tive o prazer de conviver por anos, com destaque para Alfredo Jalife Rahme, Rogério D. Anitablian e Pepe Escobar, com suas sempre interessantes abordagens geopolíticas mundiais; Rachel Balsalobre pelas orientações inicias que culminariam na realização desta obra; André Roberto Martin pelos eventos que testemunhamos, principalmente, na USP. Além dos professores e amigos, José Arbex Júnior e José Eduardo Montechi Valladares de Oliveira, pelos incontáveis ensinamentos. Ao primeiro agradeço a paciência e dedicação na orientação de vários artigos e obras, confiança ao longo das supervisões e aos complexos temas debatidos, em alguns casos à exaustão; ao segundo pelos vários debates produtivos, engraçados, polêmicos e de alto nível, que tivemos ao longo de nossos convívios. Além de Guilherme Casarões e Pedro Brites pelas aulas concedidas na FGV. Aos nove, Alfredo Jalife, Pepe Escobar, Rogério Anitablian, Rachel, André Martin, Arbex, Eduardo Valladares, Casarões e Brites, os agradeço pelo convívio, apoio, compreensão e amizade.

Agradeço ao amigo, historiador, escritor e jornalista, Naidson Pereira Pires, além de Edson Prates, ambos da Editora D3 Educacional, por confiarem em meu trabalho, propiciando a possibilidade de divulgação desta obra, através de sua publicação e difusão mundo afora, além do professor economista Paulo Silva Santos, sendo o elo de todo este projeto. Agradeço ao amigo, advogado, escritor e geopolitólogo, Raphael Machado, pelas altamente frutíferas interações histórico-geopolíticas ao longo destes últimos 12 anos, além da realização de um prestigioso prefácio inaugurando a obra.

Agradeço aos amigos, conhecidos e companheiros de debates, como Roosevelt Silva, Christh Teixeira, Uander Dias, Lucca Recinella, Vinícius Santos e Lucas de Souza, pelos quais, através destas interações, pude reflexionar, raciocinar, aperfeiçoar a sustentação de narrativas e ampliar o leque de argumentos e fundamentos, assim aprimorando a argumentação em vários aspectos sobre uma série de questões específicas e complexas, consolidando a prática de desenvolver abordagens multidimensionais, fugindo de enfoques superficiais e reducionistas.

Enfim, agradeço a todas as pessoas que fizeram parte desta transcendente etapa decisiva da minha vida, pavimentando o caminho para futuras obras e novos projetos acadêmicos, sócio-políticos e institucionais, visando uma paulatina projeção mundial.

Epígrafe

"Há seis séculos, a Sérvia defendeu-se, heroicamente, no campo do Kosovo, mas também, naquela ocasião, defendia a Europa. A Sérvia era então, o bastião que defendia a cultura europeia, a religião e a sociedade europeia em geral. Portanto, hoje parece injusto, pouco histórico e absurdo, entender a Sérvia, como algo diferente da Europa".

Slobodan Milošević

"Nem um grão de areia, da terra que não é nossa, mas também não queremos que nos roubem um pedaço de terra que nos pertence. Podem fazer o que quiser conosco. Façam o que quiser, nos próximos anos, talvez, tenham sua independência, é tudo o que desejam. Mas não somos obrigados a concordar. Não seremos forçados a isso e nunca aceitaremos. Se roubarem o Kosovo de nós, em cem ou duzentos anos, ainda teremos todo o direito de recuperá-lo. Meu bisneto terá esse direito. Mas se retirarmos e assinarmos agora, perderemos esse direito para sempre".

Vlada Cucic

Prefácio

"Sérvia: uma nação mutilada, do fatídico ano de 1389 à Agressão Bélica Neoliberal de Clinton nos anos 1990" é uma destas obras que lemos com interesse do início ao fim, transmitindo conhecimento, com preciosos detalhes e informações valiosas, proporcionando uma profunda aventura pela trajetória histórica geopolítica do solo balcânico e regiões colindantes. O analista de Relações Internacionais, historiador, professor e escritor, Márcio Forti, tem-se destacado como um dos principais pesquisadores da região dos Bálcãs e Leste Europeu na América Latina. Suas obras e artigos sobre a complexa e abrangente área de Relações Internacionais, são indispensáveis para políticos, acadêmicos, historiadores, geopolitólogos, diplomatas e, inclusive militares, que desejam conhecer, não apenas o complexo cenário geopolítico balcânico e zonas adjacentes, tão conturbadas ao longo dos últimos dois séculos, como também, conjunturas estruturais da geopolítica contemporânea, imprescindíveis para entender o contexto global, abarcando o *Big Picture*, que vivemos atualmente. Esta relevante obra, deslinda as raízes históricas das cicatrizes do ethos sérvio, lançando um olhar multidimensional sobre as perspectivas dos conflitos nos anos noventistas, sendo uma das primeiras guerras lançadas pela OTAN, após a Guerra Fria, configurando um prenúncio do que poderia ser uma futura (já em curso, diga-se de passagem), disputa pela hegemonia entre o eixo Sio-Atlantista (desenvolvido, porém estagnado) e a Tríplice Entente Euroasiática (em um profundo desenvolvimento dinâmico), marcando uma profunda bipolaridade de blocos geopolíticos entre a decadente unipolaridade neoliberal estadunidense e o latente trem euroasiático, que se manifesta, através de uma aliança geoestratégica abrangente, entre Moscou, Teerã e Pequim, que comanda o Eixo da Resistência.

O título desta obra procura chamar atenção do leitor para a especificidade do caso da Guerra dos Balcãs na década noventista, ressaltando as inúmeras agressões globalistas contra a Sérvia, que culminaram com um processo de mutilação estatal. Habituamos-nos à ideia de associar, aqueles anos, parte como legado da força que adquire a mídia corporativa, a uma Sérvia carrasca das outras forças implicadas no conflito, como bosniaks, croatas e albaneses. Porém, como retrata a obra, essa percepção, consagrada mundo afora, não possui relação com a realidade das guerras balcânicas noventistas. A implosão da ex-Iugoslávia e a consequente mutilação da territorialidade sérvia, já se deu sob a égide da unipolaridade neoliberal estadunidense no sistema internacional de Estados, que se lançava contra a soberania sérvia, como demonstração de sua inegável força hegemônica global, projetando-se em uma área altamente estratégica e impedindo a consolidação de um polo de poder regional antagônico à unipolaridade do Tio Sam, como delimitava a Doutrina Wolfowitz de 1992.

As informações recolhidas, analisadas e providenciadas por Márcio Forti revelam a atuação orquestrada por grandes corporações geofinanceiras, ONGs, grande mídia, fundações privadas e públicas, é dizer, a elite globalista, para empreender as operações militares, verdadeiras agressões, através de uma série de bombardeios, que jogaram um papel de tremenda relevância na mutilação da Sérvia, relatando as inúmeras violações ao Direito Internacional Público por parte de atores que tanto condenam outros por, supostamente, violarem o mesmo. Desta maneira, o livro de Márcio Forti, consiste em um esforço intelectual bastante interessante, tendo a Sérvia como eixo central, mas abrangendo toda a conturbada região balcânica e periferia imediata, como Leste Europeu, Europa Central e Ocidental, uma fonte de relevância para o entendimento das conjunturas geopolíticas globais e suas devidas implicações e interesses nos Bálcãs, revelando os obstáculos travados pela Sérvia em seu cenário de obstaculização política gerada nas últimas décadas, seu dilema interno de dualismo e o inegável ímpeto espontâneo da aspiração genuína de seu ethos, ancorado em um nacionalismo enraizado, de vincular-se com o tão aclamado trem euroasiático.

Trata-se, portanto, de um acervo inestimável para qualquer interessado em Relações Internacionais, Geopolítica e História, principalmente focado nas questões balcânicas e da Europa do Leste. A despeito de seu conteúdo analítico denso, que relaciona as raízes históricas, a geopolítica contemporânea, interesses geoestratégicos e o estudo da guerra, a obra contempla e conserva uma linguagem simples, sendo bastante acessível ao leitor interessado e preocupado em conhecer mais sobre a Sérvia, os Bálcãs e o Leste Europeu, além das conjunturas geopolíticas das recentes guerras noventistas, que assolaram a região. Assim, o livro que o leitor possui em suas mãos, evidência como é possível retratar e analisar os fatos de conjunturas estruturais complexas, permitindo verificar e decidir sobre a validade das opiniões que possuímos sobre o mundo, sem fugir da realidade geopolítica.

Raphael Machado
Advogado, Geopolitólogo, Escritor, Tradutor e Líder da organização Nova Resistência

Apresentação

Como nos apresenta um milênio de história, a Sérvia consiste, inegavelmente, em uma das nações europeias mais injustiçadas: das catastróficas invasões turco-otomanas e austro-húngaras, que se remonta à Batalha de Kosovo-Polje de 1389, ano central na historiografia sérvia, passando pelo Genocídio Ustasha (1941-1944) e pela estrutura jurídica estatal titoísta comunista (1945-1980), até as agressões bélicas neoliberais de Bill Clinton durante a década noventista e de George Soros, atualmente.

Este trabalho visa demonstrar o quão devastador se desenvolveu o processo de mutilação da Sérvia contemporânea, que representa uma continuidade histórica com a Sérvia Ancestral, passando pela Sérvia Medieval, abordando vários fenômenos históricos e contemporâneos, que desempenham um papel de enorme relevância neste complexo cenário geopolítico, como as catastróficas invasões, tanto otomanas, quanto austro-húngaras, o Genocídio Ustasha, a estrutura jurídica estatal titoísta e as guerras de agressões neoliberais de Bill Clinton nos anos 1990 e de George Soros atualmente.

Palavras-chave: Sérvia, Nacionalismo, Povo Sérvio, Nacionalismo Territorial, Grande Sérvia, Irredentismo, História, Geopolítica, Bálcãs, Relações Internacionais.

This work aims to demonstrate how devastating the process of mutilation of contemporary Serbia has developed, which represents a historical continuity with Ancestral Serbia, passing through Medieval Serbia, approaching several historical and contemporary phenomena that play a role of enormous relevance in this complex geopolitical scenario, such as the catastrophic invasions, both Ottoman and Austro-Hungarian, the Ustasha Genocide, the titoist state legal structure and the neoliberal wars of Bill Clinton's aggressions in the 1990s and George Soros nowadays.

Key words: Serbia, Nationalism, Serbian People, Territorial Nationalism, Greater Serbia, Irredentism, History, Geopolitics, Balkans, International Relations.

Sumário

1 - Sérvia, nação milenar e permanente na história, da Casa de Vlastimirović à Slobodan Milošević

Foto 1: Representação de Arconte Desconhecido e a Migração dos sérvios da Sérvia Branca

Fonte: https://pt.wikipedia.org/wiki/Arconte_Desconhecido

1.1 - Arconte Sérvio e o Berço da Nação

O milenar ethos sérvio esteve organizado por várias formas de governo ao longo de sua vasta trajetória histórica. Tudo se remonta ao início do século XII. Arconte Desconhecido, também conhecido como Arconte Sérvio Desconhecido ou Arconte Sérvio, consiste em um termo usado para mencionar o príncipe (arconte), que liderou os sérvios de sua terra natal aos Bálcãs durante o reinado do imperador Heráclio (r. 610–641), como citado pela Administração Imperial de Constantino VII (r. 913–959). Os ancestrais do Arconte não estão bem esclarecidos. Alguns escritos o consideram filho de Dervano (rei ancestral dos sérvios), estabelecido na Europa central. A descendência de Arconte se perde até o reconhecimento de Višeslav, primeiro líder sérvio conhecido por seu nome verdadeiro e que é considerado seu neto. A primeira dinastia sérvia, a Casa de Vlastimirović, recebeu o nome do nobre Blastímero da Sérvia, bisneto de Venceslau da Sérvia e considerado um tataraneto do Arconte Desconhecido. A obra de Constantino VII afirma que, Arconte foi progenitor e artífice da primeira dinastia sérvia e que morreu antes da chegada dos búlgaros, em 680. Ou seja, Arconte Desconhecido é o nome convencional concecido pelos historiadores ao chefe sérvio que liderou e guiou os sérvios brancos (proto-sérvios) de suas terras natais no nordeste da Europa Central para os Bálcãs, onde se estabeleceram no início do século VII. Outra nomenclatura que lhe é concedida é Príncipe da Sérvia Branca.

Sua existência contém uma parte histórica e outra mítica. Os únicos dados sobre este personagem, encontram-se no livro *Sobre a Administração Imperial*, escrito em 950, pelo imperador Constantino VII. A obra o descreve como o homem que liderou os sérvios da Sérvia Branca durante o reinado do imperador Heráclio (610-641). Em seu caminho para o sul, lutaram contra os ávaros e acabaram se estabelecendo, finalmente, na Tessália, uma província que Heráclio lhes concedeu para proteger Constantinopla de novas incursões ávaras.

De acordo com Constantino, era filho de um senhor incerto. Em data desconhecida, tornou-se líder com seu irmão, também de nome incerto, com Arconte decidindo reunir a maioria dos sérvios e pedir a proteção de Heráclio, que recebeu e assentou-os num lugar na província de Salonica, que daquele momento em diante, foi chamado Sérvia. Algum tempo depois, os sérvios decidiram partir e Heráclio mandou-os embora. Porém, quando cruzaram o Danúbio, mudaram de ideia e pediram ao imperador, através do estratego residente em Belgrado, para reassentá-los. Heráclio novamente concordou com o pedido e assentou os sérvios nas regiões, à época da escrita de Constantino, ocupadas pela Zaclúmia, Travúnia, Pagânia e a Sérvia propriamente, bem como a região canalita. Segundo o autor, essas regiões, apesar de pertencerem ao Império Romano de Oriente, estavam desocupadas, pois os invasores ávaros, haviam obrigado os romanos orientais dessas zonas, a se refugiarem na Dalmácia e em Dirráquio. Heráclio então, enviou anciões de Roma e batizou os sérvios, ensinando-os a performar os trabalhos de piedade e expondo-os à fé cristã.

Portanto, é precisamente neste momento, que se transladam rumo à área, então dominada pelos ávaros antes de sua chegada, Rascia, Bósnia, Zaclúmia, Travúnia, Pagânia e, finalmente, Doclea, que os sérvios promovem a consolidação de sua territoriedade, elemento que adquire uma peculiar sensibilidade no inconsciente sérvio, fazendo com que, somado às agressões que abalaram, profundamente, a estrutura territorial, ao longo da história, o princípio da territoriedade alcanzasse uma significativa relevância na memória coletiva, guarde bem este detalhe.

Arconte faleceu em data desconhecida e foi sucedido por seu filho e seus descendentes. O primeiro príncipe de nome certo foi Venceslau (final do século VIII). Alguns autores defendem que Dervano, o líder sérvio de 631/632, seria filho do Arconte Desconhecido.

Foto 2: Árvore genealógica da Casa de Blastímero, fundada por Blastímero, a primeira dinastia sérvia

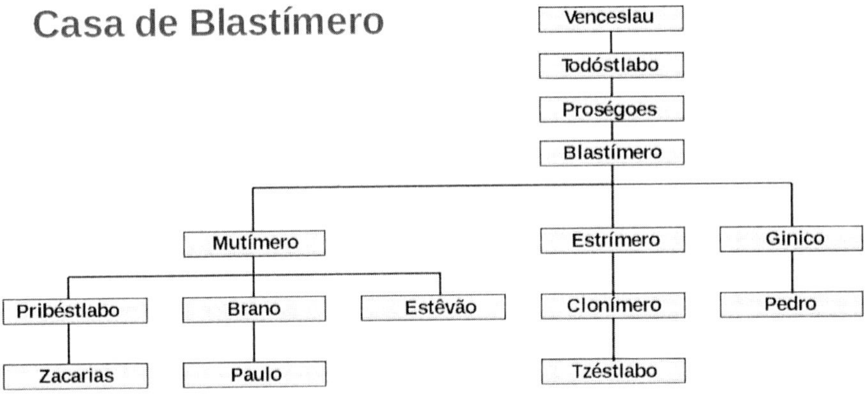

Fonte: https://pt.wikipedia.org/wiki/Arconte_Desconhecido

1.2 - Sérvia Medieval e a consolidação do ethos

O Principado Sérvio nasce no século VII, passando pelo Grão-Principado Sérvio do século X, logo o Reino Sérvio no século XIII, culminando com um vasto Império no século XIV. Após uma série de conflitos com o ocupante, Império turco-otomano, recupera a independência após uma série de insurreição e revoltas populares em 1878, que sentaria as bases do que se converteria a Sérvia contemporânea. Após os detonantes da Primeira Guerra Mundial, temos a consumação do Reino dos Sérvios, Croatas e Eslovenos, rebatizado de Reino da Iugoslávia em 1929 para, após a Segunda Guerra Mundial, ser transformado em uma estrutura estatal de corte marxista-comunista, passando por um período de profunda desintegração, entre 1981 e 2006, como analisaremos ao longo deste trabalho.

O atual território sérvio fez parte da província romana de Ilirico da Mesia Superior, desde o ano 29 a. C, fenômeno que, desde aquela época, representou um rol de relevância na formação de uma coletividade particular, mesclando, já, naquele então, elementos peculiares da ancestralidade eslava, tanto cultural, como confesional, com valores mitraístas, que iriam adquirir, ao longo dos seguintes séculos, o manto cultural civilizatório da ortodoxia cristã, para fundar a alma coletiva sérvia. No século VII, a região já é totalmente habitada pelos sérvios, povo eslavo, originário da Galícia, na Europa Central. Vassalos do Império Romano do Oriente, entidade política com uma proeminência cultural greco-romena, por assim dizer, os sérvios distinguiram-se dos croatas pela gradual adoção do cristianismo ortodoxo, por volta de 875 e, pela consequente adoção do alfabeto cirílico, aspectos que se tornariam, ao longo da história, pilares identitários centrais do universo cultural e histórico, que abarca a civilização sérvia. A Igreja Ortodoxa Sérvia ganhou autonomia no século XIII, quando teve São Sava, como seu arcebispo (1219-1233), ganhando notoriedade nos séculos seguintes, consolidando-se como grande apoiador do Estado sérvio medieval, desempenhando um papel de enorme relevância na identidade nacional. Aliás, São Sava foi um dos santos mais importantes da Igreja Ortodoxa Sérvia, da qual é considerado o fundador, pois graças a ele, a referida igreja, recebeu oficialmente, a autocefalia da Igreja Matriz, a de Constantinopla.

Durante a Idade Média, o país disfrutou de um curto auge no reinado de Stephen Uroš IV Dušan (1331-1355), seguido por um rápido declínio. No entanto, este reino conhecido como Reino da Sérvia, estabelecido na Idade Média, sendo criado após a coroação de Estêvão I da Sérvia em 1217 como Rei da Sérvia, após herdar todos os territórios unificados pelo seu pai, Estevão Nêmania, representou um marco histórico e fundacional profundo no panteão sérvio. Estevão I é considerado no imaginário coletivo nacional, o fundador do Estado sérvio unificado, sendo reivindicado pela historiografia nacional, como o pai da nação sérvia, razão pela qual, sua figura pode ser vista em várias bandeiras hasteadas por grupos chetniks. Com as anexações e alianças de seus sucessores, como a dinastia Nemanica (Casa de Nemanjić), o reino atingiu uma dimensão que o tornou um dos mais importantes da Europa. Então, em 1346, Stephen Uroš IV Dušan estabeleceu o Império Sérvio, que cobria boa parte dos Bálcãs. Foi, junto com o Império Búlgaro e a Romênia Imperial, por assim dizer, os três grandes Estados balcânicos da época. O império entrou em colapso depois que seu filho, Stephen Uros V, ascendeu ao trono, sendo dividido em pequenos reinos que acabaram sendo invadidos pelo Império Turco-otomano. Após a derrota militar diante dos turcos na emblemática Batalha de Kosovo Polje, em 15 de junho de 1389, que será abordada ao longo deste trabalho, a Sérvia não demorou em ser incorporada ao Império Turco-otomano, o que abriu caminho para a albanização da região do Kosovo. De fato, a catastrófica derrota militar dos sérvios na batalha determinou os próximos cinco séculos de ocupação turca nos Bálcãs, ocasionando também, como dizem certos atores, a um certo grau de escravidão diante dos novos ocupantes. Entre 1469 e 1804, a Sérvia esteve formalmente sob o controle dos otomanos, apesar de três invasões austríacas e inúmeras rebeliões sérvias contra a cruel ocupação otomana. Os sérvios nunca aceitaram os pogroms, colocados em prática pelo ator geopolítico invasor.

O sunismo teve um período de expansão durante esta fase, levando à conversão de muitos eslavos étnicos. Esses convertidos recusaram ser chamados de sérvios ou croatas, adotando o nome de "*muslimani*", pelo fato da enorme importância que a religião ortodoxa desempenhava e ainda possui, no quotidiano sérvio, sendo um dos pilares da identidade sérvia. Logo, essas populações de convertidos, começaram a adoptar a expresão "bósnios", pois viviam principalmente na região conhecida como Bósnia, razão pela qual, também são chamados de bósnios muçulmanos, além de *bosniaks*, atualmente, para diferenciar esta Bósnia pós-otomana e atlantista (1995-...) da autêntica, que se remonta ao Reino ou Banato da Bósnia (1377-1463). Este aspecto indica, o enorme grau de interacção que existe entre o elemento étnico e seu plano confessional, para o qual, os aspectos religiosos jogam um rol de enorme relevância na consolidação da identidade nacional da grande maioria dos povos. Esse cenário é fortemente visível nas nações dos Bálcãs e do Leste Europeu, onde o fator étnico está, intimamente ligado, à religião.

1.3 - Sérvia contemporânea e a transição ao século XX no auge da Primavera dos Povos

Foto 3: Principais confrontos entre as tropas austro-húngaras e a resistência sérvia, com as respectivas datas.

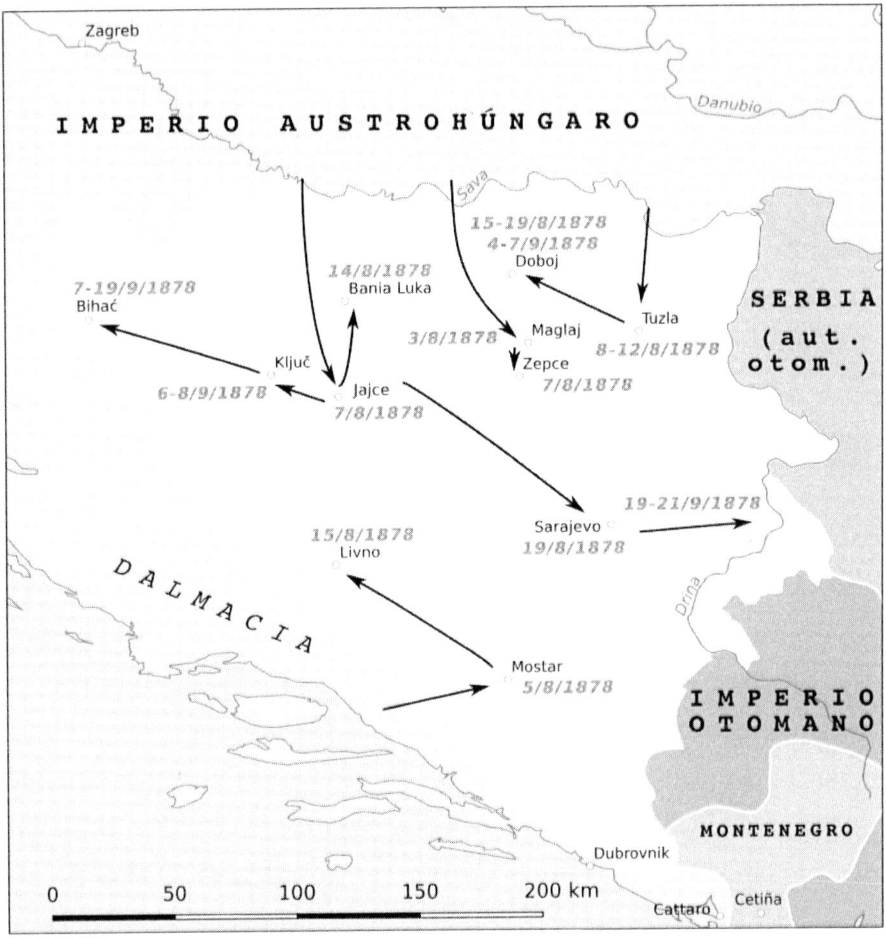

Fonte: Observatório Geopolítico Contemporâneo

A Sérvia também viria a ser, um principado autônomo do Império Austro-Húngaro, outro ator geopolítico invasor e opressor, como o turco-otomano na região, entre 1817 e 1878; um principado independente, entre 1878 e 1882, além de um reino soberano independente, entre 1882 e 1918. É, precisamente neste período, caracterizado pelas insurreições nacionais sérvias contra ditos atores, sob o contexto geopolítico da Primavera dos Povos tentando romper a jaula estabelecida pelo Congresso de Viena de 1815, que sentariam as bases do que se converteria, a Sérvia contemporânea.

A série de insurreições nacionais sérvias refere-se a levantes populares do povo sérvio, que ocorreram, entre 1804 e 1835, durante a qual, o território da Sérvia evoluiu de uma mera província otomana para uma monarquia constitucional, adentrando à fase contemporânea do conceito de Estado-nação. A primeira parte do período de 1804-1815, foi marcado por uma violenta luta pela independência do Império turco-otomano, com dois levantes armados em curso, terminando com um cessar-fogo. O período posterior (1815-1835) assistiu a uma consolidação pacífica do poder político da Sérvia cada vez mais autônoma, que culminou com o reconhecimento do direito de governar por príncipes hereditários sérvios em 1830 e 1833, com a expansão teritorial da jovem monarquia. A aprovação da primeira Constituição escrita em 1835 aboliu o feudalismo e a servidão, fazendo do país, uma suserania. O termo revolução sérvia, para retratar essa série de insurreições nacionais, foi cunhado por um historiador acadêmico alemão, Leopold von Ranke, no seu livro Die Serbische Revolution, publicado em 1829. Estes eventos marcaram a fundação da Sérvia contemporânea.

O período é dividido da seguinte forma: Primeira Revolta Sérvia (1804-1813), liderado por Karađorđe Petrović; Revolta de Hadži Prodan (1814); Segunda Revolta Sérvia (1815), sob

Miloš Obrenović e, consequentemente, o reconhecimento oficial do Estado da Sérvia (1815-1833). A Proclamação de 1809 por Karadjordje na capital Belgrado, provavelmente, representou o ápice da primeira fase. Apelou para a unidade nacional, com base na história da Sérvia para exigir a liberdade de religião e formal, escrita do estado de direito, de que o Império turco-otomano não tinha fornecido. Também chamou os sérvios a deixar de pagar impostos a Sublime Porta, considerada desleal, com base na filiação religiosa. Além de dispensar impostos sobre os não-muçulmanos (*jizya*), os revolucionários também aboliram todas as obrigações feudais em 1806, somente 15 anos após a Revolução Francesa, camponeses e servos emanciparam-se o que representa uma ruptura social com o passado. O domínio de Miloš Obrenović consolidou as conquistas das revoltas, levando à proclamação da primeira Constituição nos Balcãs e ao estabelecimento da mais antiga instituição de ensino superior nos Balcãs ainda em existência, a Universidade de Belgrado (1808). Em 1830 e, novamente em 1833, a Sérvia foi reconhecida como um principado autônomo, com príncipes hereditários pagando tributos anuais a Sublime Porta. Finalmente, a independência de facto veio em 1868, com a retirada das guarnições otomanas do principado; a independência de jure foi formalmente reconhecida no Congresso de Berlim em 1878, após o desenlace da Guerra russo-turca (1876-1878), com o desfecho triunfal, com a unificação da coroa sérvia, quatro anos depois, em 23 de março de 1882, estabelecendo assim, o Reino da Sérvia.

Esses acontecimentos coincidiram com as revoltas búlgara e romena, a Guerra Montenegrina e a guerra russo-turca de 1877-78, que juntas são conhecidas como Grande Crise do Oriente do Império Otomano, fenômenos que também podem ser catalogados, sob a ótica de uma uma grande colisão ortodoxa-otomana na grande massa territorial, que compreende, a Europa Oriental. Ao início do século XX, neste ímpeto por emancipação política, protagonismo geopolítico e integridade territorial, os sérvios travavam uma luta titânica pela formação da, erroneamente, denominada "Grande Sérvia", por motivos que veremos ao longo deste trabalho, um Estado que envolve não toda a região dos Balcãs, como muitos gostam de empreender, mas apenas as regiões, historicamente habitadas por sérvios. Como resultado das Guerras dos Bálcãs, entre 1912 e 1913, incorporou a Macedônia e reconquistou o Kosovo, berço original da nacionalidade sérvia, guarde bem esse detalhe.

Assim sendo, das profundezas geográficas balcânicas, como reação, tanto à subjugação opressora austro-húngara, como ao sofrimento de cinco séculos de escravidão turco-otomana, nasce, como legado da alma coletiva da Sérvia ancestral e pela aspiração genuína e espontânea de liberdade, elemento potencializado pelo martírio coletivo da derrota em Kosovo-Polje, em junho de 1389, após vários levantes no século da Primavera dos Povos, as duas Guerras Balcânicas de 1912-13 e a Grande Guerra (1914-1918), o anseio coletivo popular por uma Sérvia, devidamente unificada, em suas fronteiras ancestrais, históricas e naturais.

Foto 4 : Sérvios nacionalistas marcham com iconografias, estandartes e símbolos pátrios chetniks.

Fonte: Desconhecida

Portanto, como vemos, a nação sérvia é constituída por um ethos, o povo sérvio, que possui elementos unificadores, como uma etnia, uma língua comum, um alfabeto, um passado compartilhado, uma alma e memória coletivas, um apego a um território e a religião ortodoxa, esta última institucionalizada no Patriarcado da Igreja Ortodoxa Sérvia, que tem importante papel nesse cenário, tornando possível, o que chamamos de identidade sérvia. Ou seja, todos esses aspectos culturais, que são entendidos como aglutinantes, por sua elevada capacidade de estabelecer uma coesão, devidamente mesclados, através de uma simbiosis metafísica, determinam o mapa etnolinguístico e cultural sérvio.

Desta maneira, podemos afirmar que, a nação sérvia, sendo um ethos consolidado por tradição, é algo permanente na história, sendo regida por aspectos culturais e históricos, consistindo em uma nação autêntica por sua concepção semântica clássica.

Ou seja, oriunda do Processo Natural de Formação dos Estados Nacionais, conceito antagônico ao de entidades políticas artificiales. A existencência do conceito de nação, advoga e aponta que, as fronteiras nacionais foram forjadas ao longo de séculos e milênios, onde um determinado povo que habitava um território específico, compartilhava costumes, culturas, línguas, crenças, tradições, celebrações, festividades, entre outros aspectos culturais. Quando esta convivência se desenvolve por muito tempo, é quando se funda uma união que dá lugar a forjar uma cultura e uma história comum e compartilhada que, com o passo dos tempos, se sustenta em tradição, herança e patrimônio, estabelecendo assim, recursos para a construção de um Estado soberano. Aspectos culturais e históricos são responsáveis pela consolidação e sustentação das fronteiras nacionais. Um número considerável de países no mundo provém desse processo. Não obstante, é importante aclarar que não há nada de natural na linguagem, o termo "natural" nesta caso é utilizado como figura de linguagem, no caso uma metáfora, para diferenciar processos de formação nacional, pois nações autênticas, onde é possível visualizar perfeitamente um real sentido de Patria e pertencimento, como os casos, além da Sérvia, da Hungria, Romênia, Irã, México e Noruega, por exemplo, diferem totalmente da artificialidades arbitrárias sem precedentes, como o exemplo da Nigéria.

A alusão aos termos 'nação ferida' e 'injustiçada' faz parte do legado do desrespeito às propostas feitas nos 14 pontos de Wilson, como o processo de mutilação da Sérvia, que se estendeu ao longo do século XX até o presente. Esses pontos foram uma série de propostas feitas em 8 de janeiro de 1918, pelo presidente dos Estados Unidos, Woodrow Wilson, com o propósito de criar novos objetivos de guerra moralmente defendidos para que a Tríplice Entente pudesse servir de base para as negociações de paz com as Potências Centrais. Um dos pontos, mais precisamente o décimo primeiro, defendia que a Romênia e a Sérvia deveriam ser evacuadas restituindo os territórios ocupados, mantendo o direito da Sérvia ao direito ao mar, onde seria estabelecido por Montenegro (baluarte sérvio no Adriático), além das relações entre os Estados balcânicos que se estabeleciam nas linhas históricas de aliança e nacionalidade.

Curiosamente, após a Primeira Guerra Mundial, a Alemanha sofreu, sendo humilhada no Tratado de Versalhes, somado ao fato da violação de vários dos 14 pontos de Wilson. Muitos alemães étnicos foram introduzidos em entes políticos colindantes. Além disso, não se respeitou a intenção dos austríacos, após o desmantelamento da estrutura dual monárquica da Austria-Hungria, de reintegrar-se à Alemanha. Embora houvesse a aspiração espontânea dos locais de reintroduzir-se a uma Grande Pátria alemã, chamando-se inclusive Austria-Alemanha, no biênio 1918-19, os austríacos ouviram um categórico não, pelo veto dos vencedores, sobretudo franceses e ingleses, que minaram a eclosão de qualquer movimento pan-germânico na Áustria, obrigando a abolição da terminologia Áustria-Alemanha, sendo esta abolida, definitivamente, em 1920. Durante os desenlaces da Segunda Guerra Mundial, os romenos saíram estilhaçados ao perder, não menos que um terço de seu território e população. Os sérvios, por sua vez, na tentativa de preservar sua integridade territorial histórica, no processo de desintegração do Estado federal iugoslavo, sob a tutela titoísta, após a perda na batalha militar diante da OTAN e a conseqüente queda do regime nacionalista de Slobodan Milošević, terminaram sendo, paulatinamente, mutilados.

Assim sendo, precisamente pela maneira como resultaram as trágicas conjunturas geopolíticas mencionadas, que expressões nacionais europeias, como Romênia, Sérvia, Bulgária e Alemanha (curiosamente 4 das 5 nações que romperam a Ordem geopolítica continental instituída no Congresso de Viena de 1815), por meio de fenômenos como a Segunda Guerra Balcânica (1913), Grande Guerra (1914-1918), Segunda Guerra Mundial (1939-1945) e Guerra dos Balcãs (1991-2000), acabaram sendo rotundamente humilhadas e mutiladas, territorialmente falando, são apresentadas, como algumas das nações europeias mais injustiçadas. Não esquecendo jamais, claramente, a legitimidade de certos irredentismos, como o irlandês, neerlandês, francês, italiano, entre alguns outros. Como sabemos, essas últimas expressões nacionais mencionadas, não estão completas, territorialmente, falando. Irlanda reivindica o Úlster, ocupado pelos ingleses. Bélgica, sendo uma entidade política artificial, criada e establecida pela Inglaterra em 1830, na conjuntura geopolítica do Concerto Europeo no arranjo geopolítico determinado pelo Congresso de Viena de 1815, ocupa regiões da França (Valônia) e Países Baixos (Flandres), enquanto a Itália, por sua vez, reinvidica a histórica região litorânea adriática da Ístria, como veremos em um capítulo em particular, fenômeno que possui estreitas relações com medidas adotadas pelo Estado titoísta.

2 - A luta dos povos balcânicos pela sua independência

É impossível compreender a enorme efervescência nacionalista de croatas e sérvios, ao transcurso do século XIX e nos dois séculos seguintes, sem ter consciência do enorme grau de dominação e opressão que caracterizou o jugo de dois impérios invasores, no caso, o austro-húngaro e o turco-otomano. O nacionalismo croata reaparece no século XIX em resposta ao processo de magiarização do povo croata durante o mandato húngaro. Este movimento nacional assentou em duas ideias principais: a relação histórica do direito à proclamação da nação baseada em uma identidade cultural devidamente adquirida com a continuidade obtida com a criação de um Estado medieval estritamente croata, identidade esta associada ao eslavismo. Este período começa com o movimento ilírico, que promovia a "língua ilíria". O ilirianismo, por assim dizer, se dividiu em dois movimentos políticos, o Partido dos Direitos, de um lado, nomeado após o estabelecimento do conceito de direitismo, liderado por Ante Starcevic e, de outro, o iugoslavismo, liderado por Josip Juraj Strossmayer. Ambos os movimentos foram limitados a membros da inteligência croata, como veremos em outro capítulo específico.

Ao longo do século XIX, a oposição dos croatas ao processo de magiarização e o desejo de independência do Império levaram ao crescimento do nacionalismo croata. O movimento ilírico buscou e conseguiu o despertar do povo croata, com o surgimento de uma consciência de uma identidade nacional padronizada e regional, com base em suas tradições literárias, que existiam na forma de vários dialetos de uma única língua literária. Uma vez que as terras croatas foram culturalmente unificadas, o movimento clamou a unificação do resto dos estados dos Bálcãs, sob o nome de Risen Illyrians (ilírios ressurgidos).

Os ilirianistas, durante as revoluções de 1848, viram a possibilidade de alcançar sua autonomia política juntamente com uma monarquia federalizada sob o mandato dos Habsburgos. Starcevic fundou o Partido dos Direitos na Croácia em 1861, com base legal de que, o direito da Croácia à condição de Estado, nunca havia sido permitido pela Monarquia dos Habsburgos, pois estava claro em seu parecer, que aos croatas, era necessário conceder-lhes o mesmo status de Estado independente. Starcevic esperava que a Croácia incluísse, não apenas os atuais territórios da Croácia, mas também, a atual Eslovênia (na figura dos territórios do Ducado da Caríntia, Carniola e Estíria), Bósnia-Herzegovina e partes do que hoje é a Sérvia (Sanjak de Novi, Pazar e Sirmia). Assim, o manto de uma Grande Croácia foi estendido a todas essas massas territoriais, onde os membros do catolicismo, do sunismo, do ortodoxismo, se definiam apenas como croatas. Ou seja, queriam fazer o mesmo que os húngaros faziam em território croata, almejando a croatinização das referidas regiões. Durante o período do século XIX até meados do século XX, os nacionalistas croatas competiram com a ascensão do crescente movimento nacionalista sérvio, que defendia uma Grande Sérvia. Assim, ambos os movimentos colidiam. Um deles queria manter as fronteiras históricas da ancestral Sérvia, enquanto o outro, de caráter claramente expansionista, buscava a consumação de uma Grande Croácia nunca antes vista na história. Nesse cenário, devido às reivindicações territoriais e ao fato de dois corpos, aqui representados na figura de dois Estados hipotéticos, não poderem ocupar o mesmo lugar no espaço, esse embate era inevitável. Aqui temos os gatilhos para eventos sangrentos que, o solo de Krajina e as regiões adjacentes, testemunhariam nas décadas seguintes.

Enquanto os croatas desenvolveram uma re-consciência nacional ilíria, em detrimento da opressão magiar, ao mesmo tempo, os sérvios fizeram o mesmo, aludindo à antiga civilização de Raška, que representa parte do berço estatal sérvio, assim como a Dácia à Romênia. Ou seja, enquanto Ráscia corresponde à primeira entidade política da Sérvia, sendo considerada por vários historiadores como a digna representante da Sérvia Ancestral, a Dacia Burebista, por assim dizer, consiste na primeira entidade política da Romênia, sendo também conhecida como Romênia ancestral e berço da nação romena por vários especialistas em historiografia romena.

Ráscia é uma região histórica e geográfica do centro da Sérvia, entre Doklea, Herzegovina e Kosovo, sendo, essas regiões, a trindade sagrada existencial do ethos sérvio. Atualmente, quase toda a área está sob jurisdição do Distrito de Ráscia, divisão administrativa da atual República da Sérvia. Em algumas fontes, a parte sul de Ráscia, também é chamada de sanjaco (Sandžak). A Ráscia teria sido batizada sob o rio Ráscia, no atual sudoeste da Sérvia. Acredita-se que os "sérvios" (nome grego para um povo da Sarmátia), uma antiga tribo do Cáucaso, provavelmente teriam emprestado seu nome aos sérvios eslavos, que eram outro povo de origem totalmente diferente. Os sérvios viviam ao redor do rio Volga (chamado Araxes em grego), também chamado de

"Rashki". Na Idade Média, a região foi o centro de um Estado sérvio, formando o núcleo que levou à criação do colossal Império Sérvio Medieval. A capital ficava na cidade de Ras. Na obra clássica, *'Sobre a Administração Imperial'*, o imperador romano oriental, Constantino VII Porfirogênito, descreve a Ráscia, como o berço da nação sérvia. Segundo ele, os sérvios também viviam nas regiões de Travunia, Zaclúia, Doclea, Kosovo-Metohija, Zeta, Bósnia e Pagânia.

A Casa de Vlastimirovic foi batizada pelo Príncipe Vlastimir, conhecido também como Blastímero da Sérvia, legado do Arconte Desconhecido, que teria liderado a migração dos sérvios da Sérvia Branca para os Bálcãs. A dinastia Ráscia reinou durante o reinado de Heráclio no Império Romano de Oriente, entre 610 e 641. A partir do século VII, a história de Ráscia funde-se totalmente com a história da Sérvia, numa continuidade histórica sempre glorificada pelos mais nacionalistas, entre os quais, os chetniks se destacam. Entre 1918 e 1922, o distrito de Ráscia foi uma das unidades administrativas do Reino da Sérvia, Croatas e Eslovenos. A sede ficava na cidade de Novi Pazar. Em 1922, uma nova unidade administrativa chamada Ráscia Oblast (Raška Oblast) foi formada com sede em Cacak. Em 1929, esta unidade administrativa foi abolida e seu território foi dividido entre três províncias recém-formadas.

Nos arredores de Kraljevo está localizado o Mosteiro Zica. Este templo cristão ortodoxo era o centro espiritual do Império Sérvio medieval, sendo construído por volta de 1220 para ser o centro da então recém-fundada Arquidiocese da Sérvia. O Mosteiro Studenica foi construído ainda antes, no final do século

XII, como dote do rei Estêvão Némmania, que dotou o edifício de ricos ícones e livros. Depois que ele próprio se tornou monge e deixou o trono para se refugiar no Monte Athos, seu filho Estêvão I, o primeiro coroado, tentou cuidar do mosteiro. No bairro de Novi Pazar, há o Mosteiro de Sopocani, construído em 1260 como dote do rei Estêvão Uresis I, filho de Estêvão Nemânia. O maior tesouro do Mosteiro de Sopoćani são seus afrescos, considerados um dos melhores exemplares da pintura medieval europeia. Em outras palavras, é uma região de enorme significado e importância civilizacional, linguística, geográfica, cultural, religiosa e histórica para o povo sérvio.

É justamente nesse cenário de resgate da consciência nacional sérvia, em detrimento da dominação estrangeira, tanto austro-húngara quanto turco-otomana, que reaparece com força total a ideia de preservar as históricas fronteiras sérvias. Essa extensão territorial, historicamente habitada por sérvios, já estava presente nos escritos do influente nobre polonês, Adam Jerzy Czartoryski, que era defensor de uma sonhada confederação polonês-lituana. Em seus escritos, sustenta que, o ideal da Grande Sérvia tem um precedente histórico diretamente no relatório de 1844 do ministro sérvio Ilija Garasanin, clamando pela união do povo sérvio, que naquele momento, se encontrava sob territórios estrangeiros, dividido entre o poder dos Habsburgo e o Império Turco-otomano. É nesta conjuntura histórica e geopolítica, em detrimento destas invasões imperiais, que se persegue o ideal para a consumação da preservação da integridade territorial histórica sérvia. Esses territórios incluíam algumas regiões que atualmente compõem o território croata, como Krajina e a linha Virovitica-Karlovac-

Karlobag, a atual Republika Srpska dentro da atual confederação atlantista da Bósnia-Herzegovina, os atuais limites administrativos do Kosovo, Montenegro, 21% da atual República da Macedônia e norte da Albânia. Garasanin propôs vários métodos para estender a influência da Sérvia, concentrando-se especialmente na propaganda e na interface com agitadores pró-sérvios, a fim de proporcionar uma situação favorável, quando o Império Otomano finalmente entrasse em colapso, o que era questão de tempo, dada a merecida alcunha de "doente da Europa", devido a perceptível decadência, gerando perda do protagonismo geopolítico.

Este plano só veio a público em 1897 e tem sido interpretado como preliminar à unificação nacional da Sérvia, reforçando as ideias nacionalistas pró-sérvias nas regiões vizinhas, consideradas no relatório oficial, tendo como base de sustentação, uma consciência nacional que englobava todo o universo cultural e histórico sérvio. A partir de 1850, a importância deste propósito irredentista, ainda sem nome em específico, cresceu entre os políticos sérvios, até dar origem a várias organizações como a Mão Negra, a Jovem Bósnia, o Partido da Renovação Nacional da Sérvia e o Partido Radical da Sérvia (dissidente do Partido da Renovação Nacional da Sérvia, sendo conhecido pela ala mais extremista deste último).

O termo "Grande Sérvia" aparece pela primeira vez em público com carga pejorativa, em um panfleto do socialista sérvio Svetozar Markovic, em 1872. Esse termo expressa o temor em que o autor possui com a perspectiva de expansão sem a introdução de reformas sociais e culturais, bem como, um possível confronto com nações vizinhas derrotadas, como croatas ou búlgaros.

Posteriormente, a avaliação da expressão variou, por exemplo, nos escritos do intelectual bósnio-sérvio Jefta Dedijer do final do século XIX. Este imaginou a Sérvia e Montenegro, os dois vizinhos etnicamente relacionados aos territórios austro-húngaros, como o núcleo eslavo, em torno do qual, um grande estado ressurgiria unindo todos os sérvios, os eslavos do sul ortodoxos que compartilham uma afinidade étnica, sustentada pelo Patriarcado da Igreja Ortodoxa Sérvia. Porém, pelo menos até aquele momento, os acontecimentos não iam além de debates acadêmicos.

O mais notável linguista sérvio do século XIX, Vuk Stefanovic Karadzic, defende em seu tratado "todos os sérvios e em qualquer lugar", a ideia de que, todos os eslavos que falam o dialeto estokaviano (básico, incluindo a língua servo-croata) deveriam ser considerados sérvios, quando na realidade, falavam a autêntica língua sérvia. Esta definição significa que, grandes áreas da Croácia e Dalmácia, bem como da Bósnia e Herzegovina, incluindo áreas habitadas por católicos e sunitas, que não tinham consciência nacional sérvia, eram sérvios. Karadžić é considerado um dos progenitores da ideia da Grande Sérvia. Em qualquer caso, consiste em um dos principais formadores da consciência nacional da Sérvia, com o objetivo de incorporar todos os falantes de dialetos estokavianos em um Estado sérvio moderno. Importante ressaltar que, curiosamente, sua definição exclusivamente linguística teria excluído não só o Kosovo, mas também o sul da Sérvia, onde a população fala o dialecto torlački. De qualquer forma, o projeto de Karadžić foi contestado desde o início por alguns segmentos da sociedade, como aqueles que defendiam uma consciência nacional católico-croata, algo compartilhado pela maioria dos intelectuais e escritores católicos croatas do século XVI e XVII, dos intelectuais nacionalistas eslovenos e de uma crescente população sunita que adquiriu poder político, ao longo dos séculos de ocupação otomana. Além disso, acusavam os defensores da Grande Sérvia de que seus argumentos levantavam a causa dos estudos eslavos no início do século XX, que incluíam Josef Dobrovský, Pavel Josef Šafařík e Jernej Kopitar, claramente influenciados pelas aspirações políticas do Império Austríaco.

Ao princípio do século XX, entre os grupos radical-nacionalistas sérvios, incluíam a violenta organização Mão Negra, chefiada pelo Coronel Dragutin Dimitrijevic, que havia assumido uma posição cada vez mais ativa e militante no projeto do grande Estado sérvio. Acredita-se que esta organização seja responsável por inúmeros atos enérgicos durante as Guerras Balcânicas, nos anos de 1912 e 1913.

Em 1914, um militante sérvio, Gavrilo Princip, assassinou o arquiduque Franz Ferdinand de Habsburgo, desencadeando uma grande crise internacional, representando uma das conjunturas geopolíticas que degenerariam na eclosão da Primeira Guerra Mundial. Por outro lado e, num sentido mais moderado, fruto das sangrentas contendas ocorridas ao longo do enorme conflito por volta de 1914, o termo "Grande Sérvia", foi gradualmente substituído por pansuleslavismo com um caráter mais neutro. Esta mudança de perspectiva, tem por objetivo, conseguir apoio entre os outros eslavos vizinhos, também ocupados pelo, até então imparável expansionismo do Império Austro-Húngaro. A intenção de criar um estado eslavo do sul ("iugoslavo"), foi expressa na Declaração de Nis, feita pelo primeiro-ministro sérvio, Nikola

Pasic, em 1914, bem como, nas declarações de Alexandre I da Sérvia, em 1916. Os documentos mostram que, a Sérvia queria continuar uma política que integrasse todo o território contendo sérvios e eslavos do sul, incluindo eslovenos, croatas e eslavos sunitas, este último um legado de cinco séculos de ocupação turca.

Como apontado, a Primeira Guerra Mundial começou, entre outros fenômenos geoestratégicos, como a obsessão francesa de orquestrar uma revanche contra os alemães, com Gavrilo Princip assassinando o arquiduque Ferdinando, mas poucos conhecem algumas peculiaridades do referido evento histórico. A primeira começou com a visita do arquiduque a Sarajevo, cidade hostil à entidade geopolítica que compunha o, até então, Império Austro-Húngaro, repleta de ultranacionalistas sérvios, declaradamente anti-austro-húngaros, justamente, por incrível que pareça ser, no Vidovdan, dia em que os sérvios comemoram o assassinato de um sultão otomano. A Mão Negra, uma organização secreta, deixou membros disponíveis para matar o arquiduque quando ele passasse de carruagem. O plano inicial era ser morto por Muhamed Mehmedbašić, mas ele só teve um surto e congelou, quando o carro passou. Percebendo o que havia acontecido, o co-conspirador, Nedeljko Čabrinović, jogou uma granada, mas simplesmente errou, atingindo alguns pedestres. Čabrinović então imediatamente decidiu cometer suicídio: tomou uma pílula de cianeto e se jogou em um rio. Ao que acontece, o comprimido estava estragado e o rio era raso, então, apenas se machuca, tendo uma dor de barriga enorme antes de ser preso. O arquiduque conseguiu fugir durante a confusão e a Mão Negra desistiu do plano.

No entanto, o arquiduque resolveu mais tarde que visitaria as vítimas hospitalizadas da explosão. O General Oskar Potiorek, responsável pela segurança deles, simplesmente se esqueceu de informar qual rota seria mais perigosa e, o carro que os levaria, não só passou por ela, como também pegou o caminho errado no meio do trajeto. Imagine a surpresa do conspirador Gavrilo Princip quando, decepcionado com a tentativa frustrada de assassinato e sentado de barco em um café, viu a carruagem passar. Bem, ele não teve dúvidas, rapidamente sacou a arma e começou a disparar. A carruagem quase conseguiu fugir, mas o motor simplesmente falhou naquele instante e Princip executou instantaneamente o arquiduque e sua esposa. Depois de tantos acontecimentos raros e marcantes, realmente, o que aconteceu estava para acontecer, exatamente dessa forma. Por certo, o ditado, "você não pode escapar dos desígnios de Deus", nunca existiu em vão. E assim começou a "Era dos Extremos" (confrontos geopolíticos, no século XX, mais precisamente desde o início da Primeira Guerra Mundial em 1914 até a queda da União Soviética em 1991) de Eric Hobsbawm, com uma série de acontecimentos muito raros.

Foto 5: Ilustração do Le Petit Journal retratando a morte do arquiduque Francisco Fernando, herdeiro do Império Austro-Húngaro, além de sua esposa, a duquesa Sofia de Hohenberg, em Sarajevo.

Fonte: Bibliothèque nationale de France

Em 1918, a Tríplice Entente (Inglaterra, França e Rússia) derrota a Alemanha, a Áustria-Hungria e o Império Turco-otomano. A Sérvia, que havia sido aliada da Entente, pressionou os Aliados a alcançarem suas reivindicações territoriais, apoiada pelas minorias sérvias que ali viviam. É justamente neste momento que, Montenegro se une à Sérvia e, os Aliados, pressionados pelos nacionalistas sérvios, finalmente acabam por ceder a Eslovênia, a Croácia e a região hoje conhecida como Bósnia-Herzegovina.

Nacionalistas sérvios e iugoslavos (junto com croatas e eslovenos, defensores do Estado trinacional) alegam que esses povos diferiam muito pouco e só foram separados politicamente por causa de divisões religiosas impostas por ocupantes estrangeiros. Sob esta crença, difundiu-se na Sérvia a convicção generalizada de que, a estas anexações se seguiria uma progressiva equalização dos seus cidadãos numa identidade baseada na Sérvia Sul-eslava, que legitimaria o controlo étnico e religioso que iria manter toda a Bósnia-Herzegovina, Eslovênia, Kosovo e Croácia.

É perante este cenário histórico-geopolítico, caracterizado por um jugo territorial, pela opressão e dominação austro-húngara, que nasceu a aspiração e os desejos pela construção do Estado Iugoslavo, que viria a unir os eslavos do sul, primeiro em 1918, após a Primeira Guerra Mundial, sob o manto monárquico do Reino dos Sérvios, Croatas e Eslovenos, algo que duraria até 1929, quando é implantado o Reino da Iugoslávia, sob uma monarquia absolutista até 1931, quando é introduzida a constituição unitária durando até o ano de 1939. Depois, dito Estado iria constituir uma monarquia federal constitucional até 1941. Em 1945, após as cinzas que a Segunda Guerra Mundial herdou para os Balcãs, o Estado Federal Iugoslavo foi consumado. Ao contrário do Reino, o Estado Federal Iugoslavo trouxe novos fenômenos e conceitos, como os valores comunistas, impondo preceitos extremamente materialistas ao ordenamento jurídico do reino extinto. O Estado seria chefiado pela figura forte de Josip Broz Tito, filho de pai croata e mãe eslovena, enquanto o Reino dos Sérvios, Croatas e Eslovenos (1918-1929) e o Reino da Iugoslávia (1929-1941), se caracterizaram, principalmente, por uma profunda rejeição ao

Império Austro-Húngaro, objetivando consolidar uma estrutura administrativa estatal soberana para os eslavos do sul.

Não obstante, além de todos esses fenômenos comentados, é importante mencionar que, a dominação da Sérvia do então chamado Reino da Iugoslávia, que existiu até a Segunda Guerra Mundial, foi vista por alguns como resultado de uma política baseada na ideia da tentativa de estabelecer a Grande Sérvia. Portanto, os movimentos e partidos da época, de todos os espectros, se opunham ao próprio Reino. O Partido Comunista da Iugoslávia expandiu sua concepção da luta de classes para incluir os conflitos étnicos e de classe: os opressores burgueses da classe trabalhadora tornaram-se os "opressores burgueses-sérvios". Quanto à oposição confesional, o Reino estava encontrando considerável resistência nacionalista na Croácia, por meio da qual, o movimento Ustasha tentou justificar sua virulenta postura anti-sérvia, argumentando que pretendia "libertar a Croácia das leis estrangeiras e estabelecer um Estado completamente livre e independente sobre a totalidade de seu território histórico". Esses sentimentos eram muito populares na Croácia na época e os Ustashas, embora uma minoria pequena e pouco representativa, conseguiram aproveitar a situação de vácuo de poder para ganhar terreno nas aldeias majoritariamente católicas.

Em 9 de outubro de 1934, um terrorista macedônio recrutado pelos Ustashas assassinou o rei Alexandre em Marselha, comprovando a teoria de que os Ustashas recrutaram até vários não-croatas, principalmente veteranos húngaros presentes no jugo magiar na região da Transilvânia que haviam protagonizado um cruel etnocídio contra romenos étnicos, estabelecendo-os como cidadãos de segunda classe, sendo escravos em sua própria terra, além de uma série de atrocidades e crueldades. Embora os húngaros tenham passado por uma série de metamorfoses confesionais, a aproximação religiosa, representou um elemento que uniu, naquele momento, magiares e croatas. O mesmo pode ser dito entre romenos e sérvios que compartilham o cristianismo ortodoxo.

Os estudiosos ignoram a maneira como alguns eslavos foram encorajados a se converter ao sunismo na época do domínio turco. Mas as consequências desta integração religiosa iriam marcar uma clara e evidente linha de diferenciação com os eslavos cristãos que habitam os territórios pertencentes ao Império Otomano nos Balcãs, marcando toda a história subsequente de conflitos na região central da Sérvia, onde está localizada a atual Bósnia-Herzegovina, um estado artificial e marionete da OTAN, como veremos ao decorrer desta obra. Como podemos ver, a existência de sunitas presentes na Albânia e de eslavos sunitas na Sérvia central é um legado dos séculos de ocupação turca. Os atuais chamados 'bósnios', por exemplo, eram eslavos balcânicos cristãos, que traíram sua manto confesional protetor comum, juntando-se aos turcos e convertendo-se ao sunismo, em troca de se tornarem uma classe privilegiada nos Bálcãs, em detrimento de croatas e sérvios, que não se rebaixaram a tal indignidade, mantendo-se hostis ao Império Otomano, até à expulsão total dos turcos no cenário da Primeira Guerra Balcânica de 1912. Portanto, o povo "bósnio" não é sequer um povo, em sua concepção semântica clássica, é dizer, no sentido de um ethos, como o romeno, o búlgaro, o húngaro e os próprios sérvios, croatas e eslovenos, eles são os sérvios e croatas que se converteram ao sunismo para que pudessem adquirir o status de cidadãos de primeira classe durante a ocupação otomana.

Enquanto os sunitas da Bósnia-Herzegovina consideram este Império a sua pátria, pelo menos desde o século XVIII, as populações católicas e ortodoxas distanciam-se deste sentimento. Um certo número de sunitas participou da supressão das sucessivas rebeliões dos sérvios, quando a chamada popular de nacionalismo anti-otomano se enraizou com mais força. Além disso, os sunitas da Bósnia-Herzegovina passaram a integrar a classe social mais poderosa. Após a ocupação desta região pelo Império Austro-Húngaro em 1878, os censos realizados revelaram que 90% dos grandes latifundiários eram sunitas, enquanto 92% dos camponeses sem-terra eram cristãos, compostos, sobretudo, pelo aglomerado sérvio-croata. Em 1910, 91,1% dos latifundiários que tinham "kmet" (camponeses sem terra) a seu serviço eram sunitas; 6,1% ortodoxos e 2,5% católicos. Por outro lado, 73,9% dos "Kmets" eram ortodoxos, 21,5% católicos e 4,6% sunitas. Em 1914, a Áustria-Hungria declarou guerra à Sérvia e, a partir desta data, um número desconhecido de sérvios ortodoxos foram executados por um corpo de milícias, os "suckari", recrutados pelas forças imperiais, através de croatas e sunitas. Em 1912, Lenin fez uma análise aprofundada da situação nos Bálcãs:

> Os camponeses da Bósnia-Herzegovina, no extremo do Adriático, são subjugados por senhores feudais como dezenas de camponeses na Rússia central. As dinastias de bandidos dos Habsburgos e dos Otomanos sustentam este

> jugo feudal na tentativa de inflamar a hostilidade entre os povos para fortalecer o poder da monarquia e perpetuar a escravização de um certo número de nacionalidades... A Macedónia é, no plano económico terreno, um país muito atrasado. Lá, fortes vestígios da dependência medieval dos camponeses em relação aos senhores feudais ainda permanecem. Entre esses vestígios está o imposto que o camponês deve pagar ao proprietário (em dinheiro ou em espécie) e o sistema de renda (normalmente, o camponês macedônio deve dar ao proprietário um terço de sua colheita, mais do que na Rússia). Os jornais burgueses... falam da libertação nacional dos Bálcãs e nada dizem da libertação econômica, embora esta seja a principal. A libertação nacional e uma total liberdade de autodeterminação dos povos será a consequência inevitável de uma completa emancipação em relação aos proprietários e ao absolutismo. E vice-versa, se mantiver a opressão dos proprietários e monarquistas sobre os povos, a opressão nacional continuará inevitavelmente de uma forma ou de outra... Só a libertação económica e política, levada até ao fim, pode quebrar a possibilidade de toda opressão nacional.

Estas palavras são mais válidas hoje do que nunca. A suposta "libertação nacional" das repúblicas "independentes" é falsa e esconde o domínio da União Europeia e dos Estados Unidos. Diante da tese alemã, que afirma que o iugoslavismo foi artificial, uma forma e estratégia para encobrir a dominação sérvia, é preciso levantar a verdade histórica oposta: a união dos povos balcânicos para expulsar a dominação estrangeira. Como afirma a estudante universitária francesa, Catherine Samary: "O projeto de reagrupar os eslavos do sul correspondia a aspirações e necessidades profundas, remontando ao movimento ilírico dos eslovenos, crotas e sérvios dentro do Império austríaco... a coalizão de orientação iugoslava obteve maioria na política croata, conservando-a entre 1906 e 1908. O desejo de croatas e eslovenos de se opor, respectivamente, à húngarização e à germanização seria apoiado pelas lutas de emancipação dos sérvios pela formação de seu estado independente no século XIX.

3 - O Reino iugoslavo sob hegemonia sérvia

O Reino iugoslavo, criado em 1918, considera os povos de pleno direito, os sérvios, croatas e eslovenos, mas, na verdade, são a casta religioso-militar e a nobreza sérvia, que exercem domínio sobre os demais. Vários exemplos: os macedônios, bastante próximos culturalmente dos búlgaros, não falam sua língua nacional. Os sunitas não são reconhecidos, sendo considerados 'sérvios islamizados'. Entre os convertidos ao sunismo, ao longo do período de dominação otomana, aparece uma nova corrente: o pan-islamismo, que se cristalizou, em 1914, na organização *Mladi Muslimani* (jovens muçulmanos), que viria a ser desmantelada, entre 1946 e 1949, pelos comunistas, devido à sua colaboração com a Alemanha nacional-socialista. O economista croata, Branko Horvat, analisa esse período da seguinte maneira: "A Iugoslávia, entre as guerras, como a Rússia czarista, era um país atrasado. À medida que se alargava o fosso que a separava dos países desenvolvidos, aumentava a brutalidade das suas relações sociais. Parecia que, a única saída à brutalidade e à pobreza, era uma revolução social violenta".

A dominação estatal, a falta de liberdade e a exploração dos camponeses são as características básicas do Reino. O campesinato era 80% da população, sendo 40% analfabetos. 67,9% dos camponeses tinha menos de 28% da superfície arável. Contra esse regime, o Partido Comunista da Iugoslávia (PCI), formado em 1920, na cidade de Vukovar, por revolucionários de várias regiões deste grande Estado, como na zona da atual Bósnia-Herzegovina,

Croácia e em regiões de maioria étnica sérvia, como Voivodina e Montenegro. Nas eleições para a Assembleia Constituinte daquele ano, o PCI obteve 59 cadeiras de um total de 419. Como resultado, diante deste ascenso na vida política do país, a monarquia o proibiu de divulgar sua propaganda e de realizar, comícios, eleições e manifestações.

Na liderança do PCI, uma corrente "austro-marxista", liderada por Markovic, recusou-se a reconhecer o direito das nacionalidades à autodeterminação. O Comitê Executivo da Internacional Comunista pediu ao partido que incluísse este direito em seu programa, argumentando que: "a revolução proletária na Iugoslávia não poderá vencer se o PCI não souber atrair as grandes massas camponesas para incorporá-las à luta ativa contra a monarquia, o liberalismo e o imperialismo». No III Congresso, realizado em março de 1926, a referida corrente foi derrotada pelos nacionalistas, comprovando o caráter anticomunista do povo sérvio, abrindo um período de lutas internas. A realidade é que, as grandes massas camponesas, seja ela croata, sérvia ou eslovena, possuíam um profundo sentimento de pertencimento a seu universo histórico-cultural, o que, por si só, já glorifica o espírito nacionalista. No IV Congresso, em 1928, foi eleito secretário-geral Djuro Djakovic, que em abril de 1929 foi assassinado pela polícia. Em janeiro de 1929, o rei Alexander proclamou a ditadura. Em dezembro de 1934, o PCI decidiu criar os partidos comunistas da Eslovênia e da Croácia.

4 – Origem do movimento ustasha

Para mergulhar no processo histórico que culminou na fundação do movimento ustasha, devemos recorrer a 1887, ano trascendente na vida política croata. Após a derrota eleitoral daquele ano, os *obzorasi*, herdeiros políticos das correntes pan-eslavas no meio eleitoral croata, não compareceram às eleições de 1892, iniciando negociações com seus tradicionais adversários, os *pravas*, de Starcevic. Finalmente, em 1894, ambos os grupos conseguiram conciliar um programa político comum, que previa a unificação, mesmo dentro do Império, naquilo que consideravam territórios croatas e eslovenos, o que serviria de base para a união dos dois grupos, que foi selado com o encontro de seus fundadores, Starcevic e Strossmayer. Parte da formação do primeiro, com Josip Frank à frente, rejeitou o sindicato, fraturando assim, a organização.

O novo partido surgiu da dissolução do Partido dos Direitos da Croácia, em outubro de 1895, escolhendo elementos mais extremistas do mesmo, que mantiveram parte do antigo programa partidário, contrapondo-se a uma coalizão com outras formações. Seus integrantes, adeptos e simpatizantes eram conhecidos pelo apelido de *frankovci*, derivado do sobrenome de seu principal dirigente, o advogado Josip Frank. Favoráveis à criação de uma unidade administrativa croata dentro do Império Austro-húngaro, rejeitaram qualquer outra solução política que não contemplasse um Estado croata. Dentro das diferentes formações e correntes que surgiram da organização original de Starcevic, caracterizou-se por sua lealdade à Corte de Viena e sua intenção de resolver o "problema croata" dentro dos limites do Império. Sua preferência era pela reorganização administrativa do Império em três unidades, o famoso "trialismo", que satisfaria os anseios nacionalistas do sul do Estado. Apesar das divergências com algumas opiniões de Starcevic, como a limitação do Império em relação às aspirações políticas croatas e o apoio à corte imperial, este ofereceu respaldo à formação de Frank contra os rivais na ruptura de 1895. O novo partido, encabeçado por Frank, também elegeu o velho e familiar Starcevic, que viria a falecer no ano seguinte, com seu sobrinho Mile Starcevic, ascendendo na organização. Ao contrário de Starcevic, Frank passou a identificar Budapeste como o principal centro de opressão contra os croatas, alimentando as diferenças entre sérvios e croatas, acusando os primeiros de traição por se identificar com o Reino da Sérvia, resgatando suas peculaaridades e singularidades territoriais históricas.

Frank se aproximou do círculo político do herdeiro do trono austro-húngaro, arquiduque Franz Ferdinand da Áustria, formado principalmente por militares e democratas-cristãos. Seu partido manteve uma posição caracterizada pelo apoio à corte de Viena, para garantir o poder político e sua orientação claramente anti-sérvia. Tratou de convencer o tribunal de que, a criação de uma terceira unidade administrativa croata no Império, englobando os eslavos do sul, compensaria o poder húngaro em detrimento das aspirações do crescente irredentismo sérvio, satisfazendo assim, o nacionalismo, tanto de húngaros, como dos croatas. Seu oportunismo político produziu tensões na formação, o que levou à sua fratura em abril de 1908, quando Mile decidiu deixá-la, criando sua própria formação, o Partido dos Direitos

Starcevic, que se tornaria a ala mais popular do período anterior à Primeira Guerra Mundial, entre as herdeiras do partido original de seu tio. Os seus seguidores, defensores e apoiantes, conhecidos como *milenovci*, retomaram a ideia de Ante Pavelic da formação de um Estado croata independente sem respeitar as fronteiras imperiais, mostrando assim, sua vontade de colaborar com as formações sérvias, exigindo o reconhecimento da necessidade de unir o território da Bósnia-Herzegovina à Croácia, incluindo a região do que é hoje a Republika Srpska, um território com uma vasta maioria sérvia ortodoxa.

Apesar de reconhecerem a identidade cultural e religiosa sérvia, não reconheciam seu direito de reivindicar a união com a Sérvia, pois defendiam que, os sérvios culturais, deveriam ser croatas na política territorial. Em setembro de 1910, Frank juntou-se a elementos clericais para formar o Partido social-democrata cristão dos Direitos, que havia se infiltrado na organização anteriormente. Porém, desde 1908, o partido estava em crise, estando a ponto de desaparecer nos anos seguintes, nos quais Frank faleceu, mais precisamente em 1911. Entre 1913 e abril de 1918, houve uma união com o partido dos irmãos Radic.

Com a explosão da Primeira Guerra Mundial, após várias conjunturas históricas e geopolíticas, incluindo o assassinato do herdeiro do trono em Sarajevo em 1914, o partido renasceu, oferecendo, tanto a Viena, quanto a Budapeste, segurança contra qualquer imprudência na região da Eslavônia, região fronteiriça entre Croácia, Eslovênia, Hungria e Sérvia. Após a retomada do *Sabor* (Parlamento Croata) em 1915, os *frankovci*, parte da oposição parlamentar junto com membros do Partido Camponês Croata (então chamado de Partido Camponês Popular Croata), rejeitou veementemente, qualquer união entre a Sérvia e a Croácia, além de uma possível dissolução do Império, pelo fato de ter o Partido Independente serbio, principal parceiro da governante Coalizão Sérvio-Croata, como mero fantoche do governo de Belgrado e agente de uma suposta política pan-sérvia, que tentava reunir todos os sérvios sob a égide de um único Estado, o que, segundo os sérvios, era uma continuidade histórica que transcendia séculos na história nacional sérvia, que consistia na consumação da Sérvia em suas fronteiras históricas.

Nos últimos momentos da sangrenta contenda mundial, quando a formação de um novo Estado de Eslovenos, Croatas e Sérvios foi proclamada pelo Conselho Nacional de Zagreb, o partido não participou desses eventos, aprovando uma petição em uma conferência partidária de auto- determinação dos croatas, em 11 de outubro de 1918. O partido defendia o rompimento dos laços com Budapeste e a reunificação do que considerava territórios croatas e eslovenos em um novo Estado independente. Publicamente associados à derrotada e humilhada corte de Viena, sua posição foi derrotada pela frente iugoslava da Junta. Após a proclamação da abolição da união com a Hungria, em 29 de outubro de 1918 e a formação do novo Estado dos Eslovenos, Croatas e Sérvios, o partido, que declarou cumpridos os objetivos de seu programa após essas medidas, naquelas que não tinha participado, optou pelo divórcio.

Distinguidos por sua lealdade ao Império desaparecido, os *frankovc*, tiveram que desaparecer do primeiro plano político após a derrota bélica, às vezes exilando-se na Áustria. No dia seguinte à unificação e depois de um longo passado monárquico, publicaram uma proclamação republicana que exigia a formação de uma república que incluísse todos os territórios que consideravam croatas, que seriam unidos a novos entes políticos sérvio e esloveno, por uma aliança. No período iugoslavo, os *frankovc*, agrupados no Partido Croata para os Direitos, se opuseram ao Estado, argumentando que infringia o direito dos croatas a seu Estado separado. Poucos dias após a unificação, seu diário foi banido pelas novas autoridades iugoslavas e, alguns meses depois, em março de 1919, seus dois principais líderes foram presos. No mesmo mês, publicaram seu novo programa, que pedia um Estado croata independente. A perseguição das autoridades não foi severa para a época, caracterizada por uma enorme repressão otomana e austro-húngara, mas serviu ao partido, que adquirira a nova denominação de Partido Croata pelos Direitos, no início de 1919, para manter sua fama nacionalista perante seus adeptos, seguidores, defensores, apoiadores e simpatizantes.

É importante mencionar que, este partido manteve certo apoio entre a pequena burguesia e a intelectualidade croata, não tendo apoio entre o campesinato, a grande maioria da população croata. Nas eleições para a constituinte de 1920, obtiveram apenas 10.880 votos, concentrados na região de Zagreb, especialmente no núcleo urbano e em outro município colindante. Embora precisassem admitir o domínio do Partido Camponês Croata de Stjepan Radic nas áreas rurais, nas que nem sequer tentou competir com este, que, por sua vez, declarava oposição ao novo Estado, os *frankovc*, duvidavam de sua capacidade para obter a independência da Croácia. Apesar disso, cooperaram com sua formação entre 1921 e 1922, integrando as duas partes do Bloco Croata. Em 1922, Radic os expulsou da aliança. O partido, no entanto, não se concentrou tanto na política doméstica e na tentativa de ganhar o apoio de outras nações para seu talentoso programa de independência, fundando um comitê croata no exterior em 1919. Ao longo da década de 1920, permaneceu um partido bastante minoritário, sem apoio popular notável. Tal comitê foi instalado pela primeira vez em Graz, a segunda maior cidade da Áustria, em maio de 1919, mudando-se posteriormente para Viena e, após a contra-revolução húngara, para Budapeste. A partir dessa época começou a recrutar voluntários para as forças armadas, a Legião Croata.

Em 1925, em uma virada brusca de sua orientação anti-sérvia anterior, o partido começou a negociar com os radicais sérvios de Nikola Pasic, tentando fazer com que, este último, se tornasse a sexagésima sessão croata do partido. Porém, como era de esperar-se, principalmente devido a elementos religiosos e linguísticos (com discordância no alfabeto), não obteve sucesso. O representante frankista nas negociações era Ante Pavelic, que, após o assassinato de Radic em 1928 e antes da proclamação da monarquia real do rei Alexandre I, formou o movimento ustasha, a partir de um dos vários comitês criados no exílio. Assim nasceu uma das organizações que se tornaria uma das mais cruéis da história contemporânea: os temidos ustashas. Desta maneira, o Partido Puro pelos Direitos, representava um ente partidário nacionalista croata, formado em 1895 pela divisão do Partido Croata pelos Direitos, constituído pela fração mais radical da antiga organização, contrário aos acordos com os sérvios, sendo leal ao Império Austro-Húngaro, dando origem, no final da década de 1920, à formação da agrupação extremista chauvinista ustasha. Nunca foi um movimento de massas, assemelhando-se mais a uma organização terrorista clandestina que ganhou destaque, embora com uma elevada autonomia, com a interferência alemã na região dos Bálcãs, ao longo dos acontecimentos da Segunda Guerra Mundial, que implantou um regime fantoche, entre 1941 e 1944, como veremos a seguir.

5 – O Genocídio Ustasha e o silêncio do Vaticano

Foto 6: Sérvios sendo atirados em vala comum no campo de concentração de Jasenovac, como parte do genocídio sérvio, perpetrado pelas milícias ustashas.

Fonte: https://pt.wikipedia.org/wiki/Sentimento_antiss%C3%A9rvio

Tal evento, que ficaria conhecido na história também, como 'Holocausto Ustasha', representa um dos mais infames crimes, não apenas contra os sérvios, que sofreram na pele esta carnificina coletiva, mas contra a humanidade. E, o mais perturbador, além do elevado grau de barbárie, foi o papel da Igreja Católica Croata, vinculada ao Vaticano, dito de passagem, nesta tragédia. Esse capítulo, por sua pecularidade afetiva, também é destinado em memória aos caídos nesta barbárie perpetrata, entre 1941 e 1944, que varreu os campos entre Glina e Jasenovac. Nunca esqueçamos o nível de selvageria a que, aqueles monstros recorriam, chegando a ultrapassar o nível de doença e depravação, tamanho era o ressentimento que os encorajava a cometer tais barbaridades. Dito isto, vamos aos fatos.

O impacto causado foi tremendamente devastador. Os Ustashas foram uma organização baseada no ultra-chauvinismo clerical croata, aliada à Alemanha Nacional-Socialista e fundada em 1929 por Ante Pavelic, após o assassinato do líder croata Stejepan Radic, no Parlamento de Belgrado. Tal organização caracterizou-se pelo uso tremendo e contínuo de violência terrorista, de corte inclusive genocida, com enorme e extrema crueldade para alcançar seu objetivo final: a independência da Croácia e a formação de um Estado croata, baseado na política de diferenciação e supremacia étnica do povo croata, considerado alemão e não eslavo pelo movimento ustasha, sendo dito detalhe, um significativo e gravíssimo error, que resultaria em trágicas consequências, o que ajuda a explicar, ao menos em partes, o elevado grau de violência barbárica desta organização. A diferença em relação ao principal partido do momento entre a população croata, o Partido Camponês Croata, os Ustashas aceitaram o uso da violência para atingir seus fins políticos, com o apoio de nações estrangeiras, como é o caso, da já citada Alemanha, embora é importante mencionar que, o Estado Independente da Croácia, tinha elevado grau de autonomia, sendo os atos perpetrados pelos terroristas ustashas, meramente, uma decisão de suas lideranças domésticas, com aprovação documentada do Vaticano.

Pavelic planejava estabelecer um Exército revolucionário no exterior, com o apoio de Adolf Hitler, que via na organização, um meio de enfraquecer a Iugoslávia, considerada pelo Eixo, um obstáculo em seus objetivos geoestratégicos de hegemonia continental. Não obstante, os ustashas chocariam com os italianos por regiões costeiras do Adriático, reivindicadas pelos nacionalistas italianos, que desejavam e aspiravam, a concretização de seu projeto irredentista, fechando assim, o Arco do Adriático itálico, embora Ante Pavelic havia concedido aos italianos, concessões territoriais na costa adriática em troca de seu apoio. A verdade é que, a relação entre italianos e croatas, neste período, sempre foi dúbia. Neste cenário de polêmica e contradições, embora em teoria, configuravam duas forças ancoradas no Eixo, italianos e croatas, no rol de alianças no contexto geopolítico da Segunda Guerra Mundial, é importante mencionar que, as atrocidades perpetradas pelos Ustashas terminaram sendo tão cruéis que fizeram com que, o Exército Italiano, se voltasse contra esta organização, como veremos ao longo deste capítulo. Quando Adolf Hitler atacou a Iugoslávia, em 6 de abril de 1941, ficou imediatamente evidente que, a Wehrmacht (nome dado ao conjunto das forças armadas alemãs durante a Segunda Guerra Mundial), visualizava na Croácia, um importante componente desestabilizador contra um dos grandes aliados históricos da Rússia, a Grande Sérvia.

O termo *Wehrmacht* significa "Forças de defesa", contando com o apoio de grupos traidores dentro do Estado iugoslavo. O Exército do país estava entre a cruz e a espada, superado pela vasta máquina de guerra alemã e esfaqueado nas costas por terroristas ligados à Alemanha, como membros do Partido Ustasha e várias formações sunitas, essas últimas, sendo legado dos séculos de dominação otomana, também leais aos alemães. Os Ustashas se caracterizaram por constituir-se uma perigosa organização croata genocida. Até mesmo os comandos de algumas unidades, estiveram em negociações com os alemães, praticamente abrindo as portas do país para eles. É importante mencionar que, antes da eclosão da Segunda Guerra Mundial (1938-1944), Croácia e Sérvia integravam um mesmo ente político, com a Croácia tendo seu próprio governo, embora compunha com sérvios e eslovenos, o chamado "Reino Iugoslavo", desde 1929, que rebatizou o Reino dos Sérvios, Croatas e Eslovenos, estabelecido em 1918, após as cinzas da Primeira Guerra Mundial, que decretou o aniquilamento do Império Austro-húngaro e a última apunhalada ao Império turco-otomano.

O Estado Independente da Croácia foi declarado, em 10 de abril de 1941, mesmo dia em que, a 14ª Divisão Panzer alemã entrou em Zagreb, capital da Croácia, sendo recebida com entusiasmo pela população. A invasão da Iugoslávia pelas tropas de Adolf Hitler presumiu a divisão do país em duas nações independentes. A Croácia católica viu concretizar o antigo sonho de ser independente, anos antes à custa do Império Austro-Húngaro, à época da Iugoslávia, onde os croatas mantinham a crença de serem dominados pela Sérvia Ortodoxa. Em termos de organização e ideologia, o novo Estado croata era uma nação totalitária fundada no princípio de um Führer que, desde que mantivesse sua subserviência à Alemanha, poderia fazer o que quisesse. O líder político que passou a governar o país foi Ante Pavelic, chefe dos *Ustachis*. Pavelic e seus seguidores estavam exilados na Itália sob a proteção de Mussolini, pois eram procurados pelos governos da França e da Iugoslávia, acusados de planejar os assassinatos do rei Alexandre deste reino balcânico e do primeiro-ministro francês, Louis Barthou, assassinado em 1934, em um atentado na França.

Com subsídios da Itália e uma pequena rede de colaboradores de seu antigo partido, começou a formar sua nova organização, tendo já oferecido à Itália concessões territoriais na costa da Ístria, Dalmácia, Bósnia-Herzegovina e Montenegro, em troca de seu apoio. Pavelic estabeleceu na Croácia, com a ajuda de seus patrocinadores alemães, o NDH "*Nezavisna Drzava Hrvatska*" (Estado Independente da Croácia).

Nesse contexto, é impossível não mencionar a participação da Igreja em todo esse processo. Em 14 de abril, o bispo da Croácia, Alojzije Stepinac, se encontrou com Pavelic para lhe dar as felicitações, enquanto os sinos de todas as igrejas do país tocavam em comemoração à vitória. Em troca de apoio, Stepinac recebeu de Pavelic a nomeação de Supremo Vigário Apostólico Militar do Exército Ustashi. A imprensa católica se derreteu em adulação ao ditador. Tal aliança não é surpreendente, já que, uma investigação da Comissão de Crimes de Guerra da Iugoslávia estabeleceu que, o arcebispo Stepinac, havia sido um dos principais agentes da conspiração que facilitou a conquista de grande parte do território, do então Reino da Iugoslávia, pelas forças de Ante Pavelic.

Foto 7: Ante Pavelić perante o Bispo de Zagreb Alojzije Stepinac, em 1941.

Fonte: https://es.wikipedia.org/wiki/Ante_Paveli%C4%87#cite_note-goldstein225-5

Afinal, a Igreja Católica sonhava há séculos com a ideia de um reino católico nos Bálcãs, algo que finalmente aconteceu quando, Ante Pavelic e Adolf Hitler tomaram o trono de Tomislav II, cuja função era meramente decorativa. A identidade do Estado assentava mais na filiação religiosa do que na etnicidade, embora caiba mencionar que, principalmente na região balcânica e no leste europeo, em geral, o componente étnico está intimamente ligado ao elemento confessional. Assim, o fanatismo católico dos ustashas estava determinado a tornar a Croácia católica por meio de uma combinação de conversões religiosas forçadas, expulsão e, se necessário, extermínio. Assim, tinham como objetivo, estabelecer uma Croácia etnicamente 'pura', culminando que, invidíduos de origem sérvia e "bósnia", se haviam convertido, no principal obstáculo. Nesta forma de limpeza étnica, os ministros, Mile Budak, Mirko Puk e Milovan Žanić, declararam, em maio de 1941, que, os três principais objetivos dos ustashas eram: converter um terço dos sérvios ao catolicismo, exterminar um terço deles residentes na Croácia e expulsar ou deportar o terço restante.

Como já mencionado anteriormente, uma contradição da ideologia ultrachauvinista, seguida pelos ustashas, era o fato dos croatas serem de origem eslava e, portanto, considerados etnicamente inferiores aos olhos de seus aliados geoestratégicos alemães. Assim, os ideólogos ustashas elaboraram uma teoria baseada na origem gótica dos croatas, buscando elevar seu status aos olhos dos alemães. Para os ustashas, os 'bósnios' eram considerados 'croatas muçulmanos'. Estes não foram formalmente perseguidos pelos ustashas; (como a divisão *Handschar*, comandada por Amin al-Husayni, além da *Kama*, chefiada por Edmund Glaise von Horstenau, então adjunto militar do Terceiro Reich na Croácia e o coronel Viktor Pavicic). Os princípios básicos deste movimento terrorista foram enunciados por Ante Pavelić, em seu manifesto "Princípios do Movimento Ustasha", publicado em 1929.

Os Ustashas tentaram exterminar sérvios, sefarditas, mizrahim, asquenazes, ciganos ou qualquer outro que se opusesse ou não professasse a fé católica, incluindo alguns comunistas croatas por várias razões, como não cooperar com tal movimento ou ter amigos sérvios. Uma irmã do famoso arcebispo de Zagreb, Stepinac, foi morta por ser casada com um sérvio, a pedido dele próprio. Imediatamente, seus familiares, como cunhados e filhos, também foram mortos pelos terroristas. Assim que chegaram ao poder, aliando-se às tropas alemãs, em 1941, os Ustashas criaram vários campos de concentração para isolar suas vítimas. O maior e mais famoso deles foi o de Jasenovać, comandado por Dinko Sakić (que fugiu para a Argentina no final da guerra, sendo descoberto e levado a julgamento em solo croata em 1998, sendo condenado a vinte anos de prisão).

O clero apoiou o regime com entusiasmo fanático. O Papa recebeu Ante Pavelic pessoalmente em audiência, promovendo a bênção de toda a delegação Ustasha que se encontrava em Roma, incluindo a representação da 'Irmandade dos Grandes Cruzados', encarregada de converter os sérvios ao catolicismo por meio de táticas que, como veremos, não eram exatamente evangelizadoras, como dita a premissa religiosa, o que reforça a tese de que, os terroristas ustashas, eram impostores, camuflados de religiosos católicos croatas.

O número exato de vítimas dos sanguinários ustashas, por obvias razões, não é conhecido e as estimativas existentes confirmam que, dezenas ou mesmo centenas de milhares de inocentes, foram mortos nesses campos de concentração, havendo também mortes fora deles. O número de judeus mortos, por sua vez, seja ele de jázaros, asquenazes, sefarditas ou mizrahim, as 4 principais etnias destes, é bastante confiável. 32.000 morreram em território croata durante a Segunda Guerra Mundial. Mais de 40.000 ciganos iugoslavos também foram mortos. Em relação ao número de sérvios vitimados pelos '*Ustaše*', como também são conhecidos, as estimativas estão, entre 700.000 (apenas em Jasenovać) e 1.450.000 sérvios em geral. Dos cerca de 80.000

judeus e ciganos mortos na Iugoslávia, 60.000 foram mortos, a grande maioria deles, na Croácia, sendo que, grande parte destes massacres foi cometida pelos Ustashas, aliados da Alemanha. Como estamos vendo, a Croácia foi um dos únicos países em que, campos de extermínio em larga escala operaram na Segunda Guerra Mundial. A União Soviética também realizou algo semelhante, sendo os romenos bessarábios, uns dos que sofriam nas mãos soviéticas. As atrocidades cometidas pelos Ustashas foram tão grotescas que horrorizaram até os italianos, que tiveram que intervir para deter o terrorismo dessa organização altamente violenta, criminosa e genocida.

Os primeiros campos de concentração ustashas foram formados em 1941 e dissolvidos em outubro de 1942: Danica, perto de Koprivnica; Pag (cerca de 8.500); Jadovno, perto de Gospić (35 mil); Krušćica, na área de Vitez e Travnik; Đakovo (três mil); Loborgrad, Zagorje; Tenja, perto de Osijek. O complexo Jasenovac foi construído, entre agosto de 1941 e fevereiro de 1942. Os campos de concentração anteriores, Krapje e Bročica, foram fechados em novembro de 1941. Três outros campos (Ciglana ou Jasenovac III), Kozara (Jasenovac IV) e Stara Gradiška (Jasenovac V) funcionaram até o fim da existência da entidade política, Estado Independente da Croácia, em 1944. O número de presos em algumas estimativas, varia de oitenta a cem mil, trezentos a 350 mil até setecentos mil. Somando-se aos massacres de sérvios em toda a região, o número ultrapassa um milhão.

Ao contrário de outros genocídios, que conceberam um sistema de extermínio industrial discreto, o genocídio na Croácia e na Bósnia-Herzegovina, caracterizou-se pela execução em locais públicos. O historiador austríaco Freidrich Heer comentou em 1968 que, o que aconteceu na Croácia, entre 1941 e 1944, foi resultado de "fanatismo arcaico de eras pré-históricas". Segundo esse especialista, Ante Pavelic foi "um dos maiores assassinos do século XX". Isso não é um obstáculo para que, no entanto, Pavelic seja visto, curiosamente, como um herói na Croácia moderna. O "herói" croata costumava referir-se aos sérvios da seguinte forma: "Os eslavo-sérvios são o desperdício de uma nação, o tipo de gente que se vende a qualquer um e a qualquer preço...". Engana-se quem pensa que, o líder croata em questão, foi o único a pensar assim, pois o próprio arcebispo Stepinac chegou a declarar: "Afinal, os croatas e os sérvios pertencem a dois mundos diferentes, o Pólo Norte e o Pólo Sul, nunca se entendem, exceto por um milagre de Deus. O cisma da Igreja Ortodoxa é a maior maldição da Europa, quase mais que o protestantismo. Aqui não há moralidade, nem princípios, nem verdade, nem justiça, nem honestidade".

Em 12 de junho de 1941, todos os judeus e sérvios na Croácia descobriram que sua liberdade de movimento havia sido restringida. O ministro da Justiça, Milovan Zantis, não teve medo de declarar o sentido cruel dessas medidas:

> Este estado, nosso país, é apenas para croatas e mais ninguém. Não haverá caminhos ou medidas que os croatas não usem para tornar nosso país verdadeiramente nosso, eliminando todos os sérvios ortodoxos dele. Todos aqueles que chegaram ao nosso país há trezentos anos devem desaparecer. Não escondemos nossas intenções. É a política de nosso Estado e, para sua promoção, o único que faremos é seguir fielmente os princípios dos Ustashas.

É precisamente neste momento, que começam os massacres, visando "limpar a Croácia" e devolver a soberania do país ao povo croata. Mile Budak, Ministro da Educação do governo croata, declarou, em Gospic, em 22 de julho de 1941:

> As bases do movimento ustasha são a religião. Para as minorias, como sérvios ortodoxos, judeus e ciganos, temos três milhões de balas. Mataremos um terço da população sérvia, deportaremos outro terço e converteremos o restante à fé católica para que sejam assimilados aos croatas. Assim, destruiremos todos os vestígios e tudo o que restará, será uma memória assustadora deles...

A campanha de limpeza étnica começou quase imediatamente. Grande parte da legislação e estrutura administrativa do novo Estado foi adaptada para se conformar, tanto quanto possível, ao direito canônico. Stepinac saudou particularmente a lei que decretou a pena de morte para o aborto e a lei que impôs trinta dias de prisão por insultos. A oposição política desapareceu da vida pública. A publicação de textos em cirílico, o alfabeto usado pelos sérvios, como era de esperar-se, acabou sendo, veementemente, proibida. Neste processo, foi iniciada uma campanha de "croatinização", que agradou muito aos alemães, que negavam casamentos mistos, entre católicos croatas e membros de outras etnias. Na entrada dos parques foram instaladas placas que diziam: "Sérvios, judeus, ciganos e cachorros não podem entrar". Em alguns lugares, inclusive os eslovenos, começaram a ser banidos, devido ao seu idioma diferente do dialeto croata, que é muito parecido, dito de passagem, com o sérvio. Assim, o movimento ustasha usou, o elemento religioso ligado ao alfabeto, para se diferenciar dos sérvios, enquanto, para se opor aos eslovenos, exaltou sua língua, que era a mesma dos sérvios e diferente da falada pela comunidade eslovena. Ou seja, uma loucura contraditória que, nem os próprios ustashas, conseguiriam explicar.

Enquanto isso, neste grau de loucura coletiva que pairava na sociedade, o infame campo de concentração de Danica, começou a receber suas primeiras vítimas. Primeiro os judeus e depois todos os classificados como "indesejáveis", ou seja, os não católicos, que representavam mais de 60% da população. As atrocidades cometidas nos campos de concentração croatas são incomparáveis. Djordana Diedlender, guarda do campo *Stara Gradiska*, deu este testemunho chocante durante o julgamento contra o comandante do campo, Ante Vrban:

> Naquela época, novas mulheres e crianças chegavam diariamente ao acampamento Stara Gradiska. Ante Vrban ordenou que todas as crianças fossem separadas de suas mães e levadas para um quarto. Ele disse a dez de nós para carregá-las até lá embrulhadas em cobertores. As crianças gritavam por toda a sala e uma delas pôs o braço e a perna na porta para que não fechasse. Vrban gritou: "Empurre-a!" Eu não fiz isso, então ele bateu a porta, esmagando a perna da criança, depois a puxou pela outra perna e a jogou contra a parede até ela morrer. Depois disso, ele continuou colocando as crianças lá. Quando a sala estava cheia, Vrban usou gás venenoso, matando todos.

A ferocidade dos Ustashas, que já havia causado pânico nos italianos, alarmou até os próprios alemães, que temiam que a repressão brutal contra uma população tão grande levasse a um levante armado. Em 17 de fevereiro de 1942, Reinhard Heydrich, um dos maiores arquitetos da Solução Final, o plano dos altos líderes do Terceiro Reich para exterminar os judeus e, como tal, não caracterizado por sua misericórdia, expressou sua preocupação ao Reichführer da SS, Heinrich Himmier:

> O número de eslavos massacrados pelos croatas das formas mais sádicas é estimado em 300.000 [...]. A realidade é que, na Croácia, os sérvios que ficaram vivos são aqueles que se converteram ao catolicismo, que podem viver sem serem molestados [...]. Por isso, fica claro que o estado de tensão servo-croata é uma luta entre a Igreja Católica e a Igreja Ortodoxa.

Diante da fria eficiência de outros genocídios, que transformaram sua limpeza étnica em uma marca sinistra de produção em massa, os Ustashas tornaram a morte de suas vítimas altamente pessoal, protagonizando as matanças em tortura pública e humilhação. Esta é outra razão, pela qual, um grande número de testemunhos fotográficos de tais atrocidades sobreviveu, consistindo em retratos de "lembrança" daqueles acontecimentos trágicos. Neles, é possível ver atrocidades dificilmente concebíveis por uma mente sensata, desde sessões de tortura animadas por um público empolgado até procissões de cabeças espetadas em lanças pelas ruas de Zagreb. O programa de limpeza étnica de Ante Pavelić foi planificado por Eugen Dido Kvaternik e organizado pelo ministro do Interior, Andrija Artuković, enquanto Vjekoslav Luburić, foi o responsável por encarregar-se das execuções em massa. A ditadura de Pavelić perseguiu judeus, sérvios, ciganos e a oposição croata (especialmente a comunista). Depois de ter promulgado uma legislação ustasha, abriu pelo menos, 25 campos de concentração e extermínio, como Jasenovac, onde foram assassinados cerca de 600.000 sérvios de confissão cristã ortodoxa, que não queriam se converter ao catolicismo. Centenas de padres sérvios também foram mortos, assim como a maioria das igrejas ortodoxas em território croata foram destruídas. A maioria das atrocidades do regime foram cometidas por ex-exilados ao lado de Pavelić, muitas vezes de origem humilde, regiões pobres e com populações mescladas com outras comunidades, que voltaram ao país cheios de ódio e sede de vingança. Os ultrajes ustashas superaram, em brutalidade, a muitos outros genocídios. Por certo, o próprio Ministro Plenipotenciário alemão para o Sudeste Europeu, sendo o principal representante político e diplomático do Terceiro Reich na Península Balcânica, Hermann Neubacher, definiu as bestialidades ustashas como, "o crime mais feroz da história, que só pode ser comparado ao inferno de Dante". Nesta rejeição, por parte inclusive de seus aliados do Eixo, até mesmo a facção mais extrema dos endurecidos fascistas italianos, que controlavam uma parte da Croácia durante a guerra, anelando resgatar as ancestrais possessões territoriais litorâneas de Ístria e Dalmácia, ficaram profundamente horrorizados com os Ustashas e conseguiram resgatar um grande número de ciganos, judeus e sérvios ortodoxos, recusando-se a devolver a morte certa, os refugiados que chegavam à sua zona de controle.

O arcebispo Stepinac reclamou dessa atitude dos italianos ao bispo de Mostar, os italianos voltaram e restabeleceram sua autoridade civil e militar. As igrejas cismáticas reviveram imediatamente após seu retorno e os padres ortodoxos, até então ocultos, reapareceram livremente. Os italianos pareciam favorecer os sérvios e prejudicar os católicos, como o ministro dos assuntos italianos em Zagreb apontou:

> Acontece que, nos territórios croatas anexados pela Itália, pode-se observar um declínio constante da vida religiosa e uma evidente passagem do catolicismo ao cisma. Se a parte mais católica da Croácia deixar de sê-lo no futuro, a culpa e a responsabilidade diante de Deus e da história recairão sobre a católica Itália. O aspecto religioso deste problema obriga-me a falar em termos simples e abertos, uma vez que, sou responsável pelo bem-estar religioso da Croácia.

O mais escandaloso de toda essa matéria sórdida é que, não foram poucos os padres e, sobretudo, frades franciscanos, que comandaram esses campos de extermínio. Com poucas exceções aqui e ali, o fenômeno descrito aqui, era realmente característico dos massacres ustashas. Ao contrário dos extermínios em outros países durante a Segunda Guerra Mundial, era quase impossível imaginar uma expedição punitiva ustasha sem a presença de um padre responsável, geralmente um franciscano. O mais conhecido deles foi o frade franciscano Miroslav Filipovic, que dirigiu o acampamento de Jasenovac, onde foi responsável pela morte atroz de milhares de pessoas. Outro franciscano daquele acampamento, Pero Brzica, detém um recorde ainda mais macabro, se é que isso é possível. Antes da chegada de novos presos, tornava-se evidente a necessidade de matar os existentes para dar lugar aos recém-chegados. A equipe do acampamento ficou entusiasmada com essa perspectiva:

> O franciscano Pero Brzica, Ante Zrinusic, Sipka e eu apostamos para ver, quem mataria mais prisioneiros em uma única noite. A matança começou e, depois de uma hora, eu matei muitos mais do que eles. Me sentia no sétimo céu. Eu nunca tinha sentido tanto êxtase em minha vida. Depois de algumas horas, consegui matar 1.100 pessoas, enquanto os outros, só conseguiram matar 300-400 cada. E então, quando eu estava experimentando meu maior prazer, notei um velho camponês parado calmamente olhando para mim enquanto eu matava minhas vítimas e elas morriam com o maior sofrimento. Esse olhar me impressionou. Imediatamente congelei e, por um tempo, não consegui me mexer. Mais tarde, aproximei-me dele e descobri que ele era da aldeia de Klepci, perto de Capijina, e que sua família havia sido morta, com ele enviado para Jasenovac depois de trabalhar na floresta. Ele falava comigo com uma paz incompreensível que me afetava mais do que os gritos que ouvia ao meu redor. Imediatamente, senti a necessidade de destruir sua paz, através da tortura para assim, por meio de seu sofrimento, eu pudesse restaurar meu estado extático para continuar o prazer de infligir dor. Apontei para ele e o

> fiz sentar comigo em um tronco. Ordenei-lhe que gritasse: "Viva Poglavnik Pavelic! ou te corto a orelha". Vukasin não falou. Cortei uma orelha. Ele não disse uma palavra. Lhe disse novamente que gritasse: "Viva Pavelic! ou iria arrancar sua outra orelha". Então a arranquei. Grite: "Viva Pavelic! ou te corto seu nariz". Quando mandei pela quarta vez gritar "Viva Pavelic!", ameaçando arrancar seu coração com minha faca, olhou para mim e, em sua dor e agonia, disse "faça o seu trabalho, criatura!" Essas palavras me confundiram e me congelaram. Terminei arrancando seus olhos, depois seu coração, cortei sua garganta e a joguei no poço. Mas algo estalou dentro de mim e não consegui matar mais aquela noite toda. O franciscano Pero Brzica ganhou minha aposta, ele havia matado 1.350 prisioneiros. Eu paguei sem dizer uma palavra.

Por acontecimentos nefastos e trágicos como esses, o franciscano recebeu o título de "Rei dos Degolados". A barbárie, longe de diminuir, aumentou e chegou a um ponto em que, nem mesmo a formalidade dos campos de extermínio, era considerada necessária. Povoados e vilas inteiras foram assaltadas e seus habitantes esfaqueados, se não mortos com martelo e machados, enforcados ou mesmo crucificados. Muitos terminavam sendo atirados vivos em valas comuns, criadas e estabelecidas, clandestinamente, por todo o território sob administração dos perversos ustashas, para servir como cemitério para as vítimas.

Os sérvios sofreram as torturas mais atrozes, algo acompanhado com especial maldade, aos sacertodes ortodoxos, muitos dos quais, foram queimados, decapitados ou esquartiçados vivos. As execuções massivas eram comuns, com as vítimas sendo decapitadas e, não raramente, despedaçadas. Em muitas ocasiões, era comum ver pedaços de carne pendurados em matadouros com um slogan dizendo "carne humana". Os crimes genocidas de outros povos, em campos de extermínio, pareciam pequenos comparados às atrocidades cometidas pelos terroristas ustashas. Estes últimos adoravam os jogos de tortura que se convertiam em orgias noturnas, que incluíam pregar cravos debaixo das unhas, colocar sal nas feridas abertas, cortar todas as partes humanas concebíveis e competir pelo título de quem era o melhor decapitador de suas vítimas. Igrejas ortodoxas repletas de pessoas foram queimadas. Os crimes ustashas pareciam não ter límites. Empalaram crianças em Vlasenika e Kladany, cortando narizes, orelhas, além de olhos arrancados. Em certa ocasião, italianos visualizaram a um ustasha, que tinha duas correntes de línguas e olhos ao redor do pescoço. Nesta época, era comum o olho sérvio ser vendido nas ruas de toda Croácia, principalmente dos centros mais urbanos, como a capital Zabreg, para ser usados, por exemplo, em colares.

Foto 8: Família sérvia inteira assassinada em sua casa após um ataque da milícia ustasha, em 1941.

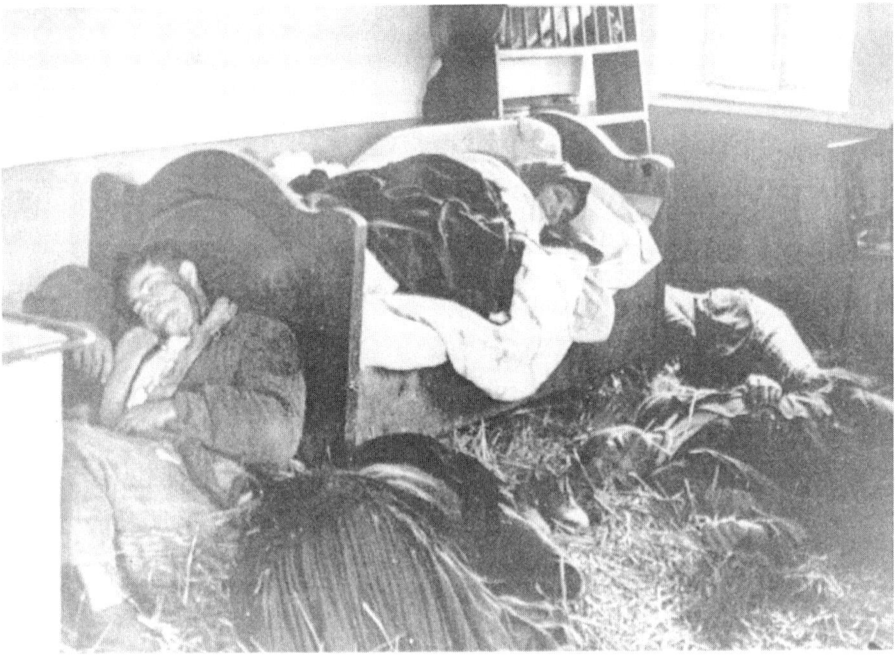

Fonte: https://pt.wikipedia.org/wiki/Sentimento_antiss%C3%A9rvio

Todas as propriedades da Igreja ortodoxa foram saqueadas e confiscadas. A maior parte deste saque foi transferida à Igreja católica croata, que seguia encantada com o regime estabelecido pelos Ustashas. Além do que, aqueles que sabiam escrever deviam enviar uma carta de agradecimento ao arzobispo Stepinac, que informava, pontualmente ao Papa, sobre a boa marcha das conversões. Em qualquer caso, os únicos que possuíam a opção de salvar a vida mediante conversão, eram os camponeses pobres e incultos das zonas rurais. Todo sérvio ecudado, com capacidade de conversar ou transmitir algo parecido a uma identidade nacional sérvia, era assassinado sem posibilidade de salvação.

Em 14 de maio de 1941, os sérvios da localidade de Glina, foram concentrados em uma galpão enorme por una banda de ustashas, comandados pelo abade do monastério de Gunic. Em seguida, se ordenou que mostrassem seus certificados de conversão. Apenas dois deles disponiam do documento. O resultado, como era de esperar-se, foi tristemente confirmado. O resto, acabou sendo degolado enquanto o abade rezava por suas almas.

Entre a venda de certificados de conversão e o roubo dos tesouros guardados nas igrejas ortodoxas, não seria exagero afirmar que, se houve um ator que obteve benefício econômico do genocídio protagonizado pelos Ustashas, foi precisamente, a Igreja Católica. Durante toda a guerra, a Igreja Católica apoiou oficialmente o regime, embora seus excessos e loucuras eram públicos e notórios. O Vaticano não podia alegar o desconhecimento dos graves acontecimentos, pois, como estamos vendo, desempenhou a função de total cumplicidade com os genocidas ustashas.

Em 17 de março de 1942, o Congresso Sionista Mundial, enviou à Santa Sede, uma nota de ajuda, uma copia que ainda se conserva em Jerusalém, alertando sobre os acontecimentos na Croácia. Monsenhor Giuseppe Ramiro Marcone, beneditino da congregação de Monte Vergine e membro da Academia Romena de São Tomás de Aquino, foi o representante pessoal do Papa no episcopado croata, mantendo o Santo Padre por perto de tudo o que ali acontecia. Os defensores do Vaticano alegam que, Marcone era apenas um "visitante apostólico". No entanto, para o Ministério das Relações Exteriores em Zagreb, o padre Marcone tinha o status de "delegado da Santa Sé", sendo que, em cerimônias oficiais, era colocado à frente, inclusive, dos representantes do Eixo, sendo considerado decano do corpo diplomático. Ademais, Marcone, em sua correspondência com o governo ustasha, descreveu-se como um '*Sancti seas legatus ou Elegatus*', mas nunca como um "visitante apostólico".

Os meios de comunicação também faziam eco desta situação. Em 16 de fevereiro de 1942, a BBC emitiu o seguinte informe sobre a Croácia:

> As piores atrocidades estão acontecendo ao redor do arzobispo de Zagreb. O sangue de irmãos corre em rios. Os ortodoxos estão sendo obrigados, pela força, a converter-se ao catolicismo e não escutamos a voz do arzobispo, pronunciando-se à rebelião. Em vez disto, se informa de que, está tomando parte em desfiles nazis e fascistas.

Nem sequer quando a imprensa internacional começou a informar ampliamente, sobre as barbaridades cometidas por clérigos católicos na Croácia, o Papa agiu para deter os sanguinários franciscanos. A própria imprensa católica croata refletiu, em suas próprias páginas, a perseguição, tratando-a como se fosse a coisa mais normal do mundo. Em 25 de maio de 1941, em Katolicki List, o sacertode Franjo Kralik, publicou uma reportagem titulada, "Por que os judeus estão sendo perseguidos", no que, justificava, o genocídio da seguinte maneira:

> Os descendentes daqueles que odiaram Jesus, que o condenaram à morte, que o crucificaram e imediatamente

> perseguiram seus discípulos, são culpados de maiores excessos do que seus antepassados. A ganância cresce. Os judeus que levaram a Europa e o mundo inteiro ao desastre moral, cultural e econômico, desenvolveram um apetite que só o mundo, como um todo, pode satisfazer. Satanás os ajudou a inventar o marxismo e o comunismo. O amor tem seus limites. O movimento para livrar o mundo dos judeus é um movimento para o renascimento da dignidade humana. O Deus Todo-Poderoso e Sábio está por trás desse movimento.

Quando ficou claro que o curso da guerra seria contrário ao Eixo, Stepinac realizou alguns atos de "súbito humanitarismo", ações nas quais, os revisionistas croatas se basearam para pedir ao Yad Vashem de Israel, a Autoridade Nacional para a Memória dos Mártires e Heróis do Holocausto, a inclusão de Stepinac, em sua «Lista dos Justos».

Os contatos dos Ustashas com o Vaticano não terminaram com o fim da Segunda Guerra Mundial. Em 25 de junho de 1945, apenas sete semanas após o fim do conflito, os genocidas ustashas, entraram em contato com uma missão papal em Saizburg, na área da Áustria que estava sob a administração estadunidense. Solicitaram ao Papa respaldo para a criação de um Estado croata ou, pelo menos, uma união danúbio-adriática na qual os croatas pudessem se estabelecer. A mesma Igreja escondeu e ajudou Ante Pavelic a fugir, zombando das autoridades aliadas, fazendo com que, conseguisse fugir para a Argentina. No leito de morte e sob a proteção de Franco, recebeu a bênção pessoal do Papa João XXIII. João Paulo II recusou repetidamente visitar os campos de concentração de Jasenovac nas suas visitas à Croácia, preferindo receber o antigo líder croata e negador do genocídio ustasha, Franjo Tudjman, conhecido na historiografia croata como 'Pai da Croácia Moderna', um ente político que pode ser considerado herdeiro do Estado Independente da Croácia (1941-1944). Finalmente, um dos fatores mais marcantes dessa história é que, ao final da guerra, o Vaticano nada fez para socorrer o verdugo, Stepinac.

Longe de ser um mistério histórico, a fuga de milhares de ustashas para a América do Sul e outras partes do mundo é um fato bem documentado. No que se sabe, a Santa Sé participou ativamente. Personagens tão sinistros, como Ante Pavelic, Klaus Barbie ou Joseph Mengele, partiram para o exílio com escala anterior no Vaticano. Enquanto isso, na Croácia, os últimos ustashas esperavam que, uma intervenção oportuna da diplomacia vaticana levasse à criação de um Estado croata independente diante da Iugoslávia. Quando ficou claro que Zagreb seria libertada pelas tropas aliadas, os Ustashas tentaram salvar tudo o que podiam. No final de abril de 1945, Pavelic, com plena autorização de seu amigo Stepinac, ordenou que trinta e seis baús fossem levados ao mosteiro franciscano de Zagreb, através de um saque macabro, composto principalmente, por joias e dentes de ouro, objetos confiscados de vítimas dos vários massacres de sérvios. No entanto, Ante Pavelic manteve outros treze baús e cofres com ele para garantir sua fuga e uma aposentadoria confortável. Os monges esconderam o tesouro primeiro na cripta sob o altar-mor e, mais tarde, num buraco cavado sob os confessionários, onde permaneceu até ser recuperado pelas tropas chetniks, mais precisamente, pela facção nacionalista sérvia que lutava contra os ustashas e contra os comunistas de Tito.

Depois de enterrar a pilhagem, Pavelic partiu, liderando um grupo composto por 1.500 leais e adeptos ustashas, em direção à Áustria, esperando a proteção dos ingleses e do Vaticano. Mas não contava com o fato de ser feito prisioneiro pelos estadunidenses, que o seguiam desde sua chegada à Áustria. Eles conseguiram prendê-lo perto de Saizburg. No entanto, quando os preparativos para o julgamento dos crimes de guerra estavam chegando ao fim, Stepinac e o arcebispo de Saizburg intervieram para libertar Pavelic. Por fim, o genocida, que claramente seria condenado como criminoso de guerra, encontrou refúgio dentro dos próprios muros do Vaticano, embora sua permanência tenha sido curta. Para evitar o escândalo, Pio XII, ciente de que a vitória dos Aliados havia mudado a política mundial, convidou Pavelic a deixar a Santa Sé disfarçado de padre em um carro com placa diplomática. Ante Pavelic manteve a identidade falsa por um tempo sob o apelido de Padre Benares ou Padre Gómez. Os estadunidenses seguiram o escorregadio Pavelic, mas decidiram não agir por causa de uma intervenção da Santa Sé.

Parte da "Operação de caridade" de Krunoslav Draganovic, que, aliás, era subordinado do subsecretário de Estado, Giovanni Battista Montini, que mais tarde se tornaria Paulo VI, consistia em providenciar pessoalmente, a saída para a Argentina de um bom número de criminosos de guerra croatas. Por certo, o croata franciscano Draganovic não tinha uma ficha muito limpa naquela época, havendo sido um oficial ustasha, participando diretamente, em conversões forçadas de sérvios. Em 1943, Draganovic deixou para trás sua vida agitada como ustasha e ingressou no Vaticano. Portanto, não é de surpreender que tenha mostrado algum interesse em salvar seus ex-companheiros. No seminário de São Jerônimo (*San Girolamo degli Illirici*), cinco dos quais, incluindo um padre, estavam na lista dos criminosos de guerra mais procurados. Outros encontraram refúgio em diferentes instituições católicas, como o Instituto Oriental. De fato, há relatórios confidenciais dos Serviços de Inteligência dos Estados Unidos da época em que descreveram, sem rodeios, o seminário San Jerónimo, como quartel geral do que restou dos Ustashas. Os Serviços Secretos Aliados não podiam fazer nada, já que, São Jerônimo, apesar de estar fora dos muros do Vaticano, tinha o status de território da Santa Sé. O convidado mais ilustre de São Jerônimo foi Klaus Barbie, o famoso Carniceiro de Lyón, que foi dado a Draganovic na estação ferroviária de Gênova por oficiais da inteligência dos EUA, que esperavam lucrar com a Barbie no futuro. Draganovic obteve documentos da Cruz Vermelha com o apelido falso para si e sua família. Barbie e outros criminosos de guerra conseguiram embarcar de Gênova, em março de 1951, com destino a Buenos Aires, para depois se mudarem para a Bolívia.

De fato, os estadunidenses montaram sua própria operação de contrabando de criminosos de guerra, apelidada de Operação Paperclip, por meio da qual, recrutaram os serviços de cientistas de ponta, como Werner von Braun, que deveria ter se sentado no banco de Nuremberg por seus experimentos com seres humanos no centro de pesquisas aeronáuticas de Peenemunde, na Alemanha, assim como, o General Reinhard Gehien, que acabou ocupando, um cargo da mais alta importância na CIA, antes de ocupar cargos nos Serviços de Inteligência da República Federal da Alemanha. Sem esquecer a história de Adolf Heusinger, ex-general da Alemanha do Terceiro Reich, que acabou liderando a OTAN. Era um veterano da Primeira Guerra Mundial, general e chefe de operações do Exército alemão, agente secreto da CIA e terminou sendo, presidente do comitê militar da OTAN. Assim, toda uma galeria de personagens sinistros, de Ante Pavelic a Adolf Eichmann, conseguiu suas passagens para a Argentina, através da Santa Sé. Sem esquecer de terroristas ucranianos, como Lebed, que acabou sendo resgatado pela CIA, através dos irmãos Dulles, que o aceitaram no Departamento de naturalizados, resultando na fabricação laboratorial de difusão de uma identidade ucraniana anti-Rússia.

No caso específico de Pavelic, Draganovic abriu uma exceção e, após fornecer-lhe um novo passaporte da Cruz Vermelha, acompanhou-o pessoalmente a Buenos Aires junto com um grande grupo de ex-companheiros ustashas. Entre os que escaparam também estavam alguns poucos genuinos heróis de guerra, que não foram perseguidos por seu extraordinário zelo no campo de batalha, como o coronel Hans Rudel, que no comando de seu bombardeiro Stuka, destruiu mais de quinhentos tanques soviéticos e afundou vários navios. Acabou perdendo uma perna em combate, mas isso não foi impedimento para continuar lutando até o fim da guerra. Rudel foi procurado pela União Soviética e apareceu em Bariloche, onde logo se tornou conhecido por suas grandes qualidades como esquiador.

Enquanto isso, na Croácia, Stepinac havia convocado uma conferência de bispos em Zagreb, que resultou na proclamação de uma carta pastoral, na qual, os bispos incitavam a população a se levantar em armas contra o novo governo do país. Os ustashas que não haviam sido executados ou que não haviam fugido do país se reuniram no campo, formando uma organização terrorista com o eloqüente nome de "Os Cruzados". A bandeira da organização foi consagrada na capela de Stepinac. Muitos sacerdotes e monges formavam a estrutura da organização, além de militantes armados, desempenhando serviços de espionagem e comunicação de forma muito eficaz. Muitas das informações coletadas por esses clérigos espiões acabaram nas mãos dos Serviços Secretos dos Estados Unidos, via Vaticano. A colaboração entre estadunidenses e os rebeldes ustashas, não surpreende se levarmos em conta que, estes últimos, esperavam uma intervenção dos Estados Unidos na Croácia. O próprio Stepinac estava convencido de que, mais cedo ou mais tarde, ocorreria uma intervenção anglo-estadunidense, que daria as boas-vindas a um Estado croata independente que impediria o avanço do comunismo. Talvez Stepinac tivesse motivos para pensar assim. Afinal, naquela época, Pio XII mantinha uma relação mais próxima com a liderança militar em Washington. Basta um exemplo: em um único dia de junho de 1949, o Papa recebeu cinco generais estadunidenses da linha de frente em audiências sucessivas.

Foi justamente nessa época, do conhecido genocídio ustasha, que começou o processo de des-servianização da região de Krajina, onde os ustashas tinham o objetivo de estabelecer e consolidar uma Croácia 100% etnicamente 'pura'. Este processo implicou também, obviamente, o fator confessional, uma vez que, o catolicismo desempenha um papel de enorme relevância na identidade nacional croata. Com a desintegração da Iugoslávia na década de 1990, nota-se o legado da milenar presença sérvia na região de

Krajina, quando os sérvios locais se rebelam contra o desejo de independência croata e a inclusão daquele território naquele país, que os sérvios de Krajina não sentem paternidade, querendo seguir pertencendo à República Iugoslava que, embora desintegrada, mantém a antiga denominação, integrando as regiões da atual Sérvia (incluindo obviamente Kosovo e Voivodina) e Montenegro, com base no conceito de uma Grande Sérvia.

A limpeça étnica, conduzida pelos ustashas, entre 1941 e 1944, seria vista novamente, de 1992 a 1995, na região, através de vários confrontos entre, de um lado, as Forças croatas, apoiadas pela OTAN e, de outro, pelas Forças do Estado federal iugoslavo, gerenciadas pela fração nacionalista sérvia do Partido Central, sendo exatamente por esta razão que, agora estavam disponíveis para as milícias nacionalistas sérvias, após a liderança encabeçada por Milošević destituir uma série de oficiais fiéis ao titoísmo. Ou seja, não atuavam sob a bandeira de uma hipotética causa comunista ou bolchevique. Essas milícias nacionalistas sérvias, lutaram ancoradas a uma série de estandartes simbólicos de teor chetnik. Em 4 de agosto de 1995, as tropas croatas lançaram as operações *Flash* e *Storm*, com as quais, conquistaram grande parte da República Sérvia de Krajina (a outra parte estava em Eslavônia Oriental, sob a administração das Nações Unidas), na qual, centenas de milhares dos sérvios foram expulsos da região, configurando outro capítulo da croatização de uma região historicamente sérvia. Portanto, esses eventos nos anos 1990, representam uma continuação histórica com a des-servianização, iniciada pelos ustashas em 1941. Sendo assim, as forças de Franjo Tudjman são consideradas neo-ustashas, por muitos analistas de Relações Internacionais, especialistas na região balcânica. De fato, essa personalidade e seus milicianos, acudiram a símbolos e ícones ustashas nas contendas sangrentas, que ocorreram na década noventista. Enquanto, entre 1941 e 1944, os ustashas foram respaldados pelos alemães, embora gozassem de enorme autonomia doméstica, nos anos noventa, os neo-ustashas, por sua vez, seriam apoiados pela OTAN, como veremos ao longo desta obra. Assim, podemos afirmar que, a Croácia contemporânea, idealizada por Franjo Tudjman, representa uma herdeira do Estado Independente da Croácia de Ante Pavelic.

Com a vitória dos Aliados, o Estado Independente da Croácia é dissolvido. A agrupação Partisan, de natureza comunista, liderada por Josif Tito, é vitoriosa entre as várias frações combatentes nos Bálcãs e impõe um regime de caráter comunista, incluindo todas as terras que integraram o antigo Reino da Iugoslávia, uma entidade política herdeira do Reino dos Sérvios, Croatas e Eslovenos. Nacia assim, diante das cinzas que a Segunda Guerra Mundial herdou aos Bálcãs, o Estado Titoísta, por assim dizer, que se caracterizou por uma independência, tanto de Washington, quanto de Moscou, algo muito pouco usual diante da polarização, que representou o período da Guerra Fria. Tito, por certo, em muitas ocasiões, comandou o grupo de Países Não Alinhados.

Embora tentasse estabelecer uma posição independente, em um cenário mundial caracterizado pela bipolaridade, o Estado titoísta se dedicou na tentativa de estabelecer uma identidade iugoslava, tentando criar uma espécie de "nacionalidade" que representasse dito ente político. Cabe mencionar que, já não era o Reino da Iugoslávia, herdeiro do Reino dos Sérvios, Croatas e Eslovenos, mas sim, uma entidade política vinculada ao internacionalismo marxista. Para Tito, assim como sucedeu na URSS, diga-se de passagem, era necessário debilitar os nacionalismos, objetivando uma "Fraternidade entre os Povos", guarde bem este slogan, para a construção de uma coesão doméstica que suprisse a lealdade étnica, confesional e nacional, principalmente, de seus três eixos étnicos muito bem delimitados e estabelecidos, eslovenos, croatas e sérvios, parte como legado de suas respectivas evoluções históricas únicas e exclusivas. Neste processo, também era necessário, impedir e inibir completamente, irredentismos de almas coletivas colindantes que questionavam a integridade territorial do Estado titoísta, clamando regiões por razões histórica-culturais. Nesta perspectica, os que mais sofreram foram os latinos na extremidade ocidental, mais precisamente, os italianos de Ístria e Dalmacia, além dos búlgaros étnicos da Macedônia do Norte, onde Tito buscou criar, de todas as maneiras, uma espécie de 'nação macedônia', algo conduzido claramente, de maneira artificial, objetivando interesses geopolíticos concretos de diminuir, ao máximo possível, uma integração da região com a Bulgária, inviabilizando o êxito do irredentismo búlgaro, profanado no Tratado de Berlim de 13 de julho de 1878, na Segunda Guerra Balcânica de 1913 e no Tratado de Neuilly-sur-Seine em 27 de novembro de 1919 na conjuntura geopolítica de desfecho da Primeira Guerra Mundial, como veremos no seguinte capítulo.

Parte do território histórico da Macedônia, mais precisamente, a franja territorial que configurou a República da Macedônia moderna, caindo em mãos sérvias, no final das Grandes Guerras dos Balcãs de 1912 e 1913, fenômeno que se confirmou com o desfecho da Primeira Guerra Mundial, também ratificado após os desenlaces da Segunda Guerra Mundial, permaneceu sob a égide iugoslava, porém, agora, sob outra mentalidade, a titoísta, que foi um antes e depois na trajetória histórica da Iugoslávia. No entanto, vale a pena mencionar que, os macedônios carregam uma história cheia de distúrbios e interações, nem sempre frutíferas com seus vizinhos, quase sempre, mais poderosos e dotados de um profundo respaldo histórico com fortes raízes culturais para clamar partes de seu território. São eles: Bulgária, Grécia e Sérvia. E, em um menor grau, com bolsões étnicos isolados no centro do território, a Romênia. Sem esquecer o ímpeto desenfreado do expansionismo albanês, ao longo dos últimos séculos, que também se desloca rumo ao território macedônio, nas últimas décadas, quando passa a ser respaldado, totalmente, por máfias globalistas apátridas, aumentando consideravelmente, a complexidade do cenário retratado. Assim, o caldeirão perfeito para uma série de tensões, conflitos e impasses, está plantado.

6 - O Enclave da Macedônia e a crise identitária: um Estado incrustado entre três potências regionais: Sérvia, Grécia e Bulgária

Foto 9: Mapa da região da Macedônia dividida entre três potências regionais irredentistas

Fonte: Göran Mircevski - https://elretohistorico.com/macedonia-grecia-postre-francia/

Os Eslavos-Macedônios, também conhecidos simplesmente como macedônios, são um grupo eslavo étnico que representa, aproximadamente, um terço da população da região geográfica e histórica da Macedônia, no sudeste da Europa, entre a região dos Balcãs e a Europa Oriental, tendo cerca de dois terços da população da República da Macedônia do Norte. Eles falam a língua macedônia, idioma eslavo e, geralmente, estão associados à Igreja Ortodoxa da Macedônia. Os macedônios eslavos são os primeiros descendentes das tribos eslavas, que foram estabelecidas na Macedônia, durante a Idade Média, mas é provável que, seus ancestrais, incluam elementos de grupos nativos, como os greco-macedônios, trácios e os ilírios, além das migrações eslavas búlgaras. A capital da Macedônia é Skopje, conhecida pelos irredentistas búlgaros, como 'a Sofia Ocidental'.

A grande maioria dos macedônios eslavos vive no vale do rio Vardar, na região central da República da Macedônia. Pequenos grupos de macedônios eslavos vivem no leste da Albânia, sudeste da Bulgária e sul da Sérvia e Montenegro, a maioria encontrada em regiões fronteiriças com a Macedônia. A região geográfica da Macedônia, dividida entre Bulgária, Grécia, Sérvia e República da Macedônia do Norte, é habitada por uma variedade de aldeias que incluem albaneses, búlgaros, gregos, eslavos macedônios, turcos, romenos, sérvios e ciganos. Ou seja, um caldeirão étnico sendo clamado por búlgaros, sérvios e gregos, além de romenos e de albaneses, que entraram recentemente, neste pleito territorial.

A questão de saber se os macedônios eslavos constituem um grupo étnico distinto é controversa, gerando uma série de debates entre os etnógrafos. Muitos búlgaros e gregos acreditam que são um subgrupo de outro povo, geralmente dos búlgaros. Linguisticamente e culturalmente, não há grande distinção entre macedônios eslavos e búlgaros, mas atualmente, devido a circunstâncias políticas e históricas, muitos macedônios eslavos se consideram um povo separado dos búlgaros. E, muito isso se deve, como veremos, com o projeto titoísta de criar uma espécie de nação macedônia separada da Bulgária, inviabilizando e minando os ímpetos irredentistas de Sofia, que ainda faziam um profundo eco na mentalidade coletiva búlgara, ainda traumatizada pelos choques sísmicos que representaram a derrota na Segunda Guerra Balcânica de 1913 e na Primeira Guerra Mundial (1914-1918), sendo ambos eventos considerados 'Catástrofes Nacionais'. As origens étnicas dos macedônios eslavos são igualmente controversas; embora tenham uma herança eslava, há um debate em andamento em alguns círculos de que sejam descendentes de eslavos majoritários ou um povo mais heterogêneo, tendo os antigos macedônios entre seus ancestrais. Alguns historiadores da Macedônia eslava afirmam que, seu povo é descendente dos antigos macedônios que se misturaram com os eslavos quando invadiram a península balcânica. A maioria dos historiadores data a chegada dos eslavos na Macedônia aos séculos VI e VII e concorda que, os antigos macedônios, desapareceram como grupo étnico naquela época.

Os macedônios eslavos tinham pouca ou nenhuma identidade nacional e política até o século XX. Fontes medievais tradicionalmente os descrevem como búlgaros, uma definição que sobreviveu até o período do domínio otomano (do final do século XIV ao século XIX), conforme verificado pelos arquivos otomanos e pelas descrições de historiadores e viajantes, por exemplo, Evliya Çelebi e seu Livro de Viagem. Na verdade, os etnógrafos e viajantes do século XIX, também foram geralmente unânimes, em identificá-los como búlgaros até o período entre 1878 e 1912, quando as máquinas de propaganda das três potências regionais vizinhas, Sérvia, Grécia e Bulgária, resultaram na separação efetiva da população de eslavo-falante em três partidos distintos: um pró-sérvio, um pró-grego e um pró-búlgaro.

Os eventos-chave na formação de uma identidade eslava distinta ocorreram na primeira metade do século XX, como consequência da Guerra dos Bálcãs de 1912-13 e, especialmente, após a Segunda Guerra Mundial. Os macedônios eslavos eram, tradicionalmente, descritos como búlgaros por observadores externos até 1878, quando uma visão de origem sérvia, gradualmente, começou a ganhar popularidade. O avanço sérvio para o sul foi condicionado pelas cláusulas do Congresso de Berlim do mesmo ano, que os retirou para a Bósnia-Herzegovina e a cidade de Novi Pazar, bem como, pela política pró-austríaca do rei sérvio rendido, Milan Obrenović IV. Em 1881, a Sérvia abandonou todas as reivindicações às duas regiões em um tratado secreto com a Áustria-Hungria, que, por sua vez, prometeu não obstruir a expansão da Sérvia no Vale do Vardar.

6.1 - Sérvia, Grécia e Bulgária, a luta tripartita pelos territórios macedônios

No início da década de 1880, a Sérvia lançou um esforço publicitário maciço e em larga escala na Macedônia e no exterior, para testar as características sérvias da região. A Grécia e a Bulgária lançaram campanhas semelhantes a seguir, com os gregos alegando que os eslavos macedônios eram gregos de língua eslava e os búlgaros afirmando que não passavam de búlgaros por todas as semelhanças culturais, históricas e civilizacionais existentes. Como avançou a propaganda de três faces, na década de 1890, para a denominação 'macedônios eslavos', que passou a ser o meio de designar todos os habitantes eslavos da Macedônia, independentemente de suas afiliações nacionais, os três Estados colindantes seguiram investindo pesado em suas pretenções irredentistas, sendo a mais plausível de ser aceitada por acadêmicos, historiadores e etnógrafos, devido as profundas conexões histórico-culturais, a reinvidicação ligada à tendência irredentista búlgara, muito popular na época, parte como legado também, da ascensão meteórica do nacionalismo búlgaro na segunda metade do século XVIII, instrumentado e guiado contra os ocupantes otomanos.

Com o início do Renascimento Nacional Búlgaro, no século XVIII, muitos dos reformadores eram desta região, incluindo os irmãos Miladinov, Rajko Žinzifov, Joakim Krčovski, Kiril Pejčinoviḱ, entre outros. Os bispos de Skopje, Debar, Bitola, Ocrida, Veles e Strumica, votaram para ingressar no Exarcado búlgaro, depois de estabelecido em 1870, como um legado da independência do Patriarcado da Igreja Ortodoxa Búlgara diante do decadente, Império Turco-Otomano. Esta igreja desempenharia um papel de enorme relevância na emancipação política búlgara, alcançada em 1878, ao lado da Romênia no contexto das guerras ortodoxas-otomanas no cenário geopolítico dos choques geoestratégicos entre Rússia e Turquia, que sentariam as bases do desfalecimento dos moribundos otomanos.

Vários movimentos, cujos objetivos eram o estabelecimento de uma Macedônia autônoma, abrangendo toda a região histórica da Macedônia, começaram a surgir no final do século XIX; a mais antiga delas era a Organização Revolucionária da Macedônia (ORM), tornando-se mais tarde, a Organização Revolucionária

Secreta da Macedônia-Adrianópolis (ORSMA). Em 1905, foi rebatizada de Organização Revolucionária Interna da Macedônia-Adrianópolis (ORIMA) e, após a Primeira Guerra Mundial, a organização se dividiu em duas, a Organização Revolucionária Interna da Macedônia (ORMI) e a Organização Revolucionária Interna da Trácia (ORTI). Nos primeiros anos da organização, a elegibilidade para membros era exclusiva aos búlgaros, sendo depois estendida a todos os habitantes da Turquia europeia, independentemente de etnia ou religião. A maioria de seus membros, no entanto, devido à semelhança cultural, ainda eram macedônios-búlgaros. Em 1903, a ORMI organizou a revolta Ilinden-Preobrazhenie contra os otomanos, que após alguns sucessos iniciais, incluindo a formação da República de Kruševo, foi esmagada com pesadas perdas de vidas. A revolta e a formação da República de Kruševo, por certo, são consideradas a pedra angular e precursora do eventual estabelecimento do Estado macedônio moderno.

O primeiro acadêmico a usar a designação 'macedônios eslavos' com um significado específico foi o geógrafo sérvio, Jovan Cvijić, em 1906. Em uma tentativa de colocar as reivindicações sérvias à Macedônia em pé de igualdade com as búlgaras, Cvijić argumentou que, a Macedônia ao sul de Debar, Kichevo e Skopje, com o oeste da atual fronteira entre a Bulgária e a República da Macedônia, era habitada por macedônios eslavos, uma massa eslava amorfa sem afiliações nacionais e cultura muito bem definidas. Ou seja, estava claro as intenções de minar o sucesso das projeções búlgaras sobre essa população. Os macedônios eslavos, segundo Cvijić, estavam, entre os búlgaros e os sérvios, política e culturalmente e, devido a essa dualidade existente, poderiam estar relacionados a um ou a outro. Nos anos da Guerra dos Bálcãs, entre 1912 e 1913, Cvijić empurrou o limite norte dos eslavos macedônios duas vezes mais para o sul, quase dobrando assim, a porção que os sérvios, segundo ele, tinham o direito de ocupar do território da Macedônia. A visão de Cvijić ganhou pouco reconhecimento fora da Sérvia até a entrada da Bulgária na Primeira Guerra Mundial, juntamente com as Potências Centrais (Alemanha, Áustria-Hungria e Império turco-otomano), em 1915, precipitando a aceitação da ideia pelos Aliados.

A Guerra dos Balcãs, também chamada de Grandes Guerras Balcânicas, entre 1912 e 1913, pela sua relevância histórica e geopolítica, foi um acontecimento que marcaria profundamente o imaginário coletivo de todos os países, direta e indiretamente envolvidos, com aquele acontecimento. As Guerras dos Bálcãs foram duas guerras ocorridas no sudeste da Europa, de 1912 a 1913. A primeira opôs o Império turco-otomano à chamada Liga dos Bálcãs, formada pela Bulgária, Montenegro, Grécia e Sérvia. As pequenas nações balcânicas conseguiram expulsar os otomanos de quase todo o território da península, mas não puderam deixar de se confrontar pela distribuição das terras que lhes haviam sido reconquistadas, o que levou à Segunda Guerra Balcânica.

O Tratado de Bucareste, de 10 de agosto de 1913, acabou com as guerras, mas deixou a área em um equilíbrio instável, devido ao desejo dos búlgaros derrotados de se vingar sempre que surgisse a oportunidade. O imparável irredentismo revisionista búlgaro da época, que se compara ao magiar após 1920, ansiava por recuperar a Macedônia, considerada pelos nacionalistas búlgaros, parte integrante do seu território histórico. As disputas também não satisfizeram o apetite dos nacionalistas gregos e sérvios, que ainda estavam ansiosos para expandir seus Estados, às custas dos turcos otomanos e dos austro-húngaros, respectivamente. Diante deste cenário de profunda instabilidade geopolítica, a realidade dos fatos é que, sérvios, gregos e búlgaros, queriam arrebatar o máximo possível do território macedônio, chegando a confeccionar um plano para dividir o território da Macedônia. É dizer, pintava o cenário para a repartição desta região, entre as três potências regionais ao sul do Danúbio.

Na época, desenvolveu-se nos três Estados, uma profunda propaganda nacionalista, com cada um defendendo uma narrativa com reivindicações históricas sobre a Macedônia, o que levou a um consenso, entre sérvios e búlgaros, de que, os macedônios eram eslavos e não helênicos, excluindo assim, os gregos das repartições previstas anteriormente. Era o pan-eslavismo que unia, ao menos momentâneamente, sérvios e búlgaros, contra as pretenções territoriais pan-helênicas gregas, em um claro exemplo de uma aliança geoestratégica cirúrgica, característica de um pragmatismo geopolítico, pela qual, nestas conjunturas, sérvios e búlgaros, compartilhavam os mesmos interesses, com a retórica de matriz eslava dos macedônios sendo altamente benéfica a ambos. Nesta perspectiva, Bulgária e Sérvia, conseguiram chegar a um acordo, em 13 de março de 1912, de defesa mútua e contrária à distribuição do território turco-otomano por outros Estados que não fossem eles. Os anexos secretos do acordo tratavam da divisão da Macedônia entre os dois países, deixando a futura fronteira entre os dois extremamente vaga: a Sérvia anexaria os territórios ao norte das montanhas Šar, a Bulgária os a leste das montanhas Struma e Rhodope. O resto da Macedônia permanecia sem atribuição definida, embora a Sérvia se comprometesse a não reivindicar os territórios além da linha Kriva Palanka-Veles-Ohrid, sem ocupar nenhuma das duas últimas cidades. O restante, portanto, abria espaço a uma hipotética partição entre Bulgária e Grécia. Ambos os países, Sérvia e Bulgária, se comprometeram a enviar 100.000 soldados para a frente macedônia, a Sérvia fornecendo um total de 150.000 e a Bulgária 200.000.

Mais tarde, fugindo de uma orientação pan-eslavista, a Bulgária chegou a um acordo mais limitado com a Grécia. Essa última se recusou a aceitar uma Macedônia autônoma e reivindicou, como a Bulgária, o porto de Thessaloniki. Assim, o acordo com a Grécia foi puramente defensivo, dadas as grandes diferenças entre as duas nações, que quase levaram a uma guerra, entre gregos e búlgaros. Posteriormente, a Sérvia e a Bulgária, iniciaram negociações com Montenegro, que tiveram que provocar o Império turco-otomano para conseguir o início das hostilidades. A Rússia, ciente de que, sua aliança para conter o poder do Império Austro-Húngaro havia se tornado um pacto para atacar o Império turco-otomano, tentou contê-lo por meio da diplomacia, para o que contou com o acordo da Áustria-Hungria. Em 8 de outubro de 1912, essas duas potências alertaram os países balcânicos de que, possíveis mudanças territoriais na península não seriam reconhecidas pelas grandes potências, mas no mesmo dia, Montenegro lançou um ataque contra os otomanos, imediatamente apoiado pelo resto de seus aliados.

As operações contra o Império invasor genocida otomano, desenvolveram-se sem maiores problemas: os Exércitos coligados da Liga Balcânica, contavam com 700.000 homens contra os 320.000 otomanos e a frota grega bloqueou a península, impedindo a chegada de reforços otomanos. Enquanto os búlgaros se concentravam em atacar na direção de Istambul e sitiavam Edirne, com reforços sérvios, os gregos ocupavam Thessaloniki em 8 de novembro de 1912, onde os búlgaros chegaram no dia seguinte. Ou seja, o que se desenvolveu, de verdade, nos primeiros momentos da Primeira Guerra Balcânica de 1912, como estamos podendo ver, foi uma total sincronia de operações militares geoestratégicas, entre nações cristãs ortodoxas europeias, contra a presença turca-otomana, o que pode ser entendido também, como um movimento que resgatava certas demandas levantadas na liga anti-otomana durante a era medieval.

Na Macedônia, os sérvios ocuparam cidades além da linha de expansão máxima acordada com os búlgaros, tomando Prilep, Bitola e Ocrida. No oeste, a Sérvia, determinada a conseguir um porto no Mar Adriático, avançou para Dirráquio, apesar de ser um território majoritariamente albanês, cercando Scutari com a ajuda de Montenegro. No sudoeste, a Grécia atacou Ioannina. No início de 1913, as posições otomanas na península estavam limitadas a quatro cidades sitiadas: Istambul, Edirne, Scutari e Ioannina. As grandes potências intervieram então, para decidir a repartição dos territórios através da imposição em maio do Tratado de Londres, que atribuiu Edirne à Bulgária, Creta à Grécia e criou a Albânia contemporânea, graças à insistência da Itália e da Áustria-Hungria, que não desejavam que a Sérvia tivesse acesso ao Adriático. Desta maneira, Sérvia e Grécia, tendo perdido os territórios albaneses, ocupados durante o conflito, decidiram compensá-lo em outro território. O apetite em relação ao território macedônio, portanto, apenas aumentava.

Ou seja, internamente, a situação em que, Vasil Radoslavov, o primeiro-ministro búlgaro, assumiu as rédeas do governo, era catastrófica. Esperava-se que os romenos ocupassem a capital a qualquer momento, gerando uma ideia entre uma facção ultranacionalista romena de criar um enclave romeno entre a Macedônia e a Albânia, algo que seria proposto no andamento da Segunda Guerra Mundial pelo general e mariscal Ion Antonescu. Imediatamente, o novo governo búlgaro tentou acabar com o conflito, iniciando contatos com seus adversários geopolíticos. As primeiras negociações com sérvios e romenos falharam e o avanço dos Exércitos inimigos continuou, apesar de certos sucessos marciais contra os gregos no vale de Strumica. Motins, insubordinação e doenças se espalharam entre as tropas búlgaras, que não conseguiram impedir a união de romenos e sérvios na região de Belogradchik, de 12 a 25 de julho de 1913. Depois de que, a Rússia interveio para que, sérvios e romenos, concordassem em negociar a Paz, os búlgaros imediatamente aceitaram a proposta romena para iniciar as negociações em Bucareste em 21 de julho. Então, 9 dias depois, em 30 de julho, as delegações se reuniram, pela primeira vez, na capital romena.

As tentativas búlgaras de bajular os romenos e desfazer a coalizão contra eles, bem como de alcançar a unidade da Macedônia e conceder-lhe autonomia com o objetivo de anexá-la no futuro, falharam. Em 10 de agosto de 1913, seu governo teve que assinar o Tratado de Bucareste, que selou a derrota búlgara contra seus aliados recentes. A Sérvia e a Grécia compartilharam quase toda a Macedônia e a Romênia confirmou a posse do sul de Dobruja. Um pouco mais tarde, pelo Tratado de Constantinopla com os otomanos, eles recuperaram o controle da Trácia oriental. Não obstante, os ganhos territoriais para a Bulgária, ao longo da Segunda Guerra Balcânica, foram escassos após seu grande sacrifício militar e financeiro. Este segundo conflito acarretou pesadas perdas territoriais para a Bulgária, que teve de entregar a Dobruja meridional, cedida à Romênia, além de quase toda a Macedônia, com exceção dos territórios que circundam Strumica, embora tenha mantido o seu acesso ao Egeu, através de uma faixa de 120 quilômetros e o porto de Dedeagatch. A Sérvia conquistou quase todo o norte da Macedônia, o Império turco-otomano recapturou Edirne e a Trácia oriental, enquanto a Grécia, ocupou Epiro com Janina, estendendo-se uns 70 quilômetros ao norte e a leste de Tessalônica. Montenegro e Sérvia compartilharam o Sanjacado e, a existência de um Estado albanês na região, foi consolidada.

A Guerra dos Bálcãs resultou, como estamos abordando, em mudanças drásticas na demografia da Macedônia depois de que, os otomanos foram expulsos da região. A Macedônia estava encravada entre os Estados balcânicos, com a parte norte sob o domínio sérvio, o sul sob o domínio grego e o nordeste sob o domínio búlgaro. A geografia lhe havia concedido à Macedônia, o destino de estar entre três potências regionais indudáveis. Assim, quis a sina que, a Macedônia enfrentasse três correntes nacionalistas de cunho irredentista, a sérvia, a búlgara e a grega. Desta maneira, não é difícil entender que, após as duas guerras balcânicas de 1912 e 1913 e a dissolução do Império Otomano, que viria a concretizar-se, a maior parte dos territórios macedônios, fosse dividida entre Grécia, Bulgária e Sérvia. O território do moderno Estado macedônio foi anexado pela Sérvia e nomeado Sul da Sérvia. Após a partição, uma campanha antibúlgara foi realizada nas áreas sob controle sérvio e grego. Cerca de 641 escolas búlgaras e 761 igrejas foram fechadas pelos sérvios, enquanto clérigos e professores com tendências pró-búlgaras foram expulsos. O uso do búlgaro padrão (incluindo todos os dialetos macedônios) foi proibido.

6.2 - Desfecho das Guerras Balcânicas e o despontar da Romênia, como uma potência regional

Se podemos mencionar claramente a Bulgária, como a grande perdedora ao final das duas grandes guerras balcânicas, é necessário ressaltar a projeção que teve a Romênia, além da Sérvia, nos desenlaces geopolíticos destes eventos que sacudiram os Balcãs, entre 1912 e 1913. Com a perda de protagonismo geopolítico da Turquia em 1912, algo sentido desde 1878 e a debacle búlgara em 1913, a Romênia, somado ao fato de Sérvia e Grêcia não conseguirem alcançar totalmente, suas pretenções territoriais, se projeta como uma indiscutível potência regional. Não participando do pleito bélico de 1912, apenas entrando em 1913 e recebendo o sul da Dobruja, os romenos saem muito fortalecidos após a ratificação do Tratado de Bucareste.

De fato, é precisamente a Segunda Grande Guerra Balcânica de 1913, que projeta a Romênia em uma condição de potência regional no contexto geopolítico continental. Após a Segunda Guerra Balcânica, na qual a intervenção da Romênia foi decisiva, além do subsequente Tratado de Bucareste de 1913, a posição dominante da Romênia no sudeste da Europa foi confirmada. Ademais do resgate do *Cadrilater* (Dobruja meridional), a Romênia também levantou a questão dos balcânicos valacos ao sul do Danúbio, que considerava seus compatriotas. Muito distante de serem integrados por Bucareste, no entanto, a Romênia conseguiu a reconquista histórica do sul de Dobruja, como compensação por não poder anexar os bolsões romenos étnicos ao sul do Danúbio. Neste momento, a Romênia era, sem dúvidas, a nação mais forte dos Bálcãs, condição que os fazia acreditar que era necessário consolidar sua aspiração irredentista milenar, dado que, seus vizinhos, também ancorados em perspectivas irredentistas, estavam abocanhando territórios, de manera paulatina e estratégica. O argumento da Romênia de que, havia alterado a balança da guerra, foi aceito sem sérias objeções, em parte porque, a atitude da Bulgária, não atraiu muita simpatia, nem de sérvios e gregos, tampouco das grandes potências, como Inglaterra e França.

Apesar de não anexar as áreas habitadas pelos valacos balcânicos, a Romênia ganhou a proteção das escolas e igrejas destes, nos Estados ao sul do Danúbio Assim, a Roménia foi o único país balcânico a obter garantias dos seus três vizinhos, que se comprometeram a reconhecer o seu interesse e respeito pela autonomia dos valacos balcânicos. O status destes últimos, nos territórios búlgaros, foi resolvido em 4 de agosto, nos territórios gregos em 5 de agosto e nos territórios sérvios entre 5 e 7 de agosto. O Tratado de Bucareste de 1913 foi assinado em 10 de agosto. Um aspecto notável deste tratado foi a falta de participação real das grandes potências europeias. Os Estados balcânicos lutaram para resolver suas diferenças antes que as grandes potências pudessem novamente intervir em seus assuntos, ansiosas para impor suas agendas, que, muito provavelmente, ia contra as aspirações dos entes políticos da região. Esse cenário não significa que, no entanto, o tratado tenha passado despercebido, mas as reações entre as grandes potências foram mistas: houve alvoroço nas capitais da Alemanha, Áustria-Hungria e Rússia, enquanto ingleses e franceses, por sua vez, se alegraram com a "maioridade" dos Estados balcânicos. As Grandes Potências não revisaram o tratado. Em geral, o eixo ocidental das potências do Concerto da Europa provaram ser bastante indefesas nas crises dos Bálcãs. Eles não foram capazes de evitar guerras e, posteriormente, não podiam ignorar seus resultados. A ideia de revisar o Tratado de Bucareste de 1913 teve que ser abandonada, embora isso também tenha ajudado a preparar o terreno para os gatilhos que resultariam na Primeira Guerra Mundial, além das bem conhecidas intenções francesas de vingar os alemães pela guerra franco-prussiana de 1870-71.

Posteriormente, em 1914, a Romênia conseguiu impor seu candidato ao trono do Principado da Albânia e apoiar seu reinado com o envio de forças militares até a força de um batalhão. O breve período da Romênia como uma relevante potência regional, começou com o Tratado de Bucareste de 1913, mas terminou em outubro de 1916, embora o país tenha recuperado essa proeminência geopolítica em 1919, após sair vitorioso na Grande Guerra. Tendo entrado na Primeira Guerra Mundial ao lado dos Aliados, em 27 de agosto de 1916, depois de ter permanecido neutral nos dois primeiros anos do sangrento conflito que varreu o continente, a Romênia lançou uma operação militar especial na Transilvânia já nas cinzas da guerra. No entanto, em 16 de outubro, a Transilvânia foi liberada das tropas romenas. Uma semana depois, em 23 de outubro, as Potências Centrais capturaram o principal porto marítimo da Romênia, fazendo com que, o país recuasse e fosse reduzido à Moldávia Ocidental, com sua capital em Iasi. Não em vão, dita cidade recebe a alcunha, entre outras, de Cidade Heroica. A resistência romena culminaria com a vitória na frente ocidental, conduzindo a que, o país reconquistasse, além de todos os territórios ocupados na guerra pelas Potências Centrais, a tão desejada Transilvânia histórica, coração do Reino da Dácia ancestral. Assim sendo, pelo enorme significado histórico daquele evento contemporâneo, pelo qual, os romenos aproveitaram o vácuo de poder e o cenário geopolítico pertinente e oportuno, para reconquistar uma região nevrálgica dos Históricos Territórios Romenos, entre 1916 e 1919, este conflito é conhecido na historiografia romena, como 'Guerra pela Reintegração Nacional'. Entre 1920 e 1940, no período entreguerras, embora vivesse uma certa instabilidade política, o país conseguiu resgatar e manter certa posição de poder regional, aumentando seu peso geopolítico na arquitetura de forças no continente europeu.

6.3 - Catástrofe nacional búlgara e bandeira irredentista, como um revisionismo revanchista

Voltando à Bulgária, após o desastre na Segunda Guerra Balcânica, os búlgaros levantaram a bandeira irredentista por um bom tempo, algo que marcou profundamente, o inconsciente coletivo búlgaro. A propósito, esse sentimento búlgaro se remonta ao Tratado de Berlim, de 13 de julho de 1878, quando as fronteiras búlgaras decretadas pelo Tratado de Santo Estêvão, quatro meses antes, em 3 de março, foram desconhecidas. O objetivo dos sucessivos governos búlgaros, desde julho de 1878, ganhando um profundo respaldo institucional em 1908, com a proclamação de independência, até o final da Primeira Guerra Mundial, foi desfazer as consequências do Acordo de Berlim e recuperar as fronteiras efêmeras de Santo Estêvão. Por certo, a guerra, entre Sérvia e Bulgária em 1885, que consagrava a reunificação búlgara, evidenciou a incapacidade do acordo de Paz nos Balcãs, imposto pelo Tratado de Berlim de 13 de julho de 1878, que causou instabilidade regional, devido à quebra do equilíbrio geopolítico. Esse complexo cenário revelava ao mundo o enorme caldeirão geopolítico da conturbada região balcânica e do leste europeu.

No outono de 1915, já no contexto da Grande Guerra (1914-1918), a Bulgária juntou-se às Potências Centrais e ganhou, rapidamente, o controle da maior parte do território da atual República da Macedônia do Norte, como era um de seus objetivos geoestratégicos principais. O país era comandado, naquela época, por um ultranacionalista, de tendência irredentista, Vasil Radoslavov, totalmente anti-sérvio, sendo também, o principal político búlgaro da corrente russofóbica do início do século XX. Após o fim da Primeira Guerra Mundial, a área voltou ao controle sérvio, como parte do recém-formado Reino dos Sérvios, Croatas e Eslovenos e viu uma reintrodução das medidas antibúlgaras da primeira ocupação (1913-1915): professores búlgaros e clérigos expulsos, sinais e livros na língua búlgara foram removidos e todas as organizações búlgaras foram dissolvidas. O que de fato ocorreu, foi um verdadeiro etnocídio, somado ao feroz processo de desbulgarização dessa porção territorial geoestrategicamente relevante dos Bálcãs e, historicamente vinculada, com o Dasein búlgaro.

O território da atual República da Macedônia do Norte, pertencia diretamente ao governo sérvio (e depois ao Reino da Iugoslávia), sendo chamado de "Sul da Sérvia" ou "Vardar banovina" (distrito). Um intenso programa de "servianização" foi implementado durante as décadas de 1920 e 1930, quando a população local, historicamente vinculado à cultura búlgara, como já informado, foi assimilada à força, pela cultura sérvia. Apenas a língua sérvia era permitida e ensinada, enquanto as famílias macedônias eslavas (culturamente búlgaras) viam seus nomes modificados para formas sérvias (Stankov tornou-se Stanković, Atanasov passou a ser Atanacković, etc.). Outras minorias étnicas na Macedônia, que permaneceram sob controle sérvio, também foram reprimidas durante o período entreguerras, com milhares de presos. A população macedônia dos lados grego e búlgaro também experimentou um período de intensa assimilação e repressão. Assim, as três famosas potências regionais ao sul do Danúbio, produziram processos de integração ao seu núcleo titular identitário.

As Guerras Balcânicas significaram a expulsão definitiva do Império turco-otomano da Península Balcânica, exceto no extremo leste da Trácia, o estabelecimento de fronteiras quase definitivas que duraram, exceto por breves intervalos, durante as Guerras Mundiais, além do nascimento da Albânia como um Estado independente. Não obstante, as duas grandes guerras de 1912 e 1913, não resolveram as históricas disputas territoriais entre os diferentes entes políticos balcânicos. A Bulgária manteve seu desejo de alcançar as fronteiras do Tratado de Santo Estevão de 1878, em um cenário regional bastante turbulento em que, os territórios da Macedônia do Norte, Trácia e Dobruja, continuaram profundamente disputados entre os países da região sul-balcânica, além da Romênia, interessada em consolidar seu poder sobre a zona meridional da região costeira da Dobruja.

A Bulgária sofreu baixas significativas nas duas guerras dos Bálcãs: 66.000 mortos e 110.000 feridos em uma população de pouco mais de 3 milhões. Este cenário, somado às perdas territoriais daquele período, levou os búlgaros a considerarem o desfecho das Guerras dos Bálcãs, como 'Primeira Catástrofe Nacional'. A segunda seria conhecida ao final da Primeira Guerra Mundial, quando os búlgaros foram obrigados a assinar um Tratado que ficaria conhecido na história como Neuilly-sur-Seine, assinado em 27 de novembro de 1919, em Neuilly-sur-Seine, na França, entre o Reino da Bulgária e as potências vitoriosas na Primeira Guerra Mundial. De acordo com as estipulações do tratado, a Bulgária reconheceu o novo Reino da Iugoslávia, comprometeu-se a pagar quatrocentos e cinquenta milhões de dólares em compensação e reduziu seu Exército a vinte mil soldados. Além disso, perdeu quatro enclaves de terras ocidentais em favor da Iugoslávia e cedeu a Trácia ocidental ao Reino da Grécia, deixando-a sem acesso ao Mar Egeu. O tratado é conhecido na Bulgária como a 'Segunda Catástrofe Nacional'. Ou seja, fizeram com a Bulgária algo semelhante ao que impuseram à Alemanha com o Tratado de Versalhes. O orgulho nacional búlgaro foi, literalmente, mutilado.

Foto 10: Perdas territoriais búlgaras pelo Tratado de Neuilly.

Fonte: https://es.wikipedia.org/wiki/Tratado_de_Neuilly-sur-Seine

6.4 - Projeção sérvia sobre o solo macedônio e o legado da guerra após a sacrifício nacional pelo expansionismo sulista

Já a Sérvia, quase dobrou seu território (passou de 48.300 km² para 87.300 km²), aumentando, significativamente, sua população (passou de 2,9 milhões para 4,4). Mas as consequências também foram graves, apesar da obtenção de novos territórios. A mobilização de quatrocentos mil militares durante cerca de dez meses custou ao Estado três vezes o orçamento de 1912 ou quatro vezes o de 1911, pelo que, em 1914, o país mergulhou numa grave crise econômica. O recrutamento também prejudicou os rendimentos das safras de 1912 e 1913, ao privar o campo de parte da força de trabalho, o que causou inflação nos preços dos alimentos e fome em alguns condados. A redução da produção agrícola em um país, predominantemente rural, também reduziu as receitas do erário. O conflito também causou grande número de mortos e feridos, consumindo grande parte do armamento disponível, o que deixou o Exército em péssimas condições para combater a próxima guerra. Nas duas contendas sangrentas, que varreram os Balcãs, no bienio de 1912-13, o Exército teve 36.500 mortos, 16.300 deles por doenças, não em combate, além de 55.000 feridos graves, muitos dos quais, acabaram incapacitados para o resto da vida. Estima-se que, o Exército perdeu pouco mais de um quarto dos seus homens (cerca de noventa e um mil) e outros três mil homens morrendo nos combates na Albânia e nos territórios adquiridos em 1913.

Para o Império turco-otomano, essas guerras representaram um grande desastre: perda de 80% de seus territórios europeus e quatro milhões de habitantes, 16% da população total do Império. Cerca de quatrocentos mil refugiados deixaram os territórios perdidos e se estabeleceram no que restava deste aparelho administrativo imperial em total decadência, desmoronamento e fragmentação. Se já não fosse o bastante, militarmente também, custaram muito caro: o Exército perdeu quatorze de suas quarenta e três divisões, além da guarnição de Adrianópolis. Apenas seis das divisões pré-guerra não participaram dos combates com um custo de mais de duzentos e cinquenta mil baixas aos otomanos, interrompendo a organização do Exército. Não em vão, desde o decorrer do século XIX, o Império otomano já vinha recebendo, merecidamente, a alcunha de "doente da Europa", devido a um desmoronamento paulatino, que acarretava, inegavelmente, a uma perda do poder geopolítico.

A ORMI continuou a lançar uma guerra insurgente, em Vardar Banovina, juntamente com a Organização Revolucionária da Juventude Secreta da Macedônia, que também realizou ataques de guerrilha contra as autoridades administrativas e militares sérvias lá. Em 1923, em Stip, uma organização paramilitar chamada 'Associação Contra Bandidos Búlgaros' era formada por chetniks sérvios, renegados da ORMI e membros da Organização da Federação da Macedônia (OFM) para se opor à ORMI. As ideias macedônias cresceram durante o período entreguerras, na Macedônia Vardar, na Iugoslávia, bem como, entre a diáspora marxista na Bulgária, sendo apoiadas pelo Comintern. Em 1934, este último, emitiu uma resolução especial na qual, pela primeira vez, foram fornecidas instruções para reconhecer a existência de uma nação macedônia separada, com sua própria língua. Aqui vemos claramente os desejos e interesses da Internacional Comunista, também conhecida como Terceira Internacional, uma organização internacional fundada por Vladimir Lenin e o PCUS, em março de 1919, para balcanizar ainda mais, a já devastada região dos Bálcãs, legando aos búlgaros, povo que possui profundas conexões histórico-culturais com os macedônios eslavos, uma cruel desapropriação linguística, pavimentando o caminho à criação de uma Macedônia separada da Bulgária, que viria a consolidar-se, sob a égide titoísta.

6.5 - Titoísmo e o projeto artificial de criação de 'nação' macedônia anti-búlgara

Após a Segunda Guerra Mundial, o líder comunista iugoslavo, Josip Broz Tito, decidiu que, a política de servianização na Macedônia, havia fracassado, gerando forte ressentimento em Belgrado, provocando revoltas sérvias anti-Tito nas principais ruas e avenidas da capital. Além disso, os macedônios deram forte apoio ao movimento de resistência partidária de Tito, atacando os irredentistas búlgaros, alemães e italianos, opondo-se aos monarquistas sérvios (chetniks), que eram, até a metade da guerra, os rebeldes ocidentais favoritos na Sérvia. A resistência macedônia, mesmo que projetada por Tito e potências estrangeiras, como a Inglaterra, tinha um caráter fortemente regionalista, não menos como reação à repressão sérvia pré-guerra, mas também, como reação ao processo de assimilação cultural pelo governo de Sofia. Ficou bastante evidente, inclusive antes do fim da guerra, que Tito buscaria grandes mudanças no equilíbrio político da região, aproveitando componente tripartido macedônio para reequilibrar o tabuleiro goepolítico dos Balcãs a seu favor, debilitando as pretenções irredentistas, tanto búlgaras, como gregas, além de inviabilizar uma projeção cultural sérvia em históricas terras búlgaras, impedindo uma assimilação cultural pró-sérvia, como era levantada por setores ultranacionalistas chetniks.

Assim, após a guerra, Tito apoiou a separação da Macedônia Iugoslava da Sérvia, tornando-a uma república da nova federação iugoslava (como a República Socialista da Macedônia), em 1946. Também apoiou o conceito de uma nação macedônia separada, como outro meio de cortar os laços da população eslava da

Macedônia iugoslava com a Bulgária, que já, eram inquestionáveis os vínculos histórico-culturais com o Dasein búlgaro. Desta forma, Tito também procurou impedir tentativas e aspirações irredentistas búlgaras ou, talvez, manifestações locais por uma re-anexação à Bulgária, pois Tito tambén possuia o sonho de integrar Bulgária e Grécia em uma espécie de Iugoslavia ampliada. Neste processo de criar uma identidade separada da búlgara, embora a língua macedônia seja muito próxima da búlgara, as diferenças foram enfatizadas e as figuras históricas da região eram promovidas como sendo exclusivamente macedônias (particularmente opondo-se, tanto aos sérvios, quanto aos búlgaros). Uma Igreja Ortodoxa Macedônia separada foi estabelecida, separando-se da Igreja Ortodoxa Sérvia e da Igreja Ortodoxa Búlgara. O sentimento pró-búlgaro foi reprimido à força.

No entanto, no processo de criação de uma forte identificação local separada, tanto do sérvio, como do búlgaro, quanto do grego, Tito intensificou, ainda que meio artificialmente, um movimento estatista macedônio, que conspirava contra ele, principalmente, da diáspora. Assim, o Comandante-em-Chefe do Estado Federal Iugoslavo criou um novo problema para a futura integração da República da Macedônia ao Estado Federal Iugoslavo. Ou seja, Tito estava preso numa jaula geopolítica, comandando um Estado que, embora nacesse com o intuito genuino de libertação do jugo austro-magiar e otomano, à esta altura, devido a seu enfoque materialista, de cunho comunista internacionalista, reduzindo às cinzas o que fora a Iugoslávia de 1919 a 1939, baseada no Reino dos Servios, Croatas e Eslovenos, com o revivamento cultural do renascimento ilírico e um ressurgimento da Rascia, sob a monarquia sérvia, o Estado Titoísta, por assim dizer, não fez outra coisa que transformar, um Estado estabelecido por uma aspiração legítima e milenar, a ser, meramente, uma prisão de povos. Desta maneira, assim como o sentimento pró-búlgaro foi suprimido, também o foram os ideólogos de uma pátria macedônia separada e independente da Iugoslávia, embora inicialmente, convinha ao Estado titoísta promover a especificidade macedônia, em detrimento da cultura búlgara, avivando o espírito coletivo macedônio e alentando um nacionalismo, criando mitos exóticos, gerando a falsa sensação de nacionalidade. Tito tinha, como meta, como vemos, a consumação de uma pátria iugoslava materialista, baseada em princípios comunistas, sob o prisma de uma cidadania iugoslava, que suplantasse as antigas identificações, étnicas e confessionais existentes neste território, que integrou juridicamente desde 1918.

Sobre a separação da Macedônia da Sérvia, criando uma entidade separada dentro da Iugoslávia, de acordo com os planos e objetivos titoístas, tal governante tinha vários motivos para fazê-lo. Primeiro, desejava reduzir o domínio sérvio na República Comunista Federal da Iugoslávia, estabelecendo um território formalmente considerado macedônio em pé de igualdade com a Sérvia dentro da Iugoslávia. Em segundo lugar, Tito queria separar os laços da população macedônia com a Bulgária, o que poderia questionar a unidade da federação iugoslava. Em terceiro lugar, procurou justificar futuras reivindicações iugoslavas, dirigidas ao restante da Macedônia geográfica. Em agosto de 1944, afirmou que seu objetivo era reunificar "todas as partes da Macedônia, divididas em 1915 e 1918 pelos imperialistas balcânicos", fazendo uma reivindicação pública aos nacionalismos irredentistas da Sérvia, Grécia e Bulgária. Ao final, Tito iniciou negociações com a Bulgária para um novo Estado federal, que provavelmente incluiria a Albânia e apoiaria os comunistas gregos na Guerra Civil deste país. A ideia de reunificar toda a Macedônia sob um governo comunista foi abandonada em 1948, quando os comunistas gregos perderam e Tito se desentendeu com a União Soviética, rompendo também, com os soviéticos pró-búlgaros.

Como estamos abordando, Tito buscou criar, de maneira artificial, o conceito de "nação macedônia", evitando, o máximo possível, reivindicações territoriais da Búlgaria, matando o irredentismo búlgaro na região da Macedônia do Norte. Neste mesmo ímpeto, buscando inviabilizar, reclamações territoriais italianas na Ístria e Dalmácia, Tito protagoniza o Êxodo juliano-dálmata, com tragédias, como os Massacres das Foibas, envolvendo todos aqueles que questionavam o novo governo iugoslavo, algo particularmente relevante na Ístria, onde inteiras localidades foram esvaziadas e seus cidadãos foram obrigados a fugir para o exílio. O fenômeno ocorreu em todos os territórios sequestrados da Itália pelo Estado titoísta, como previsto pelo Tratado de Paris e, em menor medida, em áres litorâneas da Dalmácia, conquistadas pelos partisanos titoístas. Analizaremos este fenômeno, aos pormenores, no próximo capítulo.

Portanto, no desejo e em seu profundo impulso por formar uma identidade balcânica plurinacional, sob a égide forte do Estado Iugoslavo, Tito vai agrupar os sunitas na Bósnia, limitando a recolonização massiva de sérvios no Kosovo, pois como queria integrar a Albânia, a Bulgária e, até a Grécia em sua nova

"Iugoslávia", concederá mais autonomia a essas minorias nacionais agrupando-as em repúblicas autônomas. Assim, Tito, objetivando enfraquecer e debilitar os nacionalismos, como ocorreu na URSS, tenta consumar, artificialmente, uma identidade iugoslava. Não obstante, esse projeto magalomaníaco titoísta, fracassaria com o rompimento com Stálin, devido a recusa soviética em ajudar as guerrilhas comunistas gregas (apoiadas por Tito), entregando-as a mercê dos ingleses e estadunidenses, algo que acarreta a expulsão da Iugoslávia do Commintern, em 1948, arrastando também, além da Grécia, Albânia e Bulgária, para fora do projeto de unificação. Porém, os vínculos com a Albânia, guarde bem este detalhe, nunca seriam totalmente cortados, como veremos mais adiante nesta obra.

As ações de Tito tiveram várias consequências importantes para os macedônios. A mais importante, obviamente, foi a promoção de uma identidade macedônia distinta, como parte da sociedade multiétnica da Iugoslávia. Numerosas descrições da Macedônia do Norte do final da década de 1940 afirmam que, a política de bulgarização durante a tentativa de reintegração por parte do Estado búlgaro, tanto nos períodos da Primeira Guerra Mundial (1914-1918), quanto na Segunda Guerra Mundial (1941-1944), foi tão abominável para os macedônios, como a política de servianização aplicada, entre 1918 e 1939. Devido a essas conclusões, iniciou-se uma campanha do Comitê Central Iugoslavo para introduzir e disseminar narrativas antissérvias e antibúlgaras no território da ex-República da Macedônia da Iugoslávia Titoísta. O líder da Organização Revolucionária Interna da Macedônia (VMRO), no exílio, Ivan Mihailov, além do renovado VMRO búlgaro, após 1990, argumentaram que, ao final da década de 1940, entre 120.000 e 130.000 indivíduos, foram enviados aos campos de concentração de Idrizovo e Goli Otok, pelo simples fato de compartilharem ideias simpáticas à Bulgária, sendo considerados pró-búlgaros, além dos independentistas macedônios, sendo este fato também confirmado pelo ex-primeiro-ministro Ljubcho Georgievski.

Assim, como pode, um Estado que mantém uma série de campos de concentração, tentando apagar identidades nacionais locais, além de esforçar-se para inviabilizar irredentismos de nações colindantes, não ser considerado uma prisão de povos? A Iugoslávia Titoísta (1945-1980) rompeu totalmente com a Iugoslávia original nascida da espontaneidade do renascimento cultural ilírio contra as opressões austro-magiar e otomana. Qualquer que seja a profunda verdade histórica, é certo que, a maioria dos macedônios adotou o reconhecimento oficial de uma nacionalidade separada. Muitos dos quais, é importante ressaltar, abraçaram essa corrente de independência e separação da nação búlgara, justamente devido ao contundente esforço estatal promovido pelo Estado Titoísta.

Na Grécia, os macedônios eslavos enfrentaram as restrições impostas e foram vistos por seu governo, como uma minoria potencialmente desleal. Os gregos foram reassentados na região em 1923, como resultado da troca de população com a Turquia que se seguiu à derrota militar grega na Ásia Menor, no contexto da guerra greco-turca (1919-1922), quando os turcos, diga-se de passagem, foram respaldados pelas tropas bolcheviques leninistas. Após a Segunda Guerra Mundial, muitos dos macedônios que viviam na Grécia optaram por emigrar para países comunistas para evitar perseguições por terem lutado ao lado dos comunistas gregos na Guerra Civil Grega ou eram forçados a fazê-lo. Embora houvesse alguma liberdade, entre 1959 e 1967, a ditadura militar grega voltou a impor duras restrições. A situação melhorou, gradualmente, após o início do governo de Michail Stasinopulos, a meados dos anos 1970, mas o Estado helênico, ainda recebe muitas críticas por seu mau tratamento das minorias.

Macedônios eslavos na Albânia enfrentaram restrições sob a ditadura stalinista paranóica de Enver Hoxha, com os albaneses sendo tratados, apenas um pouco melhor. Na Albânia de Enver Hoxha, ninguém estava seguro, nem mesmo os próprios albaneses. A invasão desenfreada da província sérvia kosovar, financiada e estimulada, sob o slogan "Fraternidade entre os Povos", por incrível que pareça, pelo próprio idealizador desta República Federativa Iugoslava (1945-1991), recreada sob princípios comunistas, Josip Tito, é a maior testemunha. Não obstante, é importante matizar que, a existência macedônia em solo albanês, como uma minoria separada, foi reconhecida em 1945, com um pequeno grau de expressão cultural sendo permitido, algo sendo perdido com o decorrer das décadas.

Embora com todo o processo histórico e distorções protagonizadas por políticos, respaldados por seus respectivos aparatos jurídico-estatais e influenciados por diferentes conjunturas geopolíticas regionais, determinadas por interesses geoestratégicos, etnógrafos e linguistas, ainda tendem a identificar a população da Macedônia do Norte como búlgaros étnicos. É dizer, os macedônios eslavos da atual Macedônia do Norte, ainda estão aparentados, culturalmente, com o ethos búlgaro, compartilhando com os búlgaros, uma série de fenômenos históricos. Essa resiliência civilizacional de uma Bulgária irredenta, por assim dizer, reforça a tese de que, embora com todo o esforço estatal titoísta e do interesse geoestratégico da Anglosfera de sepultar a ideia de uma Bulgária Maior na região balcânica, algo que se remonta desde o Tratado de Santo Estevão de 1878, uma considerável parte de linguistas, etnógrafos e historiadores, ainda classifica os macedônios, como búlgaros étnicos de religião ortodoxa. No entanto, reconhecem que, no período entreguerras (1918-1939), o fenômeno de uma minoria macedônia no espaço cultural histórico búlgaro surgiu, no final da década de 1940, algo potencializado obviamente, como vimos, pelas políticas antissérvias e antibúlgaras, instituídas e difundidas por Tito.

Em 1946, a população de Macedônia Pirin (província búlgara de Blagoevgrad) foi declarada macedônia e professores foram trazidos da Iugoslávia para ensinar a língua macedônia recentemente codificada. O censo de 1946 foi acompanhado por repressões massivas, cujo resultado foi a destruição completa das organizações locais da Organização Revolucionária Interna da Macedônia e a remoção em massa da população para o campo de concentração de Belena. A política foi invertida, no final da década de 1950, após severa pressão dos governantes búlgaros, argumentando que, os dois censos realizados, em 1946 e 1956, resultaram da pressão do regime titoísta para impor uma política de subjugação linguística aos búlgaros étnicos, que viviam em "território histórico búlgaro, agora sob jurisdição do Estado iugoslavo". Os governos da Europa Ocidental ficaram, no entanto, desconfiados e continuaram a listar, a população da Macedônia de Pirin, uma provincia búlgara chamada de Blagoevgrad, como macedônios, até o início dos anos 1990, apesar do fato de que, o censo de 1965, listou apenas 9.000 macedônios no país. Os dois últimos censos, após a queda do regime da República Federal da Iugoslávia, de 1992 e 2001, porém, confirmaram os censos anteriores com apenas 3.000 indivíduos se declarando macedônios em Macedônia Pirin (menos de 1% da população da região), exceto outros 5.000 no resto da Bulgária.

A separação da República da Macedônia da ex-Iugoslávia em 1991 levou a uma intensa disputa nacionalista com a Grécia que ainda não está totalmente resolvida. Os gregos acreditam que o nome 'Macedônia' representa algo pertencente à história, cultura, identidade e civilização greco-helênicas, da qual a Macedônia faz parte. O mesmo aconteceu com a Bulgária, que, vendo a Macedônia novamente independente, levou os nacionalistas búlgaros irredentistas a inflar sua população e o governo central de Sófia, a reivindicar aquele território como parte indissociável da Bulgária Histórica. Na verdade, Volen Siderov e seu partido ultranacionalista, 'Unión Nacional Ataque', são os maiores defensores das reivindicações territoriais búlgaras. Após a independência, alcançada com a desintegração do Estado iugoslavo no início dos anos 1990, a posição dos macedônios melhorou um pouco na região, embora ainda persistam problemas significativos. Dentro da República da Macedônia, rebatizada por Macedônia do Norte em 2018, por pressões de Atenas, os macedônios eslavos compreendem dois terços (aproximadamente 65%) da população. Após um breve conflito étnico com os albaneses em 1991, um acordo de divisão de forças macedônio-albanês está em vigor.

Na Albânia, o Estado continua a reconhecer os macedônios eslavos, como uma minoria legítima e oferece educação, na língua macedônia, nas regiões fronteiriças onde vive a maioria dos macedônios. No entanto, as organizações macedônias afirmam que, o governo subestima o número de macedônios no país, além de serem politicamente sub-representados, não havendo macedônios étnicos no Parlamento albanês.

A Bulgária geralmente mantém relações cordiais com os macedônios, reconhecendo-os como um grupo étnico diferente e considerando-os no último censo, realizado em 2001, como um grupo étnico diferente do búlgaro, enfurecendo os mais nacionalistas, especialmente o grupo de Siderov. No entanto, embora com a aceitação do governo de serem um grupo étnico separado do ethos búlgaro e com certos direitos, grupos macedônios no país relataram abuso oficial, com o Tribunal Constitucional búlgaro declarando um pequeno partido político macedônio eslavo em 2000, como separatista e autoridades locais proibindo reuniões políticas. A Grécia, por sua vez, não reconhece nenhuma minoria étnica: apenas uma "minoria religiosa", a minoria muçulmana grega na Trácia, segundo as condições estabelecidas no Tratado de Lausanne, opondo-se ao uso do termo "macedônios" para se referir à minoria eslava no país, centrada na cidade grega de Florina, no norte do país. O termo "eslavo-macedônios" é, às vezes, usado nesse sentido, para distingui-los dos vários outros grupos étnicos que habitam a Macedônia. Há um partido político eslavo-macedônio na Grécia, o Partido do Arco-Íris (*Ουράνιο Τόξο, Виножито*). Nas eleições de 2007, obteve cerca de 6.000 votos (ou 0,098%) em toda a Grécia (cerca de 1.200 deles na Câmara Municipal de Florina).

Já, em relação à Sérvia, este país reconhece a minoria eslava macedônia em seu território, como um grupo étnico distinto e os contabiliza, anualmente, em seus censos. O irredentismo sérvio contemporâneo, por certo, não faz muita referência à Macedônia, conservando seus esforços para regiões verdadeiramente sérvias, como os casos de Montenegro, Krajina, Kosovo e Republika Srpska (zona autônoma sérvia ortodoxa inserida no contexto do Acordo de Dayton designado para a Bósnia-Herzegovina em 1995), sendo tais regiões referidas, as que os sérvios, realmente, tentam e desejam projetar-se sua esfera de influência regional, sendo a periferia imediata para os sérvios, algo elevado ao grau de Segurança Nacional, anelando a médio prazo, uma paulatina integração estatal jurídica e uma união aduaneira, objetivando a concretização de seu ideário irredentista.

7 - Deslatinização de Ístria e Dalmácia pelo Estado Titoísta, a agressão ao Irredentismo italiano

Assim como o Estado titoísta buscou debilitar e enfraquecer as posições búlgaras na Macadônia do Norte, orquestrou as mesmas manobras geoestratégicas em suas porções ocidentais, na Ístria e Dalmácia, em relação aos italianos e bolsões romenos minoritários, desmantelando os últimos resquícios latinos nesta ancestral e histórica região itálica, almejando inviabilizar totalmente, qualquer pretensão territorial italiana sobre o oriente do litoral adriático, consumando automaticamente, um processo de eslavização (croatinização).

A Ístria, desde os tempos da Antiga Roma, foi uma região oriental da Itália povoada por um povo totalmente latinizado, que, sucesivamente, esteve relacionado à República de Veneza durante a Idade Média. Em seu nordeste, após Carlos Magno, a Ístria registrou a chegada de alguns eslavos, que cresceram em número, como refugiados, especialmente por causa das invasões turcas nos Bálcãs. Quando Napoleão derrotou e anexou a República de Veneza em 1797, encontrou a Ístria povoada por italianos na costa e nas cidades, enquanto no interior, havia uma maioria de eslavos (especialmente eslovenos, dálmatas e croatas): esta multiplicidade étnica na mesma península, criou uma situação de antagonismo pela supremacia na Ístria, quando o nacionalismo se desenvolveu no início do século XIX, era esta caracterizada precisamente, pela famosa Primavera dos Povos, que tentava romper o estipulado pelo Congresso de Viena de 1815.

Como consequência, a Ístria foi palco de confrontos sangrentos entre eslavos e latinos: o nacionalismo dos eslavos lutou por quase dois séculos contra o irredentismo italiano dos istrianos de língua italiana. De fato, o irredentismo italiano na época da Primeira Guerra Mundial, foi ativamente seguido pela maioria dos italianos da Ístria, como o herói nacional italiano, Nazario Sauro de Capodistria. Com a vitória da Itália na Primeira Guerra Mundial, a Ístria passou a fazer parte do Reino da Itália em 1918, permanecendo italiana até 1947, ano em que foi cedida à Iugoslávia do ditador croata-esloveno Tito. Isso levou a um êxodo maciço de italianos da Ístria, onde quase 240.000 deles se refugiaram em Trieste e outras partes da Itália. Além disso, em 1945 foi criado o Território Livre de Trieste e, nos anos seguintes à divisão desse Território entre a Itália e a Iugoslávia, outros 40.000 italianos da Ístria decidiram se mudar da zona "B" iugoslava para a zona "A" italiana (que incluía Trieste). Desde a década de 1950, o irredentismo italiano desapareceu da Ístria, em parte devido à enorme redução dos italianos remanescentes na região. Atualmente, a Ístria é habitada principalmente por eslavos, mas quase 50.000 italianos ainda vivem na península adriática (dividida em áreas pertencentes à Eslovênia, Croácia e um pequeno território da Itália: Muggia). Não obstante, a causa irredentista italiana em relação à Ístria, é levantada por setores nacionalistas, principalmente por descendentes dos que sofreram o êxodo protagonizado pelo Estado titoísta, porém, é importante enfatizar que, o irredentismo latino perante a península adriática se remonta aos tempos do *Risorgimento*.

Depois de Napoleão, a ideia de "unificação" de todo o povo italiano em uma "Itália unida", começou a ser desenvolvida por intelectuais, como o istriano, Carlo Combi. Como consequência, o irredentismo italiano promoveu a unificação das áreas não incluídas na criação do Reino da Itália a partir de 1861, com a Ístria sendo uma das regiões mais reivindicadas. As ideias irredentistas dos nacionalistas italianos tornaram-se mais fortes após a unificação da Itália, em 1861. A opinião deles sobre os eslavos havia mudado completamente desde os tempos venezianos: eram vistos como camponeses incapazes de construir uma nação própria e, portanto, condenados a serem assimilados a uma identidade italiana. E as fronteiras da Itália já estavam previstas: estendiam-se até os Alpes orientais e o rio Arsa, para alguns até Fiume/Rijeka.

Os italianos da Ístria, como Tomaso Luciani de Albona, apoiaram totalmente, o Risorgimento italiano, culminando a que, os austríacos começaram a ver os italianos, como inimigos, fazendo com que Viena favorecesse as comunidades eslavas da Ístria. Essa reorientação de alianças geopolíticas regionais, gerou uma grande emigração dos italianos da Ístria antes da Primeira Guerra Mundial, resultando na redução de sua porcentagem dentro da península em número de habitantes (eram mais de 50% da população total durante a época de Napoleão, segundo o censo realizado pelo general francés Marmont), mas ao final do século XIX, os italianos foram reduzidos a apenas dois quintos de acordo com algumas estimativas. Por certo, em 1910, a composição étnica e lingüística foi completamente alterada, com os italianos sendo reduzidos a uma minoria (ainda que grande). De acordo com os resultados do censo austríaco, dos 404.309 habitantes do "Istria

Margravate", 168.116 (41,6%) falavam croata, 147.416 (36,5%) italiano, 55.365 (13,7%) esloveno, 13.279 (3,3%) alemão, 882 (0,2%) romeno e 2.116 (0,5%) outras línguas. No entanto, estudiosos como, Matteo Bartoli, reclamaram que essas porcentagens do censo incluíam algumas áreas fora da Ístria (como a ilha de Veglia/Krk e Castua, uma cidade principalmente croata ao norte de Fiume e fora da península da Ístria). Em sua opinião, a península da Ístria, ainda tinha uma maioria de italianos durante a Primeira Guerra Mundial. Em geral, os italianos viviam na costa, enquanto, croatas e eslovenos, residiam, principalmente, no interior.

Na segunda metade do século XIX, um choque de novos movimentos ideológicos, o irredentismo italiano (que lutou por Trieste e Ístria) e o nacionalismo esloveno/croata (que queria o desenvolvimento das identidades nacionais em alguns setores, enquanto tentava unir em um único estado outros eslavos do sul criando a Iugoslávia), resultou em um conflito étnico maior, entre os italianos de um lado e, de outro, os eslovenos e croatas. Isso estava entrelaçado com a luta de classes e conflitos sócio-econômicos, além de pleitos entre lideranças confessionais, já que, os habitantes das cidades da Ístria eram em sua maioria italianos, enquanto croatas ou eslovenos viviam principalmente no campo (embora no oeste e sul da Ístria houvesse muitos italianos nas áreas agrícolas). Sacerdotes eslavos tinham um papel importante no conflito étnico, pois, controlando o registro oficial da Igreja relacionado a nomes, cometeram muitos abusos (trocando muitos sobrenomes italianos em nomes eslavos). Em 1877, o deputado italiano do Parlamento da Convenção de Viena, Francesco Sbisà, denunciou a transformação de nomes e sobrenomes italianos em eslavos. Em 1897, Matteo Bartoli, um linguista de Rovigno, relatou que, 20.000 nomes haviam sido alterados, sendo parte de uma série de processos de falsificação, principalmente no leste da Ístria e, até mesmo, em algumas ilhas da Dalmácia, onde o fenômeno de deslatinização também esteve bastante presente.

Capodistria, era o centro do irredentismo italiano na Ístria. O principal *Comitato Istriano* (Comitê para a União para a Itália) funcionou nesta cidade, ponto de encontro dos mais famosos irredentistas da Ístria, como Carlo Combi e Antonio Madonizza. De lá, em 1848, muitos italianos da Ístria, foram lutar por Veneza contra os austríacos com a *Legione istriano-dalmata*. Depois de 1866, quando Veneza e sua região se juntaram à Itália, houve total apoio ao irredentismo entre todos os istrianos de língua italiana: Tino Gavardo, Pío Riego Gambini e Nazario Sauro, foram os mais famosos entre os promotores da unificação da Ístria à Itália. Muitos deles se alistaram voluntariamente no Exército italiano durante a Primeira Guerra Mundial contra o Império Austríaco. Alguns foram capturados e enforcados pelos austríacos, como o herói nacional da Itália, Nazario Sauro, em agosto de 1916. Em 1913, Pío Gambini Riego, Luigi Bilucaglia e Piero Almerigogna criaram o Fascio Giovanile istriano, enquanto em 1915, os austríacos internaram, em campos de concentração, quase 100.000 italianos da Ístria. Depois que a Ístria se uniu à Itália, graças à vitória italiana durante a Primeira Guerra Mundial, alguns irredentistas da Ístria ascenderam a altos níveis de importância dentro do governo italiano, como o general Vittorio Itálico Zupelli, que foi nomeado ministro. O irredentismo dos istrianos de língua italiana reapareceu (mas de forma muito reduzida) após a Segunda

Guerra Mundial, quando a maior parte da Ístria foi anexada pela Iugoslávia. Essa anexação forçada gerou o êxodo de quase todos os italianos da Ístria para a Itália, alimentado pelas perseguições, como o episódio do Massacre de Foibe, protagonizado pelo ditador Tito.

Como estamos vendo, o que deu-se a cabo, ao longo da história, similar ao ocorrido em Kosovo, foi uma inversão demográfica. Para comprovar, tal afirmação, se faz necessário a apresentação da porcentagem histórica de italianos na Ístria, através de uma retrospectiva de larga duração. A península da Ístria, ao sul da linha imaginária Trieste-Fiume, sempre teve uma maioria de italianos em sua composição étnica até a Segunda Guerra Mundial, conforme os seguintes censos:

1600: 80% (da população total da Ístria era italiana)
1797: 71% (")
1848: 64% (")
1910: 52% (")
1937: 58% (")
1961: 14% (")
2001: 15% (")

Neste contexto, é importante ressaltar que, somente depois de 1848 os censos foram feitos com precisão detalhada. Segundo fontes não oficiais, mas apoiadas por uma pesquisa do "*Diesta Istriana*" e do "*Ethnologue*", os italianos poderiam ser, pelo menos, 25% em 2001, caso não fosse o genocídio conduzido pelo Estado titoísta.

A Dalmácia possui uma trajetória histórica bastante semelhante. Com o desenvolvimento do Risorgimento, entre 1790 e 1860, em todas as áreas italianas que foram excluídas da unificação italiana e com população majoritariamente italiana, difundiu-se, profundamente, o movimento italiano chamado "irredentismo". No caso da Dalmácia, região adriática entre a Ístria e a Albânia, depois de Napoleão houve a ascensão do nacionalismo eslavo contra os irredentistas dálmatas italianos. Porém, até 1848, ainda havia uma certa convergência entre os dois grupos étnicos daquelas terras do mar Adriático, para criar uma Dalmácia independente dentro do Império austríaco dos Habsburgos. Os italianos da Dalmácia, assim como os da Ístria, sempre se sentiram conectados ao "Risorgimento italiano", propagando entre eles, as ideias, intenções e objetivos, que floresciam na Península. Em Zara, em 1822, o Governo Imperial colocou, sob "Inquisição do Estado", a vinte e cinco "Carbonarii", outros vinte e cinco foram "perseguidos" e sessenta declarados "suspeitos".

Em 1848, muitos jovens italianos da Ístria e da Dalmácia formaram uma 'Legião', cruzaram o Adriático e, junto com Tommaseo Nicolás, lutaram pela República de Veneza, com cinco caindo na luta e, segundo a percepção irredentista italiana, tornando-se mártires da causa. Em 1848, seis dálmatas lutaram pela 'República Romana'. Entre outros, Frederick Seismit-Doda, mais tarde membro do Parlamento italiano, que se tornou Ministro das Finanças no governo de Benedetto Cairoli (1878) e no de Crispi (1889-1890). Na batalha de Curtatone, como primeiro-tenente do Batalhão 'Bande Nere', o dálmata Marino Giurovich, lutou contra os austríacos: foi baleado pelos soldados de Viena em Livorno, como promotor dos ideais de Mazzini. Vinte e um foram os dálmatas na guerra da Independência italiana de 1859-1860 alistados no Exército italiano ou nas camisas vermelhas de

Garibaldi. Entre outros, Marco Cossovich, ex-tenente da 'Guardia Nobile', protegendo Veneza, que lutou em Calatafimi e Palermo: um dos poucos que Garibaldi lembrou pelo nome em seu livro '*I Mille*'.

Na terceira guerra da Independência, Jorge Carava de Tenin (perto de Zara), comandou o 5º Regimento de Granadeiros. Promovido, tornou-se ajudante geral do rei da Itália Umberto I. Com ele, outros vinte e quatro dálmatas lutaram naquela campanha. Em Lissa, Giovanni Ivancich de Spalato (Split), tenente do Rei da Itália, lutou na Segunda Guerra da Independência Italiana, onde morreu heroicamente. Com a batalha de Lissa, em 1866, iniciou-se um período de hostilidade aberta contra os dálmatas italianos, por parte dos austríacos, que favoreciam o elemento croata em detrimento da unidade italiana, almejando desestabilizar a consolidação do movimento de unificação. O historiador, Matteo Bartoli, em seu livro "O discurso da Veneza italiana Giulia e Dalmácia", escreveu que:

> Após a batalha naval de Lissa, em 1866, tanto na Dalmácia, como no Trentino e na Venezia Giulia, tudo o que era italiano foi para a oposição dos austríacos. Não podendo 'germanizar' essas terras por estarem muito longe da Áustria, os austríacos favoreceram os croatas e os eslovenos em detrimento da cultura e língua italiana. As cidades dálmatas passaram, gradualmente, da administração italiana para a croata na Dalmácia. Em 1861, os 84 municípios da Dalmácia eram administrados pelos dálmatas italianos, mas já em 1875, constatou-se que, 39 deles, tinham administração croata, dos restantes apenas 19 eram italianos. Os municípios com autoridades

italianas foram: Blatta, Brazza, Cittavecchia di Lesina, Clissa, Comisa, Lissa, Meleda, Mezzo, Milnà, Pago, Ragusa, Sabbioncelo, Selve, Slarino, Spalato, Solta, Traù, Verbosa e Zara. Em 1873, a administração de Sebenico (Sibenik) era italiana, mas tornou-se croata em 1882, assim como, as de Spalato e Trau em 1886, além de Arbe em 1904. Em 1910, Zara era a única italiana. Além disso, de 1866 a 1914, com exceção de Zara, todas as escolas italianas foram fechadas e abertas como croatas. O colapso do componente italiano na Dalmácia deve-se, principalmente, a este fato, uma vez que os italianos não tinham liberdade de expressão cultural. A transformação das escolas italianas na Dalmácia foi acompanhada por numerosos protestos, mesmo em lugares remotos, como Knin, onde muitas famílias, clamavam pela preservação da língua italiana. Em Lissa, uma petição foi apresentada ao próprio Imperador. Assim, como defesa, a 'Liga Nacional' foi fundada pelos dálmatas italianos na década de 1990, que desenvolveu escolas particulares italianas em sua seção da costa dálmata. Estiveram em: Cattaro, Ragusa, Curzola, Cittavecchia di Lesina, Spalato, Imoschi, Traù, Sebenico, Scardona, Tenin, Ceraria, Borgo Erizzo, Zara ed Arbe (e ainda nas ilhas de Veglia, Cherso, Unie e Lussino). Tudo isso em um clima de permanente assédio dos eslavos, que pouco a pouco, conseguiram tomar o poder. Antonio Baiamonti foi prefeito de Spalato, antes de cair nas mãos dos croatas. Dedicou toda a sua vida e sua própria atividade para sua cidade, com suas despesas financeiras nunca sendo reembolsadas pelos austríacos, apesar de repetidas promessas. Morreu aos 69 anos com dívidas até o pescoço. Ele costumava dizer: "Os italianos da Dalmácia só têm um direito: sofrer".

Em 1885, alguns jovens dálmatas criaram uma espécie de pacto secreto que prometia lutar em uma frente única contra o governo de Viena. Decidiu-se usar todos os meios legais disponíveis. Foram eles: Marino Bonda, Giovanni Avoscani (por Ragusa), Stefano Smerchinich (de Curzola), Ercolano Salvi, Leonardo Pezzoli (de Premuda), Juan Lubin (de Trau), Emanuele Fenzi e Luis Pini (de Sebenico) Natales Krekic, Luigi Ziliotto e Roberto Ghiglianovich (de Zara), todos representantes dos italianos com o mais sincero patriotismo. Os mesmos (exatamente Ghiglianovich, Krekich, Lubin, Pini, Salvi, Ziliotto, Smerchinich) em 1919, em meio a uma crise na cidade de Fiume (Rijeka), escreveu os artigos "Solicitação dos Dálmatas" e "Grito de Sebenico", publicado em 2 de outubro pelo jornal nacional "O dever nacional", segundo eles, um dos poucos jornais italianos que se declarou a favor da causa dálmata.

No final do século XIX, nasceram as Associações Culturais Italianas, como o irredentista "Círculo filológico" em Ragusa e, em Zara, o "Comitê Sindical Nacional", "Diadora" e a "Iuventus Iadertina". Também nestes anos, atuava a "Associação Nacional" em Spalato, com sede no teatro Baiamonti, incendiado (oficialmente por desconhecidos), em 1893. Em Spalato, cidade do imperador Diocleciano, no ano de 1910, foram oficialmente contabilizados, 1.046 italianos, quando no mesmo ano, mais de 3.000 estavam inscritos na associação pública cultural e patriótica "Dante Alighieri", organização que advogava, veementemente, pela reintegração dessas regiões adriáticas orientais ao Estado italiano. Durante a Primeira Guerra Mundial (1914-1918), cerca de 3.500 italianos da Dalmácia, se refugiaram como exilados na

Itália, liderados por Antonio Cippico, Alessandro e Roberto Dudan Ghiglianovich: mais de 250 voluntários alistados no Exército italiano correram o risco de enforcamento (como quando os austríacos mataram Francisco Rismondo, executado em Gorizia, em 1915). Neste período, o carismático membro ativo do grupo irredentista "Pro Patria" em Spalato, Francisco Rismondo, foi premiado com a Medalha de Ouro da Memória pelo Reino da Itália por bravura militar.

Muitos desses irredentistas assimilaram as ideias nacionalistas da era da Primavera dos Povos, aprimorando-as com o decorrer do tempo, de acordo com as realidades, obstáculos e adversidades de cada momento. É, precisamente por esta razão que, os nacionalistas de terceira posição, que puderam consolidar um elevado viés soberanista e tradicionalista, conseguiram promover a transição à madurez geopolítica de emersão à Quarta Teoria Política. Nesta linha de raciocínio, podemos estabelecer uma linha contínua de evolução histórica, entre as insurreições nacionalistas daquela época do século XIX, que tentavam livrar-se do cinturão geopolítico determinado pelo Congresso de Viena de 1815; os nacionalismos do período entreguerras (1918-1939) e com os levantes nacionalistas de várias nações europeias atualmente, anelando livrar-se da Tirania de Bruselas e da jaula kalergista, existindo um profundo vínculo e conexão, portanto, entre as três épocas, que compartilham as genuínas e espontâneas aspirações populares das expressões nacionais europeias, vislumbrando, principalmente, soberania, protagonismo e qualidade de vida, sendo exatamente, o que defende a estrutura de um mundo multipolar. Não em vão, os nacionalismos europeus, assim como os latino-americanos e africanos, além dos asiáticos, possuem uma atração com a Tríplice Entente Euroasiática, que capitaneia o Eixo da Resistência em uma titânica batalha multidimensional contra o Arco Transatlântico da Anglosfera, que advoga e opera, pela manutenção de sua hegemonia unipolar.

Assim sendo, o movimento nacionalista italiano do período entreguerras, institucionalizado em certas agrupações políticas de terceira-posição, foi visto por muitos desses dálmatas na fronteira italiana, como baluartes seguros em defesa de sua luta pela língua italiana e pela italianidade de suas terras. Nesse sentido, o acadêmico Monteleone os define como "partidários de uma luta extremista de linha dura na política adriática (...) mergulhada na rejeição anti-eslava". Os voluntários locais, que acudiram ao Exército italiano, eram oriundos de várias regiões: Zara (99), Spalato (60), Ragusa (15), Sebenico (11), Cattaro (4), Curzola (4), Trau (3), Castelnuovo di Cattaro (3) Premuda (2), Perasto (2), Pago (2), Macarsa (2), Lesina (1), Lesina Vecchia (1), Scardona (1), Nova Novaglia (1), Slarino (1), Milna (1), Lissa (1), além de alguns não registrados oficialmente e outros sob identidade falsa.

O número de voluntários de portos remotos de Montenegro, como Cattaro (Kotor), Castelnuovo di Cattaro e Perasto, parece muito alto em proporção ao número total. De fato, esses voluntários de Spalato, Cattaro, Ragusa, Perasto, Castelnuovo di Cattaro, Trau e Macarsca (nada menos que 90 no total, quase metade de todos os voluntários dálmatas) lutaram na Itália, apesar do "Tratado de Londres", que excluiu categoricamente, a priori, a possível "Redenção" e união com a Itália de suas cidades. Em 1919, Gabriele D'Annunzio criou a famosa '*Fiume Company*'. Por certo, o *"il Vate"* e *"il Profeta"*, como também era conhecido o ultranacionalista italiano, Gabriele D'Annunzio, oriundo de Pescara, deu um golpe dramático (com paramilitares e a liderança de um grupo de "legionários" desde a italiana Monfalcone) levando a cabo, a ocupação da cidade de Fiume, que as potências aliadas haviam designada, como vencedoras da guerra, para a Itália. Com esse gesto, D'Annunzio chegava ao ápice do processo de construção de seu próprio mito pessoal e político. Ocupou Fiume com uma coluna de voluntários, em sua maioria dálmatas irredentistas ferrenhos.

Em 12 de novembro de 1920, foi feito o Tratado de Rapallo: Fiume tornou-se uma cidade livre (Estado Livre de Fiume), enquanto Zara foi entregue à Itália. Mas D'Annunzio não aceitou o acordo e o governo italiano, em 26 de dezembro de 1920, expulsou os legionários de Fiume à força. Posteriormente, Fiume, a cidade mais setentrional das cidades da Dalmácia, foi incorporada em 1924 ao Reino da Itália, graças à grande contribuição dos irredentistas italianos da cidade. As aspirações dos irredentistas dálmatas se cumpriram quando a Iugoslávia, em abril de 1941, foi conquistada e ocupada pela Itália e Alemanha. Quase toda a costa da Dalmácia, com as principais cidades (Spalato e Sebenico) foram anexadas à Itália sob o nome de *"Governatorato di Dalmazia"* (Governadorato da Dalmácia).

Foto 11: Mapa detalhado das três províncias da Província da Dalmácia.

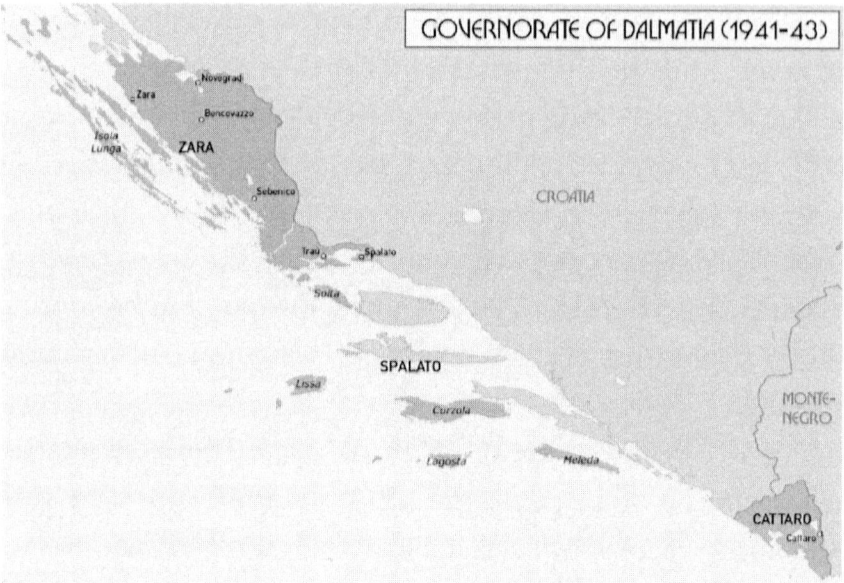

Fonte: https://es.wikipedia.org/wiki/Gobernaci%C3%B3n_de_Dalmacia

Uma pequena parte da Dalmácia, em torno de Ragusa/ Dubrovnik, passou para o Estado Independente da Croácia de Ante Pavelić (embora fosse controlada, militarmente, pelo Exército italiano, que, dito de passagem, se opôs ao genocídio ustasha contra os sérvios). Não obstante, essa "Redenção", como a chamavam os dálmatas italianos, durou apenas alguns anos: com a derrota da Itália na Segunda Guerra Mundial, eles foram expulsos em massa durante o êxodo ístria-dálmata. De fato, entre 1945 e 1953, Tito expulsou quase todos os 50.000 dálmatas italianos das áreas que eram a província italiana da Dalmácia.

Como estamos podendo observar, entre, aproximadamente, 1790 e o desenlace da Segunda Guerra Mundial, em 1945-46, quando Tito consolida o poder na Iugoslávia, o irredentismo italiano nestas porções territoriais orientais do abrangente adriático italiano, por assim dizer, sempre esteve presente, sendo um sentimento latente, estando enraizado e impregnado nas populações nativas latinas, incomodadas com a intensificação eslava e com sucessivas ingerências administrativas da Casa de Habsburgo.

Os atuais italianos da Dalmácia, descendem dos antigos Dálmatos medievais, originados dos ilírios romanizados da Dalmácia Romana e dos venezianos das possessões balcânicas da República de Veneza. Ao longo dos séculos sofreram a pressão dos povos eslavos desde o século VII, influência que, lentamente, os conduziu ao quase desaparecimento total, que se verificou após a Segunda Guerra Mundial. A comunidade dálmata italiana tinha uma consistência de quase 30% da população total da Dalmácia até os tempos napoleônicos, graças à presença da República de Veneza. Porém, após a queda de Veneza em 1797, começou, por várias razões, com os italianos sofrendo, uma profunda pressão institucional de marginalização, um declínio abrupto no número de dálmatas italianos, que pode ser visto, claramente, nos censos austríacos de 1865 e 1890:

Dálmatas italianos na Dalmácia:
em 1797, eram quase 30% (da população total da Dalmácia)
em 1865, eram 12,5%
em 1890, mal chegavam a 3,1%

A principal causa dessa redução acentuada deve ser encontrada no desenvolvimento do nacionalismo eslavo entre croatas, sérvios e eslovenos. Outra causa foi a pressão das autoridades austríacas contra os italianos, devido às guerras de independência italianas para libertar-se do Império Habsburgo. Este último, em reação, orquestrou várias manobras para deslatinizar a região, favorecendo o incremento de populações, não apenas germânicas, mas principalmente eslavas, devido em grande parte, à distância com Viena, diferentemente das áreas de maioria eslava colindantes com Ístria e Dalmácia. Em consequência disso, houve uma acentuada emigração de dálmatas italianos para a Itália e América, ao longo do século XIX, além da eslavização forçada ou voluntária do século XX, sem prejuízo de que, o dálmata representa uma misciginação das população latina e eslava. Por exemplo, temos o famoso Ruggiero Boscovich, filho de eslavo e mãe de origem italiana (assim como a família Bettera). Não podemos classificar a população costeira da Dalmácia como originária de um único grupo étnico, mas das muitas colonizações, conquistas e soberanias de diferentes Estados, como os venezianos, austríacos, eslavos, etc., embora historicamente, o componente neo-latino seja predominante na costa da Dalmácia.

O processo de desaparecimento dos dálmatas italianos (ao qual se opôs o irredentismo italiano na Dalmácia, muito semelhante ao irredentismo italiano na Ístria) teve várias etapas:

- Entre 1848 e 1918, o Império Austro-húngaro, que dominou toda a Dalmácia, favoreceu o desenvolvimento de comunidades eslavas para bloquear o irredentismo dos dálmatas italianos.

- Após a Primeira Guerra Mundial, como resultado da criação da Iugoslávia, que englobava toda a Dalmácia austríaca, exceto Zara e algumas ilhas, houve uma emigração de 25.000 dálmatas italianos. Os poucos dálmatas italianos restantes estavam concentrados em Zara, que então pertencia ao Reino da Itália.

- Durante alguns anos (entre 1941 e 1943), o Reino da Itália também incluiu o chamado *Governatorato di Dalmazia*, que era formado pelas três províncias italianas de Zara, Spalato e Cattaro.

- Após a Segunda Guerra Mundial, toda a Dalmácia, incluindo Zara, foi anexada pela Iugoslávia. Isso gerou o êxodo de quase todos os dálmatas italianos para a Itália, alimentado pelas perseguições (Massacre de Foibe) conduzidas pelo Presidente da República Federativa da Iugoslávia, Josip Broz Tito. Entre 1945 e 1953, este último expulsou quase todos os cinquenta mil dálmatas italianos das áreas que constituíam a entidade política integrada à Itália, chamada Governadorato da Dalmácia. Hoje restam apenas trezentos italianos na Croácia e quinhentos em Montenegro.

O Êxodo juliano-dálmata, também conhecido como êxodo istriano-dálmata, representou uma das consequências dos 'Massacres das Foibas', perpetrados pelo Estado titoísta. Tal nomenclatura possui raízes ancestrais. Antigamente, era costume esloveno jogar criminosos no 'foibe' (abismos cársticos na área) do Carso, perto de Trieste e, depois, sacrificar um cachorro preto jogando-o na cova para desprezar (no outro mundo) as almas desses criminosos. Esta prática foi reutilizada em grande escala pelos guerrilheiros de Tito, depois de setembro de 1943, em Carso e na Ístria. Alguns historiadores iugoslavos afirmam que, o uso do 'foibe' teve um renascimento na Segunda Guerra Mundial, durante a ocupação da Iugoslávia pelo Eixo, quando ocorreram ações contra a população local, que fizeram cerca de 70 vítimas e foram seguidas de sepultamentos em locais com essas características. Após a derrota italiana, essas ações se generalizaram, agora dirigidas exclusivamente à população italiana e em maior número, de várias centenas a muitos milhares de pessoas, dependendo das fontes eslavas ou italianas. Várias centenas ou alguns milhares de soldados italianos e também civis, foram jogados na foibe – 'foibas'. Alguns eram, simplesmente, baleados; outros jogados vivos; ou eram amarrados dois a dois, sendo apenas um baleado e jogados juntos para morrer na cova. Muitos destes cadáveres ainda lá se encontram, não localizados, uma vez que, só na zona da Ístria, por exemplo, foram catalogados mais de 1.700 sumidouros estreitos de até 200 metros de profundidade. Destes poços, transformados em valas comuns pelos partisanos de Tito, já foram extraídos 170 corpos. Alguns dos nomes associados a este massacre, seriam os de Norma Cossetto ou Francesco Bonifacio.

Em 1947, com o Tratado de Paris, as áreas de Ístria, Fiume e Dalmácia ficaram sob controle iugoslavo. Os italianos étnicos que fugiram para a Itália, nem sempre foram bem-vindos, pois eram vistos como fascistas, reforçando a tese do grau de desnacionalização que foi colocada em prática na Itália após 1945. A tragédia foibe foi relegada logo após a guerra: os Aliados não estavam interessados em demonizar Tito, que havia mantido a Iugoslávia fora do Pacto de Varsóvia, apesar de sua adesão ao comunismo, sendo um marxista convicto e irredutível. Outras fontes relatam um acordo tácito após 1945 entre os governos envolvidos, pelo qual, a Itália desistiu de investigar os assassinatos e de acusar os partisanos titoístas, em troca da Iugoslávia desistir de exigir a extradição de soldados italianos para julgá-los por crimes de guerra em solo iugoslavo.

Portanto, como vemos, ambos eventos, 'Massacres das Foibas' e o Êxodo juliano-dálmata, estão diretamente relacionados.

Resultaram na diáspora forçada da maioria dos cidadãos de etnia e língua italianas, que se verificou a partir do fim da Segunda Guerra Mundial nos territórios do Reino da Itália ocupados pelo Exécito Popular de Libertação da Iugoslávia, comandado pelo marechal Josip Broz Tito e, sucessivamente, anexados à República Federal da Iugoslávia, como Ístria e Dalmácia. É sempre importante ressaltar que, esses territórios estavam etnicamente mesclados desde a Idade Média com comunidades italianas, eslovenas, croatas, istro-romenas, entre outras, embora o italiano, como abordado, sempre tenha desempenhado, a força demográfica mais significativa no efetivo populacional na Ístria e em partes da Dalmácia. O último território a passar para as mãos dos iugoslavos de Tito foi o de Pola, no sul da Ístria: em fevereiro de 1947, quase 30.000 de seus 33.000 habitantes (quase todos italianos) deixaram a cidade istriana e aderiram ao êxodo, provocando a ação demonstrativa e vingativa de Maria Pasquinelli (que matou o general inglês De Winton, chefe das tropas aliadas em Pola).

O fenômeno, posterior aos massacres das foibas, envolveu todos aqueles que questionavam o novo governo iugoslavo e foi particularmente relevante na Ístria, onde inteiras localidades foram esvaziadas e seus cidadãos foram obrigados a fugir para o exílio. O fenômeno ocorreu em todos os territórios tomados pela Itália como previsto pelo Tratado de Paris e, em menor medida, em áreas litorâneas da Dalmácia ocupadas pelo Estado titoísta, em 1945. Estima em cerca de 270 a 350 mil pessoas, incluído um certo número de croatas e eslovenos contrários ao regime comunista de Tito, tiveram de abandonar a região, seus locais de residência e propriedades. Muitos foram aterrorizados pelas forças paramilitares de Tito, que massacraram milhares de italianos nas foibas e solicitaram aos aliados o bombardeio indiscriminado da população civil italiana, como na pequena Zara. É importante considerar que, o êxodo ocorreu em um grande lapso temporal, entre 1943 e 1956. A maior parte dos refugiados estabeleceu-se na área contígua a Trieste e no nordeste da Itália. Um número bem menor se estabeleceu no centro-sul da Itália. A escolha pela Itália setentrional deu-se pela afinidade linguística, pela maior possibilidade de absorção pelo mercado de trabalho e, também, obviamente, pela proximidade do território de origem, na esperança que houvesse um futuro retorno que nunca ocorreu. Alguns refugiados optaram, num segundo momento, emigrar para o exterior, estabelecendo-se predominantemente nos Estados Unidos, Canadá, México, Argentina, Brasil e Venezuela.

Foto 12: Grupo de refugiados originários de Piemonte d'Istria (atual Grožnjan), em Trieste, no ano de 1959.

Fonte: https://pt.wikipedia.org/wiki/%C3%8Axodo_juliano-d%C3%A1lmata

De qualquer forma, em vários municípios da Croácia e da Eslovênia, os dados do censo de 2001, mostram que, ainda há um certo número de italianos vivendo na Ístria, como 51% da população em Grisignana/Grožnjan, 37% em Verteneglio/ Brtonigla e 39,6% em Buie/Buje. Em 2004, o governo italiano declarou o dia 10 de fevereiro como o Dia da Memória para manter vivo esses eventos. Em 2006, o município fronteiriço esloveno de Nova Gorica publicou uma lista com 248 nomes de cidadãos de Gorizia (cidade italiana localizada do outro lado da da fronteira) desaparecidos após serem detidos pelo IX Corpo de Partisanos, embora o destino desses indivíduos não seja conhecido com precisão. Nesse mesmo ano, saiu à luz, na Itália, um estudo intitulado *Vittime di nazionalità italiana a Fiume e dintorni* (1943-1947), que concedia uma lista de 147 pessoas, detalhando nomes, idades, e causa e data da morte, ajudando o processo de investigações.

8 - Morte de Tito e a desintegração acelerada da República Federativa Iugoslava

Foto 13: Winston Churchill e Josip Broz Tito, no Mediterrâneo, em 1944.

Fonte: https://es.m.wikipedia.org/wiki/Archivo:Tito-Churchill.jpg

Winston Churchill, ex-primeiro-ministro da Inglaterra, obrigou o rei a chegar a um acordo com Tito que, com efeito, significou o fim da monarquia e do governo no exílio. Nunca se pode esquecer que, Josip Broz Tito, artífice da Iugoslávia pós-Segunda Guerra Mundial, foi uma das personalidades, ao longo da história, que apoiou o processo de albanização do Kosovo. Assim sendo, não é exagero afirmar que, o Estado Federal Iugoslavo, sob o manto operacional do comunismo titoísta e apelando por uma suposta fraternidade entre os povos, como veremos ao longo desta obra, manteve algo que o Império turco-otomano iniciou, em 15 de junho de 1389, após a Batalha de Kosovo-Polje. Na década de 1990, a Cruzada Neoliberal dos Clintons terminou o processo de mutilação da nação sérvia. Os 14 pontos de Woodrow Wilson nunca foram respeitados. Sérvios e romenos que o digam.

Os sérvios ortodoxos foram maioria no território da atual Bósnia-Herzegovina até o fim da Segunda Guerra Mundial. O balanço étnico só mudaria a partir do período comunista, com as manobras estruturais demográficas domésticas conduzidas por Tito. Por certo, neste processo, quem tentou formalizar uma nacionalidade "bosniak", é precisamente Tito, para identificar os muçulmanos dos Balcãs, que não se identificavam com a identidade sérvia nem croata. Mas esses muçulmanos sunitas estavam espalhados em várias regiões da Sérvia Central, Kosovo, Macedônia e Montenegro. No desejo de formar uma identidade balcânica plurinacional, Tito vai agrupar os muçulmanos na Bósnia, limitando a recolonização massiva de Sérvios no Kosovo, pois como queria integrar a Albânia, Bulgária e, até a Grécia, em uma espécie de Iugoslávia ampliada, concederá mais autonomia a essas minorias, agrupando-as em repúblicas autônomas. O problema é que, esse projeto fracassa com o rompimento com Stálin, devido à recusa soviética em ajudar as guerrilhas comunistas gregas (apoiadas por Tito) entregando-as, a mercê, dos ingleses e estadunidenses, culminando com a expulsão da Iugoslávia do Commintern em 1948 e, consequentemente, arrastando Albânia e Bulgária para fora do projeto de unificação.

Em 1980, morre Tito, uma figura que, apesar dos seus erros, que não foram poucos, soube simbolizar, mesmo por diversas vezes, com mão de ferro, a unidade dos povos iugoslavos e uma era de convivência, que transmitia a falsa sensação de paz. No ano seguinte, se produzem manifestações de albaneses em Kosovo, lideradas pelo retrato de Tito e bandeiras iugoslavas, que são violentamente reprimidas pelas forças de segurança sérvias. No Kosovo, a população sérvia e montenegrina acusa os albaneses de usarem a violência e a intimidação para os forçar a emigrar, enquanto os albaneses acusam os primeiros de não respeitarem os seus direitos nacionais. O principal escritor albanês, Ismail Kadaré, chegou a escrever sobre o incidente: "A intimidação albanesa é exercida, principalmente, por meio da violência sexual contra as mulheres sérvias". Algo que, infelizmente, viria a ser recorrente desde então.

Em 1986, como reação à invasão desenfreada albanesa no Kosovo, a corrente de Slobodan Milošević assumiu o poder na Sérvia, o que relançou o nacionalismo sérvio, legado da Sérvia ancestral e medieval, projetando também, diante das cinzas de quatro décadas de regime marxista sob a égide estatal titoísta, um renascimento da consciência nacional que teve lugar nos séculos XVIII e XIX, acudindo ao prelúdio da Ráscia, responsável por moldar o universo cultural e histórico que abarca a civilização sérvia contra as invasões de atores geopolíticos invasores, que queriam varrer do mapa a nação sérvia, como os entes imperiais austro-húngaros e turcos-otomanos. Nesse sentido, a corrente do famoso estadista sérvio mencionado, pode ser entendida como, uma continuidade histórica das organizações Jovem Bósnia, Mão

Negra e Narodna Odbrana, sendo herdeira do amplo movimento dos Chetniks, organização paramilitar nacionalista e monarquista sérvia que, embora não chegou a desenvolver e consolidar um refinamento filosófico, espiritual e civilizacional profundo, como os legionarios romenos, possuía o projeto concreto de consumar uma Sérvia unificada e soberana no plano internacional. Assim sendo, embora sem o mesmo grau de grandeza geopolítica do legionarismo romeno, todas as agremiações sérvias mencionadas, caracterizaram-se, por uma luta contundente contra a dominação estrangeira, pela defesa da identidade sérvia, dos seus interesses nacionais, da sua soberania e da integridade territorial histórica sérvia. Porém, vale ressaltar que, nessa tentativa, a organização *Narodna Odbrana*, entre 1908 e 1929, por exemplo, cometeu vários crimes, exageros e abusos contra a população civil, especialmente na região da Macedônia contra búlgaros étnicos. É dizer, a facção nacionalista, da qual emergiu Sloboda Milošević, vem precisamente, desta trajetória histórica, especialmente dos chetniks, que desempenharam um papel de considerável importância no complexo e heterogêneo quadro geopolítico dos Bálcãs.

Para que os leitores tenham uma ideia do grau de complexidade geopolítica que envolve os conflitos balcânicos contemporâneos, depois de 1943, os Aliados que haviam apoiado os Chetniks, passaram a apoiar os guerrilheiros rivais, os partisanos comunistas. Um ano depois, em 1944, o governo real, reconheceu os partisanos iugoslavos, como Forças Armadas legítimas, ordenando aos chetniks, que se juntassem ao novo Exército iugoslavo. Porém, como sabemos, os chetniks e os partisanos titoístas, possuíam projetos de governo antagônicos, sendo portanto, incompatíveis. Desda maneira, não era de estranhar-se que, alguns chetniks recusaram a oferta e, em abril e maio de 1945, enquanto o vitorioso Exército Iugoslavo tomava posse total do território, a maioria retirou-se para a Itália e, um pequeno grupo deles, para a Áustria, região histórica da Alemanha, sendo evitada de voltar aos braços de sua Patria de origem em 1919, após o debacle do Império Austro-húngaro pelo categórico veto dos vencedores, principalmente, de Inglaterra e França. Região que seria desmembrada pelos Aliados na Segunda Guerra Mundial. Muitos destes chetniks que tentaram escapar para a Itália e Áustria, foram capturados pelos partisanos ou devolvidos à Iugoslávia pelas Forças inglesas. Outros foram libertados. Muitos terminaram julgados por traição, com sentenças de prisão ou morte. Não houve execuções sumárias, principalmente nos primeiros meses após o fim da guerra. Em 1946, as últimas unidades dos Chetniks, sob o comando de Draža Mihaitović, foram capturadas na Bósnia, sendo seus integrantes julgados e condenados por traição e, conseqüentemente, executados. Após a Segunda Guerra Mundial, os chetniks que conseguiram escapar e outros migrantes nacionalistas sérvios, formaram associações patrióticas em países, como Argentina, Brasil, Estados Unidos, Inglaterra, Itália e Austrália, continuando a tradição de glorificar a ideologia e a iconografia chetnik, o que era totalmente ilegal durante o período comunista. Defendiam, abertamente, uma nação unificada, expressão que se popularizou como 'Grande Sérvia', em detrimento dos territórios da Bósnia-Herzegovina (Republika Srpska), Croácia (Krajina) e Montenegro, além obviamente, de um Kosovo integrado a uma Sérvia devidamente, unificada em suas fronteiras históricas.

Nota-se aqui, ressaltando a cooperação entre os governos titoísta e inglês contra as forças nacionalistas sérvias, uma profunda rede de alianças, muito bem consolidada, entre a Iugoslávia comunista de Tito e a Inglaterra liberal de Winston Churchill.

Embora houvesse a possibilidade de uma aliança estratégica com os croatas para uma luta contra grupos não sérvio-croatas e cristãos, especialmente os bosniaks e albaneses, entre outras minorias, em um evidente tom excludente étnico-religioso, que se pensava ser posto em prática, quando Milošević e Tudjman, assumiram a proposta de divisão do atual território da Bósnia-Herzegovina, no famoso Acordo de Karađorđevo de março de 1991, pelo qual, a Republika Srpska seria reintegrada à Sérvia e a, Federação Bósnia-Croata, por sua parte, seria integrada ao território croata, essa hipótese não se concretizou. A principal divergência que inviabilizou o Acordo proposto pelas facções nacionalistas de ambos os lados e levado à mesa de debates por seus presidentes, foi a posse de Krajina, embora o real interesse globalista em consumar uma entidade política artificial nos Bálcãs, como seria o caso da Bósnia-Herzegovina, também tenha desempenhado um relevante fator geoestratégico, que colocou em xeque, as pretenções nacionalistas, tanto de sérvios, como de croatas.

Portanto, no final dos anos 1980, Slobodan Milošević chegou ao poder na Sérvia e os chetniks foram reabilitados, embora não oficialmente. A proibição de sua literatura e símbolos foi encerrada, surgindo assim, novos partidos de oposição defendendo abertamente o papel dos Chetniks durante a Segunda Guerra Mundial, afirmando que, a história oficial, instrumentalizada pelo aparato estatal titoísta, de teor marxista, havia sido distorcida. Nesse cenário, políticos como Vuk Draskovic e Vojislav Seselj, organizaram unidades paramilitares que exigiam o uso da força dos nacionalistas sérvios para resolver as tensões na Iugoslávia, com o intuito de garantir que, os territórios habitados pelos sérvios no Kosovo e nas demais repúblicas iugoslavas, permanecessem ligados a Sérvia, evitando assim, a tentativa de mutilação territorial, que poderia ser conduzida por atores anti-sérvios. Durante as guerras iugoslavas que se seguiram, muitas unidades militares e paramilitares sérvias se autodenominaram "chetniks" e, os croatas e bosniaks, operando com respaldo globalista, usaram esta expressão para se referir a qualquer unidade armada sérvia, seja de caráter regular ou paramilitar. Ou seja, o nacionalismo sérvio e o subseqüente irredentismo sérvio dentro das novas entidades políticas rebeldes, foram simplesmente, uma resposta e defesa contra o extremismo, a violência e as iniciativas de limpeza étnica dos separatistas muçulmanos e croatas, principalmente, em seus países recém-criados, compreendendo grandes populações sérvias que, de repente, do dia para a noite, ficaram impotentes e separadas de sua Patria, desguarnecidas de uma proteção estatal.

A mídia corporativa divulgou a percepção de que, a Sérvia interveio, invadindo a província de Kosovo, realizando assim, um ato de agressão contra a população civil. Não obstante, vale ressaltar que, Kosovo sempre pertenceu à Sérvia, sendo um bastião territorial altamente sagrado para os sérvios, povo eslavo balcânico sob a fé cristã ortodoxa, que possui uma enorme força simbólica, histórica e cultural para os sérvios. Kosovo, para a mentalidade coletiva sérvia, significa uma conexão profunda com sua alma existencial, pelo fato desta região, em particular, ser o berço histórico do ethos sérvio e origem do Patriarcado da Igreja Ortodoxa Sérvia. Assim sendo, não houve uma invasão estrangeira seguida de uma ocupação militar, como tenta estabelecer a mídia corporativa, mas sim, um conflito entre o governo central e milícias panalbanesas invasoras, sustentadas, respaldadas e apoiadas, de todas as formas, logisticamente, militarmente e politicamente, pela OTAN atrelada à cúpula global institucional, promovendo uma verdadeira limpeza étnica, em um claro exemplo de genocídio, contra os de etnia sérvia. Por certo, o processo de des-servianização do Kosovo consiste em um dos genocídios mais cruéis e aterrorizantes da história contemporânea, algo que encontra-se, dito de passagem, em andamento, sendo um fenômeno que, por sua relevância geopolítica-civilizacional, abordaremos profundamente, em um capítulo em particular.

Devido ao infeliz retrospecto histórico desta ancestral região sérvia, quase sempre submersa em tempestades de espadas e tiros, era melhor que deixassem os ossos sempre visíveis. Kosovo, cuja palavra vem de '*Kos*', melro, pássaro, representa o Centro Político e Religioso do Estado Sérvio Medieval, sede do Patriarcado da Igreja Ortodoxa Sérvia, infelizmente, quase nunca soube o significado da palavra liberdade. Em 1389, ano primordial na historiografia sérvia, Lazar, um dos principais príncipes sérvios ao longo da história, sofreu uma enorme derrota contra os otomanos justamente na histórica e emblemática região de Kosovo, algo que abriu caminho para a escravização de seu povo, obrigado a pagar impostos fixos e serviço militar, além de atos nefastos e desumanos, como o famoso Imposto de Sangue, comum em todas as regiões ocupadas pelos criminosos e genocidas otomanos. Desconfiados da fidelidade dos '*slavs*', os sultões decidem, durante o seu domínio opressivo de cinco séculos, povoá-los com os '*valsh*', albaneses (dácios não romanizados), agora, após 25 anos de resistência, já convertidos ao sunismo.

No entanto, nada impediu a profunda determinação dos sérvios de manter-se nestas terras. Entre outras razões, uma vez que o Kosovo, muito antes da ocupação turca, era um local de peregrinação aos santuários e relicários existentes naquela região, onde os belos mosteiros de Raska-Priznen, Granica e muitos outros, transformaram esta região na 'Jerusalém Sérvia'. Os sérvios só conseguiriam retomar o controle de Kosovo na Primeira Guerra Balcânica anti-turca de 1912, quando a Sublime Porta otomana, estava em declínio acentuado. Oficialmente, o território kosovar, tornou-se uma das províncias do Reino dos Sérvios, Croatas e Eslovenos a partir de 1918, mas não antes de, o Exército Sérvio, reprimir uma rebelião albanesa organizada por membros daquela etnia, insatisfeitos com sua condição de subordinados. O momento de sua vingança veio nas conjunturas geopolíticas durante a Segunda Guerra Mundial, quando na Albânia, em 1940, a organização Bali Kombetar, um grupo de albaneses genocidas, colocou em prática o projeto de vingança contra os sérvios em Kosovo, almejando conquistar aquele território para que pudessem consolidar algo que consideravam "A Grande Albânia".

Em 1974, Tito equivoca-se, enfaticamente, ao conceder autonomia à província kosovar, facilitando e possibilitando a chegada de famílias inteiras de albaneses que fugiam da miserável e paupérrima Albânia comunista laicista do ditador ultraateu,

Enver Halil Hoxha (considerado o ditador mais excêntrico da Europa Oriental, proibindo até bananas, barbas, cores vivas, além da maioria das importações e, obviamente, da religião, considerado o ópio do povo pela doutrina marxista). Tal ação viria a confirmar-se posteriormente, um erro fatal, com severas consequências catastróficas para os sérvios residentes de Kosovo. A chegada dos albaneses ao Kosovo, financiada e apoiada por Tito, sendo justificada sob o lema da falaciosa "Fraternidade entre os povos", terminou gerando uma mudança drástica no componente demográfico, alterando o balance étnico e o equilíbrio operacional das atividades sociais. Com o passar do tempo, os albaneses tornaram-se maioria, passando a organizar milícias que sempre protagonizaram terror atacando famílias sérvias, que eram os residentes da região desde tempos imemoriais.

Portanto, nesse sentido, Mariscal Tito, tanto aclamado e defendido, por comunistas e marxistas, mundo afora, é lembrado por seus feitos, além de carniceiro, por italianos e búlgaros, como inimigo do povo sérvio, possibilitando que, albaneses étnicos, completassem o processo, iniciado pelos turcos em 1389, de inversão demográfica na província histórica sérvia kosovar. Por outro lado, levantando uma posição antagônica à de Tito, dirigindo-se, pessoalmente, ao Kosovo, dando-se conta de todas estas injustiças, tragédias, massacres, etnocídio, ou seja, um verdadeiro genocídio, sofrido pelo povo sérvio por parte dos imigrantes albaneses, recém chegados, sob o cenário dos sucessivos conflitos sangrentos, que desatavam no espaço pós-iugoslavo, foi Slobodan Milošević, uma personalidade emblemática da época, reverenciado pelo nacionalismo sérvio, como um verdadeiro herói, quem proferiu certas declarações, em uma rua conflagrada: "Ninguém pode nos bater em nossa própria casa" e "já não seremos escravos em nossa própria casa", que, por seus elevados tons simbólicos e enérgicos, terminaram consagradas na memória coletiva.

8.1 - A simbologia do emblemático Discurso de Gazimestán, inauguração de uma nova era

Foto 14: Milošević proferindo sua mensagem elétrica no emblemático discurso de Gazimestan abaixo de uma iconografia alusiva aos 600 anos, que separaram aquele evento da Batalha de Kosovo.

Fonte: https://en.wikipedia.org/wiki/Gazimestan_speech

É precisamente, como reação aos trágicos acontecimentos que começaram a ocorrer no Kosovo, desde 1974, após o decreto de autonomia concedido pelo governo central iugoslavo e, mais frequentemente, após a morte de Tito em 1980, que paulatinamente, vai ganhando terreno fértil no governo e perante a sociedade, o renascimento nacionalista sérvio evocado pelo movimento Chetnik. Então, diante de um cenário de ascensão imparável do espírito do nacionalismo sérvio, ocorreu o famoso, emblemático e porque não dizer, sublime discurso do Gazimestán, que tornaria Sloboda Milošević, para o mais nacionalistas dos sérvios, imortal. Tal discurso, proferido em 28 de junho de 1989, foi o ponto alto da comemoração do 600º aniversário da batalha que marcou a conquista da Sérvia pelos otomanos. O evento também foi sustentado e carregado por um relevante e neurálgico, significado religioso. Nos meses anteriores à celebração, os restos mortais do príncipe Lazar da Sérvia, líder dos sérvios na Batalha do Kosovo, foram transportados em procissão por todo o território iugoslavo habitado por sérvios. Nestas circunstâncias, estima-se que, cerca de, 1.000.000 de sérvios, assistiram aos eventos do Gazimestán, que foram boicotados pelo membro croata da Presidência Federal, Stipe Suvar, bem como, pelo embaixador dos Estados Unidos e todos os embaixadores da Comunidade Europeia e da OTAN, com exceção da Turquia (que tinha interesse direto em ser considerada o Estado sucessor do Império Otomano). Depois de ser escoltado por uma multidão que agitava sua foto ao lado da de Lazar, diante de uma atmosfera de nacionalismo exacerbado, Milošević fez seu discurso em um enorme palco com um pano de fundo contendo símbolos poderosos, que remontam à ancestral Batalha de Kosovo, que, como reiterado anteriormente, abriu o caminho aos cinco séculos de ocupação otomana.

Em Gazimestán, Milošević utilizou o discurso nacionalista e vitimista para legitimar o seu regime, utilizando símbolos antigos em uma mistura de história recente com épicas medieval e ancestral. Apresentou a vitimização sérvia, como resultado de uma liderança política fraca, retratando sobre como "a liderança da Sérvia [permaneceu] dividida, propensa a concessões, em detrimento de seu próprio povo". Afirmou: "O fato de uma grande nação estar localizada nesta região não é um pecado ou uma vergonha para a Sérvia, é uma vantagem que não foi usada contra outras, mas devo dizer que aqui, neste grande e lendário campo do Kosovo, os sérvios também não usaram a vantagem de sua grandeza em benefício próprio". Ele também apontou que, essa passividade iria mudar, devido à constante agressão antissérvia:

> Por causa de seus líderes e políticos com sua mentalidade de vassalo, [os sérvios] se sentiam culpados perante si mesmos e os outros. Essa situação durou anos, décadas e aqui estamos agora no campo de Kosovo para dizer que não é mais assim (...) A Sérvia de hoje está unida e igual às outras repúblicas, estando disposta para fazer tudo o que for possível para melhorar, sua situação financeira, social e de todos os seus cidadãos. Se houver unidade, cooperação e seriedade, teremos sucesso nesta empreitada.

Nesta perspectiva, no trecho central de seu discurso, elogiou as virtudes da tolerância étnica e do socialismo, as proclamações que a multidão recebeu com o maior silêncio. Depois de lançar um apelo à "unidade, solidariedade e cooperação", Milošević deu início à passagem mais controversa de sua intervenção, afirmando:

> Seis séculos depois, estamos comprometidos com novas batalhas, que não são armadas, embora tal situação ainda não possa ser descartada. Em todo caso, batalhas não podem ser vencidas sem determinação, garra e sacrifício, sem as nobres qualidades que existiam nos campos de Kosovo naqueles dias do passado. Nossa principal batalha agora é implementar o bem-estar econômico, o progresso político-cultural e a prosperidade social geral, a fim de encontrar um futuro rápido e bem-sucedido para a civilização que viverá no século XXI.

Na parte final do discurso, referiu-se à relação entre a Sérvia e a Europa, interpretando a Sérvia medieval como defensora, não apenas de seu próprio território, mas de todo o continente na luta contra os turcos-otomanos: "Há seis séculos, a Sérvia defendeu-se, heroicamente, no campo do Kosovo, mas também, naquela ocasião, defendia a Europa. A Sérvia era então, o bastião que defendia a cultura europeia, a religião e a sociedade europeia em geral. Portanto, hoje parece injusto, pouco histórico e absurdo, entender a Sérvia, como algo diferente da Europa". E, ao final, concluiu seu discurso diante de um inegável sentimento ultra ufanista com as devidas proclamações: "Que a memória do heroísmo de Kosovo sobreviva sempre! Viva a Sérvia! Viva a Iugoslávia! Viva a irmandade entre os povos!".

Foto 15: Aglomeração de sérvios, em frente ao emblemático monumento do ato patriótico de 1989, em 28 de junho de 2009, em comemoração ao 20º aniversário do histórico discurso proferido por Slobodan Milošević.

Fonte: https://es.wikipedia.org/wiki/Discurso_de_Gazimest%C3%A1n

Como estamos observando, o emblemático discurso de Gazimestán, representa um deleite de literatura nacionalista, resgatando preceitos neurálgicos de crônicas medievais da Europa Profunda, sob o manto protetor da Cristandade Europeia com profundos resquíscios da cultura greco-romana aquemênida. As repercussões foram muitas. Segundo alguns meios de comunicação, como o *The Washington Post*, desde o dia do discurso, "os sérvios não deixaram de recordar a si mesmos e ao mundo inteiro, que estão lutando pela própria defesa da Europa contra o wahabismo". As afirmações de Milošević de que, os sérvios "lutaram por sua liberdade e, quando podiam, também pela liberdade dos demais", foram vistas por alguns, como um compromisso com um redesenho forçado das fronteiras internas da Iugoslávia, para consolidar uma Grande Sérvia.

O diário *Politika* de Belgrado apresentou o discurso de Milošević na íntegra numa edição especial inteiramente dedicada à questão do Kosovo. Foi declarado em um editorial que, "Estamos, mais uma vez, vivendo nos tempos de Kosovo, com este último e seus arredores, determinando o destino da Iugoslávia e do socialismo. Querem tomar Kosovo da Sérvia e da Iugoslávia, mas não vão conseguir". O momento do discurso também coincidiu com a efervescência nacionalista em outras repúblicas iugoslavas. O nervosismo do momento refletiu-se na reportagem que, a televisão eslovena, *Radiotelevizija Slovenija*, fez do discurso, na qual salientou que, "devido à enorme consciência nacional sérvia e ao eufórico espírito coletivo do seu entusiasmado povo, seria difícil frear os sérvios na defesa de sua integridade territorial". Muitos comentaristas interpretaram o discurso em retrospectiva, como uma declaração codificada de Milošević, de que estava disposto a usar a força para defender os interesses da Sérvia. Tim Judah, escritor, repórter e analista político inglês do *The Economist*, especula que Milošević podia estar se referindo à "luta armada", como uma tentativa de "intimidar os outros líderes iugoslavos, que por protocolo, foram forçados a comparecer ao evento".

Durante o julgamento a que Milošević foi submetido em Haia, pelo Tribunal Penal Internacional para a ex-Iugoslávia, por sua suposta responsabilidade nas guerras iugoslavas, foi catalogado no processo como possível instigador dos conflitos, através do discurso de Gazimestán. Milošević rejeitou este ponto de vista, retrucando: "Nenhuma das minhas palavras se referiu a uma atitude belicista, de forma alguma. Muito pelo contrário, é um discurso de paz, encorajando as pessoas a viverem juntas em harmonia, todas as nacionalidades, os turcos, goranis e ashkalis, que vivem no Kosovo, bem como em toda a ex-Iugoslávia". Sobre a sua alusão às "batalhas", esclareceu: "É um termo comum que todos usam hoje, porque a paz ainda não é um estado permanente no mundo atual. E, se não fosse assim, por que os Estados têm exércitos"? Slobodan Milošević seria absolvido pelo mesmo tribunal anos depois, como veremos ao longo deste trabalho.

Em 1989, a Constituição sérvia de 1974, foi modificada por Milošević, corrigindo um erro histórico protagonizado por Tito, liquidando assim, a autonomia do Kosovo e da Voivodina, que havia sido concedida sob a égide titoísta. Em março e dezembro do mesmo ano, as Forças armadas destruíram várias células terroristas albanesas do Exército de Libertação do Kosovo (UÇK, por sua sigla, em língua albanesa), que exigiam o fim do julgamento contra Azem Vlasi, líder reabilitado da Liga de Comunistas do Kosovo. É importante ressaltar que, o UÇK se remonta ao Movimento Popular do Kosovo (LPK), em 1982.

Portanto, como estamos vendo, é falso que, o nacionalismo de Milošević, tenha produzido o efeito de fazer o jogo dos nacionalistas reacionários da Eslovênia, Croácia, Bósnia e dos invasores albaneses no Kosovo. Tampouco as massas populares das referidas repúblicas pensam desta maneira, mas sim, as aspirações da elite globalista para mutilar a Sérvia histórica, isto é, incluindo Krajina, Montenegro, Voivodina, Kosovo e Republika Srpska, anelando consumar entidades políticas artificiais e ter uma base militar em uma região altamente estratégica, foram as principais razões pela exacerbação do nacionalismo sérvio, que só tinha o objetivo de salvaguardar a periferia imediada da territoriedade histórica do ethos sérvio. Cabe mencionar que, o nacionalismo sérvio já havia provado uma série de adversidades ao longo da trajetória histórica contemporânea, passando pelas ocupações austro-húngaras e turco-otomanas e pelas duas grandes guerras balcânicas, além das mundiais e do regime titoísta, estando sempre apto para reinventar-se, em defesa da Pátria, desenvolvendo-se sacrifícios dos mais ousados para garantir seu legítimo direito de existência, autodeterminação e integridade territorial. Nesse sentido, atuando com lógica, os nacionalistas sérvios aceitaram a independência da Eslovênia (nação relativamente homogênea composta por 91% de eslovenos étnicos), Croácia (excluindo obviamente, a região de Krajina, sendo este, o desacordo entre Tudjman e Milošević) e Macedônia (excluindo as províncias do Sudoeste e Polog). As outras regiões da então Macedônia do Norte, haviam decidido, por uma significativa parte da população, por incrível que pareça ser, mesmo com todo o empenho anti-búlgaro do titoísmo institucional, ser reintegradas pela Bulgária, desde que, esta última, desocupasse a Dobruja do Sul (Meridional), reivindicada pela Romênia, que nomeia dita região de *Cadrilater*), como parte do reacomodo do equilíbrio geopolítico balcânico.

Neste processo de reconfiguração fronteiriça, após a desintegração da ex-Iugoslávia, os gregos também voltaram a reinvidicar a Macedônia, afirmando que, dita denominação, é parte integrante da identidade, cultura e história gregas, estando inserida no seio civilizacional helênico. No entanto, como já abordado, no território da contemporânea Macedônia do Norte, vivem comunidades eslavas, muito bem relacionadas, aparentadas e assimiladas, cultural, étnica e religiosamente, à Bulgária, o que aumenta consideravelmente, a legalidade do discurso do irredentismo búlgaro, recordando não apenas os Impérios Búlgaros (681-1018) e (1185-1396), mas também, a Bulgária Maior das fronteras de Santo Estevão, algo efêmero na era contemporânea, existente entre dito tratado de 3 de março de 1878 e o Congresso de Berlim, que ocorreu, entre 13 de junho e 13 de julho do mesmo ano.

Assim sendo, os comunistas foram um dos grandes responsáveis pelo atual desastre da Sérvia. O governante Partido Comunista dos Povos, como aquele que reformou a Iugoslávia unificada em 1943, mantendo-a como uma entidade política, sob mãos de ferro até sua desintegração, introduzindo de 1945-46 à 1980, uma orientação marxista, levou a cabo, estratégias catastróficas como a falácia da "fraternidade dos povos". No entanto, a raiz dos conflitos, está na invasão turca e nos séculos de ocupação e dominação otomana. Algo que, dito de passagem, é inegável, porém, os titoístas comunistas, além dos terroristas-genocidas neo-ustashas e pan-albaneses, juntamente com a elite globalista, representada pela OTAN, desempenharam um papel importante neste complexo cenário geopolítico. Diante desse universo, após a queda do Muro de Berlim, temos não só a desintegração da União Soviética e da Iugoslávia, mas também, da Sérvia, que é sucessivamente mutilada territorialmente, perdendo regiões historicamente vinculadas com uma consciência nacional sérvia. Este fenômeno de mutilação sérvia, por certo, ainda está em jogo no processo de tentativa de independência da Voivodina, como abordaremos em outro capítulo. Além do aspecto territorial, existe inegavelmente, elementos demográficos, econômicos e militares.

Sabe-se que a Sérvia, como herdeira da Iugoslávia, possuía um considerável arsenal bélico, uma população instruída e, permanecendo com seu território histórico, ancestral e natural, continha a sua disposição, uma força populacional considerável. Esse aspecto, associado ao seu potencial industrial a estabelecia, como um Estado detentor de anticorpos e margem de manobra, que não podia ser ignorado pelos globalistas. Esses fatores somados, posicionavam a Sérvia, como uma relevante potência regional e claro, não por acaso, essa projeção sérvia no cenário internacional, não agradava o sio-atlantismo capitaneado pelo Arco Transatlántico da Anglosfera, sempre movendo as peças do tabuleiro de xadrez geopolítico, para que o pêndulo do equilíbrio seja favorável a seus objetivos geoestratégicos. Milošević, por outro lado, sendo um soberanista determinado e convicto, tinha planos diferentes para sua Sérvia. Nacionalista e herdeiro do movimiento chetnik, Slobodan Milošević, como era de esperar-se, nunca aceitou os ditatos do chamado Império Anglo-Sionista, como a China neo-confucionista, o Irã da Nova Guarda revolucionária, a Rússia Putinista, a Coreia do Norte do Juche, a Síria de Bashar al-Assad, que não se curvam aos ditames de Washington. Por essas razões, a Casa Branca, no governo de Bill Clinton, implementou o projeto de mutilar a nação sérvia, apoderando-se de sua periferia imediata, inviabilizando um projeto de nação soberanista e estabelecendo, nos limites administrativos do Kosovo, através de uma relevante base militar, uma extensão do poderio bélico estadunidense, na altamente estratégica região balcânica.

Os dois geoestrategistas clássicos da Casa Branca na era contemporânea, Zbigniew Brzezinski e Henry Kissinger, tinham plena consciência de que, os Estados Unidos, naquela época, gozavam de uma unipolaridade plena. Vitoriosos na Guerra Fria, pelo menos em termos geopolíticos e não militares, os estadunidenses estavam conscientes que era o momento oportuno para expandir sua esfera de influência onde pudessem, evitando, de todas as maneiras, a ascensão de um polo de poder que colocasse em xeque sua hegemonia global, como designado pela Doutrina Wolfowitz de 1992. Assim, visto que, o aliado histórico e tradicional da Sérvia, a Rússia, estava literalmente, ajoelhada, calada e humillhada, estando totalmente perdida e submersa diante de um governo neoliberal entreguista de Boris Yeltsin, com uma série de infiltrações de miltonfridmanistas dos Chicago Boys e atolada em um processo desenfreado de privatizações em massa, cenário que, obviamente, dificultava a interferência da Rússia na defesa da Sérvia, uma possível intervenção militar dos EUA em solo sérvio foi sendo cogitada, ganhando força até ser, realmente, colocada em prática. Desta maneira, o Tio Sam não teve dúvidas em iniciar mais uma contenda sangrenta, agora em terras sérvias. Uma década antes, o Irã era o alvo geoestratégico, para o qual, a Casa Branca instou Saddam Hussein a lançar uma agressão militar contra seu vizinho indo-europeu. Na década de 1990, após um rearranjo geopolítico favorável à Política Externa dos Estados Unidos, a Casa Branca decidiu intervir na Sérvia, sem a ameaça de defesa de seus tradicionais aliados, os russos, que compartilham com os sérvios, dito de passagem, uma série de elementos identitários, como o eslavismo, o alfabeto cirílico e o cristianismo ortodoxo, embora estejam sob diferentes patriarcados.

No contexto das sanções que seriam aplicadas à Sérvia, intencionando asfixiá-la economicamente, o Fundo Monetário Internacional (FMI), com sede em Washington, impõe um plano de ajustamento que baixa o nível de vida da população, aumenta o desemprego, procurando favorecer o investimento estrangeiro. O Império Anglo-Sionista tem planos secretos para expulsar do poder, os nacionalistas que resistem às práticas neoliberais e à tentativa anti-histórica e anti-civilizatória, de desmembrar uma Sérvia unificada em suas fronteiras históricas. A Diretiva NSDD 133 do Conselho de Segurança Nacional dos EUA afirmou à época que, a política estadunidense, era promover a tendência de uma estrutura econômica iugoslava orientada para o chamado 'livre mercado' e o desenvolvimento das relações econômicas dos EUA com a Iugoslávia para fortalecer seus laços com as chamadas 'democracias industrializadas'. Não obstante, como sabemos, existem milhares de definições do que é democracia. Quem se coloca na posição de falar, como representante do conceito "único" de democracia, fora do qual, todos são 'autoritários' e 'fascistas', está simplesmente querendo desumanizar e apagar o Outro da esfera pública. E, como nos retrata a história contemporânea, o neoliberalismo promovido pela Escola de Chicago e pelo Consenso de Washington, nada tem a ver com as práticas democráticas, sendo duas ideologias que conduzem a uma plutocraria oligárquica bancocrática monopolística sem precedentes na história mundial, retendo uma significatica parte da riqueza planetária em mãos de grandes corporações geofinanceiras, é dizer, as famosas máfias globalistas apátridas.

O último congresso da Liga dos Comunistas da Iugoslávia (LCY), já altamente desgastado pela morte de Tito em 1980, precipitou o fim da federação. A delegação eslovena quer obter o fim de uma única Liga e o fim definitivo de todas as formas de comunismo. Ao não conseguí-lo, abandona o congresso seguido pela delegação croata. Ao quebrar as pontes com a LCY, também rompeu com seu passado comunista. O Estado Federal Iugoslavo sobreviveu apenas 15 meses após a dissolução da LCY.

9 - Fim da Federação e o início da guerra: Bálcãs sob ondas de sangue

Antes de mais nada, é importante mencionar que, a Federação Iugoslava, sob a égide titoísta (1945-1980), sobreviveu várias décadas garantindo uma coexistência razoável aos diferentes povos, apenas devido à forte repressão estatal. Ao contrário das afirmações de Catherine Samary, ex-professora na Universidade Dauphine, em Paris, que tenta sustentar a teoria de que, o Estado titoísta, não era artificial, não sendo uma "prisão de povos", e que "os sérvios e croatas não professavam um ódio irredutível", podemos destacar alguns aspectos consideráveis.

Em primeiro lugar, é importante reconhecer que, a Iugoslávia titoísta, não representa uma herdeira, ao menos em componentes ideológicos, do Reino dos Sérvios, Croatas e Eslovenos, nascendo em 1918 e dando lugar ao Reino Iugoslavo, em 1929. Com Tito, após a Segunda Guerra Mundial, deu-se a cabo, uma guinada em preceitos materialistas, de tom marxista, rompendo os laços com o que moveu, dando cimento e combustível, ao estabelecimento do Reino em 1918, o renascimento cultural ilírio e da Ráscia. É dizer, uma outra lógica operante guiou o Estado titoísta, interessado em debilitar os nacionalismos e suas respectivas coesões. Assim sendo, o ano de 1945, representou uma ruptura no aparelho estatal do Estado iugoslavo. Em segundo lugar, se o Estado desenhado por Tito, não fosse uma "prisão popular", não haveria necessidade de proibir, veementemente, ícones nacionalistas, como os chetniks, além de comportamentos e práticas religiosas, sem esquecer os deslocamentos em massa de italianos em Ístria e Dalmácia e do proceso de desbulgarização na Macedônia. Terceiro, se croatas e sérvios não professassem um supusto ódio irredutível, não teria havido um genocídio horrendo perpetrado pela organização ‹*Ustaše*', que tinha o objetivo de apagar a etnia sérvia do Universo. Ou, na menos pior das hipóteses, apagar a herança sérvia de Krajina e regiões adjacentes. Claro que, não podemos falar, necessariamente, de um ódio irredutível e de algo compartilhado pelo ethos croata como um todo, já que, o massacre foi causado, meramente, por uma das partes do efetivo populacional croata, sendo conduzido, por uma agrupação partidária ultra-chauvinista. Porém, é inegável que, antes da chegada de Tito ao poder, em 1945, entre 1941 e 1944, os ustashas protagonizaram, um dos genocídios mais cruéis e desumanos da história contemporânea, além do fato de que, o renascimento do ustashismo, por assim dizer, resgatado por serviços de inteligência forâneos, foi primordial para o estabelecimento da Croácia atual, elementos que, já colocam em cheque, a declaração da profissional comunista Samary. Quarto, se fosse um estado natural, não haveria necessidade de Tito criar um sistema de rotatividade para o governo, que para evitar a insatisfação de qualquer uma das repúblicas, consistia na nomeação do presidente por cada uma das repúblicas, gerando certas semelhanças com estruturas operacionais de Estados artificiais contemporâneos, como os casos de Nigéria e Líbano.

Abordagens mais do que suficientes para lançar dúvidas sobre as afirmações de Catherine Samary. Além de todas essas observações, uma anedota que sintetizou o sistema político-étnico da Iugoslávia, sob as mãos de ferro de Tito, também sustenta a teoria de que, a referida entidade política existiu por quase meio século, sob o totalitarismo dos aparelhos estatais: "Seis repúblicas, cinco etnias, quatro línguas, três religiões, dois alfabetos e um partido". E, neste processo de descontentamento popular e de profunda desconfiança, temos o início da implosão da federação.

Eslovênia anuncia a independência da República em 25 de junho de 1991, que é imediatamente reconhecida pela Alemanha. O Exército Popular da Iugoslávia tenta controlar a fronteira, sofrendo um grande número de baixas, das quais, 68 jovens morrem no confronto. A imprensa corporativa, comandada pela elite globalista, faz crer que, o povo esloveno, está lutando por sua liberdade contra um poder central comunista encarnado na Sérvia, que lança o Exército para esmagá-lo. Sobre o tema, o escritor Peter Handke afirmou à época que, o Exército deu ordem expressa de não contra-atacar em hipótese alguma, pois, apesar de tudo, tinham a ilusão de ainda estarem entre irmãos do sul.

Uma das grandes beneficiárias da independência é a Igreja eslovena, que se torna a principal proprietária de florestas na Europa. A Alemanha impõe o reconhecimento da independência à Comunidade Europeia e aos Estados Unidos, abrindo as portas à independência da Croácia, onde eclode a primeira guerra propriamente dita. Em 1990, o partido HDZ do neo-ustasha Franco Tudjman, financiado por exilados ustashas, principalmente, da Austrália, Canadá e Estados Unidos, venceu as eleições. A Constituição é modificada e os sérvios, que são 12% da população, passam do dia para a noite, de parte constituinte da Croácia (sob a égide de uma Iugoslávia) a cidadãos de segunda classe. Sérvios e iugoslavos (uma nova minoria formada pelos filhos de casamentos mistos, que não se identificam com uma nacionalidade ou outra, mas com o conceito de iugoslavismo, difundido por Tito) e outros "indesejáveis", também chamados de "descartáveis", são expulsos aos milhares de escolas, empresas e hospitais, sendo excluídos, inclusive, por incrível que possa ser, de suas próprias casas. Os ícones, emblemas, escudos, distintivos e cantos ustashas são revividos.

O dinar iugoslavo é substituído pela moeda do regime ustasha, o kuna. Mais de 2.000 monumentos, sepulturas e ruas com nomes de resistentes anti-ustashas foram renomeados. A mesma bandeira do regime ustasha é adotada. Tudjman afirma que "a nova ordem estabelecida por Hitler poderia ser justificada pela necessidade de se livrar dos judeus", fazendo uma analogia com a presença sérvia em território croata, especialmente na região de Krajina. Entre 1990 e 1992, Tudjman instalou em Zagreb, mais de 100 criminosos de guerra ustashas exilados, até então, na Austrália, Canadá, Estados Unidos, Inglaterra, Itália, Áustria, Argentina e Paraguai. Muitos são condecorados e nomeados para altos cargos no novo Estado. O criminoso de guerra, Ivo Rojnica, que desempenhou um papel de liderança nos massacres de sérvios, judeus e ciganos na região de Dubrovnik, é nomeado embaixador da Croácia "independente" por Tudjman. Organizações paramilitares ustashas queimam aldeias sérvias, expulsando seus habitantes e iniciando a guerra ao invadir os arredores da cidade de Vukovar.

Os sérvios da Croácia, aos que se lhes nega o direito de autodeterminação e de estar unidos ao Estado Federal Iugoslavo, que mantém dita denominação, mas ancorado meramente aos territórios de Sérvia e Montenegro, sem o marxismo instituciomal, pegam em armas com a ajuda do decadente Exército Popular e proclamam as Repúblicas Sérvias de Krajina e Eslavônia Oriental, Baranya e Sirmia Ocidental.

Foto 16: Distribuição em azul das áreas de maioria sérvia no território emancipado pela declaração de Independência croata, de acordo com o censo de 1981.

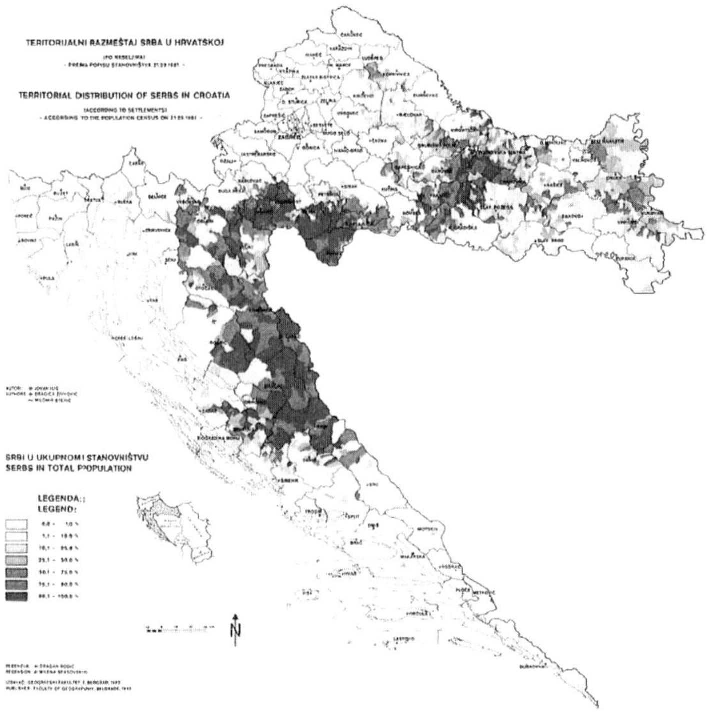

Fonte: https://es.wikipedia.org/wiki/Rep%C3%BAblica_Serbia_de_Krajina

Em maio de 1992, Milošević suspende 40 generais e almirantes leais ao iugoslavismo de Tito e ao comunismo (o general Blagoje Adzic, entre eles) e os substituiu por nacionalistas sérvios, adeptos da terceira via ou terceira posição, o nacional-socialismo sérvio. É dizer, Milošević produz um profundo resgate da ideologia nacionalista sérvia dos chetniks. A imprensa hegemônica, gerida pelos globalistas, diz que os sérvios invadiram o território croata quando, na realidade, como estamos a ver, vivem há centenas de anos nesta terra, entre Krajina e Eslavônia Oriental, sendo sobreviventes do genocídio perpetrado pelos ustashas, entre 1941 e 1944, além de várias agressões turco-otomanas ao longo da história medieval.

Na Bósnia-Herzegovina, a imensa maioria da população pertence, desde a época da ocupação otomana, a três grupos populacionais: os sunitas (que, como vimos no início, são um legado da invasão turca), os sérvios ortodoxos e os croatas católicos. Os partidos, sunita e croata, convocam um referendo para decidir a separação da federação. Os sérvios, obviamente, contrários a estar desvinculados da proteção estatal que lhes concede o Estado iugoslavo, não participam. Os partidos que dirigem as três comunidades são totalmente, influenciados pela época, extremamente chauvinistas, o que produz uma intensificação dos conflitos. Como a sociedade iugoslava, voltava a estar direcionada em bolsões étnico-confesionais, partidos com este enfoque, foram conformados ou ressuscitados.

O Partido da Ação Democrática (SDA) de Alia Itzbegovic pertence à corrente pan-salafista, que colaborou com os ustashas, entre 1941-1944. Izetbegović nasceu na cidade de Bosanski Šamac, no norte da Bósnia, atualmente na região autônoma da República Srpska, sendo um dos cinco filhos de uma família distinguida, mas humilde, descendente de ex-aristocratas turcos de Belgrado, que fugiram para o sul, depois que a Sérvia conquistou a independência do Império turco-otomano. Seu avô foi prefeito de Bosanski Šamac. Izetbegović participou, ativamente, em sua juventude, na sociedade militante bosniak. Apesar de pertencer a uma família sunita devota, recebeu uma educação laica e conseguiu se formar na Escola de Direito de Sarajevo. Nessa época, se juntou ao *Mladi Musulmani* (Juventude Muçulmana). Durante a maior parte da guerra, não participou de ações armadas, com exceção de meio ano no início da guerra nas forças partisanas. Em 1943, como líder do *Mladi Musulmani*, recebeu em Sarajevo, Amin al-Husayni, principal aliado de Adolf Hitler na Ásia Ocidental. Assim, sustentando, advogando e lutando pela consumação de um Estado wahabista no coração dos Balcãs, Alia Itzbegovic representa a personificação máxima do vestígio turco na região, pelo que, na mentalidade coletiva sérvia, eliminar o movimento que, ele não só encabeça, mas representa e defende, sendo seu ideólogo e precursor, consiste em algo esencial para o nacionalismo sérvio. Ou seja, trata-se de erradicar todos os vestígios dos cinco séculos de dominação otomana, bem como, preservar a integridade territorial histórica sérvia, severamente danificada, pelas profanações austro-húngaras e turco-otomanas.

Itzezbegovic, em 1945, passou algum tempo na prisão por protagonizar um movimento terrorista. Depois de três anos atrás das grades, uma vez libertado, obteve uma licenciatura em Direito pela Universidade de Sarajevo e continuou envolvido na política bósnia, coincidindo com a proibição e dissolução do *Mladi Muslimani*, acusado de sedição em conexão com um recente motim de rua, de promover o ódio étnico-religioso e de ter demonstrado uma orientação terrorista durante a guerra. No entanto, Izetbegović e outros companheiros, continuaram ativos na clandestinidade. Nas quatro décadas que se seguiram, Izetbegović foi preso mais três vezes: em 1951, quando foi condenado a três anos por desenvolver "atividades subversivas". Em 1972, pela autoria do livreto "Declaração Islâmica". E, em 1983, quando foi condenado a 14 anos de prisão, acusado desta vez, de realizar "atividades pan-salafistas". Em sua "Declaração Islâmica" de 1970, Izetbegović levantou a impossibilidade de coexistência entre o Islã e as instituições laicas da Iugoslávia titoísta e postulou a República bosniak, de corte wahabista, como a forma de estado ideal para uma futura Bósnia independente. Pede a tomada do poder por militantes sunitas, considerados pelo movimento de "moral e numericamente superiores", a fim de "destruir o poder não-sunita" existente e construir o "poder sunita". É, precisamente esta personalidade, que defende a independência da Bósnia-Herzegovina, baseada no wahhabismo, ideologia terrorista disseminada pela Casa de Saud, que fora introduzida pelo Serviço Secreto inglês, no início do século XX e difundida, além do Estado saudita, pelo deobandismo talibã (que mescla o tribalismo pastun com o wahabismo) e por certas agrupações neootomanas e panturkistas no Cáucaso, leste europeu e Ásia Ocidental.

Esta corrente bosniak foi reorganizada no início da década de 1980, justamente após a morte de Tito, mas o Estado federal iugoslavo a reprime, argumentando representar uma séria ameaça à convivência social. Em abril de 1983, onze pessoas são presas em Sarajevo, acusadas de atividades contra-revolucionárias de inspiração terrorista, destinadas a derrotar a ordem social e estabelecer um poder wahabista. O grupo tentou fazer, da Bósnia-Herzegovina, um emirado wahabista 'religiosamente puro'. Este extremismo foi sendo disseminado por dois grupos distintos: os dirigentes da comunidade muçulmana na Bósnia-Herzegovina e um grupo infinitamente mais extremista constituído por um grupo de sujeitos, que se declararam "verdadeiros apóstolos do Islão", cujo núcleo central, conta nas suas fileiras, alguns sobreviventes dos 'Jovens Muçulmanos' do passado, como o próprio Alia Itzezbegovic. Este segundo grupo busca, da forma mais explícita possível, realizar uma wahabização "de baixo para cima", de toda a população sunita da Bósnia-Herzegovina. Despreza abertamente e, como um todo, não apenas os líderes da comunidade muçulmana bósnia-herzegovina (considerados como estando na folha de pagamento do governo titoísta e dos governos anteriores) e os intelectuais muçulmanos e seculares da Bósnia-Herzegovina, mas também, as comunidades sérvias e croatas, que representavam uma ameaça ao estabelecimento de um Estado wahabista bosniak.

Em 1990, Alia Izetbegović fundou o Partido da Ação Democrática (SDA), de ideias independentistas, ligado ao sunismo extremista como suporte identitário, produto da região da ocupação otomana, ramo político que se tornou a formação majoritária da República Titoísta da Bósnia-Herzegovina. Diante da ascensão de partidos nacionalistas na Croácia e na Sérvia, em menor grau na Eslovênia, bem como do aumento das tensões interétnicas, Izetbegović declarou que estava pronto para "sacrificar a paz pela liberdade de seu povo". Mas, a questão é que, se nos basearmos na semântica etnográfica clássica, "seu povo" sequer existe. Ele próprio pertence à linhagem turca, estando inserido no universo histórico-cultural turco. No entanto, quis o destino que falasse servo-croata e não turco. Não à toa, Alia

Izetbegović recebeu alguns prêmios e distinções internacionais, como a Ordem de Estado da República da Turquia. Os turcos o consideravam "um dos nossos". Também recebeu o 'Prêmio Internacional Rei Faisal a Serviço do Islã', concedido pelo reino saudita, ainda no decorrer da guerra, em 1993. Se já não fosse o bastante, sendo aclamado pelas duas principais potências sunitas, Turquia (de onde provinha sua estirpe) e Arábia Saudita (polo de erradicação da ideologia wahabista), também foi homenageado, em 1º de abril de 1992, pela Grande Ordem da Rainha Jelena, uma ordem da República da Croácia, ocupando o segundo lugar na ordem de precedência da Croácia, depois da Grande Ordem do Rei Tomislav. A próxima classificação é a Grande Ordem do Rei Petar Krešimir IV. Somente oficiais estatais de alto escalão, funcionários estrangeiros e militares de posição elevada, podem receber a ordem.

Curioso que, um wahabista convicto, herdeiro dos otomanos, tenha recebido uma homenagem dessas na Croácia, um país que, constantemente, clama ser ultracatólico. No entanto, as razões para isso são óbvias, a integração das lideranças croatas e bosniaks, acopladas com setores globalistas, para desmantelar o êxito irredentista sérvio e, inviabilizar, o projeto soberanista sérvio.

Do lado sérvio, o Partido Democrático Sérvio de Rodovan Karadzic, um partido nacionalista, anticomunista, ortodoxo e herdeiro dos chetniks, que considera justificada qualquer ação militar para deter a expansão wahabista e a perda de territórios sérvios. São os mais fortes militarmente até a intervenção direta dos instrumentos de guerra da elite globalista, no caso a OTAN. Na primeira parte da guerra, Milošević apoia totalmente esses líderes, assim como, os de Krajina. Pelo lado croata, o Partido Democrático Croata (HDZ), liderado por Mate Boban, fiel subordinado de Tudjman e defensor da Grande Croácia, consiste em um movimento herdeiro direto da organização terrorista e paramilitar ustasha (1929-1945), atuante de 1941 a 1944 no Estado Independente da Croácia, que, após a Segunda Guerra Mundial, foi obrigado a reorganizar-se na diáspora croata, principalmente nos Estados Unidos, Canadá, Itália, Áustria, Inglaterra, Austrália, Nova Zelândia, Brasil e Argentina.

Muitos destes dirigentes merecem a consideração de criminosos e inimigos do povo. No entanto, a elite globalista, como sabemos, apenas persegue como "criminosos contra a humanidade", aqueles que não foram dóceis com sua política para os Bálcãs. Os eventos sangrentos emergem após as declarações ultra-unilaterais de independência da Eslovênia, Croácia e Bósnia-Herzegovina, no biênio 1991-92, contra os desejos dos enclaves de maioria sérvia nestas repúblicas, que anelavam permanecer sob a égide da Federação iugoslava. Neste contexto é que emerge, o que se conhece como Guerra dos Balcãs nos anos 1990, com os enclaves sérvios (respaldados pelo Exército Federal), reagindo aos atos covardes da OTAN, seguidos pelos croatas ao se recusarem radicalmente, a viver em um país que se tornaria um "Emirado wahabista". Estava lançada a faísca, que detonaria o início das tremendas hostilidades neste altamente complexo caldeirão geopolítico balcânico.

Portanto, neste contexto, é importantíssimo ressaltar novamente, sempre enfatizando que, o nacionalismo sérvio e o subseqüente irredentismo sérvio dentro das novas entidades políticas rebeldes, foram simplesmente uma resposta e defesa contra o extremismo, a violência e as iniciativas de limpeza étnica dos separatistas wahabistas e croatas, principalmente, em seus países recém-criados, compreendendo grandes populações sérvias que, de repente, do dia para a noite, ficaram impotentes e separadas de sua Patria, desguarnecidas de uma proteção estatal, o que representou, para os sérvios, inegavelmente, uma profunda catástrofe geopolítica.

Neste conflito tripartite, o grupo wahabista é, evidentemente, o menos numeroso, sofrendo muitas perdas. Mas seria absurdo imaginar que, os outros dois grupos, também não tenham sido muito atingidos. Croatas e sérvios foram duramente afetados. Aliás, quem acabou mutilado, territorialmente, foi a Sérvia. A Bósnia-Herzegovina, sendo um legado dos séculos de dominação otomana, por sua vez, após o sangrento conflito noventista, expandiu consideravelmente seu território, constituindo-se em um Estado fantoche da elite globalista, sendo criado pela OTAN, o que lhe concede, a fama de ser uma entidade política artificial neootomana atlantista, como veremos ao longo do trabalho.

Maritsa Stula, sérvia étnica de Osijek e radicada em Belgrado, afirma que achou inconcebível que seus vizinhos prestassem atenção quando, após a morte de Tito, as trombetas do nacionalismo começaram a soar em Belgrado e na capital croata, Zagreb. Sérvios falavam sobre como, cinquenta anos antes, croatas terroristas os haviam levado para campos de extermínio e executado centenas de milhares. A ameaça de novos massacres os esperava? Os croatas falavam da perseguição sofrida na Iugoslávia, nas mãos do resgate da ideologia chetnik por falsos comunistas sérvios, que conspiravam para incorporar milhares de quilômetros quadrados do coração da Croácia à Grande Sérvia. À medida que os políticos nacionalistas cresciam no poder na cambaleante Iugoslávia, a vida em Osijek, tornou-se envenenada. Primeiramente, como reação à rescisão do status dos sérvios de uma nação constituinte para uma minoria nacional, temos o profundo fortalecimento de instituições sérvias dentro da Croácia.

Neste processo, o Partido Democrático Sérvio (SDS, por sua sigla em sérvio-croata - Srpska Demokratska Stranka), dentro da Croácia, foi criado na cidade de Knin, em 17 de fevereiro de 1990, clamando por democracia, economia de mercado e federalismo, apelando para que, por meio deste, garantisse o direito de autonomia territorial dentro das unidades federativas. Seu presidente era Jovan Rašković. Sua área de influência inicial eram os municípios próximos à cidade onde foi fundada. Posteriormente, expandiu-se para a região da Eslavônia, criando sedes locais, entre junho e outubro de 1990. Em 22 de abril de 1990, foram realizadas eleições parlamentares na então República Socialista da Croácia com um segundo turno, em 7 de maio. Os resultados do SDS foram fracos, embora tenham sido bem-sucedidos nos municípios de Benkovac, Knin, Gračac e Lapac. A partir de então, as tensões entre as comunidades aumentaram. Uma nova iconografia surgiu nas campanhas políticas apelando aos acontecimentos ocorridos na Segunda Guerra Mundial no quadro do Estado Independente da Croácia nos anos 1941-44. Em 27 de junho de 1990, a Associação dos Municípios Sérvios da Dalmácia do Norte e Lika, foi formada com o dentista, Milan Babić, como presidente. O Projeto de Estatuto da Associação afirmava que, seu objetivo era introduzir a autonomia regional sérvia, na Croácia. Inicialmente, esta Associação incluía os municípios de Knin, Benkovac, Gračac, Donji Lapac, Obrovac e Titova Korenica.

Franjo Tudjman considerava o SDS, como o principal representante dos sérvios na Croácia. O principal objetivo declarado do SDS era proteger a população sérvia, que se estima estar em perigo de extinção, de acordo com a nova Constituição croata que, como mencionamos, rescindiu o status dos sérvios de uma nação constituinte para uma minoria nacional. Em 6 de julho de 1990, Milan Babić, convocou uma reunião de representantes dos municípios povoados por sérvios, pela qual, a reforma constitucional que impedia tais associações municipais, introduzindo símbolos exclusivamente croatas e mudando o nome da língua falada na Croácia, foi rejeitada. A SDS também respondeu ao desejo da União Democrática Croata (HDZ) de uma Croácia independente, que desejava permanecer no mesmo país que a maioria dos sérvios. No início dos anos 1990, sua popularidade cresceu junto com relatos de dura discriminação contra a população sérvia na Croácia pelo regime de Franjo Tudjman. Também houve relatos de opressão contra os sérvios, bem como, uma campanha de mídia liderada por Belgrado, que retratou os sérvios da Croácia, como sendo ameaçados pela maioria. Esta foi a causa de intensas migrações, sendo, Maritsa Stula, meramente, uma delas.

É justamente nesse cenário que os sérvios da região, seis meses após a declaração de independência da Croácia (25 de junho), em 19 de dezembro de 1991, declaram o estabelecimento da República Sérvia de Krajina, livrando-se assim, ao menos momentaneamente, do jugo croata. Entre junho e dezembro, um vizinho croata apareceu na residência de Stula, muito aflito, avisando-lhe de que, alguns homens lhe haviam ordenado que atirasse em toda a sua família caso não fossem embora imediatamente. Esses indivíduos brutos não eram pessoas boas que sempre viveram em Osijek, mas gente do campo, cheias de raiva, que talvez tenham perdido a casa, relata Stula, que não pensou duas vezes, pegou um ônibus com os três filhos e marchou para o leste. Seu marido a seguiu pouco depois. Stula já não veria a residência na cidade de Osijek que morou por toda a vida, fazendo parte da primeira onda de refugiados sérvios, que foram obrigados a fugir destas regiões em um renascimento do movimento ustasha. Centenas de milhares também fugiriam no final da guerra, quando as Forças croatas tomaram as regiões sérvias irredentistas, com apoio logístico e aéreo dos países da OTAN. Centenas dos que ficaram para trás, quase sempre os mais idosos, foram assassinados após a invasão. Isso é conhecido como limpeza étnica, termo também retratado como genocídio. Abordaremos, posteriormente, com mais detalhes esses fenômenos trágicos, como as Operações Relâmpago e Tempestade, além dos menos conhecidos, porém, não menos trágicos, Operação Força Deliberada, Voo de Operação Negado e Destacamento Ícaro, todos, dito de passagem, com elevada participação atlantista.

10 – O esporte como instrumento geopolítico: Zvonimir Boban e a patada, que desencadeou uma guerra, o novo símbolo neo-ustasha, que inflamou, o sempre incontido, ufanismo croata

Antes de tudo, nos faz necessário retratar, através de uma profunda reflexão, a estreita conexão existente entre esporte e geopolítica. Muita gente não consegue conceber o vínculo entre o esporte (futebol mais particular neste caso) com a geopolítica, mas este é um sintoma geral da incapacidade da maioria de "ligar os pontos", é dizer conectar componentes que já nasceram predispostos a viver acoplados. Muitos pensam que indivíduos, eventos e fenômenos são isolados e que o mundo é uma sequência de caixinhas apertadas. A afirmação de que, "é apenas um jogo", é oca diante da complexa realidade de que, todos os jogos e esportes, em geral, têm suas raízes na guerra ou são sublimações dela. Justamente por isso, para muitas nações, ir bem em eventos importantes, como Copas do Mundo, Confederações, Olimpíadas, Jogos Pan-americanos, entre outros torneios, tem um papel de enorme relevância, ainda mais quando o que está em jogo, é a defesa da manifestação futebolística da Pátria, pela qual, os jogadores lutam para colocar no mais alto, a bandeira nacional, estandarte que caracteriza as nações perante o globo terrestre inteiro.

10.1 – Futebol, como instrumento geopolítico, uma sofisticada ferramenta de Soft Power

Uma seleção é a manifestação de um povo, através de um esporte, no caso o futebol, o mais popular e emocionante do planeta. O que uma seleção representa, é dizer, seu manto, consiste em un fenômeno de enorme complexidade. Ela é a pele de milhões de pessoas, a armadura dos guerreiros que representam um povo em cada batalha no retângulo verde e, sem dúvida, a camisa mais amada e defendida de um país inteiro. Quando os onze titulares saltam para o relvado com uma nação inteira atrás deles, é muito mais do que futebol. Significa que tal povo a ela pertence e, como ela, não há outra, por todos os aspectos culturais e históricos que representa e que os outros lhe atribuem. De fato, o futebol nada mais é, do que um recorte do universo maior em que vivemos e, portanto, é impossível estabelecer uma separação entre tal esporte e aspectos históricos, culturais, geopolíticos, ainda mais, quando se trata de um representativo nacional. E, sendo o esporte mais popular do mundo, essa manifestação esportiva, gera repercussão e impacto de enorme relevância em todo o planeta.

Na década de 1930, por exemplo, os italianos dominaram o futebol (e muitos outros esportes), em um projeto que unia ética e estética ao esporte e ao aprimoramento físico. O triunfo italiano em duas Copas do Mundo e nos Jogos Olímpicos foi visto como um símbolo da superioridade italiana nas artes da guerra. A geração de ouro húngara também teve um forte impulso estatal, tendo um respaldo, em parte como projeção mundial, sendo um claro exemplo de ferramenta de *Soft Power*. O Time de Ouro, em húngaro, *Aranycsapat*, aliás, é um dos vários nomes dados à seleção húngara de futebol durante a década de 1950. Outros nomes incluem "os poderosos magiares" ou os "magníficos magiares". A equipe, comandada por Gusztáv Sebes, contou com nomes como, Ferenc Puskás, Zoltán Czibor, Sándor Kocsis, Nándor Hidegkuti, Ferenc Szusza, József Bozsik e Gyula Grosics mantendo-se invicta por 32 partidas consecutivas. Seus 27 gols marcados na Copa do Mundo de 1954 é um recorde que nenhuma seleção conseguiu superar. A geração de ouro romena, entre 1984 e 2000, tendo seus últimos resquíscios na Eurocopa 2008, é mais um desses exemplos de profundo respaldo estatal ao esporte, algo iniciado pelo regime nacionalista de Nicolae Ceaușescu (1964-1989).

E, esta tendência não se trata ou se resume a "regimes totalitários", como costuma entreter e cogitar o senso comum, parte como legado da disseminação de desinformação da mídia corporativa. É *Soft Power*, é dizer, o poder brando, algo que interessa a todos os Estados e sistemas. Vejamos o caso francês. A atuação da França no futebol contemporâneo dialoga com o projeto de dissolução étnica aplicado pelo Grande Capital globalista contra a etnia francesa. Os resultados positivos são usados para legitimar e justificar a migração em massa. Já para o Marrocos e outros países africanos, por exemplo, o bom desempenho dialoga com a descolonização. A vitória é a recuperação do orgulho das nações humilhadas e despojadas. Treinadores africanos, jogadores nascidos no estrangeiro, mas que regressam à pátria sanguínia, por assim dizer, levantando a bandeira do *Jus sanguinis* (direito de sangue) para defender suas cores. Nesses países, uma grande vitória vira motivo de feriado nacional.

Portanto, engana-se totalmente, quem pensa que o futebol consiste de "pão e circo". Muitos dos que tentam manter esta posição consideram-se os "verdadeiros guardiões da moralidade política", estando, supostamente, extremamente preocupados com os rumos da nação, quando, na realidade, a grande maioria deles, não tem interesse nacional, tendo uma percepção do mundo totalmente desconectada da realidade geopolítica. Diante desse cenário, os defensores dessa ideia tentam, no mínimo, manter sua posição, dizendo que, "futebol é pão e circo" e que há aspectos mais importantes para que a sociedade se preocupe. Por incrível que pareça, também há quem difame a Copa do Mundo e o futebol, em geral, por supostamente consistirem em algo de teor "machista", o que serve para reforçar símbolos que aludem a círculos formados apenas por homens. Porém, por trás desse discurso vazio e superficial, o que se esconde é um claro e evidente, elitismo plutocrata. Quem a profere são indivíduos desenraizados, totalmente desconectados de suas nações, que recorreram ao discurso altamente materialista das ideologias modernas, como o marxismo, o neoliberalismo, o minarquismo ou o anarquismo. Escondido por trás dessa narrativa, está um misto de ódio pelo povo e um senso falso de justiça moral, que faz com que, a pessoa se sinta iluminada em meio a milhões de ignorantes que precisam de suas palavras de sabedoria para se converterem, menos ignorantes.

A Copa do Mundo, como sabemos, é um rito sazonal de grande relevância geopolítica e histórica. Não é uma suspensão da política, como muitos pensam, como o anarquista, o hipster supostamente progressista, o marxista geopoliticamente inconsciente ou o extremista ultraneoliberal, muito pelo contrário. As rivalidades geopolíticas são transplantadas para o campo de jogo e, muitas vezes, a honra de todo um povo, humilhado ou derrotado por algum acontecimento geopolítico ou desgastado por uma crise financeira, pode ser resgatado por uma simples bola na rede aos 45 minutos do segundo tempo. Basta lembrar a vitória argentina sobre a Inglaterra nas quartas de final de 1986, 4 anos após a derrota militar nas Malvinas. A catarse garantida pela vitória, como vimos, foi suficiente para restaurar o orgulho dos argentinos. E, algo similar, se aplica atualmente, com a vitória na Copa do Mundo no Catar 2022, após uma seca de 36 anos no referido certame, além de uma enorme crise financeira. Na verdade, poderíamos mencionar muitos outros exemplos, sendo, o Caso Boban, um fenômeno de profunda inflexão nas guerras balcânicas noventistas, que nos ajudam a entender, este profundo vínculo entre esporte e geopolítica, reforçando ainda mais, essa tese.

As partidas entre México e Estados Unidos, em condições normais, estão longe de trazer a mesma relevância e atração que um México x Albânia ou Estados Unidos x Somália, já que, a rivalidade entre '*El Tri*' e '*Stripes of the Stars*', vai muito além de questões esportivas. O mesmo pode ser dito do confronto entre húngaros e romenos ou entre sérvios e albaneses, só por mencionar alguns exemplos. Apenas indivíduos bastante ingênuos não entendem a complexidade de todos esses aspectos, fatores e questões. Com a essência autêntica futbolística conectada, ligada e celestialmente cravada nas entranhas de um povo, a guerra do futebol se torna arte, a arte da guerra, a guerra da arte, é o futebol orgânico e autêntico contra as maquinações excessivas do futebol pós-moderno. Isso, por exemplo, apenas por mencionar um caso, fica bem evidente com os argentinos, basta ver as referências em sua canção de vitória aos "Meninos das Malvinas". O mito mobilizador do futebol argentino é a Guerra das Malvinas. De Maradona a Messi, a maior inspiração é uma multidão de jovens que deram seu sangue para recuperar territórios roubados por piratas anglicanos. Assim sendo, após todas essas abordagens, tentando descifrar, o que o futebol tem a ver com a geopolítica, poderíamos responder que, simplesmente, tudo!

Ao falar de um país repleto de problemas, preocupar-se em esportes, como o futebol e "esquecer" os problemas, os falsos progressistas esquecem que, boa parte dessas adversidades, talvez só exista por uma disposição psicológica coletiva de um povo, que talvez, basta algum tipo de motivação para levantar a cabeça e tentar dar a volta por cima, para seguir em frente. Como retratado anteriormente, o futebol não é uma dimensão isolada da sociedade, mas é profundamente afetado por questões políticas, econômicas, sociais, geopolíticas, históricas, civilizacionais, culturais e, por sua vez, também interage com todas as outras áreas da sociedade. Aqui já vemos a pertinência e necessidade de uma abordagem multidimensional e não reducionista, maniqueísta e superficial.

Portanto, como estamos podendo observar, quem acredita que a Copa do Mundo é perda de tempo não tem maturidade intelectual suficiente para entender, os motivos pelos quais, as potências mundiais investem bilhões de dólares no esporte. Para países como China, Irã, Rússia e Estados Unidos, protagonistas do sistema internacional de Estados, por exemplo, uma medalha de ouro nas Olimpíadas tem imensa importância geopolítica. São apenas as mentes miúdas e ressentidas de pessoas pseudo-iluminadas, criadas em condomínios fechados e com imenso desprezo pelo povo, que não conseguem entender ou, pelo menos, respeitar, as profundas paixões, que a Copa do Mundo a as Olimpíadas, despertam aos bilhões de telespectadores ao redor de todo o mundo. Ou seja, o esporte é totalmente indissociável de fatores geopolíticos, sendo um grande erro, relacionar o esporte mais popular do mundo, como sinônimo do chamado "pão e circo".

10.2 – A emblemática patada de Zvonimir Boban, personificação futebolística do ufanismo croata

Foto 17: A patada de Boban, que entrou para a história.

Fonte: https://elpais.com/deportes/2020-05-24/la-patada-de-boban-que-entro-en-la-historia.html

Esclarecendo esta complexa questão, podemos entrar, finalmente, no Caso Boban. Precisamente, pelo forte vínculo entre esporte e geopolítica, Zvonimir Boban tornou-se uma bandeira da causa nacionalista croata quando, meses antes do início da guerra na Iugoslávia, atuando pelo Dínamo de Zagreb, abateu um policial sérvio em uma partida violenta contra o Estrela Vermelha de Belgrado. Curiosamente, trabalhou também para a FIFA, como secretário-geral adjunto e tem, como uma de suas premissas, o combate ao racismo.

Era 13 de maio de 1990 e se disputava, no Maksimir de Zagreb, o Grande Clássico do futebol iugoslavo, entre Dínamo Zagreb (croata) e Estrela Vermelha de Belgrado (sérvio). Apenas sete dias antes, haviam ocorrido eleições multipartidárias, nas quais, a União Democrática Croata, após um meteórico renascimento ustasha, havia conquistado a vitória, favorecendo a independência e a consequente emancipação jurídico-política estatal croata do Estado Federal Iugoslavo. Mas o líder sérvio, Slobodan Milošević, estava disposto a manter as regiões da Croácia, com uma significativa presença sérvia, como parte de um Estado sérvio ressurgente. O Estado que estava desintegrando-se era muito heterogêneo. Uma prisão de povos que a ideologia titoísta, desmantelando uma relativa coesão (legado do renascimento ilírio e do ressurgimento ortodoxo sérvio), soube manter sob a sua figura forte, seis repúblicas, com quatro nacionalidades autênticas diferentes, alguns idiomas e onde conviviam católicos, ortodoxos e sunitas, com os alfabetos cirílico e latino ao mesmo tempo. É difícil esquecer a sangrenta guerra que abalou a região pouco depois, entre 1991 e 1995, na qual, morreram 20 mil pessoas. Passados quase 40 anos, muitos ainda se lembram daquele Dínamo Zagreb-Estrela Vermelha, como o prólogo daquela sangrenta guerra, que, diga-se de passagem, foi potencializada por atores estrangeiros e pela elite globalista, sempre interessada em aproveitar fenômenos geopolíticos, ocupando certos vácuos de poder, para impor sua agenda geoestratégica, geopolítica e geoeconômica.

O Dínamo Zagreb sai ao aquecimento com Boban, Suker, Ladic, Mladenovic e Peternac. Em frente, Prosinecki, Stojkovic, Savicevic, Stosic, entre outros, do Estrelha Vermelha. Nas arquibancadas, milhares de torcedores gritavam sem parar. De um lado, os '*Bad Blue Boys*', os ultras do Dínamo que sempre foram defensores da independência da Croácia. Do outro, os '*Delije*' do Estrelha Vermelha, que mais tarde se tornariam, uma parte significativa, do corpo dos paramilitares sérvios que lutaram contra a Croácia e a Bósnia-Herzegovina. De fato, a torcida organizada do Estrelha era liderada por Zelijko Raznatovic, mais conhecido como Arkan, que seria um líder militar sérvio. Faltava uma hora para o jogo, mas a guerra já havia estourado nas arquibancadas do estádio. E, embora a princípio, a polícia sérvia não tenha intervindo, logo depois, começou a reprimir, duramente, os torcedores croatas. As pedras, os cassetetes, os golpes, os assentos voaram como Boban ia voar, um pouco depois, sobre um policial.

Houve muita tensão antes do jogo. Os torcedores do Dínamo Zagreb aproveitaram para protestar pela independência, inflamados pelo nacionalismo croata. A confusão geral então começou, com torcedores atacando os adversários com pedras e derretendo telas de arame com ácido. Os sérvios não recuaram, mas muitos tiveram que ser resgatados por um helicóptero. Em meio àquela batalha campal, que resultou em mais de 300 feridos, um policial não parou de espancar com selvageria um torcedor do Dínamo croata. Zvonimir Boban não aguentou o que viu e, não pensou duas vezes em lançar-se contra o agente, derrubando-o com um dos chutes mais famosos da história do futebol mundial. O talentoso meio-campista croata, que mais tarde se tornaria uma estrela do futebol mundial com o Milan, tinha apenas 21 anos na época. Zvonimir Boban não sabia que, em décimos de segundo, havia se tornado um herói da Croácia. E, consequentemente, no carrasco sérvio. O jogador relembra o incidente da seguinte forma:

> Foi uma injustiça. Nossos fãs não foram tratados com a mesma medida pela polícia. Antes e durante o jogo em Zagreb, os ultras do Estrelha Vermelha começaram a destruir tudo. A Polícia manteve-se imóvel e, quando os nossos começaram a defender-se, foi então que entraram em ação. Estavam organizados para horrorizá-los. Já estávamos em campo e quando comecei a ver o que estava acontecendo na arquibancada, iniciei a professar palavras deselegantes... Me bateram e foi daí que veio a minha reação. Eu era como outros, mas vestia o número 10 e o ato me glorificou.

O incidente, ocorrido em 13 de maio de 1990, lhe renderia uma suspensão da Federação iugoslava, que retirou suas chances de disputar a Copa do Mundo de 1990, mas por outro lado, inegavelmente, lhe proporcionou uma grande admiração em toda a Croácia. Boban declararia que, "aqui estava eu, uma figura pública, preparada para arriscar minha vida, minha carreira e tudo o que a fama poderia trazer, por causa de um ideal".

O croata continua a assumir esse impulso espontâneo e quase inato: "Foi o primeiro momento em que, o povo croata, reagiu para exigir que já não era possível, que não podiam viver com um regime. Nenhuma pessoa inteligente pode aceitá-lo. Foi uma reação jovem e rebelde, mas não éramos heróis. A Guerra foi tremenda e foi aí que ele realmente se arriscou. Mas, pelo menos, foi uma mensagem de união". Zvonimir explica que seu nome significa "Sons de Paz" e que acostumava ler Chekhov ou Dostojevsky. Leitor de clássicos russos desde muito jovem, acabou sendo professor de História na Universidade de Belgrado. Nunca imaginou que, aquele dia, marcaria um antes e um depois, em sua vida e na da Iugoslávia: "A história é difícil de prever, eu sabia que algo muito importante para a Croácia iria acontecer, mas não uma guerra". Nunca se arrependeu de ter arriscado o futebol por uma convicção geopolítica: "Faria novamente, claro. Estamos falando da liberdade de um povo, é mais do que uma questão pessoal. Tudo isso significava muito mais do que minha carreira no futebol. Foi um ato juvenil, mas do qual me orgulho. Esses momentos dificilmente podem ser compreendidos e julgados se você não os viver. Durante um regime você não pode dizer quem você é, foram muitos anos sem que minha geração pudesse falar livremente e isso é muito difícil". Ao contrário do que alguns possam pensar, Boban nunca rompeu uma amizade por causa de uma polêmica ideológica: "Tenho muitos amigos sérvios. Savicevic, por exemplo, é montenegrino. A geopolítica não deve influenciar as relações pessoais. Nunca tive esse problema. Sempre tive minhas ideias muito claras, mas nunca rompi uma amizade por motivos políticos. Não valia a pena".

Curiosamente, pouco antes, uma impressionante e imponente geração iugoslava, conquistava o Mundial Sub-20, no Chile, em 1987. Os comandados de Mirko Josic venceram a Alemanha Ocidental na final, na disputa de pênaltis e, pressagiando pelo menos, uma mudança de mentalidade. E, tudo isso, com um quarteto ofensivo dos sonhos: Robert Prosinecki, Davor Suker, Predrag Mijatovic e o próprio Zvonimir Boban. Uma constelação de craques sem precedentes na trajetória histórica do consagrado futebol balcânico. Atrás, Igor Stimac, Robert Jarni e Branko Brnovic: "No Chile, tivemos uma experiência em que finalmente entendemos que poderíamos jogar contra todos". Nesse torneio, Prosinecki foi premiado com a Bola de Prata: "Robert foi um dos maiores jogadores de futebol dos últimos 60 anos. Nasceu para jogar futebol, mas ele mesmo não sabia que era tão bom assim. Ele poderia ter feito mais se tivesse aceitado o futebol moderno, aquele que se joga em uma parte do campo e, no qual, você não pode ir onde está a bola. Nunca vi ninguém que gostasse tanto de bola quanto ele. E o melhor é que, não fazia isso por egoísmo, era um boêmio do futebol", lembra Boban.

Depois de alguns anos, após uma carreira exitosa no Bari e no Milan, no *calcio* italiano, chegaria a emblemática, para muitos, Copa do Mundo de 1998 e o sabor agridoce:

> Perdemos para a França de Zidane, que mais tarde, seria campeã. Mas a Croácia teve um sucesso único, pela relevância social que atingimos, não só desportiva. Foi o meu futebol mais completo, mas também cometi um erro que nunca cometi na minha vida. Perdi uma bola na semifinal, um minuto depois de

marcar. Presenteei a final à França. Eles haviam jogado muito mal esse jogo, não entenderam nossa tática, éramos todos talento e improvisação. Foi um erro grave. Gol de Thuram, aí veio o segundo. Estive dois dias sem comer, sem dormir... no final ficamos em terceiro e o regresso à Croácia foi magnífico.

10.3 - Uma seleção moldada pela guerra, a polêmica em torno à família Modric e o ufanismo como combustível motivacional

Como estamos vendo, a seleção croata, como várias outras, foram marcadas, profundamente, por contendas sangrentas, que acabam moldando um imaginário coletivo. Assim, neste caso particular, a guerra na ex-Iugoslávia moldou vários jogadores das últimas gerações de futebolistas croatas, sendo assim, o ufanismo passa pelo sofrimento familiar de vitais atletas, que atuaram na seleção croata, nas últimas décadas. Além de Zvonimir Boban, Davor Šuker, Domagoj Vida, Luka Modrić, Dejan Lovren, Marcelo Brozovic, Josip Simunic, entre outros, levam essa essência. Antes da final da Copa do Mundo de 2018, em que os croatas enfrentaram a tradicional França, Zlatan Bobic, um torcedor croata, relatou à mídia: "Somos um povo criado por uma guerra, por isso estamos na final". E, sendo honestos, para o bem ou para o mal, ele está certo. A seleção croata, que representou seu país na Copa do Mundo 2018, disputada na Rússia, é marcada pelo doloroso processo de secessão do país do antigo Estado Federal Iugoslavo (1945-1991), de corte titoísta-marxista, que acabou substituindo a estrutura jurídica-estatal do Reino dos Sérvios,

Croatas e Eslovenos, que se remonta a 1918. O reflexo em campo é inevitável. O próprio técnico, Zlatko Dalic, atribuiu a dedicação em campo ao nacionalismo inabalável. Pelo menos, quatro jogadores chaves do elenco tiveram suas vidas profundamente marcadas pelo conflito, que também impactou, profundamente, todos os demais 19 atletas, que fizeram parte do selecionado croata na Rússia.

A estrela do elenco, Luka Modric, do Real Madrid, é um deles. Quando a guerra estourou na área da Dalmácia, no final de 1991, sua casa foi atacada por milicianos da minoria sérvia da então, República Croata Iugoslava. Nos confrontos, seu avô foi morto e sua casa incendiada. O então menino de 6 anos, viveu sua próxima meia década, no Kolovare Hotel em Zadar, como refugiado. No entanto, nem tudo é flor na biografia da família deste astro croata. Como sabemos, os neo-ustashas estão longe de serem, meramente, vítimas. A história não é composta apenas de dicotomias, sendo, muitas delas, dito de passagem, inexistentes. Um dos mitos, disseminado pela mídia corporativa, diz respeito ao conflito nos Bálcãs ao longo dos anos noventa, que é um legado de séculos de história, ainda com feridas e cicatrizes bem abertas, principalmente na Bósnia-Herzegovina e Kosovo. Bem, a verdade é que, os croatas são tratados, constantemente, pela mídia como vítimas, mas poucos estão antenados aos crimes do ustashismo. A família materna de Luka Modric, por exemplo, também foi vítima do terrorismo neo-ustasha, ideologia resgatada pela diáspora croata, principalmente, no Canadá, Estados Unidos, Argentina e Austrália, capitaneados por centros de inteligência dos Estados Unidos e da Alemanha para desestabilizar a região, enfraquecer e debilitar a Sérvia, projetando a influência sio-atlantista, em uma área altamente estratégica.

O tio de Modric, por exemplo, irmão de sua mãe, era tenente--maior do Exército sérvio de Krajina, região que sofreu um dos maiores deslocamentos populacionais massivos, após a Segunda Guerra Mundial, quando, parte como legado das Operações Relâmpago e Tempestade, sem esquecer do Destacamento Ícaro, que fazia parte da Operação Força Deliberada, 200.000 sérvios foram forçados a deixar a região, com uma série de massacres, apropriação indevida de bens, entre vários outros crimes de guerra. Isso com o apoio, dito de passagem, da OTAN, tão aclamada, nos veículos massivos de comunicação, como disseminadora de democracia, direitos humanos e libertade. Ou seja, muito se comenta sobre o assassinato do avô de Luka Modrić, na guerra dos anos 1990, que varreu os Balcãs, mas poucos sabem, por estar estrategicamente oculto, os crimes das forças neo-ustashas de Franjo Tudjman, herdeiro de Ante Pavelic, que, entre 1941 e 1944, causou a morte de quase 2 milhões de sérvios, em um dos genocídios mais macabros e perversos da história contemporânea. Modrić conta, repetidamente, a todos, como os sérvios mataram seu avô e como esse trágico evento realmente o moldou como pessoa, mas esconde que, seu tio, participou do orgulhoso Exército sérvio de Krajina, além de ocultar da história, todos os crimes de seus queridos heróis ustashas e neoustashas.

Nas guerras da década de 1990, porém, não só os familiares do pai de Luka, Stipe, sobreviveram ao inferno, como também, a família de sua mãe Radojka, uma sérvia de Kruševo, que experimentou um verdadeiro Gólgota. Infelizmente, Luka nunca relata sobre esses traumas, doenças, cicatrizes e tampouco os meios de comunicação abordam a profundidade do caso. Por certo, aumentando a complexidade deste fenômeno, adentrando às matizes e nuances existentes, Jovo Đopuđ, tio de Luka Modrić, testemunhou perante o Tribunal de Haia, contra o criminoso de guerra, Ante Gotovina, que, curiosamente, é venerado pelas forças neo-ustashas, tão aclamada por ele próprio (Luka Modrić) e vários de seus companheiros de seleção, tais como, Domagoj Vida, Dejan Lovren, Marcelo Brozovic e Josip Simunic.

Não se fala na Croácia disso. Está oculto que, em Zadar, a mãe de Luka, era sérvia de Kruševo e que, seu primo próximo, era Sargento-mor do Exército da República Sérvia de Krajina. Um segredo muito bem guardado que estava escondido, porém, mais cedo ou mais tarde, a verdade vem à tona. De 1991 a 1993, Jovo Dopudj, major do Exército da República Sérvia de Krajina e comandante da 4ª Brigada de Infantaria Ligeira do 7º Corpo da Dalmácia do Norte, embora muitos duvidem, é parente próximo de Radojka Dopuđ, mãe de Luka, ambos vêm da aldeia de Kruševo, perto de Obrovac, reduto sérvio por excelência, desde o prelúdio Raska, que representa, um dos berços civilizacionais da nação sérvia. Jovo solicitou a desmobilização em 1993. Após a queda de Krajina em 1995, mudou-se para a Sérvia e lá viveu, depois que esta região foi des-servializada, através de um sanguinário processo de deslocamento massivo, limpeza étnica e genocídio, com uma série de crimes de guerra, vivendo até 16 de agosto de 2017, quando viria a falecer.

Em 2008, como já mencionado, seu tio foi testemunha no Tribunal de Haia no julgamento contra o general Ante Gotovina. Na ocasião, testemunhou que os sérvios haviam abandonado Krajina devido a disparos contra alvos civis e que, Gotovina, havia dado a ordem pessoalmente. Ou seja, as guerras fratricidas nos Balcãs, possuem um componente altamente complexo, havendo inclusive, muitos exemplos de guerras entre membros da mesma família, visto que, após quatro décadas de estímulo estatal por uma sociedade iugoslava, sob o manto ideológico da "Fraternidade entre os Povos", somado ao fato da armonia dos eslavos do sul, em seu levantamento conjunto contra as opressões austro-húngaras e turco-otomanas, a população encontrava-se bastante miscigenada, principalmente, entre integrantes das três autênticas etnias presentes na ex-Iugoslávia, em sua concepção semântica clássica, eslovenos, croatas e sérvios.

Mario Mandžukić, responsável pelo relevante placar, que levou os croatas à inédita final da Copa do Mundo de 2018, é outro jogador profundamente marcado pela guerra. Nascido em Slavonski Brod, no ano de 1986, o atacante via ao lado, a vizinha Bósnia-Herzegovina. Era apenas um país, todos compunham a Iugoslávia, reformada como uma república titoísta em 1945, após a derrota das forças nacionalistas. As tensões, porém, estiveram sempre presentes. Os nacionalistas croatas, empoderados pelo Terceiro Reich alemão e, principalmente, pelo Vaticano, durante a ocupação iniciada em 1941, mataram quase dois milhões de sérvios e, após os desenlaces da Segunda Guerra Mundial, o novo governo, desde Belgrado, dominou toda a região, sob o lema da doutrina de "Fraternidade entre os povos". Quando começaram as matanças desenfreadas na Bósnia, em 1992, a proximidade da fronteira deu o pretexto para que, o pai de Mário, Mato, se mudasse para a Alemanha. Estabelecidos como refugiados em Diztingen, perto de Stuttgart, os Mandžukićs encorajaram Mario a entrar nas categorias de base do time local, onde seu pai, Mato, era jogador. Parecia a vida perfeita, mas em 1996, o governo alemão negou a nova prorrogação de permanência no país. A família voltou para a Croácia, então já livre da guerra. Mario Mandžukić permaneceu no icônico Dínamo de Zagreb, antes de ganhar a vida em outros cantos da Europa, como, por exemplo, na Alemanha que lhe havia acolhido na infância e Itália. Em 2012, quando jogava pelo Bayern de Munique, foi protagonista de uma polêmica, ao fazer uma saudação ustasha em campo, explicando depois que, estava apenas comemorando a absolvição de dois generais croatas acusados de crimes de guerra e contra a humanidade, no Tribunal Internacional para a ex-Iugoslávia, em Haia.

Outro que fugiu da guerra na região da Bósnia-Herzegovina, a mais afetada da ex-Iugoslávia, entre 1992 e 1995, foi o zagueiro Dejan Lovren, atualmente defendendo a camisa do francês, Olympique de Lyon, com boas passagens pelos ingleses, Southampton e Liverpool, além do russo Zenit de São Petersburgo, cuja família emigrou para a Alemanha, em 1991. Na época, o jogador tinha apenas dois anos de idade. Também com graves problemas para manter o status de refugiado, os Lovrens retornaram à Croácia em 1998. Croatas étnicos, originários da cidade de Zenica, que, após os limites territoriais estabelecidos pelo Acordo de Dayton de 1995, imposto inclusive, pelos Estados Unidos, passou a integrar a nova República da Bósnia-Herzegovina, inserida na Federação homônima. Detalhes como esses nos mostram a artificialidade do Estado atlanticista bosniak e a enorme dificuldade de estabelecer fronteiras em uma região multiétnica, algo estimulado, sobretudo, pelo aparelho de Estado titoísta, que queria consolidar, a toda custa, uma 'nacionalidade iugoslava', desprovida de qualquer tipo de ancestralidade étnica, pertencimento confesional ou raízes civilizacionais, seja ela sérvia, croata, eslovena, macedônia-búlgara ou mesmo de caráter muçulmano ou até, italiano, em relação às regiões de Ístria e Dalmácia, que estão, historicamente, vinculadas e atreladas à Itália.

Vedran Corluka, outro zagueiro histórico da seleção croata, representa um caso semelhante. De etnia croata, atuando de 2012 a 2018 (quando anunciou seu retiro dos gramados), pelo Lokomotic Moscou, nasceu e viveu até os seis anos em Modran, na região autônoma da República Srpska dentro da atual Bósnia-Herzegovina. Com o acirramento da guerra em 1992, mudou-se para Zagreb, onde iniciou a sua carreira desportiva. A família Kovač, detentora de uma relevante trajetória na seleção croata, possui uma trajetória histórica pessoal bastante similar. Robert, junto com seu irmão mais velho, Niko, nasceu em Berlim, em uma família de imigrantes croatas da Bósnia de Livno.

De vez em quando, jogadores croatas relatam e abordam sobre sua experiência. Para o diretor técnico, Dalic, o nacionalismo é um forte elemento aglutinador do plantel: "É o nosso combustível, o nosso baluarte", disse, recusando-se a discutir sobre "aspectos geopolíticos". Se o elenco de 2018, não conta exatamente com jogadores que lutaram em batalhas militares, entre 1992 e 1995, como Peter Krpan, presente na consagrada equipe que terminou em terceiro lugar na França 1998, a geopolítica e o nacionalismo, como estamos observando, sempre estiveram muito presentes no ambiente da seleção croata. A verdade é que, ambos os conceitos, são indissociáveis do fator desportivo. Tudo se mistura neste caldeirão de fenômenos. E, muito disso, acontece, justamente, devido àquele emblemático e histórico 13 de maio de 1990, quando o croata, Dínamo Zagreb, recebeu, em sua fortaleza geográfica, o Estrela Vermelha de Belgrado, um dos símbolos do renascimento chetnik, no Super Clássico do futebol iugolavo, que, literalmente, terminou em uma verdadeira batalha campal. Como apontado no início do capítulo, o incidente é considerado por muitos, como um dos mais significativos estopins da guerra, principalmente por seu caráter ilustrativo e altamente simbólico, que culminou no que é conhecido na historiografia croata, como "Guerra de Independência da Croácia".

Um dos torcedores croatas, Bobic, de 23 anos, que assistia à semifinal da Copa do Mundo de 2018 contra a Inglaterra, afirma que, seu pai estava naquela partida histórica. Ele também diz que, a causa já estava ganha. A seleção croata nasceu, cinco meses depois do jogo, constituída maioritariamente, por elementos que atuaram no Dínamo Zagreb, refúgio para a plataforma renascentista ustasha. Assim, ia surgindo a seleção croata, antes mesmo da emancipação política da entidade estatal, que iria configurar, a Croácia moderna, idealizada por Tudjman. Em campo, um dos mais aguerridos nacionalistas croatas, era Zvonimir Boban. Oito anos depois, essa personalidade, seria o capitão da ultracatólica seleção eslava balcânica, derrotada pela anfitriã França nas semifinais da Copa do Mundo, adquirindo o inesperado terceiro lugar na competição, após superar Países Baixos por 2 a 1, no Parque dos Príncipes, em Paris, colocando, definitivamente, a Croácia no mapa do futebol mundial e, apresentando e projetando, ao mesmo tempo, o então desconhecido país, ressurgido diante das cinzas titoístas e das contendas bélicas sangrentas dos anos 1990, a milhões de telespectadores mundo afora, sendo este um poder, que, talvez, apenas o futebol, sendo o esporte mais popular do mundo, gerando uma profunda repercussão e impacto de enorme relevância em todo o planeta, possua.

10.4 - FIFA e seus tratos seletivos, a famosa contradição que caracteriza a máxima entidade que rege o esporte mais popular do globo terrestre

No entanto, no Mundial da Rússia, em 2018, o cenário é mais polêmico, pois os anfitriões, são aliados históricos de um dos maiores adversários geopolíticos dos croatas, os sérvios, pelos quais, compartilham uma série de elementos identitários, como, por exemplo, o alfabeto cirílico, a fé ortodoxa e o eslavismo étnico. Por isso, quando Lovren comemora a vitória contra os donos da casa, cantando canções associadas ao grupo político ultranacionalista antissérvio, que governou o Estado Independente da Croácia (1941-1944), sob a proteção da Alemanha nacional-socialista e a 'bênção' do Vaticano, a 'apolítica' FIFA, despeja queixas sob pressão. O episódio foi ofuscado e o jogador, curiosamente, não recebeu nenhuma penalidade. Já o zagueiro Domagoj Vida, comemorando a vitória contra os russos nas quartas de final, cantando "Glória à Ucrânia", em clara provocação, referindo-se a um ente política, que representa, uma espécie de cavalo de troia, instrumentalizado pelos grandes poderes hegemônicos contra a Rússia, além de professar estrofas da polêmica canção "Queime Belgrado!", terminou punido, porém, meramente, com uma pequena advertência. Vida não conseguiu tocar na bola na semifinal contra os ingleses sem receber uma estrondosa vaia da torcida russa.

Por outro lado, a Sérvia já foi, em algumas ocasiões, multada e penalizada por cânticos militaristas dos seus adeptos, entre outros acontecimentos, como o que aconteceu numa partida pelas Eliminatórias da Euro 2016, quando um drone sobrevoou o relvado com um mapa de uma hipotética 'Grande Albânia'. A partida foi interrompida devido a uma verdadeira batalha campal, entre albaneses e sérvios. Quem acredita que já viu de tudo no futebol, não poderia nem sonhar com um desfecho como esse clássico entre Sérvia e Albânia em outubro de 2014, pelas Eliminatórias para a Eurocopa 2016. Um drone portando uma bandeira albanesa, transportando consigo, o território da Grande Albânia, incluindo a região do Kosovo, entrou no estádio Partizan Belgrado, na capital sérvia, causando confusão generalizada no gramado, obrigando o árbitro a cancelar a partida, após uma grande luta no retángulo verde e em certas regiões da arquibancada.

Sérvia e Albânia são rivais históricos, principalmente após o processo de albanização do Kosovo, iniciado pelo Império turco-otomano em 1390, mantido pela organização Balli Kombëtar, entre 1942 e 1945, pela Iugoslávia de Tito (1945-1980) e, atualmente, pela OTAN, que apoia a conclusão do processo de albanização total da província sérvia kosovar, através de um condomínio administrativo KFOR- UÇK, desde 1991, algo consolidado com mais poderes institucionais, em 2004. Apesar do histórico de conflito, entre Sérvia e Albânia, a digníssima UEFA, não vetou que os dois caíssem no mesmo grupo nas eliminatórias. Gibraltar e Espanha, assim como,

Rússia contra Geórgia e Ucrânia, por sua vez, foram enfrentamentos vetados antes do sorteio. Curiosamente, por outro lado, junto com Sérvia-Albânia, Romênia e Hungria, quase sempre caem nos mesmos grupos, seja pelas eliminatórias da Copa do Mundo ou pela Eurocopa. Embora não vetaram tal enfrentamento, para evitar brigas, ficou decidido que, os dois jogos, de ida e volta pelo Grupo I, entre sérvios e albaneses, seriam realizados sem torcedores visitantes. Como já abordado, durante a primeira metade do jogo de outubro de 2014, um drone (uma aeronave não tripulada controlada remotamente) invadiu o estádio com a bandeira albanesa amarrada abaixo dela com o território de uma espécie de "Grande Albânia", enfurecendo, totalmente, os torcedores sérvios que, já inflados por um imparável ímpeto ufanista, começaram a entoar cânticos, mais nacionalistas possíveis, associados a termos, rotundamente, anti-albaneses.

Mitrovic e Gudelj foram buscar a bandeira e provocaram uma revolta dos albaneses, que partiram em direção a eles. Alguns torcedores eufóricos invadiram o gramado dando continuidade a um conflito generalizado, que contou com forte repressão policial e uso de bombas. Formalmente, o jogo teve seu término decretado, aos 41 minutos do primeiro tempo. A UEFA, como habitualmente, culpou os sérvios, atribuindo os pontos à seleção albanesa. O pior foi que, os sérvios foram castigados, embora se tenha verificado que, segundo veículos locais, o irmão do primeiro-ministro albanês, tinha sido detido por libertar o drone de uma sala VIP do Estádio Partizan Belgrado. Nas eliminatórias para a Copa do Mundo de 2014, a Sérvia já havia perdido uma partida por *W.O.*, quando sua barra-brava, em uso excessivo de sinalizadores contra a Itália em Gênova, além de outros conflitos, acarretados pelo excesso dos sinalizadores, obrigou o árbitro a decretar o encerramento do jogo.

11 - Responsabilidade da elite globalista nas matanças massivas

Atualmente, é difícil encontrar indivíduos, em sã consciência, negando que, a decisão dos governos alemão e austríaco, em 23 de dezembro de 1991, de reconhecer os Estados esloveno e croata, desencadeou as contendas sangrentas, conduzindo à violenta dissolução do Estado federal iugoslavo e o, consequente e inevitável, desejo irreprimível dos sérvios em seu anseio de manter, uma estrutura estatal sustentada na ideia de uma Grande Sérvia, garantindo que, populações de enorme maioria étnica sérvia da chamada 'periferia imediata', permanecesse sob a égide estatal do Estado Federal Iugoslavo, sob a diretriz de lideranças nacionalistas chetniks. O respaldo às emancipações políticas eslovena e croata, além da Bósnia-Herzegovina, não se baseou na defesa do princípio da autodeterminação dos povos, porque a elite globalista nega este mesmo princípio aos sérvios da Croácia (Krajina e Eslavônia Oriental), da Bósnia (República Srpska) e do Kosovo, bem como, aos croatas de Bihac, que são forçados a viver em uma entidade política chamada Bósnia-Herzegovina.

A razão subjacente, não era apenas destruir o Estado iugoslavo, mas também, mutilar a Sérvia Histórica, que, desde o seu nascimento, havia impedido a expansão alemã no Mediterrâneo. Em agosto de 1992, o jornal *Die Welt Am Sonntag*, do magnata da imprensa alemã, Axel Springer, publicou um artigo dizendo que, todas as políticas anticroatas e antibósnias são, na verdade, antigermânicas e que, a criação da Iugoslávia após a Primeira Guerra Mundial, visava criar um reduto anti-alemão no sudeste da Europa, sustentando-se na força civilizacional da nação sérvia e, portanto, era natural que, os alemães, apoiassem seus antigos aliados, os croatas, fiéis ao imperador, católicos e com caracteres latinos. A Alemanha sabia que, sua decisão, conduziria a matanças, como acontecera, dito de passagem, algumas décadas antes, com os atos terroríficos ustashas.

O diretor da revista francesa, *Defénse Nationale*, um jornalista bem informado, escreveu que, os observadores alemães, que conhecem muito bem o sudeste da Europa, não podiam ignorar que, devido à profunda miscigenação entre os diferentes povos iugoslavos, o estabelecimento de fronteiras internas da Iugoslávia e à memória dos imensos massacres perpetrados ao longo da Segunda Guerra Mundial, o desmoronamento e desfacelamento das fronteiras da então Iugoslávia, não seria pacífico, mas provocaria forte resistência. Apesar disso, a política alemã, ancorada no desejo do Tio Sam, após severas reuniões entre alemães e estadunidenses, está totalmente comprometida com o desmembramento do país. No entanto, a estratégia de Berlim, focou-se em desmembrar a Federação, respaldando alguns atores, em detrimento de outros, que seriam mutilados. Notamos, portanto, o trato seletivo de grandes atores geopolíticos em relação aos conflitos.

O político alemão, Klaus Kinkel, chefiou os serviços secretos da Alemanha Ocidental (BND), ao longo das linhas de apoio aos neo-ustashas croatas para desmembrar a federação. A Alemanha não se limita ao apoio diplomático ao regime de Tudjman e se volta para o apoio militar enviando uniformes, tanques Leopard, aviões Mig, que fazem parte do grosso de guerra de pilhagem da

Alemanha Oriental, tanques, helicópteros, mísseis e rifles, além de treinamento de oficiais croatas em academias militares alemãs. A decisão alemã corresponde à expansão da Grande Alemanha para leste, depois de ter absorvido a RDA e após o debacle do Pacto de Varsóvia. Eslovênia, Croácia, repúblicas bálticas, Eslováquia, Polônia e Turquia tornam-se áreas de influência alemã direta. Soldados alemães intervêm em operações de embargo contra a República Federal da Iugoslávia (formada pela Sérvia, Montenegro, Voivodina e Kosovo), protagonizando ataques cruéis contra os sérvios residentes na Bósnia-Herzegovina, além de Krajina e Eslavônia Oriental.

Não obstante, a retórica alemã desconsidera o fato de que, a República Federal Iugoslava, sob a égide titoísta, entre 1945 e 1980, sempre se absteve de qualquer identificação com o nacionalismo sérvio, ao contrário, fazendo com que, os chetniks nacionalistas também sejam vítimas da famosa prisão de povos. De fato, o Estado titoísta freou qualquer retórica, estética ou projeção de um nacionalismo sérvio. Emblemas e estandartes que, supostamente fizessem alusão ao conceito de identidade sérvia, eram, veementemente, proibidos. Ademais, a defesa dos sérvios contra ataques de outros povos também foi reprimida, considerada como uma manifestação do nacionalismo sérvio, como será analisado em outros capítulos. Ou seja, a narrativa alemã sobre a criação da Iugoslávia construída pelos partisanos, como sinônimo de baluarte e base de sustentação de uma liderança sérvia, vinculada ao ideário pan-eslavista, é totalmente falaciosa.

O Vaticano desempenha um papel destacado na dissolução da Iugoslávia. O Papa havia prometido aos bispos croatas, em

17 de agosto de 1991, que o Vaticano reconheceria a Croácia atlantista. Santifica o arcebispo croata Stepinac, que, o ministro das Relações Exteriores da Iugoslávia, Kardelj, retratou em 1952, como um criminoso de guerra, tendo em sua consciência, um número imenso de vítimas: 229 igrejas ortodoxas destruídas, 129 religiosos ortodoxos assassinados e milhares de sérvios ortodoxos civis, cruelmente mortos. Washington, que, em princípio, era favorável à instalação do neoliberalismo em uma Iugoslávia unida, aceita a imposição alemã e se coloca na vanguarda da ingerência na área, radicalizando o projeto, pois, não só se presta a balcanizar a Iugoslávia, mas também a Sérvia, algo inadmissível na mentalidade coletiva sérvia, razão pela qual, a OTAN, os Estados Unidos e Bill Clinton, principalmente, sejam profundamente, mal vistos no país.

Nesta conjuntura midiática-geopolítica, os sérvios são classificados como inimigos e, em 30 de maio de 1992, o Conselho de Segurança da ONU, vota a resolução 757 com sanções contra a República Federal da Iugoslávia. As sanções duraram 4 anos e meio, castigando duramente o povo sérvio que, nessa altura, ainda mantinha o acesso ao mar pela histórica e ancestral província montenegrina. Segundo o Instituto de Oncologia de Belgrado, a falta de medicamentos aumentou em 6%, o número de mortes de pacientes. A taxa de prematuros aumentou 8,4%. E, no hospital infantil de Belgrado, a mortalidade passou de 2% para 3,33%. A poliomielite e o tétano, em recém-nascidos, voltaram. O regime croata, do qual se conhecia sua profunda interferência no conflito da Bósnia-Herzegovina, segundo relatório do secretário-geral da ONU, Butros-Ghali, embora protagonize uma série de ataques massivos em Krajina e Eslavônia Oriental, não é repreendido, sendo apoiado política, militar e economicamente. A mídia corporativa, com um enfoque unilateral e reducionista dos acontecimentos, vinculada a intelectuais como Bernard Henri-Lévy e certas ONGs, atores sempre ávidos por apoiar qualquer intervenção «humanitária», também têm sua parte no conflito. Com uma visão maniqueísta e superficial do conflito apenas terminam validando as agressões sio-atlantistas contra Belgrado, buscando qualquer desculpa e pretexto, para justificar os ataques, objetivando ganhar a opinião pública.

Os governos de Zagreb e Sarajevo, investem milhões de dólares em serviços de agências de relações públicas estadunidenses, que conseguem a identificação entre 'nazistas' e sérvios, quando, a realidade dos fatos indica que, os herdeiros dos aliados do Terceiro Reich alemão, sendo sucessores do Estado Independente da Croácia (1941-1944), são justamente os neo-ustashas, defendidos e apoiados pela elite globalista. Curiosamente, algo similar ocorre, atualmente, no conflito entre OTAN e Rússia, na Ucrânia, com um total revivamento do movimento neo-banderista, algo que se remonta, dito de passagem, à 1956, com a facção Lebed sendo resgatada pela CIA, através dos irmãos Dulles. Como resultado das operações da agência *Ruten Finn Global Public Affairs*, o *New York Times*, que define o padrão para a imprensa mundial, muda sua linha editorial no verão de 1992.

A intoxicação informacional é o tônico habitual da desinformação desenfreada: insistem nos ataques sérvios contra Sarajevo e outras áreas, atos realizados como reação às tentativas de amputação territorial contra a Sérvia Histórica, mas silenciam estrategicamente, as violações, incêndios, assassinatos croatas contra as cidades vizinhas de Vitez e Kiselpak e seus ataques selvagens em Mostar, além das ações de limpeza étnica, que foram lançadas pelo governo wahabista em Zenica, contra os croatas, sem esquecer o deslocamento massivo de sérvios em Krajina e Eslavônia Oriental pelas Forças croatas (com respaldo da OTAN) e a destruição de 150 vilas sérvias nos arredores de Srebrenica, entre 1992 e 1995 pelas Forças wahabistas bosniaks. Falam de um suposto caráter multicultural do governo bosniak, elogiando sua ideologia entreguista. Só os sofrimentos da população civil, sunita e croata, têm direito a figurar em destaque, mas não os sérvios, expulsos das suas casas, agredidos, mulheres violadas, tudo através de deslocamentos massivos e uma feroz pilhagem, com direito a residências queimadas e vários casos de apropiação indevida de bens. Falam dos massacres, supostos ou reais, em Srebrenica (embora esses pseudo-massacres tenham sido uma profunda orquestração midiática e fraude geopolítica, como analisaremos melhor, em um capítulo em particular), mas silenciam sobre o fato de uma das maiores valas comuns com vítimas, descoberta até agora na Bósnia, teve 18 sérvios mortos pelo Exército croata em Mrkonich Grad e que, a maior limpeza étnica, consiste na expulsão de 200.000 sérvios de Krajina e Eslavônia Oriental, pela ofensiva croata, apoiada totalmente, pela OTAN, em 1995.

Este incidente catastrófico consistiu na expulsão de famílias inteiras de sérvios que haviam resistido, sendo sobreviventes do genocídio ustasha, entre 1941 e 1944. Estes massacres e limpezas étnicas, aplicados pelas Forças croatas, com o apoio da OTAN, nas Operações *Flash* e *Storm*, em 1995, contra Krajina e Eslavônia

Oriental, pode ser entendida como uma continuação histórica do genocídio perpetrado pelos ustachas, entre 1941 e 1944, já que, na década de 1990, ainda havia cidades de imensa maioria sérvia, que hoje são croatas, precisamente pela limpeza étnica, posta em prática, pela OTAN. Naquela época, entre 1941 e 1944, os ustashas haviam reduzido os sérvios a 12% da população, com os atos da década de 1990, a população sérvia caiu para 3%. Isso é conhecido como limpeza étnica, também entendida como genocídio. Essa é a OTAN, auto-declarada como organização defensiva, que comete crimes contra a humanidade em três continentes, as ações contra sérvios, líbios e iraquianos, apenas por mencionar 3 exemplos, dizem por si só. Como vemos, a realidade dos acontecimentos geopolíticos diferem, totalmente, da retórica atlantista.

Como sabemos, quando os crimes contra a humanidade são perpetrados por grupos vinculados à elite globalista ou que fazem o seu trabalho sujo, defendendo seus interesses, os responsáveis não são levados a tribunais internacionais, nem são punidos, salvo raras exceções. E, a mídia hegemônica, administrada pelas grandes corporações geofinanceiras, pinta uma imagem saudável dos combatentes neo-ustashas, tratando-os, assim como os bosniaks, como meras vítimas da 'barbárie do expansionismo sérvio'. Ou seja, a imprensa corporativa inverte completamente a realidade dos fatos, criando na mente dos indivíduos, percepções da guerra, totalmente desconectadas da autenticidade dos acontecimentos.

Como estamos abordando, entre maio e agosto de 1995, os Estados Unidos de Bill Clinton e o governo neo-ustasha de Franjo Tudjman, aliados no projeto de redesenhar as fronteiras balcânicas favorecendo os interesses geoestratégicos anglo-sionistas, promoveram uma das maiores limpezas étnicas na Europa desde a Segunda Guerra Mundial. Nas Operações *Flash* e *Storm*, os Estados Unidos e a Croácia expulsaram quase 500.000 sérvios das regiões de Krajina, da Eslavônia Oriental e áreas colindantes. Este episódio foi, provavelmente, o maior crime de guerra do conflito na região, entre 1991 e 1995, curiosamente, não gerando grandes abalos e comoções, embora tenha ocorrido às portas da Europa Ocidental e causando um deslocamento massivo cruel de milhões de pessoas, obrigadas a abandonar suas residências.

Foto 18: Fuja massiva de refugiados sérvios.

Fonte: https://en.wikipedia.org/wiki/Operation_Storm

Este sistema de propaganda anti-sérvio destina-se a respaldar a geopolítica globalista na Iugoslávia, desabilitar qualquer resposta social a tal política e legitimar as intervenções militares da OTAN. A Bósnia é um grande ensaio geral para o novo caráter da OTAN, que representa, dito de passagem, um instrumento do expansionismo estadunidense, globalizando seu poder bélico-militar, sitiando seus 3 principais competidores globais, China, Irã e Rússia, sendo a principal ferramenta para a subjugação da Europa, o cerco da Eurásia, a desestabilização da Ásia Ocidental e do Norte da África e, em breve, a presa da América Latina. Consite, portanto, em uma organização ofensiva (por sua projeção planetária) e terrorista (por seu modus operandi).

Em novembro de 1994, 6 aviões F-16 neerlandeses da Organização do Tratado do Atlântico Norte, bombardearam o aeroporto sérvio de Ubdina, na Croácia, em retaliação ao apoio sérvio aos muçulmanos de Abdic, em Bihac. A OTAN atacou os militares sérvios por 16 dias em agosto e setembro de 1995 com 750 operações de bombardeio, lançando 10.000 toneladas de bombas, 600 mísseis guiados e 13 mísseis de cruzeiro tomahawk. Essa é a organização 'defensiva', que tanto propaga Jens Stoltenberg, secretário-geral da OTAN desde 2014. Já podemos imaginar, o que ocorreria com o Planeta terra, se fosse, declaradamente, agressiva.

Além das perdas militares, muitas instalações civis foram atingidas com um saldo de 150 mortos e 270 feridos entre a população civil. Uma das falecidas foi a garotinha de 3 anos, Milica Rakić, assassinada pela OTAN em sua casa, em 17 de abril de 1999. Milica hoje seria uma mulher de 27 anos, cheia de vida, se a OTAN não a tivesse matado de forma tão bárbara. As bombas atingiram um hospital em Blazhuy, com um saldo de 10 mortos e muitos feridos. A OTAN lançou bombas carregadas com urânio empobrecido, que emitem radiações com efeitos que levam à morte ou produzem mutações genéticas em nascituros, armas proibidas pela Convenção de Genebra. Um diário de Belgrado noticiou que a Bósnia tem sido para a OTAN, para o Exército dos Estados Unidos e para os outros membros dessa aliança, um campo de testes para novos tipos de armas, enquanto os sérvios, meros ratos. Não estamos lidando aqui, portanto, apenas com urânio radioativo extremamente venenoso ou, meramente, com radiação. O teatro de operações atlantistas na Bósnia conseguiu ir muito além. Nestas operações foram identificadas a presença de metais pesados capazes de gerar efeitos ainda mais letais. Essas ofensivas possibilitaram uma profunda guinada nos avanços croata-sunitas na Bósnia central, promovendo uma severa limpeza étnica contra os sérvios naquela região. Os sérvios costumam dizer que, "está, veementemente, proibido esquecer!".

A OTAN tornou-se o principal agente policial da Nova Ordem e da hegemonia dos EUA, incumbida de reprimir as revoltas nacionalistas em todo o mundo, que, nos Balcãs, se manifestava, a favor de uma Grande Sérvia, bem como, contra a instauração neoliberal. Na Bósnia, a OTAN lança um sério alerta à mini-Iugoslávia, que não se submete aos ditames de Washington, tentando intimidar qualquer Estado que se torne uma ameaça à hegemonia dos Estados Unidos no sistema internacional de Estados, como designava a Doutrina Wolfowitz de 1992, encarregada de impedir a consolidação de qualquer ator geopolítico ou polo de poder, que seja o suficiente forte, para ameaçar a unipolaridade neoliberal estadounidense alcançada em 1991 e, consagrada na década noventista.

Assim, além da tentativa de impedir a consumação de uma Grande Sérvia, sustentada e ancorada por um regime nacionalista e soberano, os ataques militares também consistem em uma propaganda do poderio militar do Tio Sam, intimidando uma possível futura ascensão da Rússia, onde o caráter de grandeza nacional, continua a se fortalecer, opondo-se à hegemonia dos Estados Unidos na esfera política internacional, negando a Ordem Mundial que Washington almeja impor, baseada em um mundo unipolar globalista. Outros atores também apresentavam condições de questionar, a médio e longo prazo, a unipolaridade estadunidense, como dois gigantes asiáticos, que sempre tiveram um papel de enorme protagonismo geopolítico ao longo da trajetória histórica da humanidade, sendo duas concepções de nação ancoradas e enraizadas, profundamente, em estruturas imperiais ancestrais, o que configura também, um consolidado sentido de Pátria. O Estado iraniano, que anseia um protagonismo no sistema internacional de Estados, voltando ao seu devido lugar no papel das superpotências históricas. E a China que, sendo uma nação reemergente, assim como o Irã, sempre tendo um rol de protagonismo na conjuntura geopolítica internacional, vislumbra resgatar o peso histórico perdido ao longo do século XIX com as Guerras do Ópio, que coincidiu com a Revolução Industrial inglesa, o que apenas aprofundou o desnível entre ambos.

É, precisamente neste contexto que, se compreende todo o esforço de mutilação da Sérvia Histórica, por parte do Complexo Militar Industrial estadunidense, anelando, entre outros objetivos, desencorajar qualquer ator geopolítico a ousar algo que ameace a unipolaridade neoliberal no sistema internacional de Estados. Com isso, se garantia na região balcânica, interesses geoestratégicos, geoeconômicos e geopolíticos da elite globalista. Tudo foi baseado em uma grande exibição do poderio militar estadunidense na época de maior auge da unipolaridade, quando o Império, mesmo atuando aqui, ali e acolá, gozava de uma impunidade total.

12 - Jus ad bellum e *Jus in bello*, a profanação do Direito Internacional pela Cruzada Neoliberal de Clinton, através das Operações Relâmpago, Tempestade e Força Deliberada, além do Destacamento Ícaro, a serviofobia institucionalizada

Podemos afirmar que, os Estados Unidos, através da OTAN (órgão vinculado e subordinado ao Complexo Militar Industrial dos Estados Unidos) e seus aliados, matou o artigo 2-4 da Carta da Organização das Nações Unidas, ao lançar uma operação militar, repleto de bombardeios e suporte logístico a alguns grupos, contra a Sérvia e suas aspirações de preservação territorial, onde os sérvios constituíam uma considerável presença étnica, entre 1992 e 1995, sendo o principal ator responsável pela mutilação estatal do ethos sérvio, algo que ia contra, inclusive, o 11 dos 14 pontos de Wilson. Este último, em seu ponto número 11, mais precisamente, defendia a evacuação da Romênia e da Sérvia, concessão de acesso ao mar à Sérvia e o estabelecimento das relações, entre os estados balcânicos, de acordo com seus sentimentos e o princípio da nacionalidade, o que sustentava a reunificação estatal do ethos romeno, como realizado em 1919, sendo completado em 1941. Ou seja, os 14 pontos de Wilson, que representou o precursor da Liga das Nações, que é a antecessora da ONU, diga-se de passagem, propunha a defesa do direito histórico sérvio de saída ao mar, mantendo sob suas possessões territoriais, a região de Montenegro, o que acabou sendo desrespeitado totalmente pela Casa Branca nas últimas 3 décadas.

Através de um uso descomunal da força, os Estados Unidos, atuaram contra a integridade territorial histórica do ethos sérvio, privando-lhe certas regiões históricas, como República Srpska, Krajina, Kosovo (coração do profundo panteão civilizacional sérvio) e, posteriormente, Montenegro, tratando de fazer o mesmo, com a região norte de Voivodina. Com isso, também, impediram o desenvolvimento da independência política de Belgrado, que foi incapaz de consolidar um regime nacionalista, de corte protecionista, soberano e tradicionalista, ancorado na inércia estrutural-institucional chetnik (terceira posição política doméstica), que estava configurando-se na Sérvia. Essas ações ultra unilaterais dos Estados Unidos configuram ações incompatíveis com os propósitos das Nações Unidas, ao sabotar um projeto de nação, que almejava, além da soberania, a preservação de sua integridade territorial.

Os Estados Unidos jamais trataram de explicar, as razões pelas quais, se lançaram contra a Sérvia, de uma maneira totalmente desproporcional, o que já infringe um princípio do *jus in bello*, como por exemplo, o princípio da proporcionalidade, que determina a legalidade de uma ação ser determinada pelo equilíbrio, entre o objetivo desta ação e os métodos e meios usados para alcançá-lo, além de suas consequências. Os Estados Unidos, inclusive, chegaram ao delírio, de bombardear a Sérvia com bombas de urânio empobrecido. Por certo, em um de seus vários bombardeios, a embaixada chinesa foi atingida, matando três jornalistas chineses, em um claro descaro, sendo uma declaração de guerra. A China, dito de passagem, jamais esqueceu o fato, o que poderia ser enquadrado, perfeitamente, como uma declaração de guerra.

Podemos suspeitar, levantando algumas hipóteses, o porquê dos Estados Unidos armarem os bosniaks, os pan-albaneses e os neo-ustashas contra a integridade territorial sérvia. A recém instituída República Federal da Iugoslávia, herdeira do ex-Estado detinha, um considerável poder militar (sendo o quarto mais poderoso no continente à época), um setor industrial entre os mais desenvolvidos da Europa, com uma economia dinâmica e diversificada, além de uma população de 10 milhões de habitantes, estando em uma região estratégica. Eliminar um ator geopolítico promissor e histórico aliado de Moscou, podia ser uma das prioridades dos Estados Unidos na era inaugural de sua hegemonia liberal (1991-2008), podendo responder, às razões pelas quais, Bill Clinton, foi obrigado a lançar uma cruzada liberal contra o projeto independentista sérvio.

A Sérvia não era uma ameaça à segurança nacional dos Estados Unidos, não representando nenhuma ameaça existencial ao povo estadunidense, muito pelo contrário. Logo, o uso da força, baseado em algo eminente, de não ter escolha, se exclui por completo. Como sabemos, o *jus ad bellum*, estabelece seis critérios para a existência de uma guerra justa: estar ancorado a uma autoridade legítima de modo que, a declaração da operação seja declarada por esta; uma causa justa, sendo esta permitida; uma intenção justa por parte de quem inicia a guerra; deve ser o último meio disponível para fazer justiça; *iustus finis* (deve levar à paz) e, por fim, deve ser proporcional à causa apresentada. Como podemos observar, não existia uma causa justa, tampouco uma intenção correta por parte dos Estados Unidos para empreender uma operação militar na Sérvia. Muito menos vemos a existência de um suposto último meio para que, a justiça, fosse feita.

A Operação Tempestade foi um empreendimento militar de grande envergadura levada a cabo em agosto de 1995, contra o território da autodenominada República Sérvia da Krajina, com o objetivo de recuperar a sua soberania até à fronteira com a Bósnia-Herzegovina. Centenas de sérvios, como 667 pessoas, de acordo com o Comitê de Helsinque e 2.500, segundo o governo sérvio, morreram durante e após esta operação, com mais de 200.000 fugindo da Croácia, demonstrando o enorme deslocamento massivo, sendo parte de uma limpea étnica, que deu-se a cabo, nesta região, através desta operação. Ao longo da guerra, o Exército neo-ustasha, respaldado por Estados Unidos e pela OTAN, esteve envolvido em várias ações que constituem crimes graves contra a população civil, sendo o mais grave, a limpeza étnica no vale de Lašva, culminando no massacre de Ahmići, onde foi exterminada parte da população bósnia da aldeia de Ahmići, no centro do país. Durante a Operação Relâmpago, em maio de 1995, o mesmo processo de des-servianização é protagonizado pelas Forças neo-ustashas, respaldadas, totalmente, pelo bloco atlantista.

As autoridades croatas são responsáveis pelas violações dos direitos humanos e do direito humanitário, cometidas durante e após a operação militar na Eslavônia Ocidental. Muitas dessas violações foram graves. Dos relatos feitos por algumas instituições, podem ser resumidos os seguintes abusos por parte das tropas, que retomaram a autoridade na Eslavônia Ocidental:

- Fogo de artilharia e morteiros em locais onde havia população civil e em instalações das Nações Unidas.

- Massacre de civis e maus-tratos, como torturas, em Paklenica.

- Mais de 100 casas destruídas durante a ofensiva. O novo chefe de polícia de Okučani teria reconhecido que, algumas casas em Vrbovljani, Covac e Okučani, foram deliberadamente explodidas após os combates iniciais, intimidando os sérvios a retirarem-se.

- Numerosos incidentes de saque pelo avanço das Forças croatas.

O relatório feito pelo Relator Especial da Comissão das Nações Unidas para os Direitos Humanos, Tadeusz Mazowiecki, afirma que, "as autoridades croatas são responsáveis pelas violações dos direitos humanos e do direito humanitário, cometidas durante e após a operação militar na Eslavônia Ocidental".

As Nações Unidas iniciaram um programa chamado "Operação Passagem Segura", que faz parte do Acordo de Quatro Pontos para a Cessação Completa das Hostilidades. Apesar das garantias dadas pelo governo croata (incluindo o direito à cidadania da República da Croácia), no início de junho, outros 2.000 haviam partido para o território bósnio. No final de 1995, não havia mais de 1.000 sérvios étnicos no Setor, o que caracteriza, ao menos, a existência de um etnocídio, término que significa o progressivo etnocídio de uma cultura, através da dispersão dos integrantes daquele grupo. Se o descolamento massivo, de aproximadamente 200.000 almas, com atos repletos de mortes sumárias, com destruição de casas, povoados inteiros, como métodos de intimidação, não for etnocídio e genocídio, nada mais o é. O destino dos refugiados foi, principalmente, a zona de Banja Luka e a própria Sérvia. Outro grupo foi para a Eslavônia Oriental (cerca de 5.000) e uma pequena parte para o resto da Krajina (500). Isso levou a incidentes em postos de serviço e limpeza étnica de não-sérvios para dar espaço aos recém-chegados. Ou seja, o que aconteceu, de fato, foi a croatinização de regiões, historicamente, vinculadas ao ethos sérvio, como partes da Eslavônia Oriental e Krajina.

Alguns dos principais líderes militares e políticos deste Exército croata, que haviam sido formados e estabelecido no estrangeiro, dito de passagem, como principalmente em bastiões da diáspora croata, na Austrália, Canadá e Estados Unidos, capitaneados por Franjo Tudjman, foram acusados de crimes de guerra em abril de 2004 e levados a julgamento durante o verão de 2006, como por exemplo, Jadranko Prlić, Bruno Stojić, Slobodan Praljak, Milivoj Petkovic, Valentin Ćorić e Berislav Pušić, sendo julgados e condenados pelo Tribunal Penal Internacional para a ex-Iugoslávia, acusado de crimes contra a humanidade, graves violações das Convenções de Genebra e violações das leis ou costumes de guerra. Outros membros das forças neo-ustashas, que receberam apoio logístico e tático da OTAN, também foram julgados anteriormente por crimes de guerra: Tihomir Blaškić (condenado, recurso indeferido), Mladen Naletilić (condenado), Vinko Martinović (condenado), Vlatko Kuprešić (absolvido), Zoran Kuprešić (absolvido), Mirjan Kuprešić (absolvido), Drago Josipović (condenado), Dragan Papić (absolvido), Vladimir Santić (condenado), Zlatko Aleskovski (condenado), Miroslav Bralo Cicko (condenado), Anto Furundžija (condenado), Dario Kordić (condenado), Mario Čerkez (condenado) e Zoran Marinić (acusação retirada).

A Operação Força Deliberada representa uma das provas da total e manifesta participação da OTAN nessa desenfreada agressão anti-sérvia a que assistimos ao longo dos anos noventa, sendo uma campanha aérea, levada a cabo, pela NATO, com a participação de uma série de países, em 1995. Durante a campanha, 3.515 saídas foram realizadas, destruindo um total de 338 alvos. As aeronaves participantes operavam desde a Itália e em porta-aviões dos EUA, como o USS Theodore Roosevelt e o USS America. 68% das bombas usadas durante a campanha foram as chamadas bombas inteligentes. A rede de defesa antiaérea do Exército sérvio--bósnio, constituída por aviões e mísseis antiaéreos, nunca foi uma grande ameaça ao desenvolvimento do conjunto de operações realizadas, pois, em mais de três mil e quinhentas operações, apenas um Mirage 2000 francês, foi abatido por um míssil, em 30 de agosto de 1995. Os ataques aéreos incrementaram a pressão internacional sobre Slobodan Milošević e a República Federal da Iugoslávia para participar das negociações, que resultaram nos Acordos de Dayton, que representam, dito de passagem, uma das maiores mentiras do século passado. Além das forças dos EUA e da OTAN, muitos outros países atuaram contra a Sérvia nesta operação, como Alemanha, Bélgica, Canadá, Dinamarca, França, Itália, Luxemburgo, Noruega, Países Baixos, Portugal, Inglaterra e Espanha, que desempenhou, este último, um rol de muita relevância nesta agressão contra a Sérvia, com o chamado Destacamento Ícaro.

Em conformidade com as resoluções 816, 836 e 958 do Conselho de Segurança da ONU, foi constituído o destacamento da Força Aérea, que ingressou na Operação *Deny Flight*, em 24 de novembro de 1994, sendo considerado plenamente operacional, em 1º de dezembro de 1994. Oito caças-bombardeiros F-18 da então Ala, na atualidade, Ala 15, dois C-130 Hercules do Grupo 31, atualmente Ala 31, além de cerca de 240 pessoas, deslocaram-se para a Base italiana de Aviano, em fases sucessivas, que culminaram em 28 de novembro de 1994, dia em que, se celebra, a cerimônia oficial de despedida do destacamento na Base Aérea de Zaragoza. A implantação denominou-se "Destacamento Ícaro". Assim, de 30 de agosto a 14 de setembro de 1995, os EF-18A+ espanhóis, realizaram cerca de 130 saídas, lançando mais de uma centena de bombas guiadas a laser modelos GBU-10 e GBU-16, dois mísseis AGM-88 HARM e múltiplos mísseis convencionais BR-250 e BR-500. Estas foram as primeiras operações militares de aeronaves da Força Aérea na Europa desde 1939. Naquela época, os EF-18A, em conjunto com os da 12ª Ala de Torrejón foram implantados, embora dois caças do Zaragoza, tenham participado de missões para suprimir as defesas antiaéreas sérvias.

Como estamos podendo observar, analizando a trajetória histórica destes acontecimentos na década noventista, muitas destas investidas globalistas, sucederam antes do evento de Srebrenica, que retrataremos aos pormenores. Uma das principais razões, pelas quais, a OTAN declarou guerra à Sérvia, foi sua posição militar favorável na correlação de forças no continente europeu, tendo o quarto maior e mais bem equipado Exército, atrás apenas de Rússia, Inglaterra e França. A violência começou com extremistas separatistas, capitaneados por forças globalistas. Portanto, sendo sempre necessário enfatizar que, o nacionalismo sérvio e o subsequente irredentismo sérvio, dentro das entidades políticas rebeldes, como a Bósnia-Herzegovina aumentada e uma Croácia agrandada (ambas em detrimento de territórios sérvios), além da tentativa de abortar Kosovo da Sérvia, foram simplesmente, uma resposta e defesa contra o extremismo, violência e iniciativas de limpeza étnica por separatistas e expansionistas, bosniaks e croatas, em seus países recém-criados, que incluem grandes populações sérvias, que, de repente, do dia para a noite, ficaram impotentes, desprotegidos, sem respaldo estatal, estando separados da Pátria, sendo arrancados desta última pela declaração ultra-unilateral de emancipação política croata e bosniak. Desta maneira, anelando defender os sérvios étnicos dos massacres perpetrados pelas forças neo-ustashas y bosniaks, ambas respaldadas pela OTAN, como retratado ao decorrer desta obra, acionando o elemento *distress*, presente no Direito Internacional, de salvar vidas de irmãos étnicos das agressões globalistas, era necessário declarar a República Sérvia de Krajina independente da Croácia, assim como, a República Srpska, em relação ao desejo de Confederação bósnia-herzegovina, que se formava nos bastidores.

13 - Tentativa de Acordo de Karadordevo e o grande obstáculo de Krajina

Foto 19: Mapa da região, segundo o Acordo de Karađorđevo.

Fonte: https://pt.wikipedia.org/wiki/Acordo_de_Kara%C4%91or%C4%91evo

O acordo de Karadordevo consistiu em um pacto, entre, de um lado, Franjo Tudjman, então presidente da Croácia e, de outro, Slobodan Milošević, seu homólogo sérvio, para a divisão entre os dois países do território da Bósnia-Herzegovina, no quadro das Guerras Iugoslavas, a que chegaram após sucessivas reuniões realizadas ao longo de 1991, no início da desintegração das fronteiras herdadas de 1918. Estas reuniões tiveram início em março de 1991 com o objetivo de discutir a redistribuição dos territórios da ex-República Socialista da Bósnia-Herzegovina entre a Sérvia e a Croácia, pactuando-se que, os territórios a serem distribuídos tivessem a maioria da população croata ou sérvia. Nessa distribuição, os bosniaks não foram consultados, não sendo considerados um grupo étnico distinto, tanto por sérvios, quanto por croatas. De acordo com a leitura dos dois grupos étnicos majoritários, os bosniaks representam eslavos balcânicos, que se converteram ao sunismo, na época do domínio otomano, meramente, anelando e objetivando, uma ascensão social.

Foto 20: Mapa dos projetos nacionalistas territoriais de croatas e sérvios.

Fonte: https://es.wikipedia.org/wiki/Acuerdo_de_Kara%C4%91or%C4%91evo

Os primeiros contatos aconteceram na cidade de Karadordevo, na província sérvia de Voivodina, razão pela qual, esse pacto ficaria conhecido na história como, Acordo de Karadordevo. Em 2010, o presidente sérvio, Boris Tadic, admitiu o pacto, após uma reunião com o seu homólogo croata, Ivo Josipovic, afirmando: "em 1991 houve um encontro histórico entre os líderes da Sérvia e da Croácia, mas aquela vez, foi sobre a divisão da Bósnia-Herzegovina. Desta vez, é o contrário".

Os primeiros dias de março de 1991 foram caracterizados por confrontos entre os separatistas croatas e as Forças federais do Exército do Povo Iugoslavo. Em 9 de março, o Exército, composto em grande parte por sérvios étnicos, avançou para defender o governo de Slobodan Milošević contra protestos e tumultos políticos. Esses eventos produziram um encontro, entre Milošević e o presidente croata Franjo Tudjman, na cidade sérvia de Karadordevo. Nenhum representante bosniak participou dessas conversações, realizadas bilateralmente, entre sérvios e croatas. No processo do Tribunal Penal Internacional para a ex-Iugoslávia contra Milošević, foi anunciado como fato, que, "em 25 de março de 1991, Slobodan Milošević e Franjo Tudjman, se encontraram em Karadordevo e discutiram a divisão da Bósnia-Herzegovina, entre a Sérvia e a Croácia". Mais tarde, em 1993, o político croata, Slaven Letica, recordou esse encontro, afirmando que, "havia vários mapas sobre a mesa. A ideia era unificar os projetos da Bósnia-Herzegovina, quer dividindo-a em 10 ou 15 sub-unidades, quer em três estados semi-independentes". Após essa reunião, Franjo Tudjman opinou que seria muito difícil para a Bósnia sobreviver e que os croatas iriam apoderar-se de áreas, como Cazin, Velika Kladusa e Bihac.

Tudjman argumentava que, a Bósnia-Herzegovina deveria fazer parte da unidade federal croata, devido aos seus laços históricos com a Croácia. O dirigente croata não via uma Bósnia independente, como demonstrou em seus comentários a um canal de televisão: "A Bósnia foi uma criação da invasão otomana [...] Até então, fazia parte da Croácia ou consistia no Reino da Bósnia, que não era senão um reino católico, ligado à Croácia". Do ponto de vista de Tudjman, expresso uma década antes da reunião, a Bósnia-Herzegovina era mais uma fonte de novas divisões, entre a população sérvia e croata, do que uma ponte. Por outro lado, Tudjman expressou que, do ponto de vista étnico e linguístico, a maioria dos bósnios é de origem croata, pertencendo assim, ao universo histórico e cultural que abarca o mapa etnográfico croata.

Uma segunda reunião foi realizada em Tikves no final de abril de 1991. É possível que, nessas reuniões, Tudjman tenha concordado que a Sérvia aceitaria a partição da Bósnia-Herzegovina ao longo de uma fronteira servo-croata, dando à Croácia, o território até o território que abarcava a antiga Banovina da Croácia de 1939. No entanto, após os encontros, Milošević, em discurso em Belgrado, deu a conhecer os seus planos para a incorporação de uma importante área da Croácia, a região de Krajina, habitada por uma significativa população sérvia, tentando preservar nas condições futuras do futuro Estado Sérvio, os territórios onde os sérvios eram uma ampla maioria étnica. Essa determinação irredentista sérvia colidia frontalmente com as aspirações croatas, dando origem ao início das hostilidades e a um conflito, que ficaria conhecido, principalmente na historiografia croata, como a 'Guerra de Independência da Croácia'. Franjo Tudjman e o governo croata sempre negaram o Acordo de Karadordevo, afirmando que, em 1991, os sérvios controlavam todo o Exército iugoslavo e a rebelião da minoria sérvia na Croácia durante a chamada, por Tudjman e os seus, Guerra de independência Croata, havia acabado de começar. Nesse contexto, as reuniões foram vistas, a partir de uma análise, como uma tentativa de Tudjman de evitar um confronto direto com o poderoso Exército Popular Iugoslavo. No veredicto do TPII contra o general croata Tihomir Blaskic, o tribunal concluiu que, "a Croácia e, mais especificamente o ex-presidente Tudjman, esperava pela divisão da Bósnia-Herzegovina e exercia um controle significativo sobre os croatas-bósnios, especialmente em relação ao Conselho Croata de Defesa e as Forças de Defesa croatas, o que justifica a referência a um controle geral".

O 21º Embaixador dos Estados Unidos na Iugoslávia, de 1988 a 2002, Warren Zimmermann que, desempenhou um papel diplomático e geopolítico ativo durante os estágios iniciais da Guerra da Bósnia, no entando, afirma o oposto em seus relatos de suas experiências na Iugoslávia, como em The Origins Of A Catastrophe (1996). De acordo com o relatado no livro, Tudjman afirmou que a Bósnia deveria ser dividida entre os croatas e os sérvios na reunião de Karađorđevo: "Tudjman admitiu que discutiu essas fantasias com Milošević, a liderança do Exército iugoslavo e os sérvios da Bósnia" [...] e eles concordaram que, a única solução, é dividir a Bósnia entre a Sérvia e a Croácia".

Após a morte de Tudjman, alguns dos políticos croatas que trabalharam com ele, como o vereador Dusan Bilandzic e posteriormente, o primeiro-ministro croata, Stjepan Mesic, afirmaram que, a reunião discutiu a divisão da Bósnia-Herzegovina e que consistiu no tema principal dos debates. Hrvoje Sarinic, emissário de Tudjman nos contatos com Milošević, negou que tenha havido um acordo formal. O ex-primeiro-ministro da

República Federativa da Iugoslávia, Ante Markovic, também testemunhou e confirmou um acordo sobre a divisão da Bósnia-Herzegovina, entre a Sérvia e a Croácia. Segundo depoimentos de 28 políticos ingleses e estadunidenses, como o embaixador dos Estados Unidos na Iugoslávia, Warren Zimmermann, além do diplomata Herbert Okun, o encontro foi motivado pela divisão da Bósnia-Herzegovina. Lord Paddy Ashdown também confirmou a existência do plano de dividir a Bósnia-Herzegovina, entre as duas grandes nações da ex-Iugoslávia, como alvo preferencial de Franjo Tudjman.

Após a reunião em Karadordevo, a Guerra da Independência da Croácia começou devido ao famoso desentendimento com a região de Krajina, reivindicada por ambos os lados. Tal guerra teve os croatas e os sérvios como os principais antagonistas. Nessa trajetória de conflitos intermináveis, ocorreu a famosa Guerra da Bósnia, aumentando as forças envolventes e a complexidade do cenário balcânico, que durou até novembro de 1995. Nesse período, o controle do território da Bósnia-Herzegovina mudou de mãos, entre os bandos bosniak, sérvio e croata. Neste marco de enorme complexidade, se produz o Acordo de Graz, pacto assinado entre, de um lado, o líder dos sérvios na Bósnia, Radovan Karadzic e, de outro, o dos croatas, Mate Boban, em 27 de abril de 1992, na cidade de Graz, na Áustria, durante um período em que, as Forças sérvias controlavam aproximadamente, 70% da Bósnia-Herzegovina. O tratado pretendia limitar o conflito entre sérvios e croatas, colocando-os mais próximos da anexação definitiva do território sob seu respectivo controle. Este acordo foi visto como uma continuação do Pacto de Karadordevo. No meio das possessões sérvias e croatas permaneceria um pequeno "estado tampão" bosniak, presidido por Alia Izetbegovic. O julgamento do TPII, no caso Blaskic, sugere um acordo de reunião de Graz, entre os líderes servo-bósnios e croatas, precedido por outro, o de Milošević e Tudjman, que lançou as bases para a divisão da Bósnia-Herzegovina.

O desfecho destes acordos só ocorreu com o fim da guerra, pelo que, a estrutura interna da Bósnia-Herzegovina foi discutida numa conferência internacional de paz realizada em Londres, capital inglesa, onde surgiu a imposição do Acordo de Dayton, com algumas divisões internas, em particular e, com alguma relevância, a Republika Srpska, que analisaremos a seguir.

Foto 21: Divisão territorial da Bósnia-Herzegovina após a assinatura desses acordos.

Fonte: https://es.wikipedia.org/wiki/Acuerdos_de_Dayton

Após a derrota militar sérvia na Bósnia, os Estados Unidos impõem acordos baseados na divisão deste território, em uma federação croata-muçulmana e uma república sérvia. Os massacres, violações e deportações cometidos pelos diferentes atores são legalizados. A situação é de tensão permanente e, a qualquer momento, pode voltar à guerra. A área está sob a tutela das forças militares da OTAN e dos EUA, que desconsideram completamente, os mapas etnográficos, a história da região e os interesses dos atores regionais. Os verdadeiros vencedores são os estadunidenses, que consolidam sua liderança mundial. A vitória da Agressão Neoliberal de Bill Clinton é total, enquanto se consolida a primeira mutilação da Sérvia, com a amputação de Krajina, seu braço direito e, seu pulmão, a famosa Republika Srpska.

Foto 22: Estrutura étnica da entidade de acordo com o censo de 2013.

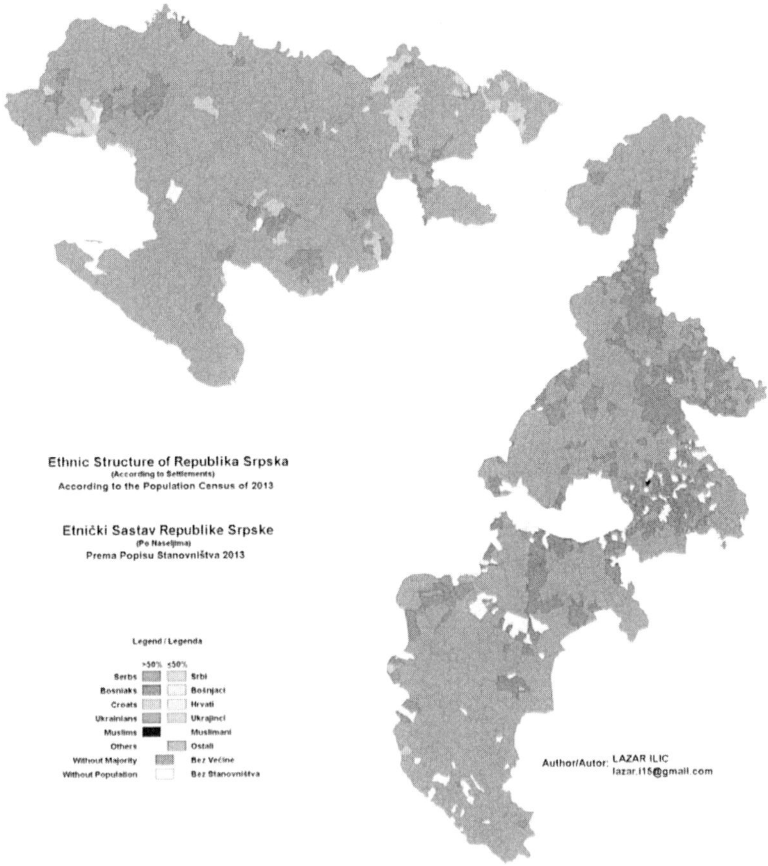

Fonte: https://es.wikipedia.org/wiki/Rep%C3%BAblica_Srpska

Foto 23: Folder nacionalista sérvio abarcando o território da Republika Srpska

Fonte: Desconhecida

Quando a guerra terminou em 1995 e logo após o cerco de quatro anos de Sarajevo chegar ao fim, a Bósnia estava dividida em linhas étnicas. Hoje, embora a maioria dos cidadãos viva em relativa paz, apesar das circunstâncias de sua história recente, os líderes étnicos se chocam continuamente. Os políticos bosniaks criticam o irredentismo sérvio e a liberdade que, muitos condenados, ainda desfrutam, enquanto os líderes sérvios (37% da população da Bósnia), os repreendem com sua retórica secessionista. Quase todos os sérvios deixaram a capital para se mudar para as áreas do país onde os seus são maioritários, enquanto os sunitas fizeram o caminho inverso. Sarajevo mantém uma pátina multiétnica e muitos casais passam por uma espécie de "crise de identidade", como Dragan Tanic e sua esposa Sanja. Dragan Tanic é sérvio-bósnio, enquanto sua esposa, Sanja, é de ascedencia mixta, croata-católica e sunita. Eles se preocupam em constituir família na Bósnia-Herzegovina devastada pela guerra, que, nas aulas de história e geografia, contendo temas como religião, etnia e conflitos recentes, as crianças são separadas de acordo com suas origens étnicas e históricas. Sanja se pergunta: "Se tivermos um filho, qual será o lugar dele?". Mas, na realidade, Saravejo, muito mais do que uma zona multiétnica, tornou-se uma cidade praticamente sunita, muito diferente daquela que Tanic recorda da sua infância. Ou seja, o que se tem verificado, ao longo das últimas décadas, é uma des-servianização de Saravejo.

Foto 24: Sinalização na linha divisória, entre a Republika Srpska e a Federação da Bósnia-Herzegovina.

Fonte: https://es.wikipedia.org/wiki/Rep%C3%BAblica_Srpska

14 - O grande engano do regime "multicultural" de Itzezbegovic, um wahabista convicto

Foto 25: Composição étnica da Bósnia-Herzegovina em 1991, com as áreas de maioria sérvia em azul.

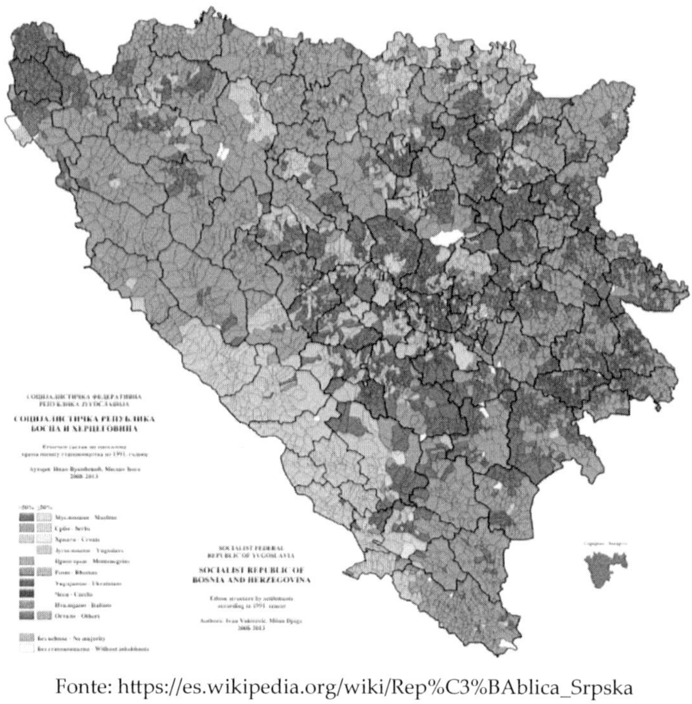

Fonte: https://es.wikipedia.org/wiki/Rep%C3%BAblica_Srpska

Era muito evidente que, as aspirações dos sunitas da Bósnia-Herzegovina, intimamente ligadas à imagem carismática que representava Alia Itzezbegovic e seu partido wahabista genocida, eram liderar e governar, as três populações, abocanhando toda a Bósnia- Herzegovina, sob a ideologia wahabista. Itzezbegovic conseguiu (infelizmente para a paz entre os povos) impor-se entre outras correntes políticas sunitas, menos extremistas. A corrente secular e pró-Yugoslávia de Fikret Abdic, que foi eleita nas eleições de novembro de 1990, presidente dos sunitas da Bósnia-Herzegovina, antes do Partido da Ação Democrática (SDA) conseguir impor Alia Itzezbegovic, acabou sendo negligenciada pelos grandes poderes, principalmente, por sua fidelidade à integridade territorial herdada do Reino iugoslavo.

Fikret Abdić, nascido em 29 de setembro de 1939, é um político e empresário bósnio, que ganhou notoriedade na década de 1980 por seu papel em transformar a empresa agrícola Agrokomerc, com sede em Velika Kladuša, em um dos maiores conglomerados da Iugoslávia, ajudando-o a ganhar o voto popular nas eleições presidenciais da Bósnia, em 1990. Na verdade, ele protagonizou uma revolução empresarial, transformando uma pequena cooperativa agrícola em uma moderna combinação de alimentos, que empregava mais de 13.000 trabalhadores e que impulsionou a economia de toda a área. A Agrokomerc transformou Velika Kladuša, de uma região assolada pela pobreza, em uma potência regional. Residentes locais o chamavam de Babo (papai). Não à toa, viria a ganhar as eleições locais em 1990, após tomar a decisão de última hora de ingressar ao Partido da Ação Democrática e concorrer à presidência da Bósnia-Herzegovina nas eleições de 1990. De acordo com a Constituição, os eleitores elegeram sete membros para a presidência: dois bósnios, dois sérvios, dois croatas e um iugoslavo. Ele e seu futuro rival, Alia Izetbegović, concorreram aos dois cargos bósnios e foram ambos eleitos. Preenchidos os cargos, os membros da presidência elegiam um Presidente da Presidência, que agia como seu chefe. Abdić obteve, como era esperado, mais votos populares do que Izetbegović, mas não assumiu o cargo por motivos que permanecem desconhecidos do público.

No início dos anos 1990, durante a Guerra da Bósnia, Abdić declarou sua oposição ao governo oficial da Bósnia e estabeleceu a Província Autônoma da Bósnia Ocidental, uma província pequena e de curta duração no canto noroeste da Bósnia-Herzegovina, composta pela cidade de Velika Kladuša e aldeias próximas. O mini-estado existiu, entre 1993 e 1995 e era aliado do Exército da Republika Srpska, elemento que faz deste esquecido personagem, uma figura interessante neste caldeirão complexo geopolítico, que foi a Guerra dos Balcãs na década noventista.

Abdic terminou sendo derrotado militarmente pelas tropas de Alia Itzezbegovic, que invadiram a cidade de Bihac em 1994, provocando o êxodo de milhares de seus habitantes, fazendo com que, Abdic, residisse, por um tempo, em Zagreb. A organização sunita bósnia de Adil Zulfikarpašić, há muito estabelecida na Suíça, além da de M. Filipovic, um ex-marxista da Bósnia-Herzegovina, tinham certas divergências com a corrente wahabista de Itzezbegovic. O primeiro voltou a viver em Zurique, enquanto Fipovic se juntou ao acampamento de Alia Itzezbegovic, antes de se tornar o embaixador da Bósnia na Suíça. O primeiro-ministro, Haris Silajdžić, por resistir ao extremismo terrorista wahabista de Itzezbegovic, acabou sendo atacado fisicamente pelos partidários deste último.

O bando de Itzezbegovic foi apoiado militarmente, durante as contendas sangrentas, pela Casa de Saud e pelo Sudão de Omar al-Bashir, bem como, pelo governo turco e pela CIA estadunidense e o MI6 inglês. Sem nunca esquecer as famosas monarquias árabes absolutistas wahabistas do Golfo Pérsico, como os Emirados Árabes Unidos, o Bahrain dos al-Khalifa, o Qatar dos al-Thani, o Kuwait (todas meras caricaturas do colonialismo inglês), além de grupos terroristas ligados a Saddam Hussein, como o Mek (atualmente sob comando globalista) e de certas facções da Velha Guarda revolucionária anti-iraniana (elementos de infiltração), como principalmente, os grupos de Sadegh Khalkhali e Rafsanjani. Terroristas wahabistas, recrutados em países sunitas e que atuaram na guerra do Afeganistão, também intervieram neste conflito e fizeram da Bósnia, uma base de apoio para atividades terroristas (ou seja, ações indiscriminadas contra a população civil inocente) na Argélia, França e Bélgica. Por exemplo, o principal líder do GIA argelino é Sliman Majerzi, popularmente conhecido como "Abu Yamil", um veterano da Bósnia e do Afeganistão. A relação de Itzezbegovic com a Arábia Saudita é o milionário bósnio Hasan Cengic, ex-ministro da defesa da Federação croata-sunita. Estima-se que, 3.000 mujahideen do grupo Mek, que lutaram ao lado de Saddam Hussein na Guerra Imposta contra o Irã, que representou, dito de passagem, uma guerra de procuração e encomenda, das grandes corporações, combateram no Exército de Itzezbegovic, além de 150 ex-oficiais estadunidenses, que os treinaram. A CIA informava, regularmente e pontualmente, sobre os movimentos sérvios. Documentos proporcionam evidência sobre esse regime, quando afirma:

> Os apóstolos do Islão, que hoje dirigem a sua comunidade, não têm nenhum problema com a ideia de perder alguns territórios e uma ou duas gerações dos seus fiéis, porque sabem muito bem que, estas provas, servirão à pura e dura "islamização" daqueles que sobrevivem, o qual, é o seu principal objetivo, proclamado alto e forte desde o início de sua ação.

A falta de escrúpulos dos entreguistas os levou a atirar em sua própria população para lançar represálias globalistas contra os sérvios. O Conselho de Segurança da ONU conduziu uma investigação estabelecendo sua responsabilidade no Massacre da Fila da Padaria em Sarajevo, em 1992. Especialistas ingleses e franceses acusaram os sérvios por uma explosão que matou 37 cidadãos de Sarajevo em agosto de 1995, argumentando haver sido disparada desde linhas governamentais. Os pró-Itzezbegovic, encabeçados por nada menos que, o ativista política globalista, Bernard-Henri Lévy, defendem a falácia do caráter multiétnico de tal regime. A melhor resposta veio do cineasta Emir Kusturica: "Como você pode falar sobre a Bósnia multiétnica quando tudo foi feito para desmembrar a Iugoslávia multiétnica?". Até os funcionários globalistas se sentiram roubados por esse regime. O responsável pela questão da Bósnia, no Departamento de Estado para Relações Exteriores dos Estados Unidos, até agosto de 1992, George Kennedy, afirmou a esse respeito:

> O que inicialmente era um governo bósnio multiétnico legalmente eleito, tornou-se uma entidade sunita extremista e antidemocrática. Hoje vemos a limpeza étnica realizada pelos sunitas paralelamente à dos sérvios e a determinação insensata do presidente bosniak, Alia Itzezbegovic, de travar uma guerra contra seu antigo rival, Fikret Abdic,... a camarilha de políticos wahabistas em torno de Itzezbegovic é incapaz de explicar o que se ganha com a continuação dos combates.

15 - Bósnia-Herzegovina sujeita à dominação globalista

Soa irônico e triste, ao mesmo tempo, que, sendo a independência, o pretexto para os separatistas croatas e bosniaks, romperem com a Iugoslávia, lançando-se à guerra, o resultado final tenha sido uma Bósnia ocupada e colonizada por aparelhos institucionais globalistas, culminando que, a recém criada e instituída, Bósnia-Herzegovina, seja um cavalo de troia que detém e freia, irredentismos de expressões nacionais regionais, como de sérvios e croatas, instrumentalizado como mero fantoche, da União Europeia e OTAN. Após a consumação da falsa independência, a Bósnia-Herzegovina tornou-se um protetorado globalista, governado ditatorialmente, por um vice-rei, o social-democrata espanhol, Carlos Westendorp, que, sendo à época, ministro das Relações Exteriores da Espanha, representava os interesses dos Estados Unidos e da Alemanha, é dizer, de toda a cúpula da Tirania de Bruselas, que consiste no orgão de relações públicas da OTAN, que, por sua vez, encontra-se totalmente subordinada ao Complexo Militar Industrial Estadunidense.

15.1 - Entidade política artificial atlantista neo-otomana

Assim, não era de estranhar-se que, seus "adjuntos" fossem, o estadundiense Paul Klein e o alemão Hans Schumacher. Westendorp tinha plenos poderes para decretar leis e remover funcionários. Impôs uma bandeira artificialmente criada, passaporte, registo dos porcos, uma lei de cidadania, ocupou estações de televisão para que ditassem as suas mensagens. Se não fosse o bastante, impôs como primeiro-ministro, um lacaio sérvio, um tal Didik, que se enriqueceu no mercado negro com cigarros e que só tinha dois deputados de um total de 83, além de uma moeda, ainda que a real, fosse o marco alemão, posteriormente substituído pelo marco conversível ou bosnio-herzegovino, em 1998. Estava equiparada até 2002 com um câmbio de 1:1. A partir deste ano, passou a ser convertido com câmbio fixo em relação ao euro, de 1 marco conversível para cada 0,5 euro.

A bandeira atual, por certo, baseada no primeiro dos três designs propostos por Westendorp, foi adotada em 2 de fevereiro de 1998. O design seria escolhido pelo alto representante, não sendo capaz de encontrar o parlamento da Bósnia, uma solução aceitável por todas as partes. A bandeira foi selecionada por não conter nenhuma referência histórica ou de outra índole ao Estado da Bósnia, o que, por si só, já evidência, a desvinculação da atual entidade política da Bósnia-Herzegovina com o antigo Reino da Bósnia. A cor azul da ONU mudou para um tom mais escuro, para corresponder à bandeira pan-europeia, ideologia de corte kalergista, que, dito de passagem, se remonta ao ano de 1923. Carlos Westendorp declarou, de maneira totalmente arbitral, que esse azul escuro simbolizava a união da Bósnia e Herzegovina com a Europa. Ou seja, o que estava em jogo era a integração desta entidade política à estrutura supra-nacional da jaula kalergista. Finalmente, a bandeira seria apresentada oficialmente, durante a cerimônia inaugural dos Jogos Olímpicos de Nagano de 1998.

A Bósnia-Herzegovina de Carlos Westendorp, recém-independente, contava com o apoio de milhares de funcionários vinculados à elite globalista e a governos da Europa Ocidental, especialmente da Alemanha, com um exército de ocupação de 34.000 soldados e 1.700 policiais de 15 países, que se comportam, de maneira bastante autoritária. Nas manobras de julho e agosto de 1998, essas forças queimaram 7 aldeias sérvias perto de Glamoc para impedir o retorno de seus habitantes. Carlos Westendorp é protegido por 20 guardas civis de elite, com experiência no combate ao ETA. Sua concepção é clara: "O poder não lhe é dado de presente. O poder é tomado. E, para exercê-lo, você não precisa de ninguém para discuti-lo". Seu "respeito" pelos direitos nacionais é bem revelado em sua opinião sobre sérvios e croatas. Naqueles tempos, foram visto, em alguns setores, reações que começam a mostrar a presença de limpeza étnica. Westendorp manipula as eleições de 1998, removendo 18 croatas das listas, declarando os candidatos sérvios inelegíveis e ameaçando chantagear a ajuda financeira. Essa é a Bósnia-Herzegovina 'democrática', pela qual, tanto lutou Bill Clinton.

Apesar do resultado incomodar as autoridades da ocupação, o que se manifesta é uma vontade de resistência da população. O Banco Central da Bósnia é controlado pelo FMI e a constituição proíbe que, por incrível que possa parecer, o gerente do Banco Central seja bósnio. O Banco Europeu para a Reconstrução da Europa do Leste (BERD) controla as empresas de serviços públicos, como correios, água, energia e transportes. A *Volkswagen* comprou a fábrica de automóveis Unis. A Siemes já está se instalando para aproveitar os baixos salários. O que se desenvolve, realmente, como estamos vendo, é a entrega dos recursos deste território, suas estruturas vitais, entre as riquezas de seu subterrâneo, às grandes corporações geofinanceiras, um espólio camuflado de liberdade para a população sunita. Seria a Bósnia-Herzegovina, realmente, nestas conjunturas, um Estado independente? Eis a questão. Cabe aos defensores desta entidade política altamente artificial, algum malabarismo histórico ou alguma falácia, para sustentar sua defesa, que no caso, seria a existência de tal Estado.

Diante dos desejos, objetivos e interesses globalistas de fazer sangrar a nação sérvia, promovendo uma série de amputações territoriais, fator associado a um leque de imposições financeiras, no final da década de 1980, desenvolveu-se o renascimento do nacionalismo sérvio, sob o governo de Milošević, que adotou diversas formas políticas, ancorado a um discurso altamente nacionalista, que glorificou a nação sérvia, vitimizando-a diante das pretenções atlantistas, alguns elementos devem ser elavancados.

Primeiro, o rancor contra a imposição do Estado titoísta em 1945-46 e o anticomunismo. Um folheto oficial sérvio, assinado pelo diretor do Instituto de História da Academia Sérvia de Artes e Ciências, Slavenko Terzich, afirmava na época que, o Partido Comunista da Iugoslávia, que estava no poder há quase meio século, agia em um nível geral em nome do internacionalismo, mas na verdade, seus dirigentes eslovenos e croatas, aplicaram algumas das ideias mais importantes da herança política austro-húngara e que, durante os quase 50 anos de regime comunista, os iugoslavos croatizaram a maioria dos católicos sérvios, particularmente dentro e ao redor de Dubrovinik. Assim, ao invés de superar as ancestrais divisões determinadas pela história e pela religião (como pretendia Tito), algo moldado ao longo de milênios de história, a liderança comunista fomentou todo tipo de regionalismo e separatismo, acentuou e criou novas divisões artificiais, impulsionando a albanização da província de Kosovo, sob o clássico lema comunista da época: "fraternidade entre os povos".

Em segundo lugar, a profunda nostalgia da primeira Iugoslávia monárquica. O professor, Mihailo Pavlovic, refuta, em outro folheto oficial, que esse regime tenha sido uma "prisão dos povos". Em 16 de agosto de 1992, as autoridades sérvias organizaram, pela primeira vez desde a abolição da monarquia, grandes festas em memória do rei Pedro, falecido em 1921. Terceiro, a versão de Karadzic, a famosa construção de um Estado sérvio etnicamente puro. O mandatario disse claramente que, os sérvios não estão interessados em dividir a Bósnia em dois com os croatas, porque consideram que, um grande número de sunitas, estaria englobado, como comunidade autônoma, em territórios sérvios, o que não permitiria resolver nem mesmo o problema nacional sérvio, tampouco a questão sunita.

Quarto, o mais importante de todos, a negação da existência de um ethos bósnio. É dizer, de um povo, em sua concepção semântica clássica. De acordo com a mentalidade coletiva sérvia, os eslavos sunitas são sérvios étnicos, que estavam em processo de integração com os demais sérvios e rejeitam a decisão das autoridades titoístas de conceder-lhes, o status de povo com direitos iguais. Atribui-se este fato, a que «trataram de impedir o aumento do peso do fator sérvio no Estado iugoslavo ao mesmo tempo que preparavam o terreno para continuar o processo de desintegração da nação sérvia e da comunidade iugoslava». Quinto, a ampliação do perigo da expansão sunita desde a Bósnia, destacando o perigo real da hegemonia sio-atlantista na região dos Bálcãs, fazendo com que, a Bósnia-Herzegovina, seja irradiação da, extremamente perigosa, ideologia wahabista.

Em sexto e, por último lugar, temos a vitimização dos sérvios no Kosovo, que serviu para abolir a autonomia daquela república autônoma sérvia e para relançar o nacionalismo sérvio, que ressurgiu nas condições do drama sofrido pelo povo sérvio na Croácia (Krajina e Eslavônia Oriental), Bósnia (Republika Srpska), massacrado e expulso pelos expansionistas croatas e sunitas (albaneses ou bosniaks), todos apoiados, aliás, pela OTAN.

Foto 26: Representação territorial da região autônoma da Republika Srpska inserida na territoriedade de uma Grande Sérvia

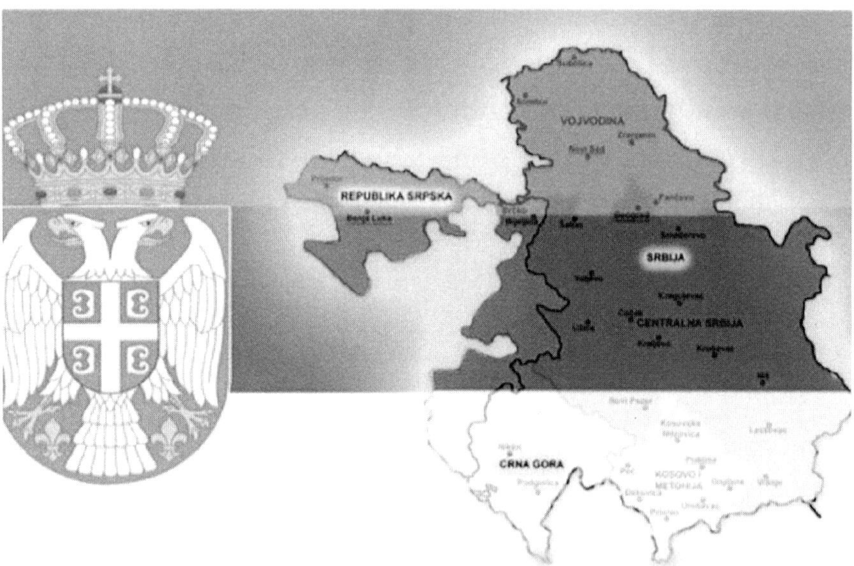

Fonte: Desconhecida

15.2 – Bastião wahabista encravado no coração da Europa

Foto 27: Entrada da aldeia bosniak de Gornja Maoca, em fevereiro de 2015, com um mural com símbolos wahabistas

Fonte: Reuters - Dado Ruvic

Parte como legado do combustível ideológico wahabista, que moldeou uma elevada parcela dos milicianos bosniaks nos anos 1990, parte como legado da exportação de madrassas sauditas desde aquela época, muitas aldeias na Bósnia central viraram centro de regúfio para doutrinação wahabista. Assim, esses extremistas terminaram encontrando um novo refúgio na Bósnia. Recrutam combatentes, promovem a tal 'jihad' e pregam a interpretação fundamentalista do sunismo, logo ali, bem perto da fronteira com a União Europeia, como retratou a reportagem da '*Der Spiegel*'.

Não resta quase nada de Ibro. Há apenas uma única fotografia de infância, uma imagem de um rapazinho louro de 5 anos, que o pai de Ibro, digitalizou para poder trazê-la sempre consigo no seu telemóvel. Mas não há qualquer fotografia recente disponível. Antes de Ibro deixar a Bósnia-Herzegovina para se juntar ao Daesh em 2014, rasgou todas as imagens de si próprio que conseguiu encontrar. A sua interpretação do sunismo incluía a crença de que, as imagens de pessoas, eram proibidas. O pai de Ibro, Sefik, um trabalhador ocasional de 58 anos, visita regularmente os amigos para poder carregar o seu telefone. Sefik vive num casebre que ele próprio construiu nos limites da aldeia de Donja Slapnica. Sua casa tem um fogão a lenha e uma retrete no exterior, mas não tem eletricidade. Quando fica frio, ele veste o casaco e usa um gorro dentro de casa. As emoções que estão dentro de Sefik desde o dia em que Ibro desapareceu não são imediatamente percetíveis. "Quando morreres, eu não rezarei por ti, porque tu és um infiel", foram as últimas palavras que Sefik, um homem magro de bigode, ouviu de Ibro, seu próprio filho.

Ibro Cufurovic, nascido em 1995, é um dos 200 ou 300 wahabistas, que deixaram a Bósnia-Herzegovina, para se juntarem ao Daesh, Frente al Nusra ou à Al-Qaeda na Síria ou no Iraque. Dois dos terroristas mais procurados do mundo estão entre eles: Bajro Ikanovic, durante muitos anos, o comandante do maior campo de treinos do Daesh no Norte da Síria; e Nusret Imamovic, um dos líderes da Frente al Nusra na Síria, um grupo ligado à Al-Qaeda. A Bósnia, afirma John Schindler, especialista estadunidense nos Balcãs e antigo funcionário da NSA, "é considerada como uma espécie de 'refúgio' pelos fundamentalistas sunitas", abrigando agora, uma infraestrutura terrorista estável. Não é uma estrutura estritamente hierarquizada e, por isso, no seio do Daesh considera-se que, não transmite a mensagem adequada, ainda assim, representa uma ameaça existencial para a fragmentada república.

Segundo as conclusões do Ministério da Segurança da Bósnia-Herzegovina, não só foram utilizadas munições provenientes do país no atentado de janeiro de 2015 à revista satírica Charlie Hebdo, como também, algumas das armas utilizadas no atentado do Daesh em Paris, em 13 de novembro do mesmo ano, eram oriundas da ex-Iugoslávia, mais precisamente, como era de esperar-se, da entidade política artificial neootomana, criada e estabelecida pela intervenção sio-atlantista, em 1995, através dos Acordos de Dayton.

Foto 28: Estandarte salafista na aldeia de Gornja Maoca, em 2015.

Fonte: Reuters - Dado Ruvic

É cada vez mais aparente que se estabeleceu um novo refúgio para combatentes, planeadores e recrutadores da ideologia wahabista no meio da Europa. Em algumas aldeias remotas, está içada a bandeira usada, com frequência, por grupos wahabistas em todo o mundo, como o Daesh, Boko Haram, Al-Shabaab, Jundallah, Frente al-Nusra, Al Qaeda, Ansar Dine, AQMI e, proporcionalmente à população, houve mais combatentes da Bósnia-Herzegovina que se juntaram ao Daesh do que de qualquer outro país da Europa, à exceção da Bélgica. Cerca de 30 bosniaks perderam a vida nos campos de batalha da Síria e Iraque, com 50 regressando a casa. Estes últimos são de especial interesse para os investigadores do terrorismo. Aqueles que combateram na frente e que são, subitamente autorizados a regressar a casa, estão sob fortes suspeitas de terem recebido ordens para levar a cabo uma missão mortal. Na verdade, não há muitas mais razões para voltar para casa. A Bósnia-Herzegovina respondeu, apertando a sua legislação penal e fazendo que, os mercenários que regressam da Ásia Ocidental e os seus apoiantes, enfrentem agora até dez anos de prisão.

Em novembro, pouco antes dos atentados em Paris, um wahabista matou a tiro, dois soldados num subúrbio de Sarajevo. No início de dezembro, 37 bosniaks de alto nível, numa rara demonstração de unidade, exigiram a resistência pública ao terror: "Condenamos todas as incitações ao ódio e à violência", dizia o apelo, assinado pelo sunita mais importante do país, o mufti Husein Kavazovic. Apenas dois meses depois, o clérigo moderado tornou-se, ele próprio, um alvo. Num vídeo, um combatente bosniak do Daesh ameaçou "cortar o pescoço" de Kavazovic.

Desde então, o famoso mufti tem estado sob proteção policial. Sem especificar a Bósnia, a agência de polícia europeia, Europol, emitiu um relatório no início do ano de 2016, sobre campos de treinamento do Daesh que foram criados na periferia da UE e "nos países dos Balcãs". O relatório observa que, os recrutas do Daesh são "treinados em técnicas de matar específicas, que incluem a decapitação". Os investigadores alemães acreditam que, há cerca de uma dúzia de lugares na Bósnia, onde wahabistas, reuniram extremistas sem serem incomodados pelas autoridades. No entanto, os relatórios sobre remotas aldeias repletas de Centros educativos ao estilo madrassas, são negados pelo Ministério da Segurança e pela polícia especial SIPA. No entanto, o Ministério Público de Sarajevo, responsável pelas investigações de terrorismo, admite que há lugares na parte norte do país, onde vivem cerca de 40 famílias wahabistas, que regem a sociedade de acordo com seus preceitos particulares e onde foram descobertos símbolos da ideologia wahabista.

Pensa-se que, um dos lugares suspeitos é no extremo noroeste da Bósnia: numa aldeia chamada Bosanska Bojná. Sefik, pai de Ibro, o combatente na Síria, conhece bem a área. A procura de pistas, sobre o seu filho perdido, percorre de carro a região circundante da aldeia de Velika Kladuša, uma área de colinas, onde antigos lugares de culto com os seus minaretes delicados parecem quase desaparecer na sombra das novas mesquitas pretensiosas, que funcionam como verdadeiras entidades homólogas às 36 mil madrassas existentes na região do Pastunistão, encravada entre os atuais Afeganistão e Paquistão. A área em torno de Velika Kladuša, localizada do outro lado da fronteira com a Croácia, um Estado membro da UE, é considerada um ponto crucial para os wahabistas, em especial devido às suas dificuldades econômicas. Mesmo agora, 28 anos depois do fim da guerra, a taxa de desemprego entre os jovens da entidade política que configura a Bósnia-Herzegovina, é, segundo dados de 2016, de 60%. Estamos a lidar com "um Estado fraco e altamente disfuncional", diz o cientista político, Vlado Azinovic, coautor do estudo "*The Lure of the Syrian War*" - A Atração da Guerra da Síria, que se centra na Bósnia-Herzegovina. Velika Kladuša, a menos de 100 km das praias da Croácia, corre o risco de se tornar, uma ponte para os terroristas wahabistas, que se dirigem para o Norte, em particular com a ajuda de trabalhadores convidados radicalizados na Áustria, Alemanha e Itália.

Já no início das guerras iugoslavas nos anos 1990, existia uma comunidade wahabista nos arredores de Velika Kladuša, agrupação essa que foi financiada com dinheiro, principalmente, da Arábia Saudita e do Sudão. É importante ressaltar que, milhares de mujahedin de países árabes, já haviam lutado ao lado dos bosniaks, em sua luta contra os sérvios e, mais tarde, contra os croatas. Foi esse aspecto que levou o falecido diplomata estadunidense, Richard Holbrooke, a referir-se a um "pacto com o diabo" ao falar sobre a aliança formada por necessidade militar. Os combatentes estrangeiros, afinal, não traziam apenas armas para o combate. Eles também trouxeram a interpretação fundamentalista sunita, de corte ultra bakri, que era estranha aos ardentes bosniaks: a rigorosa abordagem da Arábia Saudita conhecida como wahabismo. Os ultradevotos, com as suas longas barbas e mulheres de véu, são uma minoria entre os 3,8 milhões de habitantes da Bósnia-Herzegovina, dos quais, quase metade se identifica como sunitas. Mas eles existem e, os mais zelosos, estão a tornar-se, cada vez mais evidentes, também, na aldeia de Sefik. Uma das quatro mulheres do pregador do ódio, Husein Bilal Bosnic, é de uma das casas nos limites da aldeia. O Ministério Público acredita que, Bosnic, é a figura central dos extremistas da Bósnia, tendo ótimas ligações no exterior. Em novembro de 2015, foi condenado a sete anos de prisão por recrutar voluntários para o Daesh e por incitar ao terrorismo. Sefik foi uma das testemunhas no julgamento. Culpa o pregador pelo desaparecimento do seu filho: "Ibro conheceu Bosnic e foi morar com ele pouco tempo depois. No verão de 2014, recebeu treino militar e, em seguida, foi para a Síria. De certa maneira, ele foi vendido". A casa da qual Ibro partiu para a Síria é ainda o lar das quatro mulheres do pregador e dos seus 18 filhos. O altifalante no telhado podia ser ouvido por quase todo o vale nas horas de oração. Suas mulheres, quando saiam ao pátio, vestiam a abaya preta até ao chão e usavam um véu que só tinha umas fendas para os olhos. Ou seja, estava em processo a wahabinização da região. Bosnic, que foi em tempos, um soldado da 7.ª Brigada Mujahedin, tornou-se um pregador itinerante após o fim da guerra. Apareceu na mesquita Al-Baraka em Pforzheim, na Alemanha, bem como, em casas de oração na Itália e na Suiça. Há vídeos dele cantando: "Com explosivos nos nossos peitos abrimos o caminho para o paraíso". Por isso que lutou a OTAN contra a Sérvia nos anos 1990, criando um ente político que dá abrigo a tais personagens? Eis outra questão!

Os bosniaks não são os únicos nos Balcãs a responder a esses chamamentos. Sunitas albaneses também estão, entre os

22 mil nomes de combatentes do Daesh, revelados no início de março de 2016. A pobreza e falta de ordem estatal garantem a abundância de recrutas. O ex-imã liberal da aldeia, onde Ibro Cufurovic cresceu, fala da misteriosa arte de "transformar completamente os jovens em apenas alguns dias". Ele diz que, o rapaz foi durante muito tempo um aluno-modelo e, depois, assistente na mesquita e muezzin (encarregado de anunciar em voz alta, do alto das almádenas (ou minaretes), no momento das cinco preces diárias). Os fiéis chegaram a recolher donativos para Ibro e, a sua entrada numa universidade sunita, estava sendo considerada. Mas depois as coisas correram de outra maneira. Ibro começou a insultar o pai e a dizer aos sunitas mais velhos da aldeia, como deviam orar corretamente. Começou também a sair da mesquita mais cedo, antes das orações finais que são regra na Bósnia, mas que não são normais na Arábia Saudita. Na despedida, disse ao imã da aldeia, um homem que o havia tratado como filho: "Você não sabe nada sobre o sunismo".

Ibro tinha 19 anos na época, recorda Sefik, seu pai: "Nem sequer tinha uma barba suficientemente espessa para parecer um salafista (wahabista). Mas pouco tempo depois foi-se embora". O primeiro sinal de vida vindo da Síria chegou via telefone: Ibro exigia que a sua mãe deixasse o marido e fosse para a Síria para encontrar um novo companheiro entre os combatentes do Daesh, os "irmãos", de lá. No caminho para a aldeia fronteiriça de Bosanska Bojná, Sefik para em frente a uma casa pintada de cinzento. É a casa de Rifet, seu companheiro no sofrimento. Juntos, eles fizeram o percurso de oito horas de autocarro durante a noite até Sarajevo para testemunharem no julgamento contra Husein

Bosnic. Juntos, viram o pregador, a negar categoricamente, todas as acusações contra ele. O filho de Rifet chamava-se Suad até seguir em direção à guerra na Síria. Agora, ele é celebrado como um mártir em vídeos na internet sob o seu nome de guerra, Abu al-Furqan Bosni. Morreu na Síria no início de 2015. Nesta manhã, o irmão do 'mártir' mostra-se: barba preta, boné de croché preto e uma expressão desconfiada no rosto. Está em liberdade, por enquanto, apesar do fato dele e seus companheiros de armas, terem sido encontrados na posse de um arsenal, incluindo granadas de mão, minas terrestres, carabinas e pistolas, além de uma bandeira do Daesh. Estariam eles, a preparar um ataque perto da fronteira croata? Ele não está com vontade de falar: "Deixem-me em paz. Eles confiscaram tudo o que tínhamos". A fronteira externa da UE corre ao longo da periferia de Bosanska Bojná. Uma estrada de gravilha leva à Croácia passando por uma barreira enferrujada na fronteira. Quem pretender fazer contrabando de pessoas, armas e dinheiro para a UE dificilmente conseguiria encontrar um lugar melhor para isso. Com a Croácia passando a fazer parte do espaço Schengen, em janeiro de 2023, esta remota região de fronteira, a leste de Krajina, representa um flanco sul amplamente aberto. O procurador do Ministério Público em Sarajevo acredita que, os salafistas compraram oito hectares de terras aos sérvios que aí viviam, usando uma doação de duzentos mil dólares do Emirado do Qatar. Como regra, os fundamentalistas da Bósnia-Herzegovina compram propriedades onde for barato, remoto e improvável, receber visitantes indesejados.

Desde o final da guerra em 1995, a Bósnia-Herzegovina tem sido um deserto político onde é fácil encontrar esconderijo. Está dividida em duas entidades distintas, juntamente com o distrito de Brcko, uma unidade administrativa autônoma. Há dez cantões. Para alcançar a fortaleza wahabista de Gornja Maoca, por exemplo, a Polícia Federal tem que entrar na região autônoma e informar os seus homólogos de lá. "Dá mais que tempo para os extremistas recolherem as suas bandeiras do Daesh", diz um investigador. Agentes da SIPA, a polícia especial da Bósnia, que varrem as aldeias à procura de quem possa estar preparando para viajar à Sérvia, são comedidos nas respostas às perguntas: «Há uma série de lugares onde as pessoas vivem que são sítios de interesse do ponto de vista da segurança. Mas eles estão sob vigilância constante dos agentes de inteligência». Igor Golijanin, um homem com a estatura de um jogador de basquete, do Ministério da Segurança em Sarajevo, é um pouco mais cético. Chefe de gabinete do ministro, Golijanin diz que, as comunidades wahabistas estão a atrair, «um número crescente de seguidores» e que, as suas redes herméticas, são difíceis de penetrar. "Estamos falando de aldeias onde as crianças já não vão para as escolas públicas, optando pelo ensino privado, de acordo com um currículo jordano. Trata-se, portanto, de pessoas com tendência para a violência, que comunicam entre elas usando códigos secretos em jogos de vídeo. Falamos sobre ocultação: o que costumava ser talvez reconhecível como um campo de treino, desaparece hoje sob a capa de uma organização não governamental". Essas são notáveis admissões de impotência, vindas de um representante de um país que recebeu, 90 mil milhões de euros em financiamentos pós-guerra da comunidade internacional, a fim de instaurar a estabilidade, mas, como vemos, converteu-se, além de uma entidade política artificial, um ente político disfuncional e um estado tampão, em uma fortaleza do wahabismo no continente europeu, sendo um cavalo de troia instrumentalizado, principalmente, contra a Sérvia.

Já em 2013, o *International Crisis Group* avisara que, o wahabismo e um falso sentimento nacional, estavam a dançar um "tango perigoso" na Bósnia-Herzegovina. E os beneficiários da disputa, entre os bosniaks, sérvios e croatas, sempre foram e continuam sendo, os extremistas de todos os tipos. Mais em 2016, foram contadas 64 comunidades sunitas ilegais suspeitas de vinculação com o wahabismo. Desde 1 de março daquele ano, que as forças de segurança têm poderes para tomar medidas contra os renegados. Caso contrário, o caos poderia instalar-se, adverte Bakir Izetbegovic, membro bosniak da presidência tripartida da Bósnia-Herze-govina. Para muitos, no entanto, este aviso chega bastante tarde. Ibro Cufurovic é um deles. Em abril de 2016, uma nova fotografia sua apareceu na internet, mostrando um jovem loiro, com um cabelo ralo e olhos azuis: Ibro. Qualquer pessoa, incluindo o seu próprio pai, Sefik, a pode agora ver. É a fotografia de procurado para a prisão de Ibro Cufurovic, estando patente no site da Interpol desde 26 de fevereiro de 2016. As acusações contra o jovem bosniak são as seguintes: "Organizador de um grupo terrorista relacionado com o crime de terrorismo". Essa é a Bosnia-Herzegovina, que herdou a OTAN.

16 - Kosovo, repete-se o cenário mutilador - A invasão genocida albanesa: dos 5 séculos de dominação otomana (1389-1912) à Guerra Fria (1945-1991), culminando com a trágica ingerência globalista-sioatlantista (desde 1999)

Foto 29: Localização de Kosovo no território sérvio.

Fonte: https://esportes.estadao.com.br/noticias/futebol,drone-bandeira-e-briga-encerram-partida-entre-servia-x-albania,1576760

Nos últimos anos, notícias bastante polêmicas se espalharam no cenário internacional: "Kosovo aspira a ser admitido na

UNESCO". Esta decisão teve uma reação dupla. Por um lado, líderes globalistas e locais, parabenizaram e comemoraram a decisão, como um passo à frente na independência do pequeno pseudopaís dos Bálcãs. E, por outro, a decisão gerou protestos das autoridades de Belgrado, assim como, de ativistas pró-sérvios, que lançaram manifestações públicas e movimentos nas redes sociais, contra a admissão argumentando que, seria irônico, para um estado fundado e dirigido por guerrilheiros e narcotraficantes que, basicamente, se dedicavam a bombardear, queimar e destruir igrejas, catedrais e monumentos por todo o Kosovo, além da implicância com o tráfico internacional, o que contraria diretamente, uma das missões fundamentais da UNESCO, que é a de proteger e salvaguardar os monumentos considerados patrimônio da humanidade. Esta controvérsia dá-nos uma boa oportunidade para abordar, através de um enfoque multidimensional, com uma devida retrospectiva de larga duração, o Kosovo, compreendendo sua trajetória histórica e as relações existentes deste território com a geopolítica contemporânea, fazendo com que, nos aprofundemos, tristemente, em uma das maiores limpezas étnicas cometidas na Europa desde o fim da Segunda Guerra Mundial, com a cumplicidade e silêncio, dito de passagem, como veremos aos pormenores ao decorrer deste capítulo, dos grandes poderes e corporações geofinanceiras.

Metohija, nome da região que cobre a parte sudoeste do Kosovo, significa "Terra de Igrejas", con grande parte destes monumentos confesionais, sendo melancolicamente, destruídos nos pogroms anti-sérvios de 2004. Este é apenas mais um passo na des-servianização e, consequente, albanização do Kosovo. O governo em Pristina, que chegou a estar chefiado pelo obscuro Hashim Thaçi, considera Kosovo, um Estado livre e independente. Essa posição é apoiada pelos Estados Unidos, além de boa parte da Europa, alguns países da América do Sul, como Colômbia e Peru; árabes, Egito, Líbia pós-Gaddafi e, claro, Arábia Saudita. Este governo controla todo o chamado "limite administrativo do Kosovo", exceto alguns distritos ao norte. O Governo de Belgrado, por outra parte, considera Kosovo como seu território, sob o nome de Província Autônoma de Kosovo e Metohija. Sua autoridade se estende apenas a alguns territórios fronteiriços com o resto da Sérvia ao norte, onde é aplicada por uma assembléia local. Esta posição é reconhecida por países como a Rússia (tradicional aliada da Sérvia), China, Índia, Indonésia, Angola, Argentina, Brasil, Bolivia, México. Na Europa, destacam-se a Espanha (que também sofre com a interferência globalista balcanizante), a Romênia (aliado regional histórico da Sérvia) e a Grécia.

Parte do legado de um profundo processo de albanização ao longo dos últimos séculos, Kosovo tem atualmente, uma população de 90% de etnia albanesa e grupos minoritários, entre os quais, se destacam sérvios, ciganos, bósnios, romenos, búlgaros, gregos, turcos e croatas. Representa uma das regiões mais pobres e com a maior taxa de desemprego da Europa, perto dos 40%. Se fosse independente, seria o país da Europa com maior porcentagem de muçulmanos e maior taxa de natalidade. É considerado, por inúmeras organizações internacionais e analistas geopolíticos, um paraíso de corrupção, do crime organizado, do tráfico de drogas (com a heroína trazida da Turquia, oriunda do Afeganistão), pessoas e órgãos. Pristina oferece ao mundo, uma imagem de uma república democrática igualitária, onde cada grupo étnico é respeitado, reservando assentos no Parlamento, inclusive para sérvios. No entanto, como veremos, a realidade está longe da propaganda disseminada pela retórica do governo de Pristina, que funciona na prática, como um mini narco-estado sorista.

16.1 - UÇK, da diáspora albanesa no cinturão calvinista da nação helvética aos campos sagrados kosovares sérvios, a sangrenta missão globalista sorista declaradamente anti-sérvia

Atualmente, é comum ver sérvios-kosovares vivendo em situações precárias, em contêineres sem poder voltar para suas casas de onde foram expulsos, durante a guerra de 1999, com seus templos destruídos, seus cemitérios profanados, cidades, como Mitrovca, dividida em uma maneira que lembra Berlim durante a Guerra Fria, Belfast durante os *The Troubles* ou Nicósia dividida pela Linha Verde. Ou seja, Pristina apresenta a mesma retórica falaciosa de Televiv, de representação parlamentar entre diferentes grupos étnicos, para ocultar o genocídio que protagonizam domesticamente. Além do que, a Sérvia, assim como a França, dito de passagem, nunca se consolidou como um Estado multicultural e multiétnico, embora, globalistas apátridas, cotidianamente, tentem entreter uma ilusão diferente. O caso do Kosovo é uma exceção, legado de uma onda de migração massiva, envolvendo famílias albanesas inteiras, que mudou profundamente, o mapa histórico etnográfico kosovar, fator que se remonta a 1389, intensificado com medidas políticas otomanas, com a invasão pan-albanesa nas duas grandes guerras mundiais, descatando a atuação da agrupação

Balli Kombëtar, entre 1942 e 1945, com a autonomia concedida por Tito em 1974 e, recentemente, com as guerras dos anos 1990 e, se não fosse pouco, mais atualmente, com a administração globalista, claramente antissérvia, que protagoniza, o último cravo no féretro nacional sérvio.

A discriminação antissérvia está presente na vida cotidiana aos olhos das forças de segurança internacionais. Também é de *vox populi*, que as elites governantes dos limites administrativos do Kosovo, em sua ampla maioria, é composta por veteranos da Guerra do Kosovo, possuindo laços profundos com o narcotráfico, o tráfico de órgãos e o crime organizado, além de uma série de atividades ilícitas. A diplomata Carla del Ponte, por exemplo, denunciou em seu livro *The Hunt: Me and the War Criminals*, as ligações entre Hashim Thaçi (ex-primeiro-ministro, ex-deputado e ex-presidente dos limites administrativos do Kosovo) e o tráfico de órgãos de 400 prisioneiros sérvios. Isso levou a uma investigação especial da União Europeia, com o assunto sendo reaberto em dezembro de 2010, quando a Comissão Europeia apresentou um informe, elaborado por Dick Marty, que acusava a Thaçi, de ter sido o chefe de uma organização mafiosa, que perpetrou assassinatos e tráfico de drogas e órgãos de prisioneiros, reafirmando as denúncias de Del Ponte.

Esse relatório apresentado ao final de 2010 no Conselho Europeu, reacendeu as discussões sobre a possibilidade dos prisioneiros do Exército de Libertação do Kosovo (UÇK) terem sido vítimas de tráfico de órgãos. Caiu como uma bomba o relatório sobre tráfico de órgãos, apresentado pelo deputado suíço, Dick Marty, diante do Conselho Europeu, que apontava como vítimas, os prisioneiros do Exército de liberação do Kosovo (UÇK). As alegações contidas no documento não são novas: esse tráfico já foi evocado nas memórias publicadas, em 2008, pela antiga Procuradora Geral do Tribunal Penal Internacional da ex- Iugoslávia, Carla Del Ponte. E no Kosovo, a hipótese de tal tráfico é um "boato", que circula há muito tempo. Da mesma maneira, a investigação publicada em 2009 pelos jornalistas Altin Raxhimi, Michael Montgomery e Vladimir Karaj, confirmou a existência de um verdadeiro "arquipélago" de centros secretos de detenção da UÇK na Albânia. O relatório de Marty proporciona várias informações novas, permitindo compreender melhor, os mecanismos desta rede de tráfico. Centenas de prisioneiros capturados pelo UÇK, principalmente sérvios do Kosovo, além de romenos e albaneses acusados de "colaboração", teriam sido deportados para a Albânia, entre 1998 e 1999. Aprisionados em vários pequenos centros de detenção, entre eles, a famosa "casa amarela" da pequena cidade de Rripë, perto de Burrel, visitada pelos inspetores do TPII, alguns deles teriam alimentado o tráfico de órgãos. Os prisioneiros eram conduzidos para uma pequena clínica situada em Fushë Kruja, a 15 km do aeroporto internacional de Tirana, assim que alguns clientes demonstravam interesse em receber órgãos. Eles eram, então, abatidos com um tiro na cabeça antes que os órgãos, principalmente, os rins, fossem retirados. Esse tráfico era dirigido pelo "Grupo da Drenica", um pequeno núcleo de combatentes do UÇK, reunidos em torno de duas figuras chaves: Hashim Traçi, atual primeiro-ministro de Kosovo e Shaip Muja, então responsável pela brigada médica do UÇK e, naquela época, conselheiro da saúde do mesmo Hashim Thaçi. O relatório deixa muitas perguntas sem respostas, principalmente o número exato de prisioneiros vítimas desse tráfico. A justiça sérvia, por sua vez, fala de 500 pessoas deportadas à Albânia. Também não se sabe, ao certo, quais foram os parceiros estrangeiros desse tráfico e, sobretudo, quem foi beneficiado. O relatório revela, no entanto, que 60 pacientes do hospital universitário de Jerusalém teriam se beneficiado de um transplante renal em 2001, número excepcionalmente elevado.

É importante dar ao suposto crime seu devido valor. Se o tráfico é comprovado, trata-se de um crime medonho contra a humanidade, que se situa, na ordem do horror. Outro ponto determinante é o fato de que, o tráfico estaria ocorrendo até 2001, ou seja, até dois anos depois da entrada das tropas da OTAN (Organização do Tratado do Atlântico Norte) no Kosovo e da instauração do protetorado das Nações Unidas sobre o território. O relatório nota, aliás, que, a partir de junho de 1999, a fronteira entre a Albânia e o Kosovo não estava submetida a nenhum controle real, o que atesta, na realidade, a existência prática de uma Grande Albânia. O relatório suscitou um clamor de protestos e de desmentidos. Alguns quiseram desqualificar Marty, apresentando o autor, como um "adversário da independência do Kosovo" e, até mesmo, como um "inimigo do povo albanês", como se relatar abusos e crimes, poderiam ser enquadrados, automaticamente, como sinônimo de inimigo de alguma agrupação étnica-nacional. O então, primeiro-ministro da Albânia, Sali Berisha, o rotulou abertamente de "racista". Como suporte para essas afirmações, é frequentemente citada uma entrevista dada por Marty, em março de 2008, para o site da Rede Voluntária, na qual ele critica, sob o ponto de vista da legalidade internacional, a proclamação da Independência do Kosovo. Essa tomada de posição, não traduz de maneira nenhuma, uma "aversão" em relação ao povo albanês. Na verdade, o relatório de Marty não seria nem mais, nem menos legítimo, se seu autor estivesse de acordo com a proclamação da Independência, sob esse mesmo ponto de vista jurídico. Nota-se, enfim, que a imprensa da Albânia critica explicitamente o discurso "anti-EUA" de Marty, uma vez que, este já revelou, em 2006, o escândalo das prisões secretas da CIA na Europa. Algumas declarações oficiais de Tirana, entre finais de 2010 e início de 2011, associam o suposto sentimento de aversão aos Estados Unidos do relator a sua discriminação "antialbanesa".

Alguns acusam igualmente Marty de "preconceito político", pois publicou seu relatório alguns dias depois das eleições parlamentares organizadas em Kosovo, em 12 de dezembro, que foram manchadas por fraudes grosseiras cometidas, principalmente, ao que parece, pelo Partido Democrático do Kosovo (PDK), do qual, Thaçi faz parte. Esse argumento é fácil de ser rejeitado, pois a concomitância das datas é apenas uma coincidência. As eleições foram antecipadas e a data fixada somente no início de novembro. Por sua vez, diretamente acusado, Thaçi usou de artilharia pesada para responder a Marty. Em uma entrevista publicada, em 30 de dezembro, no *Tages Anzeiger*, de Zurique, ele retoma as acusações de racismo e chega até a comparar o relatório à "propaganda de Goebbels". Do lado oposto, o assunto foi igualmente superexplorado no contexto político suíço, algumas semanas depois da adoção pelo referendum de uma lei que prevê a expulsão de "estrangeiros delinquentes". A presidente da Confederação, Micheline Calmy-Rey, preferiu então "adiar" o recebimento do "prêmio da diáspora", que lhe deveria ser atribuído, no fim de dezembro, pela embaixada do Kosovo, em Berna. Os albaneses, além de alimentarem os números de crimes na Suíça, seriam também "traficantes de órgãos". Entende-se que, alguns não querem reconhecer essa incriminação coletiva.

Vários comentaristas estimam que, seria "impossível" atribuir tal crime aos albaneses e tentam "relativizar" a importância do relatório lembrando, de maneira totalmente descontextualizada, a amplitude dos crimes cometidos pelos sérvios em Kosovo e em outros lugares dos Balcãs. É surpreendente a mudança de muitos, que apresentaram Del Ponte como uma heroína da justiça internacional, quando ela perseguia supostos criminosos de guerra sérvios e passaram ao ponto de colocar em dúvida sua saúde mental, desde o momento em que, ela evocou esse tráfico. Florence Hartman, antiga porta voz de Del Ponte, a criticou em várias entrevistas como irresponsável por ter apresentado "como fatos reconhecidos, simples hipóteses", ressaltando que, as investigações conduzidas pelo TPII, não tinham encontrado provas conclusivas. Contudo, essas investigações, especialmente na famosa "casa amarela" de Rripë, nunca puderam ser levadas a termo, em parte por causa da recusa de colaboração das autoridades albanesas. Mesmo esperando uma investigação séria e sistemática que possa trazer à tona, a realidade do tráfico de órgãos e que acusações sejam eventualmente pronunciadas pelo tribunal competente, se pode considerar como verídicos vários fatos. A princípio, os corpos de centenas de sérvios e de outros prisioneiros do UÇK nunca foram encontrados e é pouco provável que estejam sob o pequeno território do Kosovo, onde todos os eventuais lugares de chacinas e valas comuns já foram identificados e revirados. Também é certo que, um número importante desses prisioneiros foi deportado para a Albânia, onde o UÇK tinha uma rede de centros de detenção. Devemos admitir também que, mais de dez anos depois dos fatos, é muito provável que esses prisioneiros estejam hoje, na maioria, mortos. Seus corpos tampouco foram descobertos na Albânia.

Por outro lado, a existência de um tráfico de órgãos em Kosovo, alimentado por "voluntários" que vão vender seus rins já foi comprovado. Pacientes, principalmente israelenses, vão à clínica *Medicus de Pristina* para receber os órgãos saudáveis. Esse tráfico implica um personagem muito inquietante, um cirurgião turco, chamado Yusuf Erçin Sönmez, conhecido por "Doutor Abutre", atualmente foragido. O caso da clínica *Medicus*, cujo processo foi aberto em Pristina, não está obrigatoriamente ligado ao eventual tráfico de órgãos praticado, dez anos antes, com prisioneiros do UÇK, mas as coincidências chamam bastante a atenção. As reações da mídia, da classe política e, mais amplamente da sociedade albanesa, especialmente na diáspora, lembram a negação, há muito tempo demonstrada, por grandes setores da opinião croata face aos crimes cometidos por seu próprio Exército e milícias em diferentes épocas históricas. Os dois argumentos centrais são os mesmos: "nosso povo não pode ter cometido tal atrocidade" e "nosso povo foi vítima de crimes ainda piores do que esses que lhes são imputados". A realidade é que, já havendo sido provado, inúmeros crimes infames por parte do Exército de Libertação do Kosovo, o envolvimento no tráfico internacional de órgãos em larga escala, não seria nenhuma sorpresa.

O problema é que, "o povo albanês", não é de forma alguma culpado desse eventual tráfico, assim como "o povo croata", como um todo, não tem que suportar a responsabilidade pelo massacre genocida dos ustashas de Pavelic ou das forças neo-ustashas de Tudjman. Esses crimes têm seus culpados e, cabe à justiça, definir a responsabilidade pessoal. Essa é a única forma de evitar que povos inteiros e as gerações futuras, carreguem o fardo penoso de uma responsabilidade coletiva. No Kosovo, somente Albin Kurti, o governante do movimento *Vetëvendosja* ("Autodeterminação") parece ter compreendido o verdadeiro significado do que está em jogo. Ele pediu oficialmente que, a Justiça se ocupe do dossiê de Thaçi, estimando que essa seria a única forma de limpar a honra da totalidade dos combatentes e de simpatizantes do UÇK da suspeita de uma responsabilidade coletiva.

Na Albânia, uma das raras vozes críticas que se levantou foi a do ensaísta Fatos Lubonja, antigo prisioneiro político do regime de Enver Hoxha. Em uma matéria publicada pelo jornal Panorama, Lubonja ousa estabelecer um paralelo entre esse suposto crime e o ocorrido em Srebrenica, enfatizando que, os albaneses correm o risco, de agora em diante, de suportar o peso arrasador em seu consciente coletivo. Denunciando a "frente patriótica", que se forma de Tirana à Pristina, para recusar que seja feita uma investigação, ele escreve: "a acusação é certamente pesada, mas recusar a investigação que a confirmaria ou a desmentiria é ainda pior. Essa recusa faz, de todos nós, culpados e creio que, a maioria dos albaneses, não gostaria de se sentir envolvido nesse tipo de crime".

As criticas de Marty apontam a ausência de provas fornecidas para seu relatório. A resolução adotada por unanimidade pela

Comissão da assembleia parlamentar do Conselho da Europa pede justamente que as investigações sejam diligentes para encontrar essas provas. Na voz da sua representante de Política externa, Catherine Ashton, a União Europeia avaliou que essa investigação deveria ser dirigida pela missão europeia *Eulex*, encarregada de ajudar as instituições do Kosovo na construção do Estado de direito. Sempre repetindo suas críticas, o governo albanês comunicou que não se oporia. Por sua vez, Del Ponte levantou o problema da jurisdição competente para julgar tal assunto: o TPII não poderia mais abrir novos dossiês e seria necessário criar um tribunal ad hoc ou transmitir o dossiê à Corte Penal internacional (CPI).

Enfim, as responsabilidades que apontam o relatório não concernem somente a Thaçi e os antigos dirigentes da guerrilha albanesa. No seu livro, Del Ponte explica o muro no qual ela se chocou, quando tentou, a partir de 2000, conduzir investigações sobre os crimes do UÇK, citando nomeadamente, o chefe da missão da ONU, Bernard Kouchner, assim como, o general francês Valentin, então comandante-chefe da KFOR. Para tentar explicar esse bloqueio, ela escreve: "Estou certa de que, os responsáveis da MINUK e mesmo da KFOR, temem por suas vidas e pela vida dos membros de suas missões". Indo mais longe, ela acrescenta: "no espírito da MINUK e da KFOR, [Hashim] Thaçi e [o antigo chefe militar da UCK, Agim]. Ceku não representava unicamente um perigo para segurança de seu pessoal e o cumprimento das suas missões: eles colocariam em perigo toda a construção do processo de paz nos Bálcãs". Em entrevista publicada, em 21 de dezembro de 2010, pelo jornal sérvio *Politka*, o capitão canadense, Stu Kellock, antigo chefe do departamento de polícia de Minuk, declara: "Não posso afirmar que Kouchner conhecia o tráfico de órgãos, mas é impossível que não tenha tido informações sobre o crime organizado no Kosovo". De fato, a luta contra o crime organizado, representava uma das prioridades das missões internacionais. O capitão Kellock explica igualmente que, "toda crítica contra Hashim Thaçi e os seus", era imediatamente rejeitada nos "círculos onde [ele] trabalhava".

Por "realismo político", vários países da OTAN e das Américas, optaram por jogar a "carta" política que representava Thaçi. É sabido que, este último, era aconselhado, já durante a guerra, por agentes de certos serviços de informação, especialmente a DGSE francesa. A implicação direta de Thaçi em várias atividades ilegais (extorção, lavagem de dinheiro etc.) está igualmente comprovada. Por causa da preocupação de não "queimar" um precioso aliado político, os "protetores" globalistas de Thaçi escolheram passar uma esponja em seus "pecados veniais". Se uma investigação confirma a implicação de Thaçi em um abjeto tráfico de órgãos, seus "protetores" globalistas, correm o risco de serem prejudicados. Interrogado por um jornalista sérvio sobre o tráfico de órgãos, em 27 de fevereiro de 2010, quando estava fazendo uma viagem oficial ao Kosovo, Kouchner, então ministro dos Negócios Estrangeiros, explodiu de rir, antes de exclamar: "eu tenho cara de quem vende órgãos?", além de sugerir ao jornalista "para ir se tratar". O riso de Kouchner ecoa hoje de maneira sinistra.

No entanto, embora com uma série de obstaculizações no processo das investigações, existem várias comprovações de que, alguns membros do UÇK, como Adem Demaçi e Rexhep

Qosjas, estão implicados nos crimes cometidos após a guerra e são acusados de contribuir, no processo de estabelecer uma Grande Albânia, desestabilizando Estados vizinhos do Kosovo: Macedônia do Norte e Montenegro. Com o objetivo de julgar os delitos cometidos pelo UÇK, em 2016 foi criado em La Haia, o Tribunal Especial para o Kosovo. Há inúmeros relatos de crimes de guerra cometidos pelo UÇK durante e após a Guerra do Kosovo, sendo dirigidos diretamente contra sérvios e outras minorias étnicas (principalmente ciganos), incluindo albaneses acusados de colaborar com as autoridades sérvias. De acordo com um relatório de 2001 da *Human Rights Watch* (HRW):

> O UÇK foi responsável por vários abusos [...] incluindo sequestros e abusos de sérvios e albaneses considerados colaboradores do Estado. Elementos do UÇK também são responsáveis por ataques pós-conflito contra sérvios, ciganos e outros não-albaneses, bem como, rivais políticos albaneses [...] igrejas e mosteiros [...] combinados com assédio e intimidação destinados a forçar as pessoas a saírem de suas casas e comunidades [...] Os elementos do grupo são claramente responsáveis por muitos destes crimes.

O UÇK lançou ataques contra cidadãos sérvios em Kosovo, retaliou contra albaneses que "colaboraram" com o governo sérvio e bombardeou delegacias de polícia e lanchonetes conhecidas por serem frequentadas por oficiais sérvios, matando civis inocentes no processo. A maioria dessas atividades foi financiada pelo tráfico de drogas, embora seus laços com grupos comunitários e exilados albaneses também tenham contribuído. O governo sérvio informou que o UÇK matou e sequestrou nada menos que, 3.276 civis de várias etnias, incluindo alguns albaneses, que não compartilhavam da percepção de mundo altamente extremista da organização. O enviado especial do governo Clinton aos Bálcãs, Robert Gelbard, descreveu o UÇK, como "um grupo terrorista, sem dúvida". O número exato de vítimas do UÇK, por óbvias razões, é desconhecido. Existem inúmeras valas comuns ao longo do território kosovar, além de cemitérios clandestinos. A lista de desaparecidos é enorme. De acordo com um relatório do governo sérvio, de 1º de janeiro de 1998 a 10 de junho de 1999, o grupo terrorista albanês, matou 988 pessoas e sequestrou 287. No período de 10 de junho de 1999 a 11 de novembro de 2001, quando a OTAN assumiu o controle de Kosovo, 847 foram mortos e 1.154 sequestrados. Esses números incluem civis e membros das Forças de segurança: dos mortos no primeiro período, 335 eram civis, 351 soldados, 230 policiais e 72 não identificados; por nacionalidade: 87 eram civis sérvios, 230 albaneses e 18 de outras nacionalidades. Após a retirada das Forças de segurança sérvias e iugoslavas de Kosovo em junho de 1999, todas as mortes foram civis, a grande maioria sérvios. Segundo a *Human Rights Watch*, "cerca de mil sérvios e ciganos foram mortos ou desapareceram desde 12 de junho de 1999".

Durante o conflito do Kosovo, o *The Washington Times* noticiou o financiamento das atividades do UÇK pela máfia albanesa, graças ao tráfico de heroína e cocaína na Europa Ocidental. Inclusive o Departamento de Estado dos EUA, o incluiu em sua lista de organizações terroristas. Embora seu líder, Hashim

Thaçi, tenha fundado o Partido Democrático de Kosovo, o UÇK continuou a usar a violência e a intimidação de rivais políticos para manter o controle da região. Tudo isso para proteger as empresas criminosas que dependiam da cooperação amigável das autoridades locais. Também a atividade das máfias enviadas para a Espanha, principalmente, visando roubos em áreas residenciais de luxo, contribuiu para o financiamento da guerra contra a Sérvia. Neste processo de atividades ilícitas, relacionando tráfico de drogas, armas, pessoas e órgãos, vários bordéis, alcouces, lupanares, discotecas e prostíbulos na Europa Ocidental, são controlados por um amaranhado de máfias albanesas.

O UÇK recebeu grandes fundos da diáspora albanesa na Europa e nos Estados Unidos, mas também de empresários albaneses em Kosovo. Estima-se que esses fundos totalizaram, entre US$ 75 milhões e US$ 100 milhões, vindo, principalmente, da diáspora albanesa na Suíça, Estados Unidos e Alemanha. Tal organização recebeu a maior parte de seu financiamento por meio do *Homeland Calls Fund*, mas fundos significativos também foram transferidos diretamente para zonas de guerra. Além das contribuições financeiras, o UÇK também recebeu contribuições em espécie, especialmente dos Estados Unidos e da Suíça. Isso incluía armas, mas também uniformes militares, botas e outros equipamentos de apoio. Como estamos vendo, a organização recebeu financiamento de várias maneiras descentralizadas. Além do *Homeland Calls Fund*, que foi principalmente para as operações do UÇK na região de Drenica, o grupo criminal também recebeu doações por meio dos contatos pessoais dos comandantes com os albaneses radicados no exterior. Membros da diáspora costumavam enfatizar as dificuldades enfrentadas pelos soldados do UÇK em uma batalha desigual. Costumavam usar estórias de membros do UÇK ou sobreviventes civis de massacres para convencer outras pessoas a doar. Após a coleta, o capital era transferido para o seu destino de diferentes maneiras. O sigilo do sistema bancário suíço permitia que, parte dos recursos, fosse transferida diretamente para os locais onde seriam adquiridos equipamentos militares. Dos Estados Unidos, a maior parte do dinheiro foi transportada legalmente por pessoas em malas, que informavam ao FBI e outras autoridades federais, que estavam enviando dinheiro para o UÇK, também recebendo capital do *Fundo dos Três Por cento*, criado pelas instituições do recém estabelecido limite administrativo do Kosovo, chefiadas por Bujar Bukoshi e também coletado da diáspora albanesa.

Em uma audiência perante o Subcomitê Judiciário da Câmara dos Estados Unidos sobre Crime, Terrorismo e Segurança Nacional, Ralf Mutschke, da Secretaria Geral da Interpol, afirmou que, ao menos metade do financiamento que veio para o UÇK, que ele estimou em 900 milhões de marcos alemães no total, procediam do narcotráfico. Mother Jones obteve um documento informativo do Congresso, afirmando que: "Seríamos negligentes ao descartar as alegações de que, 30-50% do dinheiro do UÇK vem das drogas". Além do que, o jornalista Peter Klebnikov, acrescentou que, após os bombardeios da OTAN, os traficantes de heroína ligados ao UÇK começaram a usar Kosovo novamente, como uma importante rota de abastecimento. Citando a Polícia Federal Alemã, afirmou que, em 2000, cerca de 80% do fornecimento de heroína da Europa era controlado por albaneses-kosovares. De acordo com os acadêmicos, Gary Dempsey e Roger Fontaine, em 1999, algumas agências de inteligência, estimaram que, mais de 250 milhões de dólares em narcóticos, chegaram aos cofres do UÇK.

Alguns dos membros mais graduados do UÇK eram veteranos albaneses do SS Handzar, que representou uma das trinta e oito divisões do Exército integrante das Waffen-SS durante a Segunda Guerra Mundial. Foi a maior das divisões SS, com 21.065 homens no seu corpo, composto quase inteiramente de sunitas recrutados na Bósnia. Handschar é uma palavra local para a cimitarra turca, um símbolo histórico da Bósnia e do Império turco-otomano. O UÇK, incluiu em suas fileiras, voluntários estrangeiros da Suécia, Bélgica, Inglaterra, Alemanha, Estados Unidos e França, além de 30 a 40 voluntários da Associação Internacional de Voluntários das Forças Croatas, que também participaram do treinamento das tropas do UÇK. Se já não fosse o bastante, de acordo com o Ministério das Relações Exteriores da Sérvia, em setembro de 1998, havia 1.000 mercenários estrangeiros da Albânia, Arábia Saudita, Iêmen, Afeganistão, Bósnia-Herzegovina (sunitas) e Croácia. Citando um relatório de 2003 do governo sérvio, os acadêmicos, Lyubov Mincheva e Ted Gurr, afirmam que, a unidade Abu Bekir Sidik Mujahideen de 115 membros operou em Drenica, em maio-junho de 1998, com dezenas de seus membros sendo sauditas e egípcios, segundo os relatórios de organizações wahabistas. Durante o conflito do Kosovo, Milošević e seus apoiadores retrataram o UÇK, obviamente, como era de esperar-se, como uma organização terrorista wahabista militante. A CIA, por sua vez, em reação à retórica nacionalista sérvia, aconselhou o UÇK, a evitar envolvimento com extremistas de tendência wahabista, tentando evitar a intromissão destes, resultando a que, houve uma certa rejeição paulatina de integrantes wahabistas, produzindo a percepção de que, o vínculo com o wahabismo geopolítico, sepultaria a pouca reputação que gozavam. Assim, desde esse momento, havia um entendimento dentro das fileiras do UÇK de que, a ajuda estrangeira de extremistas wahabistas, limitaria o apoio à causa albanesa no Kosovo em toda Europa Ocidental e nas Américas.

Sendo o Kosovo uma entidade política tão inviável, caótica, discriminatória, com uma história nebulosa e com todos os votos de criar um Estado fantoche ao serviço de condutas condenáveis, como o narcotráfico, a imigração ilegal e o terrorismo, situado numa posição geoestratégica, no coração dos Bálcãs, por que o "mundo livre" insiste em que seja independente? Por que tantos organismos internacionais, como o FMI, o Banco Mundial, a Comissão de Veneza e, recentemente, a UNESCO, além da FIFA e UEFA, no âmbito esportivo, estão admitindo esse estado obscuro como membro?

Tanto estas organizações, como os Estados que defendem e mantêm excelentes relações com o governo de Pristina, têm uma forte vocação globalista. Não é incomum ver, por exemplo, *outdoors* com imagens do casal Clinton, além de estátuas de Hillary e Bill, não meramente, em Pristina, como também em Tirana. Um terrível insulto a todos os sérvios, que foram mortos pelos inúmeros bombardeios deste criminoso de guerra. Kosovo mantém excelentes relações com os Estados Unidos, a União Europeia e com atores globalistas em geral, como George Soros, que já investiu uma significativa quantidade de capital na região.

Mantém inclusive, um setor de sua ONG totalmente destinado à região: *Kosovo Foundation for Open Society*. Não à toa, muitos consideram os limites administrativos do governo de Pristina, um protetorado pessoal sorista. O certo é que, a própria existência desse narcofeudo no coração estratégico dos Bálcãs, nada mais é do que, o resultado de inúmeras manobras globalistas. Neste capítulo vamos desvendar as ações sio-atlantistas, tanto midiáticas, diplomáticas, como militares, que levaram ao aparecimento do Kosovo, como um possível novo Estado. Por esta razão, consideramos a enorme necessidade de estudar as complexas conjunturas operacionais, por trás desta região estratégica, tendo em vista, um enfoque multidimensional, através de uma profunda retrospectiva histórico-geopolítica.

Diante de todas essas conjunturas geopolíticas, que serão aprofundadas ao longo da obra, é sempre necessário estabelecer um enfoque multidimensional, ancorado a uma perspectiva histórica de larga duração.

16.2 - Contexto Histórico, do fatídico 1389 à libertação de 1912

Kosovo é uma região de enorme importância histórico-cultural para o povo sérvio. O irredentismo sérvio, em relação a Kosovo, portanto, vai muito além de meras questões geoestratégicas, é como ir-se por sua alma existencial. A Batalha de Kosovo ocorreu em seus campos, entre os invasores otomanos e uma coalizão de reinos cristãos incluindo sérvios, romenos, bósnios (é bom dizer) e, ironicamente, albaneses que ainda seguiam sendo cristãos. Depois de uma batalha sangrenta e cruel, ambos os exércitos foram dizimados. Diz a lenda que, o Príncipe Lazar da Sérvia e seus nobres, foram feitos prisioneiros e preferiram morrer a se converter ao Islã, elevando-se como heróis e mártires da nação sérvia, fazendo que sejam considerados, também, ícones nacionais na resistência anti-otomana, algo comum em todas as expressões nacionais da região, como, além dos sérvios, romenos, búlgaros e gregos.

Apesar das perdas turcas, os otomanos conseguiram consolidar a vitória, sometendo o resto da Sérvia sob seu controle, continuando a conquista dos Bálcãs. Kosovo, para os sérvios, é o lugar onde, após um grande apogeu e glória, perderam a liberdade e foram escravizados. Portanto, somado ao fato de ser o berço de vários mosteiros e igrejas ortodoxas sérvias, tem uma enorme importância espiritual para os sérvios, o que os motiva a tentar, dentro de suas possibilidades, não abrir mão desse território e preservá-lo. É, de certa forma, a Covadonga sérvia. Kosovo, juntamente com o resto da Sérvia, foi incorporado ao Eyalate de Rumelia, sendo fortemente, islamizado. Apesar de tudo, a maioria dos domínios, resistiu aos turcos, agarrando-se à sua fé ortodoxa de origem romana oriental, com exceção da Bósnia e da Albânia.

Durante as guerras, entre o Império turco-otomano e o Sacro Império Romano-Germânico, muitos sérvios tiveram que escapar da repressão otomana, refugiando-se nos territórios situados, entre o Sava e o Danúbio. Cerca de 30.000 sérvios fugiram para o território, atualmente conhecido como Voivodina, província sérvia autônoma, onde há uma convivência muito mais exemplar com certas minorias do que em Kosovo. Os turcos aproveitaram a ocasião para repovoar Kosovo com colonos albaneses, um dos povos mais islamizados e mimados pelo sultão, alterando totalmente, o equilíbrio étnico. Durante as guerras austro-turcas, Voivodina recebeu um influxo significativo de refugiados sérvios-kosovares. É uma província com relativa diversidade étnica, exagerada pelos meios massivos de comunicação, que possuem claros interesses políticos. Tendo, aproximadamente, 66% de sérvios étnicos, consiste em uma região com uma significativa minoria húngara e romena. A primeira, herança da invasão magiar, com o consequente expansionismo territorial do Reino da Hungria e do Império Austrohúngaro, enquanto, a segunda, por sua parte, de populações nativas de dácios-tracios romanizados. No entanto, de todas as maneiras, é uma área onde não houve tanto caos ou divisão, como no Kosovo.

Durante os cinco séculos de rotunda opressão turca-o-tomana, muitos pogroms anti-sérvios ocorreram, acompanhados de vários levantes e insurreições sérvias. Em 1640, por exemplo, após uma revolta malsucedida contra o domínio turco, os sérvios migraram em massa do Kosovo para o norte, levando a uma maior albanização da região. Os albaneses constituíam uma etnia local, convertida ao sunismo, como instrumento de ascensão social, religião dos conquistadores, invasores e ocupantes otomanos. Os turcos-otomanos construíram a Torre das Caveiras, após uma sangrenta batalha, em 1809, adornando-a com as cabeças decepadas de soldados sérvios, que se rebelaram contra o domínio turco. Cercada por uma capela, perto da cidade de Nis, no sudeste da Sérvia, a estrutura permanece até hoje como um lembrete e profundo recordatório da rejeição coletiva sérvia, a toda dominação estrangeira.

Foto 30: Cabeças cortadas de soldados sérvios na Torre das Caveiras, protagonizada pelos invasores turcos, na cidade sérvia de Nis.

Fonte: Christopher Anderson

Kosovo Otomano foi o período em que, o Kosovo consistiu parte integrante do Império turco-otomano, entre 1455 e 1912, primeiro como parte do Vilaiete da Rumélia e, desde 1864, como um 'Vilaiete do Kosovo' independente. Durante esse período, vários distritos administrativos (conhecidos como *sanjaks*, cada uma governado por um *sanjakbey* (equivalente a "Senhor do distrito"), incluíram partes do território, como zonas integrantes de seus limites administrativos. Em 1689, Kosovo foi bastante prejudicado pela Grande Guerra Turca (1683-1699), em um dos eventos centrais na historiografia nacional sérvia. Em outubro de 1689, uma pequena força dos Habsburgos sob Luís de Baden, violou o Império turco-otomano, chegando tão longe, adentrando em Kosovo, após a sua captura de Belgrado. Muitos sérvios e albaneses comprometeram sua lealdade para com os austríacos, alguns juntando ao Exército de Ludwig. Isso não significa uma reação universal; muitos outros sérvios e albaneses lutaram ao lado dos otomanos para resistir ao avanço austríaco. Um enorme contra-ataque otomano, no verão seguinte, dirigiu os austríacos de volta à sua fortaleza em Nis, em seguida, de volta a Belgrado e, finalmente, em retorno ao longo do Danúbio para a Áustria. A ofensiva otomana foi acompanhada por represálias selvagens e saques, o que levou, muitos sérvios, incluindo Arsenije III, Patriarca da Igreja Ortodoxa Sérvia, a fugir juntamente com os austríacos. Este evento foi imortalizado na história da Sérvia, como 'Velika Seoba' ou "Grande Migração", tradicionalmente representando um grande êxodo de centenas de milhares de refugiados sérvios do Kosovo e da própria Sérvia, que deixou um vácuo preenchido por uma avalanche de imigrantes albaneses. Arsenije mesmo escreveu que, "30 mil almas" (ou seja, indivíduos) fugiram com ele para a Áustria, um número confirmado por outras fontes.

Em 1878, no auge dos grandes despertares nacionais, no século da Primavera dos Povos (1848-1885), a Sérvia não seria a exceção, sendo sacudida também, por grandes levantes nacionalistas. Assim, neste ano, um dos quatro vilaietes com os habitantes albaneses, que formaram a Liga de Prizren, foi 'Vilaiete do Kosovo'. O objetivo da liga foi o de resistir, tanto ao domínio turco-otomano, como diante de incursões por parte das nações recém-emergentes dos Balcãs. Em 1910, uma insurreição organizada pelos albaneses eclodiu em Pristina e logo se espalhou para todo o 'Vilaiete do Kosovo', com duração de três meses. O sultão otomano, visitou o Kosovo, em junho de 1911, durante as negociações de Paz, abrangendo todas as áreas habitadas por albaneses. Quando o Império turco-otomano deixou o sul da Sérvia, devidamente expulso pelas revoltas sérvias nas notórias Guerras dos Bálcãs, em 1912, havia ali, uma mistura étnica bastante diversa. Cada revolta e rebelião sérvia, reconhecendo várias ao longo dos cinco séculos de ocupação turca, era seguida de massacres e do êxodo ao norte.

Apesar de tudo, nunca houve um grupo dominante no Kosovo durante a ocupação otomana, estando sempre dividido, quase igualmente, entre sérvios (no norte e leste) e albaneses (no sul e oeste), embora pouco a pouco, fosse mudando a situação. Um estudo do coronel austríaco, Peter Kukulj, mostrou que, em 1871, 64% do Kosovo era sérvio e 32% composto de albaneses étnicos. Outro estudo austríaco de 1899 dá uma paridade entre os dois grupos étnicos: 44% sérvios e 47% albaneses. Durante os últimos dias da ocupação otomana, o panorama piorou. O jornalista escocês, Henry Brailsford, estimou que, um terço dos kosovares eram sérvios e os dois terços restantes eram albaneses. O historiador Noel Malcolm, citando fontes sérvias, estabelece que, em 1912, quando a Sérvia reconquistou Kosovo, após a Primeira Guerra dos Bálcãs, menos de 25% da população era sérvia. Isso pode ser devido, por um lado, ao estabelecimento da Sérvia como uma Estado independente (é lógico que, se alguém é sérvio, preferiria viver governado pelas autoridades e leis sérvias do que sob a "proteção" de um sultão turco) e, por outro lado, às políticas colonialistas turcas. Para que possamos ter, ao menos uma ideia, da imensa presença de uma caótica inversão demográfica, é necessário remontar-se ao primeiro século de dominação otomana. Em 1455, por exemplo, 96% da população kosovar era composta por sérvios, com 1% de albaneses e 3% representando outras etnias.

Foto 31: Datos demográficos na província kosovar nos últimos seis séculos.

Ethnic groups in Kosovo

Year	Albanians	Serbs	Others
1455	1 %	96 %	3 %
1871	32 %	64 %	4 %
1899	48 %	44 %	8 %
1921	69 %	26 %	15 %
1931	60 %	27 %	13 %
1948	68 %	24 %	8 %
1953	65 %	23 %	11 %
1961	67 %	23 %	9 %
1971	73 %	18 %	8 %
1981	77 %	13 %	9 %
1991	82 %	10 %	8 %
2000	88 %	7 %	5 %
2007	92 %	5 %	3 %

Fonte: https://commons.wikimedia.org/wiki/File:Ethnic_groups_in_Kosovo_history.png

Portanto, como estamos presenciando, este é um exemplo concreto de substituição demográfica. A vitória otomana em Kosovo-Polje, em 15 de junho de 1389, que levou as autoridades turcas a substituir os *slavs* pelos *vlashs* (trácios e dácios meridionais não romanizados), abriu caminho para essa sangrenta substituição étnica desenfreada, algo que, como sabemos, manifesta-se até nossos dias, agora sob o guarda-chuva institucional, operacional e logístico das estruturas de ação atlantistas. Primeiro foi a rede administrativa dos sultões turco-otomanos (1389-1912), depois a organização paramilitar albanesa Balli Kombëtar (1942-1945), Estado titoísta (1945-1991) e agora, se já não fosse o bastante, a OTAN (1997-), completando o trabalho para deservianizar a milenária província sérvia kosovar, através de uma administração conjunta UÇK-KFOR, desde 2004, consistindo em um processo de inversão demográfica, quase sem precedentes na história da humanidade. Como vemos, desde o fatídico ano de 1389, os sérvios em Kosovo, não têm paz!

O pogrom sérvio marca o início da Primeira Guerra Mundial. O Império Austro-húngaro tinha planos reais com interesses concretos nos Bálcãs, com o Estado sérvio independente, sendo claramente, um dos grandes obstáculos em seu caminho. A Romênia unificada pela Pequena União de 1859, sob o cetro unificador de Alexandru Ioan Cuza e emancipada politicamente, em 1878, que recuperaria, a histórica região da Transilvânia, precisamente ao final desta contenda sangrenta que varreu o território europeu, era outra ameaça aos interesses expansionistas daquele império. 2,5 milhões de vidas sérvias perdidas, foi o resultado catastrófico da guerra, no início do século XX. O Exército sérvio recuou, mas nunca se rendeu. Seu lugar foi entre os vencedores, junto com os Aliados, assim como os romenos, tendo, em compensação da vitória, a Grande Romênia ressurgida, como uma incontestável potência regional, gozando de um protagonismo geopolítico considerável na arquitetura de forças balcânicas e do leste europeu. Após a Primeira Guerra Mundial, a face da Iugoslávia estava mudando drasticamente. A terra, predominantemente agrícola, começa a ser industrializada.

O período entre guerras (1918-1938) também caracterizou-se por várias turbulências e tensões. Após a Primeira Guerra Mundial, o Reino da Sérvia expandiu-se graças às anexações dos antigos territórios austro-húngaros (Croácia, Bósnia e Eslovênia), pelo que mudou seu nome para Reino dos Sérvios, Croatas e Eslovenas, passando a chamar-se Iugoslávia em 1929, tentando criar um reino com uma identidade pan-eslava, com uma certa liderança política do ethos sérvio. O Kosovo, já reconquistado, foi incluído nesta monarquia. Durante o período entreguerras, o governo iugoslavo tentou recapturar Kosovo por meio do repovoamento e do uso de colonos. Neste processo, os albaneses foram expulsos, sendo estimulados a firmar tratados com a Turquia para que esta, os acolhesse, algo semelhante ao que foi feito com os muçulmanos gregos, ao final da guerra greco-turca (1919-1922), quando deu-se a cabo, uma série de deslocamentos massivos de ambas as partes, em um prelúdio do que seria visualizado no Subcontinente Indiano em 1947, com a criação do Paquistão, após a partição da Índia.

As políticas iugoslavas não tiveram muito sucesso, pois poucos sérvios se ofereceram para repovoar a província e os tratados de transferência com a Turquia nunca foram implementados devido ao início da Segunda Guerra Mundial. Embora as políticas tenham conseguido recuperar um terço da população para os sérvios e reduzir os albaneses para 60%, Kosovo nunca mais voltaria aos seus legítimos e históricos proprietários desde os tempos de Vukan de Rascia, ainda mais com as políticas anti-sérvias que viriam após a Segunda Guerra Mundial, sob o manto operacional da ideologia titoísta.

A Segunda Guerra Mundial viu a eclosão de grandes conjunturas geopolíticas nos Bálcãs. Em 1941, para ajudar a fracassada invasão italiana da Grécia e após um golpe que estabeleceu um governo pró-Aliados, o Terceiro Reich invadiu a Iugoslávia e a dividiu em múltiplas partes, sendo os sérvios, os maiores perdedores. O Estado Independente da Croácia foi criado, sob a liderança do movimento terrorista ustasha, que lançou campanhas de limpeza étnica contra os sérvios. A Sérvia foi reduzida às suas fronteiras anteriores a 1913 e o território foi dividido entre Alemanha (Eslovênia), Itália (Montenegro, onde foi estabelecido um governo fantoche), Hungria (que recuperou Voivodina) e Bulgária (adquirindo a Macedônia do Norte). Quanto ao Kosovo, foi anexado quase na totalidade, pelos italianos ao Reino da Albânia, que nada mais era, do que um membro fantoche do projeto imperial de Benito Mussolini. Talvez porque a Albânia estivesse sob o rígido controle dos italianos e não de uma junta de fanáticos terroristas, não houve conflitos étnicos tão sangrentos em Kosovo, quanto no Estado Independente da Croácia. Não obstante, o cenário mudaria em 1943.

Os grupos armados albaneses locais (denominados *Vulnetari*) iniciaram uma campanha para estabelecer um território kosovar homogeneamente étnico, para o qual, foram realizadas prisões e deportações de eslavos, judeus, romenos e ciganos, o que aumentaria após a capitulação italiana e a ocupação da Albânia pela Alemanha, em setembro de 1943. Estima-se que, entre 10.000 e 30.000 sérvios, foram mortos e mais de 100.000 fugiram da área sob o comando da agrupação terrorista albanesa Balli Kombëtar. É precisamente neste momento que, após três décadas de relativa paz, que recomeça a limpeza étnica do Kosovo, com os sérvios sendo mortos, enquanto suas propriedades e terras são confiscadas. Sob a ideologia da Grande Albânia, para um extremista albanês, simplesmente matar um sérvio representa um ato de heroísmo. O legado é de, aproximadamente 70.000 famílias sérvias, sendo forçadas a deixar Kosovo pela severa perseguição perpetrada pelas Forças albanesas.

Eventualmente, com a rendição italiana em 1943, a Albânia caiu nas mãos dos alemães, que estabeleceram um protetorado sob a égide do Balli Kombëtar, uma organização terrorista, que proclamou os albaneses "arianos de herança ilíria". Da mesma forma, a 21ª Divisão SS Skanderbeg Mountain foi criada em 1944, composta por voluntários albaneses, dentro da Waffen SS. Essa divisão ganhou má reputação por seus contínuos massacres de aldeias sérvias, bem como, por sua ineficiência e indisciplina, pelo que Himmler ordenou que fosse dissolvida.

Embora Këlcira e Frashëri tenham iniciado ações de oposição contra as autoridades italianas quase desde o início da ocupação italiana em 1939, praticamente não desenvolveram nenhuma organização militar para a luta aberta contra o invasor. Depois que os movimentos partisanos nos Bálcãs se desenvolveram em grande medida em 1942, tornou-se evidente que a Itália mantinha um fraco controle sobre sua zona de ocupação no vizinho Montenegro, o que encorajou os nacionalistas albaneses, que a partir do final de 1942, iniciaram uma luta irregular contra as guarnições italianas, nascendo assim, precisamente diante deste cenário, o grupo que ficaria conhecido como Balli Kombëtar, sendo fundado, oficialmente, em novembro de 1942, unindo os esforços de uma série de nacionalistas albaneses, dedicando-se a perseguir os italianos nas regiões rurais, destacando-se o fato de que, apesar da estrutura feudal que caracterizava o meio rural albanês, o Balli Kombëtar buscava impor um forte sentimento de "unidade nacional" sobre as diferenças entre ghegs e tosks. Assim sendo, não é verdadeiro que a Itália respaldou o projeto de uma Grande Albânia, integrando a província sérvia kosovar ao delírio expansionista albanês, embora existam narrativas que tentem sustentar um vínculo entre lideranças italianas e albaneses. A retórica que tenta buscar vínculos profundos geopolíticos, entre a liderança dos governos da época, entre italianos e albeneses, afirma que, o então regime italiano, tentou unir os povos italiano e albanês, com base em laços ilírios comuns, para os quais, enviou colonos da mesma forma que os enviou à Líbia e à Etiópia. Atualmente, curiosamente, observa-se uma colonização reversa com milhares de albaneses inundando a Itália com o narcotráfico e o tráfico de pessoas.

Portanto, é exagero afirmar que, os italianos eram bastante pró-albaneses, embora existissem facções governamentais que, realmente, tenham tentado consolidar uma aliança geoestratégica com as agrupações albanesas. O conde Galeazzo Ciano, ministro das Relações Exteriores da Itália, as elogiou e defendeu o uso delas para controlar o Adriático e debilitar os iugoslavos. Esta facção do regime italiano defendeu os laços entre os povos italiano e albanês, remontando aos romanos e ilírios. Não esqueçamos que, Roma conquistou a costa do Adriático antes da própria Itália, sonhando um dia em unir ambos povos. Deu-se a cabo, neste período, um regime efêmero de livre comércio com Roma e várias colônias italianas. Com a queda da Albânia sob o comunismo, a maioria dos colonos teve que se exilar e a ideia da união ítalo-albanesa foi substituída por um chauvinismo pró-turco, de cunho atlantista. No entanto, é relevantíssimo salientar que, embora parte dos governantes italianos da época, tentasse manter uma ligação supostamente forte, entre italianos e albaneses, os laços italianos, tanto culturais quanto linguísticos, sempre foram mais profundos e intensos com os romenos (dácios-trácios romanizados cristãos), enquanto os albaneses são constituídos, atualmente, de dácios e ilírios, não romanizados, convertidos ao islamismo, através dos cinco séculos de dominação turca-otomana.

Na verdade, esta questão polêmica necessita sempre ser, devidamente, abordada. Muitos, realmente, que não possuem um profundo entendimento histórico-geopolítico, tentando defender os albaneses, por uma antiga conexão ilíria, mostram uma certa dificuldade em descifrar, a complexidade geopolítica contemporânea por atrás dos acontecimentos e conjunturas geoestratégicas balcânicas. Esta Albânia ancestral vinculada ao mundo dácio e ilírio, não romanizada, mas cristã, idealizada por alguns, está morta. O que existe hoje, embora exista realmente, o conceito de uma identidade albanesa consolidada, é um estado fantoche da elite globalista, capitaneado pelo eixo Washington-Londres, que venera terroristas, inclusive o casal Clinton, um ente político baseado no supremacismo chauvinista, de cunho sunita, legado da invasão e ocupação turca de cinco séculos. Um Estado que provocou um genocídio, com a ajuda da OTAN no Kosovo contra os sérvios, matando estes últimos e destruindo igrejas ortodoxas e profanando cemitérios, tentando apagar a herança ancestral sérvia na região. O que os albaneses fizeram contra os sérvios, algo perpetrado por uma milícia criminosa, organizada por refugiados albaneses na Suíça, bem como, pelo governo de

Tirana, foi um dos genocídios mais sangrentos da história contemporânea, algo convertido em narcoestado pelos globalistas, com a máfia do narcotráfico, tráfico de órgãos, inúmeros atos ilícitos, contendo inclusive, uma base militar estadunidense. Ou seja, uma vergonha total. Assim sendo, qualquer italiano ou romeno, tentando sustentar alguma defesa da pretenção albanesa sobre o Kosovo, encontra-se totalmente desconectado da realidade dos fatos históricos, além de ser um traidor do cristianismo, não entendendo, as razões pelas quais, os Estados Unidos e a elite globalista, usaram os albaneses, tolos úteis, para seu projeto de desmantelar regimes nacionalistas, em detrimento de fantoches que lhes dão espaço para dominar o mundo geoestrategicamente. Qualquer semelhança com os atuais ucranianos, dito de passagem, não é mera coincidência.

Apesar dos turcos terem sido os primeiros a tentar criar a Grande Albânia, da mesma forma que, os alemães foram pioneiros na Grande Croácia, um ato culminante para a albanização, terceiromundização e deseuropeização do Kosovo veio das mãos do marechal Tito, uma vez que, a Iugoslávia foi libertada e reconstituída como um Estado marxista, autogerido por seus partidários, que acabou estabelecendo uma prisão de povos, à semelhança do que ocorreu com a União Soviética. Tito queria reconstruir a Iugoslávia como um grande império pan-eslavo abrangendo todos os estados balcânicos, estendendo-se muito além de suas fronteiras monárquicas, semelhante à União Soviética, que se acomodou, dito de passagem, em um território herdado da Rússia Imperial. Amostras dessa política titoísta foram a limpeza étnica de alemães e italianos, suas ambições em relação à Caríntia e Trieste, o apoio iugoslavo às milícias comunistas, durante a Guerra Civil Grega, além de perseguição ao irredentismo búlgaro na região da Macedônia. Não podendo expandir-se para a Áustria ou Grécia (onde estavam os ingleses) ou para a Bulgária (onde estavam os soviéticos), Tito decidiu olhar para o país mais vulnerável de todos: a Albânia de Enver Hoxha, um país miserável. Para poder ir aproximando-se mais da Albânia, Tito decidiu proibir o retorno dos refugiados sérvios, que haviam fugido de Kosovo em outras épocas, como entre 1942 e 1945, fugindo dos atos do Balli Kombëtar, promovendo a substituição destes sérvios por refugiados albaneses, ocupando as casas dos sérvios abandonadas, com a taxa de natalidade sendo promovida com a adoção de medidas, como Tito tornando-se padrinho do sétimo filho de cada família kosovar albanesa. Com esta medida, confirma-se um incremento considerável do crescimento populacional da etnia albanesa em Kosovo.

16.3 - Do Titoísmo anti-sérvio à desintegração balcanizadora atlantista

Neste processo de sintonia com a Albânia, Tito concede autonomia ao território kosovar, declarando-o uma Província Autônoma, que evoluiu até que, em 1974, passou a ter o mesmo poder e direito de uma República Iugoslava. Esse foi o gatilho para uma escalada de migração em massa, quase sem precedentes na história contemporânea. Os albaneses continuaram a migrar, massivamente, para o Kosovo, com o passo das décadas, incluindo professores e trabalhadores, que tinham permissão para usar sua língua, contendo suas próprias escolas, seus próprios jornais e sua própria cultura, sendo totalmente tolerados e respeitados sob a ideologia titoísta de "Fraternidade entre os Povos", convertendo-se em uma comunidade relativamente próspera. Famílias inteiras cruzavam a fronteira, entre a Albânia e a, então Iugoslávia titoísta, para povoar o solo kosovar. Em momentos, generava-se a sensação de uma peregrinação, dado o cenário nevrálgico que deu-se a cabo, este processo de migração massiva. Em 1991, o governo iugoslavo estimou que, os albaneses haviam atingido 81% da população.

É precisamente nesta época, que, inicia-se um processo de reengenharia social, desconstrução da história e apagamento de uma identidade enraizada, para a reescrever a história, de acordo à reinvidicação da retórica pan-albanesa, anelando sacramentar os interesses geoestratégicos de uma elite globalista espúria, parasitária e sem escrúpulo. Assim, os propósitos comuns, entre o expansionismo albanês e as pretensões geopolíticas e geoeconômicas dos Estados Unidos e seus aliados, fizeram que ambos atores, atuem conjuntamente, para des-servianizar a ancestral província kosovar e projetar sua influência em uma região que não poderiam ignorar. Exatamente, o mesmo modus operandi de reengenharia social, um etnocídio feroz, acompanhado de limpeza étnica e genocídio, foi conduzido pelos israelenses cázaros contra os palestinos e pelos soviéticos (muitos deles , diga-se de passagem, também de matriz cázara) contra os romenos na Bessarábia.

Os anos 1980 foram marcados por tensões, como a insurgência e a guerra, que marcariam a história subsequente da região. Em meados desta década, a convivência piorou à medida que, as tensões inter-étnicas, fomentadas por atores forâneos, aumentavam em todo o território delimitado pelas fronteiras federais iugoslavas, desde a morte de Tito. Houve manifestações e piquetes de nacionalistas albaneses, que exigiam que Kosovo fosse elevado à condição de República Iugoslava. Os elementos mais radicais pediam a independência de Kosovo ou sua união com a Albânia, resgatando o desejo de consumar uma espécie de Grande Albânia. Em 1989, as revoltas foram reprimidas e a autonomia foi revogada ao seu status anterior a 1974. A situação não melhorou e os albaneses kosovares fundaram um governo paralelo com sua própria milícia, uma agrupação que se tornaria famosa, sendo transformada no Exército de Libertação do Kosovo (UÇK por sua sigla em albanês), fundado pelo terrorista Adem Jashari, que proclamou a República do Kosovo, sob o patrocínio de Tirana, em 1992.

Adem Jashari, considerado o Pai do UÇK, sendo elevado à categoria de símbolo do processo independentista kosovar e da causa albanesa na região, foi um fazendeiro da região de Drenica, que não consiste em uma zona qualquer. Trata-se de uma região montanhosa no centro de Kosovo habitada, quase exclusivamente, por albaneses étnicos. Antes da Guerra do Kosovo, o governo da Iugoslávia a considerava "o berço do terrorismo albanês". Em 1991, Adem Jashari, participou de um levante armado contra as autoridades iugoslavas em Kosovo. Durante este período, surgiu pela primeira vez, uma organização expansionista albanesa no Kosovo, que veio a ser conhecida como, Exército de Libertação do Kosovo. De 1991 a 1992, Jashari e cerca de 100 outros albaneses que desejavam lutar pela independência de Kosovo, passaram por treinamento militar no município de Labinot-Mal, na Albânia. Posteriormente, Jashari e outros albaneses étnicos cometeram vários atos de sabotagem visando o aparato administrativo sérvio em Kosovo. Tentando capturá-lo ou matá-lo, a polícia sérvia cercou Jashari e seu irmão mais velho, Hamëz, em sua casa em Prekaz, em 30 de dezembro de 1991. No cerco que se seguiu, um grande número de kosovares albaneses, se reuniram em Prekaz, pressionando a polícia a se retirar da aldeia.

Enquanto esteve na Albânia, acabou sendo preso em 1993 pelo governo de Sali Berisha e enviado para a prisão em Tirana antes de ser libertado junto com outros militantes albaneses do Kosovo a pedido do Exército albanês. Com as forças iugoslavas agora considerando Prekaz uma área "proibida", Jashari lançou vários ataques nos anos seguintes, tendo como alvo, o Exército iugoslavo e a polícia sérvia no Kosovo. A estratégia covarde do UÇK era lançar ataques a aldeias, edifícios policiais e do Exército sérvio, a fim de provocar represálias militares que polarizariam a sociedade, fazendo com que, o UÇK fosse visto como guerreiros da liberdade contra um governo opressor. Mais de 55.000 sérvios kosovares tiveram que fugir da violência para Montenegro e Sérvia Central. A insurgência atingiu seu ápice quando, em 1998, uma operação antiterrorista sérvia lançou um ataque ao vilarejo de Prekaz, onde o terrorista Jashari, foi executado junto com sua família. O ataque recebeu críticas e condenações internacionais, colocou os albaneses kosovares permanentemente com o UÇK e serviu para transformar a insurgência em uma guerra. Adem Jashari foi considerado um mártir da causa rebelde, sendo evocado pelos albaneses como um símbolo da luta nacional albanesa.

A Guerra do Kosovo havia começado oficialmente. Muitos geopolíticos afirmam que, os sérvios caíram em uma armadilha. E essa teoria é muito plausível, pois foi justamente nesse momento, que a OTAN entrou, diretamente, no conflito.

A guerra estava em um ponto relativamente uniforme, embora desgastado, quando chegou o ano de 1999. A reduzida República Federal da Iugoslávia, que incluía a Sérvia e Montenegro, estava sob sanções desde a Guerra da Bósnia de 1995, incluindo armas, medicamentos, investimentos, capital, etc. A moral estava, severamente, desgastada. Já o UÇK, por outro lado, conseguia receber um fluxo quase infinito de suprimentos, por meio do contrabando de armas da Albânia, além de atividades ilegais, como o narcotráfico de heroína, que também vinha da Albânia, Turquia e Afeganistão, além de órgãos roubados de soldados e civis sérvios, sem esquecer o enriquecimento ilícito, através do tráfico de pessoas e vários atos de extorsões e sequestros, que geravam uma significativa quantidade de capital aos cofres da organização criminal, financiando assim, suas operações bélicas, seguidas de limpezas étnicas. O Kosovo, sob o UÇK, com respaldo sio-atlantista, dito de passagem, se intensificava, como vemos, como reduto e bastião geográfico do crime organizado internacional, sendo uma narcocracia globalista.

A comunidade internacional não se cansou de condenar os supostos massacres sérvios, acusando Belgrado de perpetrar um genocídio contra a população albanesa. Bill Clinton declarou estado de emergência devido à crise que seus próprios serviços secretos causaram e a ONU expressou sua preocupação. Mas o maior envolvido era a OTAN, que estava em crise existencial, pois Bloco do Leste havia desaparecido e, portanto, sua razão de existir, estava em questão. Com a extinção do Pacto de Varsóvia, era necessário uma reinvenção da OTAN, que sob a liderança do marxista Javier Solana, na época braço direito do obscuro Felipe González, resolveu que a Guerra do Kosovo só poderia ser resolvida por meio de intervenção militar. De repente, a Sérvia descobriu que, não poderia esmagar um movimento terrorista em seu próprio país com metade do mundo intrometendo-se em assuntos, com os quais, não se importava e que, de fato, haviam provocado. O presidente da RFI, Slobodan Milošević, convocou um referendo em 1998, sinalizando que, 95% dos sérvios (os kosovares albaneses o boicotaram), rejeitaram expressamente a mediação estrangeira em sua crise. Mas isso, aparentemente, não importava para os "democratas do Ocidente".

Após negociações fracassadas em Rambouillet, a OTAN lançou uma campanha de bombardeio aéreo sobre toda a República Federal da Iugoslávia. A Sérvia estranhou que, o que era para ser uma campanha para esmagar uma insurgência, acabou se tornando uma mini guerra mundial, entre a Iugoslávia e uma coalizão de mais de 15 países muito melhor equipados e armados. Ou seja, a OTAN, foi transformada, na prática, na Força Aérea do UÇK. O famoso Exército de Libertação do Kosovo era formado, como estamos vendo, por guerrilheiros terroristas, sendo financiados desde a diáspora albanesa e pelo narcotráfico global. É dizer, a OTAN preferiu defender uma organização terrorista, também formada por um cartel de drogas, em detrimento de um Estado soberano, que lutava para garantir, além de sua integridade territorial, o bem-estar de seus cidadãos. Nesta conjuntura, é necessário abordar, em profundidade, o "Exército de Libertação do Kosovo" e suas ligações com o atlantismo, que os utilizou, como falcões da guerra, para seus fins geoestratégicos. Não apenas lhes concederam apoio logístico, armamentístico e militar, mas também, realizaram uma extensa campanha de mídia para, por um lado, demonizar os sérvios e, por outro, apresentar o UÇK, como "combatentes da liberdade", em uma estratégia similar ao realizado, duas décadas antes, no Afeganistão. É assustador ver as semelhanças de Kosovo com a Líbia e a Síria, desgastadas pelo wahabismo, durante a última década.

Tendo em vista que, os iugoslavos se comportaram muito bem com os kosovares albaneses, dando-lhes uma qualidade de vida indubitavelmente superior à de sua pátria de origem, a Albânia de Hoxha, cada dia mais isolada, paranóica e bunkerizada, não podemos deixar de nos perguntar como é que, de repente, eles decidiram atacar as autoridades que lhes haviam recebido, rebelando-se e proclamando-se independentes. O ato de, automaticamente, levantarem a bandeira da secessão, reforça a tese de que, tudo já estava premeditado. Um fator, muitas vezes ignorado pelos meios de comunicação de massa, é a enorme ajuda financeira que os chauvinistas albaneses kosovares receberam do exterior. Estados Unidos, Inglaterra e a Alemanha atlantista ocupada, além, obviamente da própria Albânia, foram, meramente, alguns dos atores estatais que promoveram respaldo ao bando criminal albanês atuante no Kosovo, dando impulso à separação de tal território com a Sérvia. Não esqueçamos que, três destes países também foram responsáveis pelas Guerras da Iugoslávia, reconhecendo as secessões da Eslovênia e Croácia, dando-lhes apoio diplomático, contribuindo para colocar mais lenha na fogueira. Nesta perspectiva, é necessário reconhecer as manobras globalistas realizadas.

Primeiro, James Bissett, que era o embaixador canadense na Iugoslávia, Bulgária e Albânia, escreveu que, em 1998, a CIA, em colaboração com os serviços secretos ingleses, forneceu treinamento e armas aos guerrilheiros terroristas do UÇK na Albânia, que, para aquele então, já havia se afastado de seu passado neo-stalinista, convertendo-se em uma base turca-atlantista incrustada nos Bálcãs. Em segundo lugar, o analista de Relações Internacionais, Tim Judah, afirmou que, já em 1996, agentes de inteligência suíços, ingleses e estadunidenses, se reuniram com líderes do UÇK. A informação foi confirmada por um comandante chamado Shaban Shala, em declarações recolhidas pelo *Sunday Times*. Os serviços de inteligência alemães também desempenharam um papel importante na desestabilização de Kosovo. O BND (inteligência alemã no exterior) aprovou o financiamento de guerrilheiros albaneses no Kosovo, bem como, seu treinamento pelas Forças especiais alemãs. Tal informação provém da "*National*", uma revista croata de certo prestígio. Esta informação foi corroborada pelo *Intelligence Newsletter*, um jornal francês por assinatura, onde são fornecidos dados interessantes, como o de que, o número dois nesta operação subversiva do BND, Rainer Kesselring, que treinou guerrilheiros na Turquia, é neto de um piloto da *Luftwaffe*, que bombardeou Belgrado, durante a Segunda Guerra Mundial e que, o respaldo alemão, se remonta, pelo menos, a 1992 e até antes, quando o BND financiou propaganda de agitação anti-sérvia. Nenhuma operação subversiva, como nos mostra a história, está completa sem uma boa dose de engenharia social e um respaldo, embora em algum grado, de um ator estatal.

A maioria destas fontes provém de meios e analistas pactados com as forças globalistas. No entanto, mesmo sem essas fontes, a hipótese de que a elite globalista estava por trás da Guerra do Kosovo não é irracional. Não é normal que, estando os kosovares albaneses tão protegidos como estavam, da noite para a manhã, derrepente, guerrilheiros armados começarem a aparecer até debaixo das rochas e pedras que preenchem a diversidade de paisagens do solo kosovar. Outro bom motivo para suspeitar da mão atlantista responde aos resultados da separação de facto do Kosovo, que, como veremos mais adiante, foram benéficos para os interesses das elites globalistas. Nesse momento, uma retórica profunda, baseada na manipulação midiática antissérvia, é desencadeada nos meios de comunicação de massa, controlados, curiosamente, pelas grandes corporações atreladas à City Londrina e Wall Street. Já vimos como os membros da organização atlântica, por meio de seus serviços secretos, apoiaram os neo-ustashas nas operações *Storm* e *Flash* contra os sérvios e, agora, respaldando a "nobre causa" do UÇK, armando-os, financiando-os e treinando-os na Albânia e na Turquia.

Vejamos agora vários exemplos da cobertura midiática que foi dada à Guerra do Kosovo na Europa e na América, de forma a manipular as massas e justificar a intervenção atlantista-globalista. Nos anos que antecederam a intervenção, o congressista Dana Rohrabacher, ligado ao lobby albanês, defendeu publicamente o UÇK e pediu em várias ocasiões, apoio logístico e militar dos EUA. Ou seja, tal lobbista pró-albanês, queria que se tornasse público o que seu país vinha realizando, por debaixo dos panos, há muito tempo. Rohrabacher, inclusive, chegou a comparar o fato de apoiar o UÇK com a ocasião em que a França apoiou os revolucionários estadunidenses. No fundo, Rohrabacher não estava longe da verdade, já que, em ambas as ocasiões, uma potência apoiou um grupo insurgente por razões puramente estratégicas: a França queria enfraquecer os ingleses e os Estados Unidos estavam totalmente dispostos a debilitar os sérvios. Da mesma forma que os albaneses kosovares foram exaltados, houve uma tentativa de demonizar os sérvios de uma forma bastante absurda e patética. Inventar números de assassinados, além de transformar, uma simples repressão de um movimento insurgente (confirmadamente terrorista e financiando pelo tráfico internacional), em uma campanha de genocídio. Vejamos a história que, se não fosse trágica, seria até engraçada.

Uma semana antes do início dos bombardeios, David Scheffer, um diplomata do Departamento de Estado, anunciou que quase 100.000 albaneses étnicos estavam desaparecidos e possivelmente mortos. O Departamento de Estado, um mês depois, aumentou o número de mortos/desaparecidos para impressionantes 500.000. William Cohen, secretário de Defesa, anunciou que, 100.000 homens em idade militar, estavam desaparecidos no Kosovo. Novamente aparece Scheffer que, elevou seu número inicial de 100.000 para cerca de 225.000 albaneses mortos ou desaparecidos pelas 'campanhas sérvias'. Quando a operação aérea estava prestes a terminar, o secretário de Relações Exteriores inglês, Geoff Hoon, afirmou que cerca de 10.000 albaneses foram mortos. A *Associated Press* e o *New York Times*, porta-vozes do sistema neoliberal, ecoaram esta estimativa um tanto absurda, dado que, até agora, nenhuma investigação foi realizada no terreno. Embora tenha sido uma redução drástica de cem para dez mil pessoas, ainda era uma cifra notável. O globalista obscuro e pouco apresentável, Bernard Kouchner, co-fundador da organização Médicos Sem Fronteiras e ministro das Relações Exteriores de Sarkozy, anunciou que, quase 11.000 corpos foram encontrados em valas comuns no Kosovo, citando o Tribunal Penal Internacional para a ex-Iugoslávia (TPII), supostamente como fonte. Algum tempo depois, o Tribunal ignoraria Kouchner, negando ter dado a ele tal informação.

Durante as investigações após a retirada das tropas sérvias de Kosovo, vários locais foram apontados contendo valas comuns. Um exemplo seriam as minas de Trepca, onde a OTAN afirmou que o Exército sérvio despejou cerca de 1000 cadáveres. Após várias investigações forenses, descobriu-se que, não havia um único corpo no local. Foi relatado que havia valas comuns em Pusto Selo, Djacovica, Izbica e Ljubenic, mas nenhum corpo foi encontrado nesses locais, apenas em Ljubenic, sendo encontrados 7 dos 350 corpos relatados pela OTAN. Quando a moral dos globalistas diminuia, ao ver que, o número de corpos que anunciavam não havia sido encontrado, o *Los Angeles Times* denunciou que, os próprios poços kosovares poderiam ser valas comuns. Após exaustivas investigações, apenas o cadáver de um adulto de 39 anos foi encontrado em um poço de uma aldeia, junto com três vacas e um cachorro. Nem a nacionalidade, tampouco a causa da morte, foram informadas pelas autoridades responsáveis pela colheta de dados. Além de relatos não confirmados de 39 corpos em 44 aldeias em Decani, nenhum outro corpo foi encontrado nos poços.

Finalmente, depois de tanta manipulação e mentiras, o *Wall Street Journal*, publicou em 31 de dezembro de 1999, que 2.108 corpos foram recuperados. Um quarto do que Kouchner anunciou e uma quadragésima oitava parte do que Scheffer havia sinalizado. Este artigo menciona também o determinante e contundente dado que, a Guerra do Kosovo, foi selvagem e violenta (vamos lá, como todas as guerras que existiram e existirão), mas que, o mais importante e revelador, não houve genocídio perpetrado pelos sérvios, embora, tal guerra, tristemente, ainda seja vendida constantemente, pela mídia corporativa, como uma agressão genocida sérvia, retórica esta, ancorada em uma estratégica destinada a demonizar os sérvios. Curiosamente, o que deu-se a cabo, de verdade, é o inversamente difundido pelos veículos massivos de comunicação. Ao longo das fronteiras kosovares, a história foi testemunha de uma limpeza étnica antissérvia, distorcida pela mídia corporativa. Não obstante, apesar de um relevante meio de comunicação tenha admitido a não existência de um genocídio, já era tarde demais e as massas, já esquecendo Kosovo, preocupavam-se e concentravam-se em outros assuntos, já tendo diferentes enfoques. Porém, a má reputação que gozavam os sérvios, gerada pela abordagem e enfoque dos grandes meios de comunicação, havia permanecido, estando consagrada no imaginário popular.

Outro ponto que se tentou justificar a invasão foi o fato dos sérvios se recusarem a aceitar os Acordos de Rambouillet, deixando a OTAN, do infame marxista Javier Solana, sem escolha a não ser bombardear. O que não foi mencionado foi que, a Iugoslávia se recusou a aceitar os acordos porque exigiam que os sérvios permitissem que a OTAN colocasse suas tropas em todo o território da República Federal Iugoslávia sem limitações, o que praticamente aniquilava a soberania de seu próprio país, sendo um profundo atentado à dignidade e moral do povo sérvio. A OTAN teria acesso militar livre e irrestrito ao país. Citamos, textualmente, o Apêndice B, que não nos deixa mentir:

> O pessoal da OTAN terá, juntamente com seus veículos, navios, aeronaves e equipamentos, passagem livre e irrestrita, além de acesso desimpedido por toda a República Federal da Iugoslávia, como espaço aéreo associado e águas territoriais. Isso incluirá, sem limitação, o direito de acessar, manobrar e usar, os locais ou instalações necessárias para suporte, treinamento e operações.

Henry Kissinger, em entrevista concedida ao *Daily Telegraph*, em junho de 1999, afirmou que, a condição foi colocada nos acordos, sabendo que, nenhum sérvio, poderia aceitá-la. Os sérvios tiveram a dignidade de resistir ao globalismo, tentando preservar a todo custo, sua soberania, ao contrário dos turcos, por exemplo, que se venderam à OTAN, permitindo que os Estados Unidos, tivessem bases militares em seu território. Ou seja, a Sérvia terminou sendo bombardeada meramente por recusar-se a ter bases militares estadunidenses em seu território.

Como era de esperar-se, o Exército sérvio-montenegrino não era páreo para a nova Força Aérea que o UÇK havia adquirido, com toda a frota tecnológica da OTAN a sua disposição, pelo que, os sérvios seriam rapidamente esmagados e forçados a assinar os humilhantes Acordos de Kumanovo, que exigiam a imediata retirada de seu orgulhoso Exército, sendo substituído por uma coalizão de países da OTAN (KFOR), tornando de fato, assim, os limites administrativos do Kosovo, em um protetorado sob sua jurisdição. Na prática, um mero narcoestado sorista. Entre 500 e 5.700 civis, foram mortos na Operação *Allied Force* nos territórios da República Federal Iugoslávia, excluindo Kosovo. Belgrado foi arrasada, incluindo infraestrutura civil, como usinas de energia e áreas residenciais. Especialmente famoso, foi o bombardeio da Rádio Televisão Sérvia, além, obviamente, do bombardeio da embaixada da República Popular da China, algo, dito de passagem, jamais esquecido pelos chineses. Em 7 de maio de 1999, durante o bombardeio da OTAN à Iugoslávia, pela Operação Força Aliada, cinco bombas JDAM lançadas pelos Estados Unidos atingiram a embaixada chinesa no distrito de Belgrado em Nova Belgrado, matando três jornalistas chineses e indignando a opinião pública, não apenas deste gigante asiático, como também de todo o mundo. O presidente dos EUA, Bill Clinton, diferentemente da reação de George H. W. Bush, em relação ao Voo Iran Air 655, pediu desculpas formalmente pelo atentado, chamando-o de acidental. De acordo com o governo dos EUA, a intenção era bombardear a vizinha Direcção Federal de Abastecimento e Aquisição da Iugoslávia. O diretor da Agência Central de Inteligência (CIA, por sua sigla em inglês), George Tenet, testemunhou perante uma comissão do Congresso, que o atentado foi o único da campanha organizada e dirigida por sua agência e que a CIA havia identificado as coordenadas erradas de um alvo militar iugoslavo na mesma rua. Não obstante, em contrapartida, o governo chinês, dando a entender que não comprou a retórica estadunidense, emitiu um comunicado no dia do ataque, dizendo tratar-se de um "ato bárbaro". A intervenção, por sua vez, acelerou a limpeza étnica, implementada pelos globalistas, com mais de 230.000 sérvios kosovares e 800.000 albaneses kosovares fugindo da província, como refugiados. Não deixa de ser irônico, já que, a OTAN interveio, em tese, para deter um genocídio e, como vemos, acabou acelerando outro.

16.4 - Do terrorismo do UÇK à autoridade globalista, a institucionalização anti-sérvia e a consequente 'legalização' da albanização desenfreada sio-atlantista

Porém, o processo de des-servianização do Kosovo, não parou com a chamada guerra e a consequente ocupação sio-atlantista. O fato de haver mais de 10 países, somados a uma missão dos capacetes azuis patrulhando a região, não impediu que, um pogrom em grande escala contra os sérvios-kosovares remanescentes, ocorresse em 17 de março de 2004. Cerca de 935 casas e 35 igrejas ortodoxas foram incendiadas, forçando um novo êxodo de sérvios. Atualmente, os sérvios-kosovares sobrevivem em condições precárias, principalmente em enclaves no norte do Kosovo, com pequenos bolsões no sul e no centro, onde vivem ameaçados e assediados, diariamente, por vários de seus vizinhos albaneses, os mesmos que conseguiram prosperar e crescer graças aos "sérvios racistas", mostrando assim, às lideranças do UÇK que, além de terroristas e criminosos, são ingratos. Em 2008, após

8 anos, o governo empossado pela intervenção sio-atlantista, declarou oficialmente a sua independência, que foi reconhecida por mais de uma centena de países, incluindo os patronos do UÇK (Suíça, país de formação de muitos intelectuais albaneses genocidas e alguns dos pais fundadores do UÇK, Alemanha, Estados Unidos, Inglaterra e Albânia), não sendo reconhecida por, aproximadamente, 40 Estados, tais como, China, Rússia, Romênia, Grécia, Brasil, México, Bolivia e Espanha.

Os sérvios-kosovares do norte rejeitaram o acordo e formaram uma assembléia legislativa independente, sob a proteção de Belgrado, tornando-se um território independente de fato, embora unido ao restante da Sérvia. Essa medida, por outro lado, não foi reconhecida por nenhum outro Estado, sendo condenada por Pristina. Em 2012, neste ambiente de profunda tensão, os sérvios-kosovares realizaram um referendo em que, se recusaram expressamente a se submeter à autoridade do narcoprotetorado dos limites administrativos do Kosovo, porém, sendo novamente, ignorados. Várias vozes circularam dentro do Governo sérvio propondo dividir Kosovo em dois, em torno a linhas étnicas, algo rejeitado por muitos albaneses, que querem e pleiteiam todo o Kosovo. Finalmente, após várias negociações, o primeiro-ministro sérvio, Ivica Dačić, traiu os sérvios-kosovares ao aceitar negociar com Thaçi, nos Acordos de Bruxelas. O resultado desta traição foi a dissolução da Assembleia Kosovo-Metohija em 2013 e a sua substituição por uma assembléia autônoma, mas subordinada a Pristina, entregando assim, os poucos sérvios restantes aos albaneses-kosovares. O que se seguiu, como era de esperar-se, foi mais perseguição aos sérvios remanescentes e sobreviventes. Os albaneses tinham o discurso da eliminação total, não apenas fisicamente dos sérvios, mas de qualquer resquíscio que pudesse lembrar a presença milenária da civilização sérvia em Kosovo. Assim, igrejas, mosteiros, escolas, prédios públicos, tudo que pudesse lembrar de uma forma ou de outra, a cultura, identidade e civilização sérvias, foi imediatamente destruído pelos invasores albaneses. A mesma estratégia, por exemplo, foi utilizada pelos soviéticos contra os romenos, na região da Bessarábia. Curiosamente, na Assembleia Kosovo-Metohija, o partido com mais assentos foi o Partido Radical Sérvio, que era nacionalista, pró-Rússia, anti-OTAN, anti-UE, anti-globalização, militarista, soberanista, tradicionalista e partidário da Grande Sérvia, advogando pelo grande espaço territorial sérvio, ancorado em uma perspectiva civilizacional. Costumava ser, um dos partidos mais populares da Sérvia, chegando, inclusive, a governar ao lado de Milošević durante a Guerra do Kosovo, mas depois de uma divisão em 2008, entraram em declínio e decadência, com a maioria de seus eleitores indo para o dissidente Partido Progressista Sérvio, muito mais moderado e condescendente com a União Europeia.

A função dos guerrilheiros do UÇK pode ser resumida da seguinte maneira. Nada mais eram do que, uma espécie de sucessores dos Contras nicaragüenses e predecessores dos "rebeldes" sírios e líbios, bandidos armados usados pelas potências supranacionais, como idiotas/mercenários úteis, a fim de desestabilizar regimes incômodos aos interesses globalistas, que desejam projetar sua influência e poder em áreas estratégicas. O serviço do UÇK ao globalismo não terminou com sua desmobilização, em 1999. Muitos deles acabaram nas forças de segurança kosovares, ocultando as transações referentes ao comércio de heroína. Outros acabaram criando novas guerrilhas albanesas nos Bálcãs, como, principalmente, no sul da Sérvia, Macedônia do Norte e em Voivodina, onde causaram enormes problemas. Recentemente, entre 2015 e 2018, grandes corporações geofinanceiras, tentou usá-los na Macedônia para realizar um golpe contra um governo que se voltava lentamente para uma orientação geopolítica favorável a Rússia. Para desgosto globalista, os integrantes albaneses acabaram sendo presos preventivamente pela polícia local macedônia, não dando chance para um levantamento que geraria confrontos e tiroteios. Os albaneses-kosovares, como estamos vendo, cumprem nos Bálcãs, a mesma função que os esquadrões da morte na América Latina (principalmente América Central) na época da Guerra Fria e que os grupos wahabistas na Ásia Ocidental e no Norte da África, nos últimos 40 anos, desestabilizando áreas geoestratégicas e justificando intervenções globalistas. Todos que queiram pensar que, tudo não passa de coincidências e que os citados insurgentes são idiotas úteis, fazendo loucuras e beneficiando o ator de sempre, estão livres para ignorar todos os fatos.

A evidência é que, o Kosovo, desde a intervenção dos atlantistas, degenerou-se, profundamente, a ponto de ser transformado, tristemente, sendo resumido a um bordel de narcotraficantes, de órgãos e de seres humanos. A rota da heroína, que parte do Afeganistão, diga-se de passagem, controlado pelo atlantismo, de 2001 a 2021, para a Europa, passa decisivamente e necessariamente, pela Turquia, Albânia e, claro, o sempre presente, quando o assunto é narcotráfico, Kosovo. Claude Covassi, jornalista e analista suíço, liderava uma investigação sobre as ligações entre o UÇK e o PJAK, grupo terrorista separatista curdo anti-iraniano, com tráfico de heroína. Infelizmente, não pôde publicá-lo, porque "acidentalmente", apareceu morto em sua casa. Nunca houve um genocídio deliberado dos sérvios contra os kosovares-albaneses, como estamos constatando. Não passou de uma simples campanha antiterrorista, para deter a organização UÇK, que acabou sendo manipulada pelos meios massivos de comunicação, para demonizar os sérvios e ganhar a opinião pública.

O genocídio real foi perpetrado pela OTAN e seus lacaios kosovares-albaneses antes, durante e depois da guerra, assassinando conjuntamente, cerca de 3.000 sérvios e causando o êxodo em massa de, aproximadamente, 250.000, em um dos deslocamentos massivos mais sangrentos e sanguinários da história contemporânea. Kosovo é um exemplo de, como o crescimento de um grupo étnico estrangeiro, as custas do nativo, pode ter consequências desastrosas para este último. Atualmente, parte como legado do Plano Kalergi de 1923, associado com os interesses de grandes corporações geofinanceiras apátridas, esse fenômeno da Grande Substituição, pode ser visualizado na Europa Ocidental, através da imigração massiva, moldada artificialmente, causando tensões étnicas desnecessárias geradas pelas inépcias e maliciosas elites nacionais do bloco atlantista. Deveríamos ter aprendido a lição dos sérvios, mas, em vez disso, o mundo, impactado pelo disseminado pela mídia corporativa, os demonizou como genocidas, pelo 'horrível crime' de defender seu país, evitando o estabelecimento de bases militares estadunidenses e tentando preservar sua integridade territorial.

Kosovo representa também, um claro exemplo de como as potências globalistas não estão interessadas na autodeterminação dos povos, exceto quando lhes convém. Comparando os casos de Kosovo e Dombass, por exemplo, vemos como o Direito Internacional, é usado de manera seletiva pelos grandes poderes. Os sérvios rejeitaram, democraticamente, a intervenção da OTAN em seu país e, mesmo assim, foram bombardeados e massacrados. Os sérvios-kosovares se recusaram, democraticamente, a se subordinar a Pristina e, ainda assim, foram ignorados e traídos por seu próprio governo. No entanto, a comunidade internacional, que na verdade, geralmente, se resume a um punhado de grandes conglomerados geofinanceiros acoplados com certas lideranças estatais, reconheceu e convidou a respeitar a declaração de independência do Kosovo, num repugnante exercício de hipocrisia. Este duplo padrão chegou a ser apontado por Vladimir Putin, quando o mandatário russo, indagou o fato de Kosovo ser reconhecido após um referendo, mas a secessionista Crimeia, não. A resposta é simples. Toda reorientação fronteiriça, que desmantele as pretensões geoestratégicas e geopolíticas do Império Anglo-Sionista, que detém o poder midiático global, é perseguida e condenada. Porém, por outro lado, toda reconfiguração territorial, que seja favorável aos desígnios do eixo Washington-Londres-Telaviv, é estimulada, aplaudida, financiada, defendida e respaldada. Existem inúmeros exemplos antes e depois da Guerra do Kosovo. Reconhecer, de maneira imediata, prestando todo apoio à Eslovênia, Croácia e Bósnia-Herzegovina, mas não, em relação às Repúblicas de orientação sérvia, como as de Krajina e Srpska, lutando, inclusive contra elas. Reconhecer

Montenegro e Sudão do Sul, mas não Abkhazia, Ossétia do Sul, Nagorno-Karabakh (Artsakh), Crimeia e as repúblicas russas irredentistas do leste da atual Ucrânia agrandada, como Donetsk e Lugansk (Dombass), além de Zaporíjia e Kerson, bem como, negar o direito à reintegração de toda a atual República da Moldávia, incluindo a Transnístria, dentro de um ressurgido grande Estado romeno. Também poderíamos mencionar a negação à reintegração da Áustria com a Alemanha, em 1918-19, após o desmembramento do Império austro-húngaro, por parte do veto categórico dos Aliados, principalmente de Paris e Londres, quando a aspiração genuína e espontânea da população austríaca, era de reintegrar-se à Alemanha, chamando-se, inclusive, Áustria-Alemanha no biênio 1918-19.

Nesta perspectiva, podemos afirmar que, de um modo geral, um dos aspectos geopolíticos do globalismo é o pan-separatismo. Ou seja, a defesa da fragmentação de todas as nações do mundo para impedir a acumulação de poder necessária a iniciativas soberanas relevantes.

Uma das razões principais, pelas quais, os globalistas decidiram destruir a Sérvia, mutilá-la territorialmente, estrangular sua soberania e seu poder militar bélico, um legado da ex-Iugoslávia, inviabilizando um projeto de nação, é provavelmente porque temiam que, uma Sérvia nacionalista, unificada e soberanista, se tornasse uma base russa no meio dos Bálcãs, uma zona altamente estratégica, que não poderia ser ignorada. Neste contexto de enfraquecimento e mutilação da Sérvia, teríamos a criação de Montenegro, cuja única função, é impedir que a Sérvia tenha acesso ao mar e, como consequência, inviabilizar a possibilidade de uma base militar russa no Mediterrâneo europeu. Há indícios de que, a OTAN pretendia repetir o cenário kosovar em Voivodina, porém, com a perda de hegemonia gradual do Império Anglo-Sionista, nas últimas duas décadas, em detrimento do resgate de protagonismo dos integrantes da Tríplice Entente Euroasiática, cada vez mais, se deterioram ditas tentativas de investidas. Outro exemplo é a introdução massiva de engenharia social na Sérvia para aproximá-la da Europa Ocidental e afastá-la da influência russa, sendo um exemplo, a recente difusão do movimento LGBT em Belgrado, algo totalmente contrário aos valores sérvios tradicionais. Outro interesse, pela qual, a elite globalista deu-se ao trabalho de atacar a Sérvia, evitando a consolidação de um Estado forte, soberano, independente e desenvolvido, incrustado no coração balcânico, era inviabilizar e desmantelar, qualquer possibilidade de união geopolítica, entre Sérvia, Roménia e Rússia, três nações autênticas em sua concepção semântica clássica, todas elas compartilhando profundos laços culturais, religiosos e civilizacionais. A manutenção de certas entidades políticas artificiais, como Montenegro, Moldávia e Ucrânia, insere-se neste projeto de inviabilizar, totalmente, a criação de um bloco geopolítico-militar ortodoxo, no leste europeu, sob o manto da ortodoxia, abarcando também, Grécia e Bulgária, em oposição a uma Europa decadente, neoliberal e laica, sujeita e submetida ao poder sio-atlantista-globalista.

Atualmente, o destino dos sérvios-kosovares é incerto. O nacionalismo sérvio ardente, apaixonado e combativo, que ressurgiu das cinças titoístas, em Gazimestán, enfraqueceu ao longo dos anos, parte como legado, da derrota bélica diante as agressões atlantistas. O histórico Partido Radical Sérvio deu lugar ao liberal e vacilante Partido Progressista, com os sérvios começando a entender com resignação que, seu governo, se preocupa mais com a promoção de pautas posmodernas do que com a sobrevivência de seus irmãos étnicos remanescentes no Kosovo, que, apesar de todas as dificuldades, sobrevivem em território hostil da maneira que podem, estoicamente e com determinação, diante de circunstâncias altamente hostis.

Como pudemos observar, o chamado Exército de Libertação do Kosovo (UÇK, por sua sigla em albanês), é uma subsidiária do partido de Sali Berisha, que lhe fornecia armas e equipamentos do norte da Albânia, com o apoio da Alemanha, da França, dos Estados Unidos, da Inglaterra, entre outros atores estatais, como a Turquia. Seus veículos, uniformes e armas vêm, principalmente, da Alemanha. Possui armas antitanque "Ambust" alemãs, que só podem ser obtidas por meio de canais oficiais. Um funcionário do UÇK chegou a afirmar: "Agradecemos à Alemanha por tudo o que fizeram por nós". Nesta época, passou a ser disseminado em Pristina, um diário, *Koha Ditore*, patrocinado pelo magnata geofinanceiro globalista, George Soros. Foi publicado pela primeira vez, em 1997. É propriedade do Grupo Koha. Seu atual diretor é Flaka Surroi, irmã de Veton Surroi, um popular político kosovar albanês. Veton Surroi esteve à frente do jornal até 2004, mas renunciou ao cargo quando iniciou sua carreira política no partido reformista ORA. *Koha ditore* é publicado inteiramente em albanês, seu nome significa "O tempo diariamente". O UÇK, entre algumas das suas facções, que parecem ser quatro, carecendo de um comando unificado, quer para a província do Kosovo, o mesmo regime corrupto e de terror, que o seu instigador e inspirador, Berisha, impôs ao povo da Abania, em 1991, até ser derrotado por uma rebelião popular em 1997.

O Parlamento dos albaneses do Kosovo apela à intervenção da OTAN para desmilitarizar o território e criar uma administração internacional interina. Em outras palavras, querem que Kosovo se torne, como a Bósnia, um protetorado da elite globalista. Por seu lado, as grandes potências, desejam que a guerra e a instabilidade no Kosovo e nos Bálcãs, em geral, continuem para reforçar o seu aparato militar na zona: 1.600 militares estadunidenses na Macedônia; 800 na cidade albanesa de Shkodër, que servem de apoio às atividades aéreas vindas da base estadunidense de Tszar na Hungria, gerando assim, um livre acesso para a Marinha dos EUA aos portos albaneses, altamente geoestratégicos na região mediterrânea. A OTAN, subordinada totalmente, ao Complexo Militar Estadunidense, afirma querer defender a população civil albanesa residente no Kosovo. Como estamos vendo, trata-se de pura demagogia. Lembremos que, para defender seus interesses estratégicos, os Estados Unidos, massacraram a população civil do Vietnã, Coréia, Granada, Líbano, Somália, Panamá, Irã, Iraque, Afeganistão, México, entre vários outros cantos do globo. Milošević, lançando o Exército e a polícia sérvio-iugoslava no Kosovo, em retaliação à política genocida posta em prática pelas milícias pan-albanesas do Exército de Libertação do Kosovo, política nunca divulgada pela mídia hegemônica, cai na armadilha das grandes potências, concedendo-lhes argumentos para bombardear a República Federal da Iugoslávia, após a negativa sérvia de aceitar a implementação de bases militares estadunidenses, importante sempre ressaltar este detalhe, colocando o país, diante da superioridade da estrutura bélica e tecnológica atlantista, definitivamente, de joelhos.

Essa é a trágica armadilha sem saída da política nacionalista que continua desde os anos 1980. Assim, Bill Clinton, além de promover a mutilação da Sérvia, intencionando garantir e preservar os interesses geoeconômicos, geoestratégicos e geopolíticos da elite globalista na região, lançando uma verdadeira Cruzada Neoliberal Noventista, com a complacência e total aprovação do Partido da Guerra, com direito, inclusive, à assinatura de Bernie Sanders, tenta ofuscar o chamado 'Escândalo Lewinsky', também conhecido como *Monicagate, Lewinskygate, Tailgate, Sexgate* ou *Zippergate,* que consistiu em um grande escândalo político sexual em 1998, entre o então presidente dos EUA, Bill Clinton, de 49 anos e uma funcionária da Casa Branca, Monica Lewinsky, de 22 anos. Pobre de Hillary! No entanto, o que é importante nesta conjuntura é que, Bill Clinton, o verdadeiro Carniceiro dos Bálcãs, além de mutilar a Sérvia Histórica, para proteger os interesses da elite globalista, ao protagonizar os bombardeios, que incluíram urânio empobrecido, dito de passagem, ajudando a mutilação de forma contundente, serviram para fazer o escândalo cair, pelo menos um pouco, no esquecimento.

Foto 32: A coalizão atlantista lançou 531 bombas de fragmentação, muitas caíram sobre áreas civis e milhares de sérvios foram exterminados.

Fonte: Everett Collection

Em 12 de março de 1999, a República Tcheca aderiu à OTAN. Menos de duas semanas depois, a aviação de dita organização, começou a bombardear a Iugoslávia, sem autorização da ONU. Era 24 de março de 1999. Milorad Pejcenovic, também conhecido simplesmente como Pec, um sérvio que vivia na província de Kosovo na época, narra alguns dos eventos que presenciou:

> Em 26 de março de 1999, meus vizinhos vieram na frente da minha casa. Infelizmente, lá conheceram meu filho Slobodan e propuseram que ele os acompanhasse para trabalhar em Montenegro, no sul da Sérvia. O que eu não sabia é que, era um trabalho para a organização UÇK. Como meu filho falava albanês muito bem, os membros do UÇK não perceberam que meu filho era sérvio, trabalhando então na organização no primeiro dia. No dia seguinte, veio um vizinho dizendo que havia um sérvio entre

> eles, fazendo com que, o levassem embora. Desde o momento em que o levaram, não sei o que aconteceu com ele.

Como já mencionado anteriormente, mas sendo sempre relevante recordar e ressaltar, Kosovo e Metohija, conhecido apenas por Kosovo, no exterior, representa uma significativa, ancestral e histórica província sérvia, ocupada pela OTAN, desde 1999, sendo administrada pela ONU, através da KFOR, que a administra, em conjunto, com herdeiros do UÇK. O desemprego é alto, assim como os níveis de criminalidade. Os sérvios que permanecem sobrevivem em guetos. A verdade é que, a referida entidade política, conhecida popularmente, como limites administrativos do Kosovo, se tornou um narcoestado, sendo um mero protetorado da ONG *Kosovo Foundation for Open Society*, capitaneada pelo magnata bilionário anglo-sionista, György Schwartz.

16.5 - Desprezo do conceito de Soberania pelo Império do Caos e das Bases, ancorado por sua pretensão hegemônica unipolar

O dia 24 de março de 1999 ficará para sempre na memória do povo sérvio, como o dia do início da criminosa agressão da OTAN contra a Sérvia, um ato ultraunilateral, sem o aval do Conselho de Segurança da ONU, com vários elementos do Direito Internacional, sendo rasgados pela Cruzada Neoliberal dos Clinton. O Bombardeio da OTAN à Sérvia, também conhecido como Agressão da OTAN ou Anjo da Misericórdia, foi a fase final da guerra em Kosovo e Metohija, que durou de 24 de março a 10 de junho de 1999. Os ataques, que duraram 78 dias ininterruptos, danificaram gravemente, infraestruturas, estabelecimentos comerciais, escolas, instituições de saúde, meios de comunicação, monumentos culturais, igrejas e mosteiros. O número final de vidas perdidas não foi oficialmente revelado. Dispararam mais de 1.000 mísseis Tomahawk, além de 2.300 outros mísseis e 15.000 bombas. Os danos estimados ultrapassam 100 bilhões de dólares. Nesta conjuntura de agressão rotunda, a elite globalista, que se diz defensora dos "valores democráticos", criou um novo termo orwelliano: "bombardeio humanitário". Existem milhares de definições do que é democracia. Quem se coloca na posição de falar, como representante do conceito "único" de democracia, fora do qual, todos são autoritários e fascistas, está simplesmente querendo desumanizar e apagar o Outro da esfera pública. E, como sabemos, o neoliberalismo promovido pela Escola de Chicago e pelo Consenso de Washington, nada tem a ver com as práticas democráticas. Assim, nesta arrogância e agindo com impunidade total, intensificam os bombardeios na Sérvia, chegando a matar técnicos de uma rede televisiva sérvia, durante o turno da noite. É o preço que se paga os que desejam manter-se soberanos. Como sabemos, o Império do Caos e das Bases, convertendo-se, ao longo dos últimos séculos, no Império do Terror, não suporta e aguenta soberania. Na década anterior, o Irã, dito de passagem, era o alvo, sendo obrigado a sacrificar a nação pela Guerra Imposta, sendo o pleito bélico de encomenda dos Estados Unidos e dos grandes poderes, tentando, além de inviabilizar um projeto soberanista iraniano, como fariam com os sérvios, recuperar o controle político do Estado iraniano, que detinham, entre 1941 e 1951 e de 1954 a 1967.

Diante da iminente revolução iraniana, dentro da Administração Carter, Zbigniew Brzezinski, foi o maior apoiador da estratégia de tentar sustentar o já enfraquecido Xá Reza Pahlavi até o último momento, embora, entre 1967 e 1978, deu-se a cabo, uma turbulência nas relações estadunidense-iranianas, com um paulatino afastamento do regime, tentando sair da esfera de influência estadunidense, fazendo inclusive os Estados Unidos orquestrarem uma espécie de Equação Republicana, que manteria seus interesses geoestratégicos e geoeconômicos, embora viesse a acontecer, uma mudança de regime. É dizer, é exatamente neste contexto de desejo do regime monárquico de sair do comando sionista, que muitos na Casa Branca e no Departamento de Estado concluíram que, quando o trono começar a cair, já nas lutas revolucionárias que levariam a uma mudança drástica no status quo, é melhor deixar o comandante do Irã partir, tentando assim, construir uma equação satisfatória com um regime republicano sucessor, mais ou menos, ligado ao clero xiita, que preservasse os interesses geopolíticos dos Estados Unidos. Brzezinski, por sua vez, desconfiado do sucesso desta empreitada, chegou a sugerir a intervenção armada dos EUA para manter a Reza Xá Pahlavi no poder.

No entanto, para o bem do Irã, a revolução, liderada por Khomeini, pôs um fim categórico, enfático e definitivo, a esses erros de cálculo, quando se percebeu que, a liderança religiosa vitoriosa, apoiada na relativamente nova doutrina de "*Velayat e Faghih*" (governo dos sábios teólogos) não estava interessado em dividir poderes com nenhum dos políticos ou funcionários mais ou menos favoráveis a uma aliança com Washington. O autoritarismo dogmático que, pelo menos desde as distantes eras do Estado sassânida, tem sido muito eficaz em erradicar ou marginalizar seitas cismáticas e facções heréticas serviu à nova ortodoxia de Khomeini, conforme este último atuava para afastar aiatolás e clérigos menores, que discordavam com sua interpretação do papel de *Howzah* (o seminário) no Estado, embora, obviamente, alguns elementos de infiltração, como Sadeq Khalkhali, tenham permanecido na esfera governamental, ocupando cargos chaves. Consumada a queda do Xá, a estratégia de contra-ataque globalista, se basearia em pressionar Saddam Hussein a atacar o Irã. Na primavera de 1980, Brzezinski indicou que Washington estava disposto a cooperar com Saddam, garantindo que, os EUA não fariam objeções se tomassem o sudoeste do Irã. Também convenceu os governos amigos do Kuwait e do Egito a aconselhar o Iraque a atacar o Irã. Para Brzezinski, os acontecimentos confirmaram uma correlação global de forças, obrigando o Tio Sam a se engajar em uma guerra secreta de proporções multicontinentais contra a infiltração soviética na Ásia Ocidental e na América Central, além de evitar qualquer polo de poder (como o Continente Cultural Iraniano, que despertou como o principal ator geopolítico do chamado Movimento Não Alinhado), que ameaçasse o controle hegemônico estadunidense em suas esferas de influência.

16.6 - Do Titoísmo à administração condominial KFOR-UÇK, duas caras da mesma moeda anti-sérvia, sob a perspectiva de relatos locais

É sempre importante ressaltar que, a resistência anti-Eixo, na Iugoslávia, era formada, além de algumas forças nacionais, também pelos comunistas de Tito. No entanto, a vitória dos partisanos não foi uma vitória para os sérvios do Kosovo. Tito proibiu abertamente, o retorno de dezenas de milhares de sérvios ao Kosovo. Depois de algum tempo, concederia suas terras, casas e fazendas, para miseráveis famílias albanesas. Dragan Stolic Novaki aborda esse cenário da seguinte forma:

> Durante o Titoísmo, meu avô era um cidadão comum, mas sua família possuía 50 acres de terra. Quando começou a vida obrigatória do milho, ele foi ordenado a dar dois vagões de milho. Meu avô obdeceu. Então, ordenaram que ele desse mais duas carroças. Já não os tinha. Eles nos tiraram de casa, que era a maior da região. Tínhamos 500 ovelhas, 100 vacas, porcos, era uma fazenda completa e o governo do Tito nos roubou tudo isso. Tivemos que ir para outra cidade próxima. Moramos em Korisa por alguns anos, meu avô foi condenado à prisão, dois anos e meio. Quando saiu da cadeia, ele já tinha asma, aí foi preso de novo, maltratado e espancado. Bem, por que tudo isso? Pela simples razão de ter muita terra, meu avô era chamado de '*kulak*', que significa 'camponês rico'.

Svetlana Vukmirovic, uma sérvia-kosovar, aborda a situação:

> Cresci em Donja Dubnika, perto de Podujevo. É uma pequena cidade onde viviam sérvios e albaneses. Claro, tempos atrás, apenas os sérvios viviam lá. Meus primeiros vizinhos vieram da Albânia. A filial local do Ministério do Interior de Pristina comprou o terreno para eles, como forma de respaldo social, imigrando da Albânia e se refugiando aqui. Eles eram muito pobres, então minha família os apoiava, com tudo que podia, dava roupa, comida, etc. Nós os apoiamos em tudo, quando eles precisavam.

Durante o Titoísmo, cada expressão de nacionalismo, é severamente punida. Mesmo as críticas à política antissérvia são consideradas uma expressão do nacionalismo sérvio. Por outro lado, os albaneses no Kosovo obtêm privilégios enormes e sem precedentes. A vida cultural e econômica dos albaneses em Kosovo é muito mais rica do que na Albânia. Eles têm suas escolas, universidades, rádio e até televisão, tendo uma enorme taxa de natalidade. Assim, promovem uma mudança drástica na estrutura demográfica do Kosovo. O final da década de 1970, representa o início da crise econômica na Iugoslávia e a população albanesa é a mais afetada. A falta de escolaridade e o pouco conhecimento da língua sérvio-croata, usada no oficialismo estatal, os impede de procurar outro emprego em outros lugares, pela enorme precariedade local. As famílias albanesas, quase sempre com muitos filhos, sofrem com a falta de acomodação. Os preços da terra sobem a valores exorbitantes. Svetlana Vukmirovic, uma sérvia-kosovar, aborda a situação da seguinte forma: "Nossas relações pioraram na década de 1980, quando nossos vizinhos-imigrantes saíram às ruas. Um deles saiu com a esposa, começou a maltratar minhas irmãs, tentando tirá-las de casa, dizendo que deveriam ir para outra parte da Sérvia, porque todo o Kosovo e Metohija são Albânia". Danica Milicic Samodraze, em 1982, deu seu relato desses acontecimentos: "Antes havia 200 casas habitadas por sérvios naquela cidade. Agora são apenas cinco. Todos os demais fugiram por causa da perseguição e do terror". A senhora, Samodraze, enquanto pronuncia tristes relatos, aponta para uma fazenda que diz ser sua casa e que vale dois bilhões de dinares. Meia hora antes da entrevista ela conta que, um albanês veio chantageá-la, querendo comprar toda a fazenda, terras e gado por apenas 400 milhões.

Ela se defende dizendo: "Como eu poderia vendê-lo? Para onde eu iria? Os albaneses me pressionaram. Não sei até onde posso ir". Tentando confiscar toda a propriedade, os albaneses assassinaram o marido da senhora Samodraze e seu filho, com o documentário da sua vida, sendo banido da televisão na ex-Iugoslávia para não perturbar a "coexistência fraterna das nações", como martelava a retórica titoísta. Aqui vemos mais uma prova clara e evidente do favorecimento do Estado titoísta à desenfreada albanização do Kosovo. A herança cultural sérvia, como arquitetura, o artesanato histórico, elementos que são testemunha de milênios de presença sérvia, é, obviamente, alvo das agressões. Inclusive, os cemitérios sérvios, não foram respeitados, sendo profanados. Spasic Sibovac relata, em 1982:

> Durante a ocupação, fomos assaltados quatro vezes. Depois da guerra, só salvamos nossas vidas. Depois disso, voltamos para nossa propriedade e reconstruímos nossas casas, começando de novo. Há quatro anos, eu e meu irmão tivemos que sair de novo, porque destruíram nossas casas, queimaram as portas, arrancando as janelas e as torneiras. Eles roubaram tudo. Roubaram as telhas junto com o material de construção. Eles abriram buracos nas paredes, roubaram as portas e queimaram minha casa por cima. Quando voltamos, vimos que todas as telhas haviam sido roubadas. Fomos denunciar à polícia. A polícia informou o Ministério. Apenas enviaram algumas pessoas para cá. Até hoje não fizeram absolutamente nada, não tomaram nenhuma atitude.

> No dia 11 daquele mês, puseram fogo na minha casa novamente. Mais uma vez, fui pessoalmente à polícia para denunciá-los. Da mesma forma, notificaram seus superiores e enviaram algumas pessoas para cá. As pessoas vieram, tiraram fotos e não fizeram nada depois. Percebemos, através destes acontecimentos, que não temos, nem teremos ajuda das autoridades. A partir de hoje, se a casa for incendiada ou roubada, deixarei que fiquem com tudo, não vou denunciar a ninguém.

Como estamos podendo observar, através de várias formas, atores e conjunturas, o Estado titoísta, nunca moveu as peças para defender a integridade territorial sérvia. A constituição de 1974, auto-imposta por Tito e seu partido marxista, colocou Kosovo sob a autoridade absoluta da administração de albaneses étnicos. Diante deste cenário, obviamente, como era de esperar-se, muitos se revoltam contra a política pró-albanesa do regime titoísta. Sérvios e outros grupos étnicos em Kosovo começam a se rebelar. Seus líderes são presos. Em 1985, há uma forte revolta sérvia, relembrando as revoltas sérvias medievais contra a ocupação otomana. Faixas, emblemas, escudos, distintivos, estandartes e ícones nacionalistas do ethos sérvio são exibidos. Aos poucos, o sonho de uma Grande Sérvia vai despertando no imaginário coletivo sérvio, em retaliação à ameaça expansionista albanesa. No entanto, as marchas constantes de revoltas contínuas, muitas das quais, perante o Parlamento, não resultam em qualquer melhoria, termina provocando um aumento do sentimento de injustiça no imaginário coletivo sérvio, perante os albaneses. Desde a municipalidade à esfera provincial, os sérvios do Kosovo não recebem apoio das autoridades. Os grupos de trabalho, vinculados ao governo central e responsáveis por resolver alguns dos problemas locais, visitam os sérvios-kosovares, sem prestar-lhes qualquer ajuda. É mera propaganda governamental. Os sérvios em Kosovo não podiam mais suportar o terror perpetrado pelos invasores albaneses.

Neste então, o poder da retórica nacionalista sérvia cresce. Canções nacionalistas, como as chetniks, são revividas, pouco a pouco. Imagens de heróis, ícones e símbolos da cultura e história do povo sérvio, baluartes da civilização sérvia, são vistos em manifestações, não só no Kosovo, mas em todos os territórios da ex-Iugoslávia com uma grande maioria de etnia sérvia. Cresce o sentimento por uma Sérvia independente, unificada em suas fronteiras históricas, ancestrais e naturais. O país de Stefan Dusan, conhecido na historiografia sérvia, como Dusan Silni, estava ressurgindo ou iria ressurgir, das cinzas titoístas, diziam os sérvios.

Entre 1985 e 1986, sérvios organizam a defesa, através de grupos de autodefesa. Apesar disso, muitos vão para o norte, o mais longe possível da Albânia, onde é mais pacífico. Atualmente, o fato dos sérvios no Kosovo, estarem concentrados, em sua maioria, no norte da província kosovar, não é em vão, parte como legado da administração otomana. Enquanto a Iugoslávia tenta restaurar a lei e a ordem, o sul se encontra em plena conflagração, enfrentando resistência organizada. Como se conceitos como, Lei e Ordem, significassem a opressão dos albaneses em marcha, mostrando seus emblemas, ícones e símbolos. A bandeira vermelha e a estrela de cinco pontas, a clássica águia albanesa, além de símbolos sunitas, criam um sincretismo de agitação: comunismo titoísta, sunismo-otomano e expansionismo albanês. Assim, as exigências albanesas nada tinham a ver com a luta pelos direitos humanos, pela democracia e pela liberdade, como muitos à época, tentaram impor. Até bandeiras turcas (ex-patrões) eram hasteadas, levantadas e estendidas pelos albaneses em muitas de suas manifestações.

E, por incrível que pareça, a polícia do Kosovo ainda reage, apenas contra os manifestantes sérvios, aumentando, cada vez mais, o sentimento de injustiça na mentalidade nacional sérvia. Isso aconteceu, precisamente, em 24 de maio de 1987. É, precisamente, parte como legado deste trato seletivo, que começa a cristalizar-se no cenário geopolítico iugoslavo, a figura de Slobodan Milošević. No evento seguinte, a propaganda antissérvia gerou um caso extraordinário. Slobodan Milošević, o novo chefe do Partido, visitou Kosovo, perante um cenário de grande turbulência política, para o qual, os sérvios preparavam mais um protesto. Durante a visita, um manifestante consegue se aproximar do novo secretário para informá-lo, pessoalmente, sobre o indivíduo que mandou a polícia espancar os manifestantes sérvios. Slobodan Milošević, sempre com seu caráter determinado e forte, respondeu: "Ninguém tem o direito de nos bater". Palavras que seriam citadas e interpretadas como um exemplo de nacionalismo sérvio. Os protestos da revolta sérvia aumentam e se tornam uma constante, lembrando a insurreição sérvia medieval anti-otomana que culminou na Libertação Nacional nas Guerras dos Bálcãs. Os albaneses reagem, o que produz verdadeiras batalhas nas ruas de várias cidades kosovares. São relatados massacres, nos quais, os albaneses, em maioria, promovem mais um capítulo da limpeza étnica. O chamado para matar sérvios, já era transmitido em estações de rádio locais, comandadas por albaneses, como um ato de tremendo heroísmo, desde muito tempo.

Como legado dos intermináveis protestos sérvios, a Constituição de 1974, que claramente favorecia os albaneses, foi abolida e a jurisdição das autoridades sérvias no Kosovo foi restaurada, porém, os direitos dos albaneses não foram abolidos. Apesar disso, a maioria dos albaneses permanece ancorada em suas comunidades, criando estruturas paralelas. A juventude albanesa, já muito bem organizada e instrumentalizada, também como legado do discurso de ódio antissérvio desenfreado, disseminado por seus veículos de comunicação, como a rádio extremista pan-albanesa, protesta, constantemente. Os separatistas ou expansionistas recebem apoio do governo da Albânia e dos albaneses de todo o mundo, principalmente aqueles radicados na Alemanha, Estados Unidos, Canadá, Suíça e Austrália, países com grande fluxo de capital da diáspora albanesa. No início da década de 1990, em um momento de "revoluções democráticas", em alguns países da região, vários protestos acontecem, modificando o status quo de muitos Estados do Leste Europeu.

E, diante de todo esse cenário de mudanças radicais, será que os albaneses realmente estão interessados em lutar pelos direitos humanos, pela democracia, pela liberdade ou em conseguir uma República etnicamente homogênea no Kosovo e depois unificá-la com a Albânia, criando assim, uma Grande Albânia, sendo uma entidade política baseada num etnonacionalismo, exclusivo sem limites? Nesta época, foi publicado o livro: "com o terrorismo rumo à Independência", dando a entender que, nem os próprios albaneses, escondem o legado terrorista da ocupação do Kosovo. Como já abordado em outras passagens desta obra, entre 1995 e 1998, embora tenha seus primórdios ao longo da década de 1980, aparece uma organização que receberia o nome de UÇK, assumindo o controle do que acontecia na província. Inicialmente, a milícia se torna conhecida por seus atos terroristas, como detonações de carros e vandalismo contra a população sérvia. Em 1998, enquanto os olhos do mundo estavam voltados para a França para a 16ª Copa do Mundo, o UÇK é responsável pelo assassinato de 200 albaneses que não apoiavam a separação da província da Sérvia. Devido ao enorme grau de terror perpetrado por ditas milícias e devido à pressão internacional, especialmente de alguns países, historicamente alinhados com a Sérvia, como Bulgária, Armênia, Romênia e Grécia, a Casa Branca declara o UÇK, como um grupo terrorista, envolvido, além do terrorismo, em vários fenômenos do crime organizado, como extorsão, sequestros, apropriações indevidas de bens, tráfico de pessoas, armas, drogas e órgãos, atividades ilícitas utilizadas para financiar suas ações.

No entanto, nada disso impede que, os soldados do UÇK recebam armas e treinamento na Albânia. Assim, este último viola totalmente a Carta da ONU, bem como, as leis internacionais, tornando-se um agressor. Além da Albânia, o UÇK, é apoiado também, por vários serviços secretos de algumas potências da Europa Ocidental e dos Estados Unidos. Em 1996, o semanário inglês, *The European*, publicou um artigo de um especialista francês, afirmando sobre a cumplicidade alemã no respaldo ao grupo terrorista albanês:

> Os serviços de inteligência civis e militares alemães estiveram envolvidos no treinamento e equipamento de rebeldes com o objetivo de cimentar a influência alemã na área dos Bálcãs [...] A ascensão do UÇK em 1996 coincidiu com a nomeação de Hansjoerg Geiger, como o novo diretor do *Bundesnachrichtendienst* (serviço secreto alemão). [...] Homens do *Bundesnachrichtendienst* estavam encarregados de selecionar recrutas para a estrutura de comando do UÇK de 500.000 kosovares na Albânia.

O ex-conselheiro do parlamento alemão, Matthias Küntzel, mais tarde tentou provar que, a diplomacia secreta alemã, havia sido fundamental para ajudar o UÇK desde o seu início. James Bissett, que havia sido embaixador do Canadá na Iugoslávia, Bulgária e Albânia, deixando seu cargo diplomático para trabalhar para uma organização internacional em Moscou, ajudando o governo russo a estabelecer uma nova agência de imigração, escreveu que, "já em 1998, a CIA, assistida e respaldada por serviços especiais ingleses, estavam armando e treinando membros do Exército de Libertação de Kosovo na Albânia para fomentar uma rebelião armada em Kosovo [...] A esperança era que, com o Kosovo em chamas, a OTAN pudesse intervir". De acordo com Tim Judah, representantes do UÇK, já haviam se reunido com agências de inteligência estadunidenses, inglesas e suíças em 1996 e, possivelmente, "vários anos antes". Da mesma forma, o *The Sunday Times*, relatou que, "agentes de inteligência dos EUA admitiram que ajudaram a treinar o Exército de Libertação de Kosovo antes do bombardeio da Iugoslávia pela OTAN". Essa atitude do governo de Washington recebeu duras críticas, por dar apoio a um grupo ligado às redes internacionais do terrorismo e financiado, principalmente, por atos ilícitos, como vários fenômenos conectados com o narcotráfico global. Porém, como nos retrata dois séculos de história, este é o modus operandi da Anglosfera, remontando-se às Guerras do Ópio contra a China, que envolve, atualmente, em seu guarda-chuva, o Tio Sam.

As batalhas começam em muitas partes do Kosovo. Na mentalidade coletiva sérvia, o cenário apontava para outro 1389. Os albaneses agora ocupavam perfeitamente o lugar dos turcos no passado. E, curiosamente, foram justamente os turcos que iniciaram a mudança demográfica em Kosovo, sendo também responsáveis pela gradual conversão dos albaneses ao sunismo, algo estimulado pela ascensão social. Como sabemos, o legado turco deixou profundas cicatrizes na Europa oriental, sendo o caso kosovar, talvez, o mais emblemático e trágico. Slobodan Milošević tenta pacificar os albaneses com privilégios econômicos, como empréstimos perdoáveis, empréstimos com juros baixos, isenção do pagamento de certos impostos, como eletricidade e água. Mas é tudo em vão. A voz da rádio extremista pan-albanesa parece já ter penetrado na alma e na mente dos seus cidadãos. O ódio anti-sérvio é imparável. As sepulturas clandestinas tornaram-se comuns na sociedade kosovar. Cadáveres de sérvios mortos nas ruas tornaram-se uma constante, principalmente no sul, onde a maioria esmagadora é albanesa. Se já não fosse o bastante, são recrutados 2.000 muhahedins árabes e pastuns, com experiência nas guerras no Afeganistão, que depois se tornam soldados do UÇK. As armas são compradas com capital arrecadado da diáspora albanesa e do fornecimento pela máfia do tráfico.

Quando os terroristas começam a perder batalhas contra o Exército Federal iugoslavo, os invasores albaneses oferecem uma trégua. Mas depois, se inicia esta última, aproveitam-na, estrategicamente, para retomar os territórios de onde foram expulsos. A partir daí, começam a reprimir indivíduos, pelo simples fatos de manter amizades sérvias. Um albanês, chamado Rama Tamei, declara:

> Puseram-me no carro e, quando chegamos a Ovcarevo, um jovem engatilhou a pistola, querendo matar-me. Porém, um homem maduro lhe disse para não sujar as mãos, pois iriam me matar no acampamento. Aí eles me levaram para um quarto, bateram no meu peito. Duas albanesas extremistas fizeram isso, o que resultou na fratura de minha costela. Então, me perguntaram por que eu saía com Milan Lalovic e Spirko Zlatkovic e por que os visitava e vice-versa. Lhes respondi que tenho que ter um bom relacionamento com eles, porque são meus vizinhos.

Os soldados do UÇK tinham enormes listas com nomes de sérvios étnicos, com suas respectivas cidades, vilas, casas e endereços. Algo que vinham organizando, desde o período titoísta, que se intensificou, entre 1974 e 1993, para explodir, a partir de 1995, encontrando seu auge, entre 1997 e 1999, até a entrega, por parte da OTAN a uma administração condominial atlantista-UÇK, que vigora, dito de passagem, até nossos dias. A questão que permanece é: quem lhes forneceu todas essas informações respeito aos dados dos sérvios étnicos? É clara a cumplicidade entre as milícias albanesas e o Estado titoísta, que nunca fez nada para proteger seus cidadãos, em sua maioria, sérvios. Esses últimos seriam defendidos apenas por uma fração do partido fortemente impactada pela sequência de eventos antissérvios ocorridos ao longo da história do Estado Federal Iugoslavo. O ressurgimento do ultranacionalismo sérvio é entendido, portanto, como uma reação a esse sentimento de injustiça coletiva, generalizado pela ameaça real de mutilação estatal da nação sérvia, produzida por vizinhos expansionistas que contavam com apoio globalista. A Sérvia estava sozinha, assim como o Irã na última década. Duas nações antiglobalistas pagando o preço por isso. Neste contexto, podemos observar também, várias semelhanças entre o genocídio perpetrato pelos hutus contra os tutsis em Ruanda, entre abril e julho de 1994 e a cruel e sanguinária perseguição albanesa anti-sérvia no Kosovo, destacando-se a difusão do ódio sectário por rádios e o respaldo estatal instrumentalizando certas organizações, concedendo-lhes dados para facilitar o genocídio, através de um deslocamento massivo.

Outro caso curioso e peculiar ocorreu quando a polícia libertou uma família albanesa, sequestrada por milicianos albaneses. O UÇK os manteve trancados por mais de um mês na manjedoura. Não lhes deram comida nem água. Dzema Jeti, uma mulher libertada, conta como viveu esses momentos difíceis: "Eles nos trancaram por um mês, bateram em mim e no meu marido com um machado na cabeça. Eles queriam dinheiro, mas não tínhamos para pagar nossa liberdade. Tínhamos que beber água da chuva. Se alguém mantém uma amizade sérvia, esse, mesmo que seja albanês, é forçado a deixar Kosovo. É uma das regras do UÇK". Dragan Stolic, da cidade de Novaki, afirma que, algumas aldeias ao redor foram vandalizadas. A partir daí, o UÇK disparou contra o Exército, que teve que evacuar o terreno para que não morressem mais pessoas, civis ou soldados. Ele também acrescenta que, provavelmente, por isso, algumas casas tenham sido destruídas, porque o UÇK estava atirando de lá.

Outro acontecimento trágico da época foi o atentado terrorista no Bar Panda. Lazar Obradovic afirma que, um grupo de jovens albaneses mascarados e fortemente armados, entrou em um bar, tradicionalmente habitado por jovens sérvios, começando a atirar. Ele e seus amigos podiam ouvir os tiros das metralhadoras. Ivan, o filho adolescente de Lazar, estava no bar na hora daquela fatídica contenda sangrenta. Muitos dizem que, o que aconteceu foi um espetáculo horrível. Muitos tentaram ajudar aqueles que tentavam fugir, mas sem sucesso. O ambiente empresarial transformou-se num mar de sangue, não tendo Ivan qualquer hipótese de sobrevivência, visto que, sentado à porta, foi o primeiro alvejado pelos albaneses. Tal chacina, posteriormente, após investigações, descobriu-se que, um grupo de pistoleiros do UÇK, havia sido o responsável por perpetrar aquele cruel ataque terrorista. Um trágico acontecimento ocorrido em 14 de dezembro de 1998 e que, ficaria conhecido na história, como o 'Massacre do Bar Panda'. Mais uma razão para aumentar o já incontido sentimento do imparável nacionalismo sérvio.

Nesse momento, começa a Guerra do Kosovo, que consiste em um enfrentamento entre sérvios e albaneses pelo controle administrativo da provincia kosovar. Como estamos observando, o Estado sérvio está lutando contra terroristas, que possuem um grande apoio da população local, de maioria albanesa, legado de ondas de invasões massivas, que se remontam ao ano de 1389. Durante as batalhas, o Exército tenta evacuar mulheres e crianças da zona de guerra. Em vez disso, o UÇK usa civis como escudo humano. Depois de controlar a área, a polícia escolta os civis até suas casas. Muitas pessoas foram recrutadas à força pelo UÇK. A polícia envia esses indivíduos para casa e os oficiais presos pela milícia vão para a cadeia, aguardando julgamento. Em todo o tempo de sua existência, a sociedade iugoslava falhou em sua tentativa de criar um princípio de coexistência duradoura. Dezenas de milhares de pessoas estão fugindo do conflito, não querendo ser alvos, nem querendo ser escudos humanos. Eles buscam refúgio em países vizinhos, inclusive em outras regiões da Sérvia. Ao mesmo tempo, a propaganda albanesa afirma que os sérvios cometem genocídio contra os albaneses. A famosa estratégia de criar e espalhar uma mentira até que ela se torne uma 'verdade'.

As florestas, bosques, selvas e matos de Kosovo começam a revelar seus segredos. Foram encontradas valas comuns de cidadãos iugoslavos de diferentes grupos étnicos, sendo, a grande maioria das vítimas, sérvios. Todos assassinados, cruelmente, pelo UÇK. Os assassinos que se entregaram à administração da ONU no Kosovo nunca cumpriram as suas penas. Os milicianos albaneses recorrem a fornos para a cremação dos cadáveres dos civis executados, sendo aí cremados. Notícias como essas não chegavam facilmente à grande mídia. Os chamados 'lutadores pela liberdade' e pela 'democracia' queimam nos fornos os civis assassinados. Entre eles, crianças e mulheres, que não raramente, também são violadas. Até albaneses são queimados vivos, pelo simples fato de não concordarem com a amputação territorial e por manter amizades sérvias. Essa é a luta pelos 'direitos humanos' do globalismo apátrida no Kosovo.

Houve certas reconstruções dos eventos diante dos olhos da mídia. O albanês interrogado confessou que, naquele local, mataram dez pessoas, dez civis, duas crianças, três mulheres, dois adolescentes e três adultos. Todos sérvios. Ele confirma que estuprou uma das mulheres, antes de matá-la. Ela tinha 15 anos. O comandante ordenou que ele cortasse as orelhas dela e a matasse. Os irmãos albaneses de apelido Mazreku, responsáveis por alguns dos referidos homicídios, foram condenados, após pressão internacional, sendo entregues posteriormente, à administração da ONU no Kosovo, porém, continuam em liberdade, tal como todos os outros, incluindo Hashim Thaçi, conhecido como "a cobra", que foi procurado pela Interpol por uma série de ataques terroristas a bomba. Curiosamente, dito personagem chegou a ser o primeiro ministro do Kosovo em duas ocasiões e presidente, entre 2016 e 2020. Por certo, é precisamente o mesmo Hashim Thaçi, um fundamentalista expansionista albanês que, como primeiro-ministro, em 17 de fevereiro de 2008, com total respaldo atlantista, proclamou unilateralmente, a independência da República do Kosovo. Essa personalidade vem da fração mais fundamentalista dos milicianos albaneses. Antes de Thaçi emigrar para a Suíça, estudou filosofia e história na Universidade de Priština. Em 1993, Thaçi ingressou no grupo político kosovar-albanês com sede na Suíça e, com o tempo, tornou-se um dos fundadores do Movimento Popular do Kosovo (LPK), um grupo marxista-leninista, de orientação expansionista, um movimento que busca unificar, todas as populações de etnia albanesa, em um único

Estado, a chamada 'Grande Albânia', algo que nunca existiu antes, ou seja, um projeto que não possui nenhum respaldo histórico.

As negociações entre o governo sérvio e os albaneses no Kosovo começaram. O tratado proposto garante um alto nível de autonomia para os albaneses, mas o UÇK, sempre sedento, quer mais. A delegação dos Estados Unidos, sempre intervencionista, acrescenta três cláusulas à proposta de tratado que, curiosamente, significou praticamente, a ocupação da Sérvia pela OTAN, que sempre foi o objetivo principal do Tio Sam nesta empreitada, basta lembrarmos das tentativas de impor o Acordo de Rambouillet, estipulando que, a OTAN teria acesso libre e sem restrições militares em toda a República Federal da Iugoslávia. A OTAN, sendo totalmente subordinada ao Complexo Militar Industrial estadunidense, representa, na prática, uma mera extensão bélica de Washington em solo europeu, sendo a União Europeia, seu órgão de relações públicas. A delegação sérvia, obviamente, rejeitou o tratado como inaceitável. A administração dos EUA não se preocupa mais em esconder sua grande simpatia pelo UÇK.

Logo, veio o caso de Racak. Naquela cidade, foram encontrados cadáveres de homens em trajes civis. Um alto diplomata dos EUA culpa os sérvios pelo crime, o que se torna mais um motivo para iniciar o bombardeio. São as famosas 'bandeiras falsas' para justificar uma ação para atender seus mais variados interesses. A covarde aviação da OTAN inicia o ataque contra alvos e infraestruturas militares. No entanto, civis também são mortos, incluindo um dos alunos mais promissores da juventude sérvia, que estudava matemática na Universidade de Belgrado. Os sérvios veem o ataque, não como uma ação contra

Milošević, mas como algo contra seu povo, ajudando a aumentar o sentimento de injustiça popular, fazendo automaticamente, crescer uma onda incontrolável de nacionalismo sérvio, algo que já estava em estrondosa ascensão meteórica. Em vários lugares, a OTAN usa bombas de fragmentação, que são proibidas pelo Direito Internacional, causando mais mortes entre os civis. Um piloto da OTAN bombardeia duas vezes um trem internacional que viajava entre Belgrado e Skopje, embora soubesse estar repleto de civis. Todos morrem, principalmente sérvios e búlgaros, que não tinham, absolutamente nada, a ver com o conflito. Cidades vizinhas são destruídas com armas químicas. Zonas sofrem com o emprego de urânio empobrecido, o que já configura um aceleramento de agressão nuclear, sendo um uso de radiotividade, já que, quando esta munição se choca contra uma superfície, se pulveriza formando uma nuvem de átomos radioativos, causando uma série de doenças, além de mutações nas células genéticas dos fetos, sem esquecer que, sedimentando-se no solo, contamina este último, comprometendo a água e os lenções freáticos. O legado disso é, obviamente e verdadeiramente, catastrófico. Porém, nada disso importa à OTAN, desde que, consolide seu poderio bélico em uma região estratégica, atendendo a interesses geopolíticos do Complexo Militar Industrial estadunidense.

Esse é o "bombardeio humanitário", designado e difundido, pelo governo dos Estados Unidos. Na verdade, o que sucedeu, concretamente, foram vários crimes de guerra nos diferentes campos balcânicos. Se outro ator tivesse cometido as mesmas atrocidades perpetradas e protagonizadas pela OTAN na região, especialmente se fosse um oponente dos Estados Unidos, é dizer, um ator que ameace e questione sua opressora hegemonia liberal unipolar, a mídia corporativa, noticiaria e martelaria, constantemente, como ataques terroristas. Porém, como o violador do Direito Internacional, foi, precisamente, o Tio Sam, tudo é enquadrado no "crime dos bons", com o Império atuando com total impunidade. Nesta perspectiva, como foram os estadunidenses os responsáveis e protagonistas por esta carnificina, os eventos são ocultados, ofuscados e escondidos do noticiário internacional. Como resultando desta blindagem midiática, como era de esperar-se, quase ninguém se dá conta destes acontecimentos. E, quando os sérvios contam o que realmente está acontecendo, são tachados de mentirosos e manipulados por uma suposta retórica nacionalista sérvia. Além de defensores de uma suposta 'teoria da conspiração'.

Após 78 dias de profundo terror atlantista, o direito da Sérvia de manter Kosovo dentro de suas fronteiras é finalmente reconhecido. Em 6 de junho de 1999, delegações de ambas as partes assinam o Acordo Militar, em Kumanovo. Porém, com o decorrer dos anos, fica evidente o desrespeito do acordo por parte de vários membros da OTAN. Como parte do acordo, o Exército Sérvio retirou-se do Kosovo, em 1999. Junto com eles, a maioria dos sérvios, macedônios (búlgaros étnicos) e montenegrinos (sérvios étnicos), bem como ciganos, ashkalis, judeus e outras minorias, como romenos, croatas e turcos, retiram-se da província. Curiosamente, era precisamente o Exército Sérvio, tanto criticado pela mídia corporativa, que concedia segurança a todos eles. Agora, sob constante ameaça de militantes albaneses, eles temem o pior e, de fato, conhecendo a natureza perversa dos membros do UÇK, sabemos que estão certos. Os judeus de Pristina são os primeiros a partir. Eles sabem muito bem o que vai acontecer a seguir. Não necesitamos ser gênios para visualizar a planificação de um cruel deslocamento massivo, em favorecimento de um Kosovo 100% etnicamente albanês. Os novos donos do Kosovo estão saindo dos bosques e florestas, chegando da Albânia. Eles vêm em marchas, vestindo uniformes militares e cantando suas canções. Todos treinados e financiados na miserável Albânia, destroçada por um cruel sistema de privatizações, que tornou milionários, certas figuras relevantes do antigo regime comunista, entre eles, personagens do Complexo Industrial Militar do Estado albanês, fazendo da Albânia, o maior arsenal bélico aberto do continente.

Assim, o país mais pobre do continente, como se não tivesse suas prioridades domésticas, financia e treina um grupo claramente terrorista, com total respaldo globalista, anelando amputar da Sérvia, partes de seu território ancestral. Como vemos, a Albânia continua a violar, regras e leis do Direito Internacional. Porém, como já elavancado, quando os infratores estão do lado globalista, as leis são estrategicamente esquecidas, com tudo tornando-se legal para garantir seus interesses. Um político estadunidense afirma: "não escolhemos nossos objetivos de acordo com nossos amigos, mas escolhemos nossos amigos de acordo com nossos objetivos". Tudo o que, os integrantes do UÇK encontraram no caminho, que tivesse algo a ver com a história, cultura e civilização sérvias, era totalmente descartado. Aldeias, vilas, povoados, monumentos e cidades sérvias são destruídas. Suas casas queimadas. Um sinal para que ninguém volte. Bem, aqueles que não são mortos, tentando escapar do genocídio perpetrado pelos milicianos. O que está sendo consumado pelos invasores, não é nenhuma surpresa para aqueles que estão familiarizados com a cronologia dos fatos. Aqueles conhecidos mundialmente como 'lutadores da liberdade' e da 'democracia', estão terminando o processo de limpeza étnica em Kosovo da maneira mais cruel e sanguinária possível. Enquanto os soldados da OTAN, aliados do UÇK, continuam a assistir, impotentes, crianças, mulheres e idosos, são assassinados e seus corpos jogados em valas comuns e clandestinas, como se nada valessem. Para a ideologia difundida pela UÇK, um sérvio realmente não significa nada e, o fato de acabar com a vida de um sérvio, configura um ato de heroísmo. O que esperar de um movimento que, unido, difundia em suas rádios, que "matar um sérvio é um ato heroico para todo albanês"? Esses são os aliados do "Ocidente democrático".

Em 17 de julho de 1999, 14 camponeses sérvios do Kosovo saíram para trabalhar e nunca mais voltaram, sendo massacrados no caminho de volta dos campos, entre Alas e Bujanovak. Os mataram com armas de fogo e depois desfiguraram os cadáveres. Mas, um ano depois, em 20 de julho de 2000, quando os sérvios preparavam a cerimônia do aniversário daquelas cruéis mortes, pediram à KFOR que protegesse o cemitério para que pudessem assistir ao evento sem problemas. A KFOR veio com a polícia da UNMIC, mas quando os sérvios chegaram ao cemitério para visitar os seus mortos, ficaram tristemente surpreendidos, descobrindo o seu horror, visto que, as sepulturas estavam profanadas. Isso os deixou ainda mais indignados. Era como se os albaneses quisessem celebrar aqueles assassinatos cometidos precisamente um ano antes, tendo demolido o cemitério e as lápides para que os mortos não descansem em paz. Mais um motivo para crescer, no imaginário coletivo sérvio, o sentimento de profunda injustiça perante o povo invasor.

Agora, mesmo aqueles que estavam relutantes estão se preparando para deixar a província. Vamos lembrar, a OTAN havia declarado que deve entrar em Kosovo para proteger a sociedade multiétnica. A limpeza étnica é feita da seguinte maneira: alguns são mortos e assassinados, muitos são torturados. Então os outros, movidos pelo sentimento de fobia, fogem. Os jornalistas explicariam que isso é apenas uma simples retaliação por fenômenos injustos do passado. A partir daí, tudo o que pode ser roubado será furtado e, tudo o que não pode ser roubado, será destruído. Na mentalidade ideológica do UÇK, é altamente resgatável queimar casas para que ninguém volte para elas. As novas moradias e os novos pertences são sempre úteis. É o prêmio ao vencedor, o famoso "Troféu de guerra". Durante os primeiros dias da ocupação conjunta, entre a OTAN e as forças militantes do UÇK, 58.000 casas sérvias foram destruídas, junto com 116 mosteiros e igrejas ortodoxas sérvias. É relevante ressaltar que, muitos dos mosteiros que foram queimados haviam sido construídos antes mesmo da chegada dos ibéricos à América. As famosas tropas da OTAN nem tentaram impedir aquela devastação. Uma das sobreviventes do genocídio nos mosteiros conta que os terroristas albaneses deixaram quinze crianças órfãs: «sete são nossas, ela tem quatro e eu três. Malditos, meus três filhos ficaram sem pai», questionando também, o motivo de haver pessoas gravando, argumentando que, naquela área, não há nada para gravar. A região se transformou em destruição total e caos. As semelhanças com casos de matanças massivas, em Ruanda e Burundi, como vemos, não são poucas.

Os últimos acontecimentos mencionados, entre maio e junho de 1999, indicam que a guerra não duraria muito e que, inevitavelmente, teria uma solução negociada. A composição de uma força de paz para estabelecer um acordo é um dos pontos mais difíceis da negociação. Milošević recusa-se a aceitar que, os países participantes nos ataques, integrem a missão, enquanto os Estados Unidos e os restantes países da OTAN, por sua parte, pretendem não só participar na suposta força de manutenção da Paz, como também, a coordená-la. O então regime nacionalista sérvio acusa a OTAN de ter cometido mais de uma dezena de atrocidades, que resultaram na morte de inúmeros civis até o final de 1999. A OTAN, em resposta, não aceita as argumentações e reivindicações sérvias, causando um impasse profundo.

A destruição das infraestruturas e da máquina militar da Iugoslávia, associada à dissidência de alguns políticos e militares do país, reprimiu no início de junho em Montenegro, uma manifestação anti-Milošević. A insatisfação do próprio povo, cada vez mais privado de serviços básicos, como eletricidade, água e transporte, levou Milošević, a aceitar o Plano de Paz do Grupo dos 8 (os sete maiores PIBs e a Rússia). Como a maioria dos países da OTAN não apoia a invasão de Kosovo por terra, a via diplomática pareceu ser a mais viável para o fim do conflito. A OTAN, pretende também, evitar o "fator inverno" (a dificuldade de operar na região durante a estação mais fria do ano, bem como, a necessidade dos refugiados kosovares estarem de volta às suas casas até agosto, para que possam, reorganizar-se, podendo suportar, o rigoroso inverno da região).

Na ofensiva diplomática, em 2 de maio de 1999, o negociador russo, Viktor Tckernormidin, com o representante da União Europeia, Martii Ahtisaari, encontram-se em Belgrado para um encontro com o presidente iugoslavo, Slobodan Milošević. Nessa reunião, os negociadores quiseram sentir até onde Milošević pretendia ceder. Podia ser o primeiro passo para o fim da Guerra dos Bálcãs, apesar de ainda existirem pontos de discórdia, como a retirada das tropas iugoslavas do Kosovo e a composição de uma força militar a ser enviada à província. Diante dessas demandas, a Iugoslávia insiste em manter o mesmo aparato militar que estava em Kosovo antes do início da ofensiva, além de não aceitar as tropas dos países que participaram dos ataques desde 24 de março de 1999. Os albaneses do Kosovo, por sua vez, exigem a independência da província, enquanto os sérvios seguem considerando a região o berço de sua civilização e não aceitam perdê-la de nenhuma maneira. No Kosovo, existem mosteiros ortodoxos (muitos em ruínas), religião da maioria dos sérvios, sendo o local onde ocorreu, a histórica batalha do Kosovo contra os otomanos, de religião sunita, como os albaneses, que dominaram a península balcânica durante mais de cinco séculos.

As propostas defendidas na reunião do G-8 foram: retirada das forças militares, policiais e paramilitares de Kosovo; consumar a presença internacional efetiva, civil e de segurança, referendada e adotada pela ONU, capaz de garantir o objetivo comum; estabelecimento de uma administração interina para o Kosovo, a ser decidida pelo Conselho de Segurança da ONU, para garantir condições de vida pacíficas e normais na província; retorno seguro e livre de todos os refugiados e pessoas deslocadas; acesso desimpedido ao Kosovo para organizações de ajuda humanitária; fim imediato e verificável da violência e repressão no Kosovo; estabelecimento de regras políticas para uma administração autônoma no Kosovo, tendo em conta, os princípios de soberania da Iugoslávia e de outros países da região; desmilitarização do UÇK e uma total aproximação econômica do G-8 em relação à região em crise. Como estamos vendo, 95% dessas propostas não foram colocadas em prática, muito pelo contrário, o que houve, de fato, foi uma intensificação do poder das milícias genocidas albanesas no aparelho judicial-estatal da província kosovar.

Novos administradores da ONU chegam ao Kosovo, como, o diplomata francês, Bernard Jean Kouchner, cuja atitude em relação aos sérvios, que lá permanecem, seria extremamente rígida. A organização terrorista albanesa UÇK foi, teoricamente, banida, porém, as relações dos diplomatas e a OTAN, em geral, com os membros da milícia, continuam excelentes. O cázaro étnico, de nacionalidade francesa, Bernard Jean Kouchner, por exemplo, é visto diversas vezes, com os terroristas, comprovando, em mais uma ocasião, a estreita ligação entre a OTAN e o UÇK.

Foto 33: Bernard Jean Kouchner e outras lideranças da OTAN ao lado de integrantes do Exército de Libertação do Kosovo, entre eles, Hashim Thaçi.

Fonte: Desconhecida

Os bombardeios sio-atlantistas tinham, como propósito, eliminar a figura de Slobodan Milošević do poder e da esfera pública sérvia de uma maneira geral. Não obstante, em vez disso, continuou como presidente por mais um ano e meio. Sob pressão internacional (leia-se, Eixo Sio-Atlantista, capitaneado pelo Arco Transatlântico da Anglosfera, sendo, portanto, uma autoimposição da plutocracia oligárquica bancocrática monopolística universal globalista apátrida tecnocrática ultraneoliberal), Milošević deveria ser processado na Sérvia, mas o levam à Haia, onde terminou sendo julgado em um processo fabricado e destinado, a justificar a agressão genocida da OTAN, tanto na Bósnia-Herzegovina e Krajina-Eslavônia Oriental, como no Kosovo. Após concluir sua defesa, morre, em 2006, em circunstâncias suspeitas. Os sérvios acusam a elite globalista de matá-lo por envenenamento. Curiosamente, dez anos depois, em 2016, Slobodan Milošević, seria absolvido e inocentado pelo Tribunal Internacional de Haia, nos Países Baixos, embora seja altamente necessário ressaltar, a enorme pressão globalista existente, para que sua condenação fosse a sentença final. Sua alma, após este desfecho, finalmente, descansou em paz. Com o absolvimento do líder sérvio mencionado, Bill Clinton, devido ao fato de comandar uma Cruzada Neoliberal, no auge da unipolaridade estadunidense no sistema internacional de Estados, com o Império atuando, totalmente impunemente, ganha a reputação perpétua, segundo a historiografia sérvia, de Último Carniceiro dos Bálcãs.

O regime nacionalista acabou, dando lugar a mais uma eleição. E a questão que permanece é: por que Kosovo não pode ser devolvido a um novo Estado democrático? A resposta que fica é clara, evidente e manifesta, a verdadeira intenção dos bombardeios, como estamos comprovando, fazendo uma retrospectiva histórica dos fatos, nunca foi por motivos humanitários, nem contra Milošević, embora dito personagem, defendia o povo sérvio. O ataque organizado e planificado da OTAN foi contra o povo sérvio, sua nação e seu direito de manter intacta sua integridade territorial. Até nossos dias, em 2023, aproximadamente, 250.000 sérvios do Kosovo vivem longe de suas casas, muitas vezes em condições degradantes para o século XXI, por conta de um dos deslocamentos massivos mais cruéis da história contemporânea, que contou, como vimos, com total respaldo dos grandes poderes e dos grandes conglomerados geoeconômicos. Muitos sérvios partiram, escapando da violência dos albaneses. Tiveram que escolher entre fugir ou ficar onde seriam claramente mortos. Todos os sérvios que conseguiram escapar tiveram que deixar para trás suas amadas casas e pertences. Toda uma vida foi deixada para trás, simplesmente, pela carnificina protagonizada pelos protegidos da OTAN. Chegaram onde puderam de mãos vazias. A grande maioria não tinha nada além de suas próprias roupas e claro, seus corpos. Alguns chegaram sem partes dos dedos, legado da tortura perpetrada por membros do UÇK.

Foto 34: Num contentor de transporte reciclado como casa, a televisão faz Radovan Peric e um jovem vizinho esquecerem por um momento a sua triste existência de deslocados. Após a guerra de Kosovo em 1999, cerca de 164.000 sérvios fugiram. A violência étnica forçou outros a se refugiarem em acampamentos como este perto de Pristina.

Fonte: Christopher Anderson

Essa é a vida que, os Estados Unidos, forçaram muitos sérvios a viver. Este é o país, mundialmente conhecido, como guardião dos direitos humanos, da democracia e liberdade. Podemos imaginar, o que seriam, se fossem reconhecidos pelo pior. Seriam a personificação do Diabo. Como vemos, a suposta busca destes valores e princípios, não passa de pura retórica para enganar ingênuos e poder justificar suas agressões, contendo severos e profundos interesses geoestratégicos, à opinião pública. Assim sendo, não é exagero afirmar que, o então Império do Caos e das Bases, terminou convertendo-se no Império do Terror.

Em novembro de 1999, cinco dias após a vitória da OTAN sobre o Exército sérvio, uma família sérvia que viajava de carro, encontrou uma multidão comemorando o dia da independência da Albânia. A multidão avançou sobre o carro, ateando fogo ao tanque de gasolina, pelo qual, o carro começou a pegar fogo, fazendo com que, os sérvios tentassem sair do imóvel. Mas, ao tentarem sair, um grupo de pessoas saltou sobre eles e começaram a agredi-los, primeiro com os punhos e depois com barras de ferro, assim como, com tudo o que encontrassem no local. O resto permaneceu aplaudindo e encorajando-os. Havia muita gente, com todos determinados a matá-los. Em seguida, ouviu-se tiros. Uma policial inglesa da ONU percebeu como aquela multidão comemorava aqueles assassinatos e aponta que, para eles, foi como uma vitória, pela qual, gritavam " UÇK, UÇK, UÇK!!". Um intérprete disse mais tarde que os albaneses também cantavam "mais três sérvios mortos". Esses são os defensores e guerreiros da liberdade, tão aclamados e respaldados, pelos Estados Unidos e sua OTAN.

Lesanka Pejcenovic conta que, na casa onde viviam no Kosovo, havia 300 metros quadrados a sua disposição e agora foram todos obrigados a viver num quartinho onde dorme o filho. Guardam tudo lá, a farinha e o pão que comem, sendo isso, tudo o que possuem. E, tudo isso, em pleno século XXI. Ela insiste que, tem vergonha da comunidade internacional, agora presente no Kosovo. Comunidade esta, aliada incondicional, dos genocidas do UÇK. A administração condominial KFOR-UÇK está tentando expulsar a todos os não-albaneses do Kosovo. E, todos que foram expulsos, entre 1981 e 2001, ou inclusive antes, não podem voltar. Todos os grupos étnicos expulsos do solo kosovar, tiveram que deixar as suas casas e tudo o que tinham, chegando a outros cantos, para viver na pobreza, em locais onde não existem sequer as condições mais básicas de vida. A milícia criminosa, terrorista e genocida, UÇK, recebe treinamento de serviços secretos de países da Europa Ocidental, além da contemporânea *Sigurimi* (atual Polícia Secreta da Albânia), participando com eles, do crime internacional de transferência ilegal de órgãos, atividade criminosa associada a uma série de outros crimes e atividades ilícitas, como o tráfico de pessoas, armas e drogas. Com isso, os terroristas albaneses, se sentem cada vez mais livres, para continuar a limpeza étnica do Kosovo, atuando com total impunidade, pois pertencem, como meros apêndices, da estrutura organizacional da hegemonia neoliberal estadunidense no sistema internacional de Estados, sendo mais um braço armado da elite globalista. Sefer Ahmedi, sobre o cenário terrível, afirma:

> Minha família foi baleada quando morávamos em Kosovo. Estávamos dormindo quando começaram a atirar com um rifle automático pela janela. Eram onze e meia da noite. Tivemos que escapar. Gostaríamos de voltar para nossa casa, mas não vemos como algo possível, desconfiamos, tendo medo de que, isso aconteça novamente. Se a situação melhorar, como deveria e, se as forças nos derem segurança, voltaremos para casa.

Porém, as projeções não apontam, tristemente, a melhorias. A situação no Kosovo é exatamente o contrário. As valas comuns abundam, por todo o território da província kosovar, escondendo os cadáveres de civis, massacrados, de diversas formas. Corpos de diferentes grupos étnicos, incluindo albaneses que discordam da ideologia terrorista do pan-albanismo genocida desenfreado, são encontrados. A investigação não deu resultado ou, verdade seja dita, nem começou. A pergunta que se coloca é, será que as autoridades da ONU, que administram a província, não estavam interessadas? Outras indagações pertinentes também podem ser feitas e colocadas na mesa. Seria possível investigar até mesmo os crimes existentes ali? Era possível identificar os autores? Pois bem, sabendo da enorme cumplicidade e vinculo, entre o consórcio OTAN/ONU (através da KFOR) e o UÇK, não é de estranhar que, a ONU nada faça para encontrar os responsáveis por cada carnificina, defendendo assim, os seus maiores aliados no 'problema kosovar'. Zoran Stevanovic aborda a situação da seguinte forma:

> Um dia disse a mim mesmo que voltaria ao Kosovo e pronto. Quando vim para Brezovica, estava aqui todos os domingos. Acabei de chegar, dormi cinco dias perto do rio e ninguém sabia que eu morava aqui. Depois de cinco noites, os soldados alemães da KFOR chegaram, tentando me convencer a sair. Aquele pedaço de terra, aquela casa, com um pomar e o céu lá em cima são meus!!! Quando comprei esta terra, também comprei uma parte do céu acima, sendo, exatamente isso, que respondi aos soldados alemães. Eles não vão me tirar daqui vivo. Apenas morto.

Radovan Repanovic, natural de Osojane, conta que foi o primeiro homem, nascido em 1953, a retornar a Osojane, encontrando tudo completamente destruído. Ele continua dizendo:

"Reparei 13 telhados de graça. Sou pedreiro e não recebi nada". Kosovo encaminhava-se para a barbárie anárquica absoluta, em um triste processo de somalização.

O militar português, o major-general, Raul Cunha, vinte e cinco anos após os bombardeios da OTAN contra a Sérvia, veio a público, expor, em sua obra-prima, aquilo que considera "uma grande mentira para justificar interesses estratégicos". O livro com o título "Kosovo - a Incoerência de uma Independência Inédita", conta com testemunhos, quase sempre vividos na primeira pessoa, naquele teatro de guerra, entre 1991 e 2009, onde Raul Cunha esteve ao serviço da Comunidade Europeia, da OTAN e da ONU. Raul Cunha, então conselheiro especial do secretário-geral da ONU no Kosovo, não tem dúvidas de que, essa nova entidade política consiste "em um Estado falido que apenas consegue sobreviver à custa de apoios internacionais e negócios do ferro-velho". Nesta obra com informação que foi recolhendo ao longo dos anos, o militar sublinha que, a intervenção atlantista foi "inédita, porque violou a soberania de um país com o argumento humanitário, suscitando algumas dúvidas", sendo, legítimo questionar, "se que aquilo não foi mais uma desculpa, porque há interesses estratégicos em jogo". Raul Cunha dá a resposta à questão, de modo claro: "Eu acredito que foi isso, porque não podemos esquecer que coincidiu com o 50.º aniversário da OTAN e a organização estava a perder relevância com o fim da Guerra Fria. E encontrou ali, a justificação para o seu emprego". Lembra este antigo juiz militar que, "quando são feitas as conversações de Paz, os sérvios não assinaram porque foi introduzida uma cláusula que permitia à OTAN fazer o que quisesse no território da ex-Iugoslávia. E isso, como é obvio, os sérvios não podiam aceitar". Ele continua abordando o cenário, afirmando que, "para mim, essa cláusula foi introduzida, claramente, para sabotar o acordo e permitir a intervenção da OTAN".

Questionado sobre se tinha essa percepção quando estava no terreno, Raul Cunha diz que, "os militares portugueses que passaram pelos Balcãs sempre perceberam que aquela política do bom e do mau era falsa. Não era a realidade". Indagado sobre as chacinas, massacres e matanças, aponta: "Só os sérvios é que violaram, que mataram? Não. Eles eram todos maus, essa é que é a verdade. Todos cometeram crimes". Esclarecendo ter "dois filhos meio-portugueses, meio-croatas", o antigo paraquedista afirma que, "as piores catástrofes foram feitas por croatas e por albaneses", dizendo haver visto "um homem sérvio assado no espeto. Isso não consigo esquecer". São memórias que, desde então, o acompanham. "É preciso dizer que há muita gente boa na Sérvia" e "nós criticamos o outro lado, mas depois fazemos o mesmo. É que os bombardeios acionados pela OTAN provocaram, pelo menos, 500 mortes de civis, mais do que as provocadas por Slobodan Milošević, o líder sérvio, condenado pelos meios de comunicação e absolvido 10 anos após sua morte em um tribunal internacional", aponta. "Temos um tribunal dos vencedores, a julgar os vencidos e a atribuir-lhes todos os males. O Tribunal Penal de Haia, em minha opinião, foi uma farsa". Questionado sobre se vive tranquilo por ter participado "na grande mentira", Raul Cunha diz que sim: "Enquanto militar cumpria ordens", mas "sempre disse o que pensava", acrescenta.

Lembrando que "a resolução n.º 1244 das Nações Unidas ainda está em vigor", Raul Cunha sublinha que, o diploma refere que "o Kosovo deve ter instituições de autogoverno, mas que é território da Sérvia". Ou seja, o Kosovo não foi reconhecido por todos os países das Nações Unidas, com Portugal só reconhecendo Kosovo, em 2018, 10 anos após a declaração de independência. Apesar de tudo, o major-general garante que, "foi sempre frontal e que chegou por isso a ser repreendido pelo governo português, devido a uma entrevista", concedida, quando ainda prestava serviço às Nações Unidas, ao jornalista da *Renascença*, José Pedro Frazão. Questionado sobre se, com o reconhecimento da Independência do Kosovo, as tropas portuguesas no terreno não poderiam ficar em perigo, Raul Cunha admite que sim, era uma possibilidade. E isso concretizou-se, garante: "quando fomos recebidos à pedrada pelos sérvios na fronteira. E houve militares portugueses que ficaram feridos. Essa é verdade".

16.7 - A base militar Camp Bondsteel - Kosovo, um enclave militar estadunidense

Foto 35: Vista aérea de Camp Bondsteel

Fonte: https://es.wikipedia.org/wiki/Camp_Bondsteel

Os albaneses não deixaram nenhum vestígio da milenar presença sérvia na pequena cidade. No Kosovo, mais rápido do que construir casas, foram construídas as famosas bases militares do Complexo Militar Industrial dos Estados Unidos, consumando, nada mais, nada menos, que, a maior base estadunidense criada do zero desde a Guerra do Vietnã fora do território delimitado pelas fronteiras da União Estadunidense. Em junho de 1999, imediatamente após o bombardeio da OTAN na Iugoslávia, as forças dos EUA apreenderam 1.000 hectares de terras agrícolas perto de Uroševac, na fronteira com a Macedônia do Norte, iniciando a construção do campo, integrado a uma rede de bases estadunidenses nesta região fronteiriça. Em menos de três anos, foi transformado de um acampamento de tendas em uma base de alta tecnologia e autossuficiente habitada por cerca de 7.000 soldados, três quartos do número total de soldados estadunidenses estacionados em Kosovo. A base é coberta por 25 km de estradas e abriga mais de 300 edifícios. É cercada por 14 km de barreiras de terra e concreto, 84 km de arame farpado e 11 guaritas. Cerca de 55 helicópteros, incluindo *Black Hawk* e Apache, estão baseados em Bondsteel e, embora não tenha pista para aviões, sua localização permite a possibilidade de sua construção. Existem projetos para que, futuramente, substitua a Base Aérea de Aviano, na Itália, em suas funções. Seria esta, uma das razões, para a agressão covarde à Sérvia?

Nelas, ao todo, estão 16 mil soldados, cuja missão é, supostamente, proteger os albaneses dos sérvios. A base mais importante é a base Bonds, com capacidade para 7.000 soldados, sendo a segunda maior base do Exército dos EUA fora do país. Camp Bondsteel, a maior base dos Estados Unidos na Europa, fica a poucos quilômetros da fronteira com a Macedônia do Norte, com cerca de 3,85 quilômetros quadrados e capacidade para até 7.000 soldados. Está geoestrategicamente posicionada para controlar oleodutos vitais e corredores de energia, como o *Trans-Balkans*, que vai da Bulgária à Albânia, passando pela Macedônia do Norte, evitando a Sérvia, dividindo os Bálcãs em dois. Da mesma forma, o estabelecimento de Bondsteel, coincidiu com o surgimento de insurgências albanesas "espontâneas" na Sérvia (principalmente no sul) e na Macedônia do Norte. Talvez a construção desta base, tenha sido a verdadeira razão, pela qual, a elite globalista realizou uma campanha contra a integridade territorial da Sérvia Histórica. Podemos, seriamente, levantar este questionamento. A região kosovar, deste então, é protegida por duas forças policiais. Uma fornecida pela administração da ONU, a KFOR. A segunda força policial é composta, principalmente, por membros do UÇK. Aí está o condomínio KFOR-UÇK, que comanda os limites administrativos do Kosovo, tudo, sob a proteção do Sio-Atlantismo da Anglosfera.

Situada perto de Uroševac, na parte oriental do Kosovo, a base serve como quartel-general da OTAN e do Grupo Oriental da KFOR. Recebeu o nome do sargento James Leroy Bondsteel, que adquiriu a Medalha de Honra do Exército dos Estados Unidos na Guerra do Vietnã. O Camp Bondsteel foi construído pelo 94º Batalhão de Engenharia, da 568ª Companhia dos Engenheiros em colaboração com a empresa, *Brown & Root Services*, que também é a principal empreiteira de manutenção do campo, sob a direção do Corpo de Engenheiros do Exército. Como estamos vendo, trata-se de um centro operativo de controle logístico operacional por parte do Exército estadunidense. O acampamento é construído principalmente de madeira, cercado por um muro de 2,5 m de altura e ocupa 955 acres (3,86 km^2) de terreno. Para construir a base, duas colinas foram destruídas e o vale existente entre elas foi preenchido. Em agosto de 1999, 52 heliportos foram instalados no perímetro sul da instalação para facilitar o acesso por helicóptero.

Apesar da instalação haver sido criada, como resultado da intervenção direta da OTAN na Guerra do Kosovo sob o pretexto de proteger a população civil, nos últimos tempos, como era de esperar-se, a teoria de que, Camp Bondsteel, foi establecido em benefício dos interesses geoestratégicos dos Estados Unidos nos Bálcãs, tem ganhado bastante peso. Antes do conflito do Kosovo, o *The Washington Post* havia alertado que "com a Ásia Central cada vez mais frágil, precisaremos de bases e direitos de voo sobre os Bálcãs para proteger o petróleo do Mar Cáspio". A base está localizada em uma área de alto interesse estratégico, próxima ao Levante, Cáucaso e Rússia, permitindo o controle de oleodutos e corredores energéticos vitais, como o oleoduto *Trans-Balkans*, onde multinacionais estadunidenses, como a *Halliburton Oil*, têm presença marcante. Assim sendo, a base ajuda no assédio e cerco, que pretendem consumar os Estados Unidos, com seus aliados, contra a Tríplice Entente Euroasiática (aliança geoestratégica amplia, entre Rússia, Irã e China, os 3 grandes atores que juntos, ameaçam a unipolaridade neoliberal estadunidense no sistema internacional de Estados).

Diferentes meios de comunicação denunciaram que, desde a construção da base e no âmbito da Guerra do Kosovo, a atividade criminosa da organização terrorista, Exército de Libertação do Kosovo (UÇK) se intensificou. De acordo com alguns observadores, o UÇK operou quase impunemente no setor controlado pelos EUA, apesar das instalações de inteligência militar de alta tecnologia, em Bondsteel. Em 2002, foi denunciado que, Camp Bondsteel, era utilizado pelo Exército dos EUA, como um campo de detenção ilegal alternativo ao campo de Guantánamo, razão pela qual, foi inspecionado pelo Comissário da União Europeia para os Direitos Humanos, Álvaro Gil-Robles, que verificou a sua existência e, consequentemente, terminou solicitando às autoridades que o desmantelassem. Porém, até nossos dias, seu desmantelamento, não foi posto em prática, em mais uma evidência da falta de respeito e compromisso aos Direitos Humanos por parte dos Estados Unidos.

16.8 - A difícil sobrevivência sérvia em Kosovo

Apesar da ocupação militar do Tio Sam e do condomínio imposto pela elite globalista, entre KFOR e UÇK, os poucos sérvios restantes, tentam sobreviver da maneira que podem. Os sérvios remanescentes sobrevivem em enclaves isolados, como Gracanica. No mosteiro local desta cidade, fica a sede da Igreja Ortodoxa Sérvia no Kosovo, local de atuação do arcebispo Ártemiye que, curiosamente, tem sido o maior crítico do ex-presidente Slobodan Milošević, por não ter protegido totalmente os sérvios do Kosovo. Assim como sempre aconteceu na história, quando as pessoas sofrem, a igreja se torna recantos de abrigo para a população, sofrendo também com seu povo. O Arcebispo Artemiye afirma que, além da limpeza étnica, exílio e assassinato do povo sérvio em Kosovo, o principal alvo dos terroristas albaneses são edifícios da Igreja Ortodoxa Sérvia, construções que também incluem os mosteiros, são legado de mais 700 anos no solo kosovar, baluarte geográfico testemunha do desenvolvimento cultural, histórico e civilizacional do ethos sérvio. A ideia era expulsar o povo sérvio e destruir completamente suas igrejas, incluindo todos os monumentos da cultura sérvia, apagando todas as evidências materiais da existência civilizacional sérvia em Kosovo e Metohija.

A escolta militar deve ser solicitada, inclusive para tirar água de uma nascente próxima. Esta é a vida cotidiana dos sérvios no Kosovo pós intervenção sio-atlantista. Se você não é albanês e quer ir às compras para adquirir qualquer coisa, a única maneira é com uma escolta militar. Sem ela, sua vida estará em risco. A rota regular de ônibus: Osojane-Lukavak-Mitrovica, também necessita de escolta, que é assegurada por integrantes da unidade espanhola da KFOR. Depois de chegar às cidades próximas, a população estará comprando, por sua conta e risco. Essa é a solução para uma sociedade multiétnica? Vlada Cucic afirma que Kosovo e Metohija, através do seu Centro de Coordenação, tiveram 17.000 pedidos de reparação por danos causados, durante o ano de 1999. No entanto, para a reconstrução das casas, a comunidade internacional (leia-se KFOR), proibiu os tribunais do Kosovo de determinarem as datas de processamento dos casos. Os tribunais escolheram as datas para sete casos, ordenando a suspensão de todas as atividades.

Zoran Stevanovic, de Brezovica, afirma que ainda possui um apartamento, mas um albanês mora nele. Também aponta que, esse indivíduo, nunca alugou e tampouco é seu amigo. Diz que não possui nenhum vínculo com o intruso, que entrou no apartamento quando Zoran foi obrigado a deixar o Kosovo. Quando retornou, teve que arrombar a entrada, abrindo a porta, percebendo, apenas neste instante, que havia alguém morando em sua casa, ficando bastante surpreso com a ingrata revelação. Os albaneses invadiram a casa de milhões de sérvios que fugiram da guerra, da perseguição, da limpeza étnica e do caos total sem lei, que eclodiu em Kosovo. Os invasores albaneses, que se consideram donos das novas casas onde residem, não pagam aluguel, nem nada, sendo protegidos por milícias albanesas armadas, que operam, impunemente com a cumplicidade da KFOR. As crianças albanesas, crescendo neste cenário, aprendem rapidamente a roubar casas e defender o projeto da Grande Albânia, sendo impactadas pela imparável retórica anti-sérvia.

Vlada Cucic diz que, nenhum albanês ocupa apartamento, fazenda ou casa de outro compatriota. Se houvesse tal caso, a polícia o forçaria a sair imediatamente. Então, como explicar que 29.000 deles ocupam casas alheias? Dizem que é pela necessidade social de acomodação. Como pode haver uma necessidade social apenas para um grupo étnico específico? Fica claro que, o objetivo óbvio, é a albanização total da província kosovar, fenômeno somado automaticamente, a uma profunda discriminação contra os sérvios. Mas, por incrível que pareça, nem mesmo os fundamentalistas albaneses, estão felizes com isso. Eles ainda têm um obstáculo que os impede de alcançar seu objetivo. Todos os anos, tentam assumir o controle do último grande enclave no norte da província, Kosovska Mitrovika. Se a Unidade Paraquedista Francesa não estivesse ali, o enclave provavelmente estaria em ruínas e cinzas, estando sob a ameaça real de albanização total.

Foto 36: Em Mitrovica, uma cidade dividida, as Forças de paz francesas lutam contra o tédio perto de casas em ruínas devido ao conflito interétnico entre albaneses e sérvios.

Fonte: Christopher Anderson

O UÇK está, como dito anteriormente, oficialmente banido, mas suas estruturas continuam ativas no Kosovo, estando praticamente intactas. Com o Kosovo ocupado, os expansionistas albaneses tentam apoderar-se de outra parte da Sérvia, como o Vale de Preševo (que veremos em um capítulo em particular), mas são detidos pelo Exército sérvio. A partir daí, os terroristas do UÇK começaram a prestar atenção na Macedônia do Norte. Os ataques de 2001, fizeram da região, o epicentro de desestabilização nos Bálcãs. O retorno gradual dos exilados é o espinho nos olhos dos terroristas expansionistas albaneses. Em março de 2004, eles organizaram um grande pogrom. A KFOR é incapaz de proteger os sérvios. Mais uma vez, neste conflito, que se remonta aos tempos de Tito, tendo origem histórica em 1389, os terroristas albaneses usam, novamente, mulheres e crianças como escudos humanos, também voltando a matar e queimar pessoas.

Radmila Grkovic, de Orachovac, afirma haver presenciado uma multidão, que se aproximou, trazendo a bandeira albanesa e gritando: "UÇK, UÇK, UÇK!!!". Diz que os milicianos começaram a espancá-los, primeiro acertaram seu marido com um pé de cabra, fazendo com que ele caísse. Mesmo caído, eles continuaram com os golpes, chegando também, a empurrá-la. Grkovic afirma também que possuía um saco com documentos e dinheiro, contendo 500 euros que segurava com força, mas os terroristas continuaram a empurrá-la. Ela lutava, mas não é tão forte. No relato, conta que, um jovem de 20 anos, que ela conhecia muito bem, pulou em cima dela por trás. Nesse momento, ela diz que sentiu algo, era fumaça, pela qual, a casa estava pegando fogo, fazendo com que, ela pensasse que os queimariam vivos. Mais casas e mosteiros antigos foram queimados. O resultado de outra carnificina é catastrófico. Aproximadamente, 3.800 famílias ficaram nas ruas depois que suas casas foram incendiadas pelos terroristas. Ljubomir Smilic, de Lipljan, conta como viu esses trágicos eventos:

> Jogaram um coquetel molotov para incendiar a casa. Estávamos todos lá, toda a minha família. Mais de cem pessoas estavam desse lado também. Bloquearam todas as janelas, tendo guardas com armas em cada esquina para que não pudéssemos escapar. Eu estava lá dentro com meu filho, sua esposa e quatro de nossos queridos netos. Não ataquei ninguém, não prejudiquei nenhum deles. Os terroristas são todos da Albânia, ninguém é daqui. São todos invasores. Esta é a igreja que, o contingente tcheco da KFOR, abandonou por ordem de seus superiores.

Unidades multinacionais da KFOR, lideradas pelo Exército alemão, se posicionam rapidamente na fronteira com a Sérvia, esperando por um ataque. A única reacção da KFOR é evacuar as pessoas em risco, para fora da zona de ataque, levando-as para as suas bases, onde recebem sopa e cobertores. Suas casas, apartamentos, chácaras, fazendas, sítios e pertences ficam abandonados e sem proteção. É o que os terroristas querem para continuar com a albanização da província sérvia do Kosovo. Assim, os terroristas têm carta branca para queimar, roubar e ocupar essas instalações. Desta forma, como vemos, as Forças multinacionais do Kosovo, tornam-se cúmplices da limpeza étnica, pela enésima vez, algo que tem como objetivo, a total albanização da região.

Vlada Cucic conta que, a apenas 100 metros de um dos postos de controle da KFOR, os ciganos, que não são de etnia sérvia, lutaram contra os albaneses por mais de uma hora e meia. Esses confrontos foram cenas de uma verdadeira guerra e não ultrapassaram esse raio de distância. Vlada Cucic perguntou aos soldados da KFOR se eles estavam em Nova York. Os albaneses invadiram 87 casas e não eram quartos de ciganos nas favelas, eram todos de gente rica. Uma casa, por exemplo, tinha 560 metros quadrados, nenhuma das outras tinha menos de 200 metros quadrados. Eles eram ricos e educados. Certamente, eles não eram sérvios. Assim sendo, por que suas casas foram queimadas? Pelo simples fato de não pertencer à etnia albanesa. De acordo com a ideologia fundamentalista do UÇK, toda a província kosovar, deve ser habitada por albaneses. Neste raciocínio, todas as habitações e vivendas, deveriam ter famílias albanesas em suas instalações. Essa é a lógica da Grande Albânia, que advoga os guerrilheiros do UÇK. Então, os soldados franceses os mantinham nas tendas, não os deixavam sair, fazendo com que, inclusive, as mulheres tivessem que dar à luz nas tendas. Em relação a todo este contexto, Radovan Repanovic, de Osojane, afirma:

> Durante o pogrom de 17 de março de 2004, alguém atirou do morro. Telefonei para a KFOR imediatamente. A KFOR chegou, fomos ao local de onde atiraram, eles próprios puderam ver e direcionaram o holofote para o local. Lhes disse que não ia dar certo. Os tiros recomeçaram do morro. A KFOR disse que não tinha permissão para atirar, apenas para manter a paz. Então, lhe disse para me dar sua arma para atirar na direção dos tiros. Perguntei-lhe se tinha que me defender com o machado e o forcado.

Javier Solana, ex-secretário-geral da OTAN, que assinou a decisão de iniciar o bombardeio da Iugoslávia, com total apoio e respaldo de Bill Clinton, chega ao Kosovo em nova função, agora como alto representante da Segurança Europeia. Os sérvios protestam contra a visita do marxista Javier Solana, dizendo que querem e têm o direito de permanecer no Kosovo, argumentando que esta é a sua terra e que não são uma ameaça para ninguém. Um deles sai em defesa da comunidade sérvia-kosovar, sinalizando: "...todas as noites, nossos homens estão acordados vigiando sem armas para defender suas famílias. Como podemos nos defender? Seria possível que, a comunidade internacional, fizesse algo para nos proteger? O ex-secretário-geral da OTAN apenas ouve as exigências sérvias com um olhar de total desprezo, pensando "o que estou fazendo aqui? Isso não é problema meu!!".

Os bombardeios da OTAN ajudaram para seguir modificando, totalmente, a distribuição étnica da população, em todo o território da província kosovar. No entanto, os sérvios começaram a regressar às suas casas, com o impedimento, por parte dos terroristas, que organizaram um pogrom e, com a ajuda da KFOR, apoderaram-se de mais territórios, em 2004. É importante mencionar que, os albaneses, convertidos ao sunismo pelos turcos no passado, mantêm, na era contemporânea, o papel de seus antigos patrões imperialistas, com a implementação de pogroms antissérvios. Existem alguns lugares em Kosovo, onde os sérvios conseguiram sobreviver. Um deles é o enclave de Orahovak. São protegidos pelo contingente de soldados da Áustria. Porém, a maioria das ruas vive vazia, quase não tem gente. O medo de uma invasão das milícias albanesas impediu a vida normal em Orahovak. Muitos já partiram e os que ainda estão na cidade se preparam para partir. Ninguém quer ficar, sabendo do ímpeto destrutivo dos terroristas que cercam a região. Assim, seus habitantes compram algumas casas e apartamentos em outras regiões da Sérvia. Este é o legado da intervenção sio-atlantista. Vlada Cucic afirma que, nesse momento, ainda têm 7.500 famílias à espera do seu regresso sem quaisquer condições. Não pedem nada, nem mesmo segurança, só querem voltar. Ele pede, suplicando, à comunidade internacional, que conceda esse direito a essas pessoas. "Que eles possam retornar, a comunidade internacional deve proporcionar esse desejo possível, todos têm esse direito", complementa Cucic. A maior preocupação do Ministério da Cultura de Kosovo são os concursos de beleza e, um dos principais investimentos em Kosovo, ultimamente, não foram em desenvolvimento industrial, mas em mesquitas, tendo uma forte infiltração da vertente wahabista, claro capitaneado por capital saudita, além de certas agrupações turcas. Em cidades, como Prevalac Sarplanina no Kosovo, é notória a xenofobia contra os não albaneses. Além de sérvios, croatas, eslovenos, romenos, búlgaros, gregos, húngaros, turcos, ciganos, poloneses, entre outras minorias. Nas escolas, as crianças são ensinadas a odiar a cultura católica e ortodoxa. Há um estímulo para a destruição e queima de igrejas, a grande maioria das quais, são ortodoxas sérvias. Uma deles, o Mosteiro Zociste, os sérvios arrecadaram dinheiro para consertar o telhado do estabelecimento destruído, mas a missão da ONU no Kosovo, se retirou diante dos terroristas albaneses, ordenando aos sérvios que removessem o novo telhado. A questão óbvia que permanece no ar é, por que a ONU, a OTAN e a KFOR têm que apoiar os terroristas genocidas albaneses do UÇK em seu projeto da Grande Albânia?

Os sérvios do Kosovo não têm muitos momentos felizes. Uma das ocasiões que proporciona alegria é a colheita anual dos vinhedos de Gornja Hoca, uma ancestral celebração e tradição sérvia. Os vinicultores estão confinados a 50 metros de suas casas, com o "Merlot" local, ainda tendo uma qualidade excelente. Voluntários nacionalistas, búlgaros, romenos, gregos e sérvios, apoiam e respaldam, sendo, salvo raríssimas outras exceções, os únicos estrangeiros, a proteger os sérvios-kosovares.

Foto 37: Ajuda do Exército grego aos sérvios em Kosovo e Metohija, em 2008. Irmandade ortodoxa faz-se presente nestes campos sagrados para a ortodoxia.

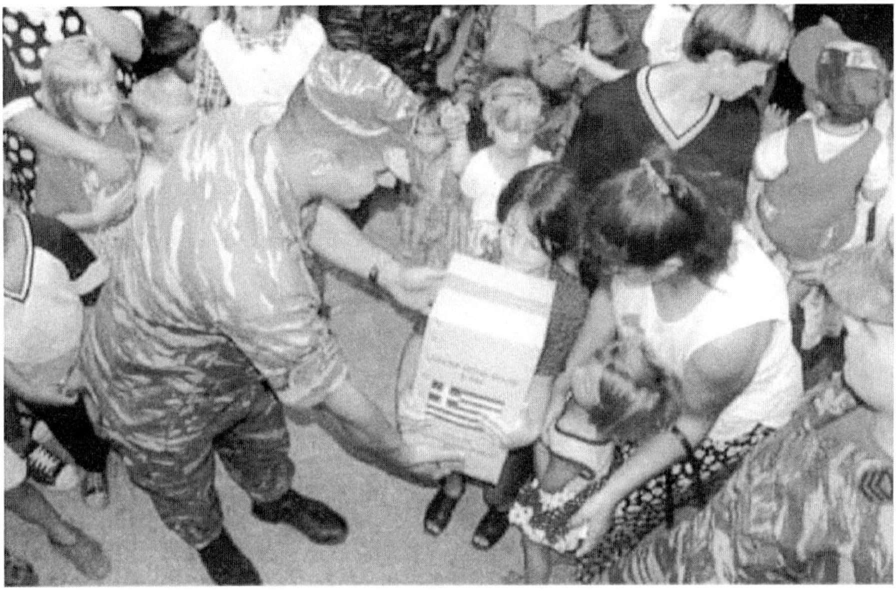

Fonte: Desconhecida

O futuro da região conflituosa e turbulenta do Kosovo é bastante incerta. Porém, algo não gera dúvidas. A melancolia geral e o cenário de profunda instabilidade política e condição anárquica, que a elite globalista herdou no Kosovo, através de uma amputação territorial à Sérvia, respaldando uma série de milícias vinculadas ao crime organizado, é sentida profundamente, até nossos dias por aqueles que vivem, intensamente, uma sensação de fobia permanente.

Ivko Misic, sérvio oriundo de Lukavac, dá a sua opinião sobre todo o cenário abordado: "Estamos muito otimistas e esperamos poder voltar a viver aqui. Que todas as pessoas voltem para as suas casas. É a nossa terra, o nosso país. Não creio que exista um sérvio que assinaria a doação de Kosovo a outro país". Radmila Grkovic, de Orachovac, sinaliza que, a reconquista sérvia da histórica província kosovar é muito difícil, pois carecem de respaldo. Os sérvios do Kosovo, obviamente, não recebem nenhuma ajuda da ONU, nem das autoridades sérvias, que abandonou, quase totalmente, o sul pátrio. Uma das razões para o bombardeio da Sérvia orquestrado pelos EUA, foi erradicar o regime nacionalista de Slobodan Milošević, um governo que defendia os direitos históricos sérvios e a legitimidade no processo de preservação da integridade territorial da Sérvia, sustentada e contemplada por um dos princípios básicos do Direito Internacional Público, a autodeterminação dos povos, anelando evitar o rompimento do cordão umbilical, entre Belgrado e os sérvios das terras irredentas, principalmene, Kosovo, Krajina e República Srpska. Assim, os sérvios do Kosovo estão totalmente abandonados. Milorad Pejcenovic se pergunta: isso é civilização? Lembra que, o próprio Fadil Hoxha, um político comunista do Kosovo, de etnia albanesa, havia afirmado que eles próprios são bárbaros. Pejcenovic continua dizendo que as pessoas podem tirar suas próprias conclusões. A verdade é que, segundo ele, está muito claro quem é o grande vilão do conflito no Kosovo. Pior cego é aquele que não quer enxergar, afirma. Vlada Cucic, completa a reflexão dizendo, através de um depoimento muito relevante e emocionante, que, os sérvios não querem um único pedaço do que não lhes pertence, assim como, os romenos que, dito de passagem, apenas possuem um histórico de promover uma defesa de sua integridade territorial histórica:

> Nem um grão de areia, da terra que não é nossa, mas também não queremos que nos roubem um pedaço de terra que

nos pertence. Podem fazer o que quiser conosco. Façam o que quiser, nos próximos anos, talvez, tenham sua independência, é tudo o que desejam. Mas não somos obrigados a concordar. Não seremos forçados a isso e nunca aceitaremos. Se roubarem o Kosovo de nós, em cem ou duzentos anos, ainda teremos todo o direito de recuperá-lo. Meu bisneto terá esse direito. Mas se retirarmos e assinarmos agora, perderemos esse direito para sempre.

Foto 38: Mudança na estrutura étnica kosovar, por meio de genocídio (des-servianização), entre 1999 e 2004, com a administração da ONU, através da missão KFOR.

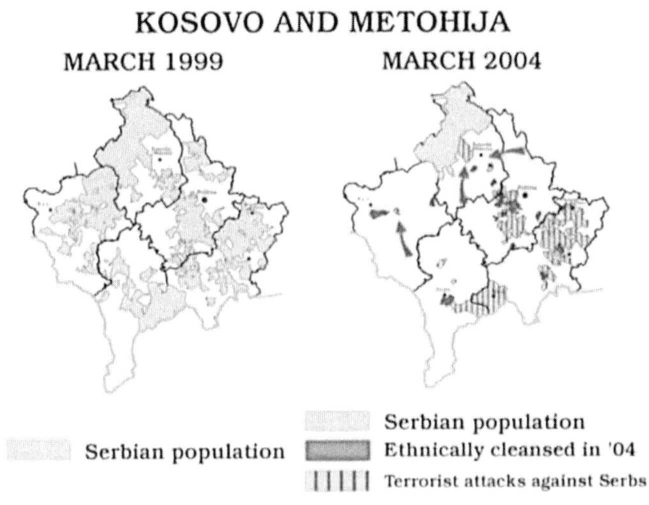

Fonte: Desconhecida

Em Velika Hoca, um povoado no sudoeste dos limites administrativos do Kosovo, por exemplo, a população ainda comenta sobre uma briga que aconteceu décadas atrás. Foi depois da Guerra de Kosovo, que opôs milícias separatistas albanesas contra forças sérvias, terminando quando, em junho de 1999, a OTAN submeteu a Sérvia e seu estadista (artífice da soberania sérvia contemporânea), o presidente Slobodan Milošević, por meio de enormes ondas de bombardeios, a seus caprichos. Os Estados Unidos intervieram para deter as "atrocidades perpetradas contra os albaneses-kosovares" e evitar uma crise de refugiados, assumindo que a Paz reinaria assim que o "ditador" e seus combatentes fossem derrotados. Mas, como pudemos observar, a realidade do pós-guerra foi bem diferente. A maioria albanesa foi exaltada; a minoria sérvia, deixada para trás. As mortes de civis continuaram. E um novo fluxo de refugiados, composto por sérvios, fugiu do montanhoso Kosovo, uma região onde o conflito étnico e a estagnação econômica são endêmicos. No dia da briga em Velika Hoca, quando várias centenas de sérvios viviam escondidos em um vale rochoso, um político local chamado Bojan Nakalamic (20 anos, experiência militar, físico atarracado e bastante arrogante), prestou um desserviço à reputação e ao orgulho sérvio. Pouco resta desse orgulho desta terra que os sérvios consideram a sua pátria ancestral, sendo o berço da sua civilização, o grande bastião da sua alma existencial. Segundo relatos de locais, alguns jovens albaneses chegaram a Velika Hoca, começando a flertar com algumas meninas da cidade. No final do dia acabaram sendo expulsos do enclave sérvio, sendo Nakalamic quem liderou a surra. Para os vizinhos, a história mostrava que os sérvios eram capazes de criar um verdugo, um homem temível. Para a população local, a impressão de que Nakalamic era um bandido nacionalista, aumentava cada vez, que as pessoas ouviam o relato do ocorrido.

16.9 - A relação de amor e gratição entre patrões e súditos, a Grande Albânia, como um apêndice e enclave sio-globalista nos Bálcãs

Diante deste contexto de enorme vínculo entre os serviços de inteligência de países da Europa Ocidental e da Anglosfera, não é de estranhar-se, o apreço e admiração, por parte dos albaneses, aos estadunidenses. Monumentos em homenagem aos Estados Unidos são erguidos, talvez, como forma de agradecê-los por seu total apoio ao processo de albanização de Kosovo. Uma Estátua da Liberdade, uma réplica da existente em Nova York, é levantada. Um mármore alusivo a Hillary Clinton é construído e inaugurado em Tirana, capital da Albânia, um fato que, por si só, evoca a analogia com o projeto de Grande Albânia. Se não fosse o bastante, mármores de Bill Clinton também são erguidos. Não resta dúvidas do respaldo de Washington ao estabelecimento de uma Grande Albânia ou, ao menos, à albanização da região kosovar.

Foto 39: Estátua de Bill Clinton em frente às enormes bandeiras dos Estados Unidos e da República do Kosovo.

Fonte: Desconhecida

A separação de Kosovo e Metohija da República Sérvia foi, além dos Estados Unidos, apoiada por Alemanha e Inglaterra, atores estatais, que formam atualmente, diante da atual conjuntura geopolítica mundial, bastiões geográficos do Império Anglo-Sionista, sendo apêndices do poderio hegemônico unipolar liberal estadunidense. Portanto, após todo o cenário histórico-geopolítico abordado, fica evidente como ocorreram os eventos em Kosovo, tratando-se de uma terra roubada, sob condutas genocidas, com total respaldo globalista. A OTAN, por certo, sempre cooperou com as milícias albanesas genocidas para promover a limpeza étnica contra os sérvios no Kosovo, um território que representa, nada menos, nada mais, que, o coração histórico-civilizacional da Sérvia. Além do Kosovo, não esquecendo, os casos de Krajina, Republika Serpska e Montenegro, o globalismo continua a perseguir a Sérvia tentando amputar a província setentrional de Voivodina, além do Vale de Preševo. Nos anos 1990 foi a Cruzada Neoliberal de Clinton, agora temos a Cruzada Neoliberal Sorista, que implica, uma série de personalidades, como Hillary Clinton, Madeleine Albright, Victoria Nuland, Lindsey Graham, John McCain, Amy Klobuchar, Bernard-Henri Georges Lévy, Bernard Kouchner, Gunther Fehlinger, entre muitos outros. A lista é enorme. As várias estátuas em homenagem aos Clinton, por exemplo, é apenas uma das milhares de evidências que mostram a gratidão dos albaneses, pelo fato dos Estados Unidos, apoiarem seu projeto criminoso, genocida e expansionista, algo característico do Inferno de Dante.

Foto 40: Hillary Clinton é fotografada sorrindo em frente à estátua do ex-companheiro, na capital albanesa, Tirana.

Fonte: Desconhecida

Foto 41: Políticos albaneses e diplomatas estadunidenses inauguram estátua de Hillary Clinton, em Tirana.

Fonte: Desconhecida

Este episódio vergonhoso é apenas mais uma demonstração de que a Albânia tem sido, e provavelmente infelizmente será, uma das sociedades mais primitivas, sombrias e ignoradas do planeta. Desde os tempos medievais, sob o domínio otomano, até aos dias de hoje, sob a égide de uma plutocracia mafiosa que, descaradamente, literalmente, se rende totalmente aos estadunidenses, através do regime catastrófico de Enver Hoxha e dos governos conflituosos dos seus sucessores, Sali Berisha e Rexhep Meidani, os albaneses se comportam como 'meros lacaios', prestando atenção em quem grita mais alto e oferecendo-lhes as melhores migalhas. Em fim, podemos reflexionar o seguinte. O que pensar de um povo que constrói estátuas em homenagem a personalidades nefastas, como Bill e Hillary, tendo inclusive, várias canções e hinos militares dedicados aos estadunidenses? A verdade é que, esses povos, que têm suas vidas atreladas ao poder estadunidense devem ter muito cuidado, pois seus destinos também podem acabar, vinculando-se inevitavelmente, ao estadunidense, com a unipolaridade hegemônica do Tio Sam, aproximando-se do fim, pelo fato de que, o papel dos Estados Unidos no sistema Internacional de Estados diminui, rotundamente, nas últimas duas décadas, fator somado, automaticamente, à ascensão meteórica da Tríplice Entente Euroasiática, composta por China, Irã e Rússia, que compartilham uma profunda aliança geoestratégica abrangente. Um rearranjo da Ordem Mundial, saindo da decadente unipolaridade neoliberal estadunidense (1991-2008), entrando na multipolaridade, estabelecendo a ordem da soberania dos povos diante das cinzas da hegemonia da Anglosfera (1790-2008), pode comprometer o controle albanês no Kosovo. E os sérvios sabem disso muito bem, pois como nos mostra a história contemporânea, o contexto da concretização do condomínio administrativo KFOR-UÇK no Kosovo, apenas foi possível, por haver sido consumado, no auge da unipolaridade estadunidense. Vivendo uma profunda transição entre unipolaridade e a multipolaridade, presenciamos uma bipolaridade de blocos geopolíticos. De um lado, a Tríplice Entente Euroasiática (tendo uma profunda atração com os nacionalismos latino-americanos, europeus, africanos e asiáticos) e, de outro, o Sio-Atlantismo capitaneado pelo Arco Transatlântico da Anglosfera. Não resta dúvidas que estamos, nos últimos resquíscios da unipolaridade neoliberal estadunidense no sistema internacional de Estados, algo que se manifesta, cada vez com mais força.

Foto 42: Madeleine Albright sendo homenageada com a "Ordem da Liberdade", em Kosovo, pelo guerrilheiro terrorista, Hashim Thaçi.

Fonte: https://javanews.al/pas-bill-clinton-edhe-madeleine-albright-nderohet-me-urdhrin-e-lirise-ne-kosove/

16.10 - Direito Internacional Público no desenlace do conflito kosovar

O Bombardeio da OTAN em 1999 na Iugoslávia, também conhecido por seu codinome Operação Força Aliada, foi uma guerra não declarada entre a maioria dos países membros da OTAN e a República Federal da Iugoslávia, durante o contexto da Guerra do Kosovo. Os ataques ocorreram de 24 de março a 11 de junho de 1999, durando 78 dias, sendo a segunda grande guerra da OTAN desde a sua criação após a Operação Força Deliberada de 1995, que havia sido, a primeira grande operação de combate em sua história, após a campanha de bombardeio na Bósnia-Herzegovina. Os Estados Unidos chamaram de Noble Anvil Operation, enquanto na Iugoslávia, por sua vez, a operação foi incorretamente chamada de "Anjo Misericordioso" (cirílico sérvio: Милосрдни анђео), como resultado de um erro ou má tradução.

A operação foi iniciada unilateralmente pela OTAN, sem autorização prévia do Conselho de Segurança da ONU, fazendo com que, diversos meios começassem a considerar os bombardeios atos de crimes de guerra. Intelectuais, como Noam Chomsky e Jean Bricmont, condenaram o ataque, afirmando que constituía uma profunda violação da Carta das Nações Unidas. Em consequência, foi a primeira vez que a OTAN utilizou a força militar sem a aprovação do Conselho de Segurança da ONU. Os bombardeios mataram 462 soldados, 114 policiais especiais, entre 1.200 e 5.700 civis iugoslavos, três jornalistas chineses, além de dois soldados da OTAN em um acidente de helicóptero fora de combate. Em 2009, a exfiscal do Tribunal Penal Internacional para a ex-Iugoslávia, Carla del Ponte, em seu livro '*La Caza. Yo y los criminosos de guerra*', questiona a legalidade do ataque, além de considerar impossível uma investigação sobre os possíveis crimes cometidos pela OTAN durante a campanha de bombardeios.

Os bombardeios de 1999 levaram à retirada das Forças iugoslavas do Kosovo e o estabelecimento da UNMIK, a missão da ONU no Kosovo, através da KFOR. A operação, com o apoio direto do governo dos Estados Unidos, sob a administração de Bill Clinton, ficou caracterizada principalmente pelos bombardeios aéreos da OTAN às cidades de Belgrado e Novi Sad, que acarretaram a morte de centenas de civis inocentes, a mais de 300 km da zona de conflito, além da destruição da infraestrutura civil e militar da região. De um ponto de vista militar, de acordo com a OTAN, a operação foi um sucesso, cumprindo seus objetivos e trazendo um fim ao conflito que assolava a região havia quase uma década.

Portanto, o caso do Kosovo e, mais abrangentemente, de toda Iugoslávia, como um panorama regional integral, é um caso realmente emblemático que demonstra, com extrema clareza, que o EUA e os demais países do autodenominado «mundo livre» não tomaram em conta a diplomacia para o Direito Internacional e para o respeito ao decoro por décadas. Rasgaram todas as leis e manuais de Direito Internacional e Teoria do Estado ao desrespeitar, várias normas elementais, como o princípio da integridade territorial, a não intervenção, a questão de soberania, além da segurança e estabilidade internacional. Causaram inúmeras guerras, conflitos e mudanças sangrentas de regime pelo caminho, com dezenas de milhares de mortes. E, agora, desde fevereiro de 2022, que a Rússia resolveu aplicar, em reciprocidade, abordagem semelhante no que concerne à sua segurança nacional no entorno de seu próprio território histórico, após décadas de recuo e abaixar a cabeça, os "Donos do Mundo" se inflamam e se arrogam o título de "defensores da Paz mundial", da legalidade, integridade e estabilidade. A hipocrisia, como vemos, faz parte do modus operandi dos grandes poderes.

17 - Insurgência no Vale de Preševo

Um dos legados do conflito kosovar foi a extensão da turbulência para a região colindante com outras áreas da Sérvia Central, conflagrando o enclave geográfico, conhecido como Vale de Preševo, no sul da Sérvia, desestabilizando uma região, ainda não atingida pelas sangrentas lutas responsáveis pela desintegração da ex-Iugoslávia e pela mutilação da Sérvia. Assim sendo, o Conflito no Sul da Sérvia ou Insurgência no Vale de Preševo (1999-2001), foi um conflito, entre o governo federal iugoslavo e albaneses de uma organização conhecida como o Exército de Libertação de Preševo, Medveđa e Bujanovac (UCPMB), sendo uma sucursal do UÇK, criado com o objetivo de anexar esta área do extremo sul da Sérvia à Pristina. A ideia era capturá-lo, integrando essa faixa territorial aos limites administrativos do Kosovo, embora não necessariamente, integrado a República da Albânia.

Após o término da Guerra do Kosovo de 1999, uma área de três milhas chamada, *Ground Security Zone* (GSZ) foi estabelecida entre o Kosovo (regido pela Organização das Nações Unidas) e o interior da Iugoslávia (atual Sérvia), respectivamente. Unidades do Exército iugoslavo não tinham acesso à área, apenas forças policiais levemente armadas. A exclusão incluía zonas predominantemente albanesas, a aldeia de Dobrosin, mas não Preševo.

Em 2001, como uma continuação da crise do Kosovo, houve confrontos entre as Forças federais iugoslavas e a guerrilha albanesa local, ligada ao Exército de Libertação do Kosovo (UÇK). O objetivo do movimento foi a de assumir o controle total de

Preševo e Bujanovac (Medvedja e fora do vale) e dominar até os terrenos adjacentes, o Kosovo e a Macedônia Ocidental, que também estavam sob controle albanês, o que, deveria ter permitido, a abertura gradual das fronteiras, carecendo este esforço, como era de esperar-se, da atenção da mídia internacional, pois o que estava em jogo, era, mais um processo de mutilação estatal da nação sérvia.

Foto 43: Áreas em laranja, regiões da República Federal da Iugoslávia, que se levantaram a favor do Exército de Libertação de Preševo, Medveđa e Bujanovac.

Fonte: https://es.wikipedia.org/wiki/Conflicto_del_valle_de_Pre%C5%A1evo

O Acordo de Konculj, de 23 de maio de 2001, colocou, ao menos em teoria, fim ao conflito, com uma vitória tática da Sérvia, que conseguiu manter a integridade territorial sobre a zona disputada. As principais disposições do acordo foram concebidas para fazer o seguinte: a total desmilitarização, desmobilização e desarmamento do Exército de Libertação de Preševo, Medveđa e Bujanovač (UÇPMB), integração de albaneses étnicos nas estruturas governamentais, cívicas, econômicas e policiais, além do apoio da comunidade internacional para implementar o chamado Plano Čovic e a finalização dos embates em Preševo, Medveđa e Bujanovac.

18 - Impacto da interferência mundial na complexa região balcânica

18.1 - Atores geopolíticos forâneos contra os povos iugoslavos

Império turco-otomano (1299-1922): Séculos de dominação e repressão, com direito a genocídios e pogroms na região da Bósnia, entre outras, como no sul da Sérvia e regiões históricas romenas, búlgaras e gregas. No Kosovo, desenvolve-se algo inusitado e quase peculiar, sendo possível apenas em condutas genocidas, a total inversão demográfica da região. Como nos mostra a história, o Império turco-otomano cruzou o Bósforo em 1352, esmagou os sérvios na Batalha de Kosovo Polje, em 1389. Nunca esquecendo que, como observamos, a entidade política artificial, que conforma a contemporânea, Bósnia-Herzegovina, existe como um legado de séculos de ocupação turca, com os otomanos sendo responsáveis por numerosos conflitos subsequentes que se desenvolveram na região, como a Guerra da Bósnia, entre 1992 e 1995. Depois de uma série de atrocidades, retirou-se após várias guerras pela libertação dos povos balcânicos, destacando-se os acontecimentos de 1878, 1903 e 1912, sendo derrotado na 1ª Guerra Mundial. Na década de 1990, apoiou os terroristas wahabistas, considerados suas "crias", sendo seus "netos".

Império Austro-húngaro (1867-1918): Manteve o norte da Iugoslávia sob seu domínio até a Primeira Guerra Mundial, sendo uma entidade política, que herdou os apetites expansionistas do Reino da Hungria e da Casa dos Habsburgos.

Foto 44: Soldados austro-húngaros executando civis sérvios durante a Primeira Guerra Mundial.

Fonte: https://es.wikipedia.org/wiki/Serbofobia

Vaticano: Tenta manter, sob seu governo e os senhores feudais locais, os croatas. Apoia com entusiasmo, o genocídio dos sérvios de 1941 a 1944 perpetrado pelos ustashas, promovendo décadas depois, a bênção da separação da Croácia e da Eslovênia da Iugoslávia. A Croácia contemporânea sempre esteve sob a influência direta do Vaticano.

Alemanha: o militarismo e o poder alemão lutam contra a Iugoslávia desde seu nascimento em 1919, porque a vê como uma barreira à sua expansão no Mediterrâneo, Norte da África e Ásia Ocidental. O famoso choque, entre o pan-eslavismo e pan-germanismo, consistindo em dois projetos de integração civilizacional estatal em zonas chaves no tabuleiro de xadrez geopolítico do continente europeu. Pelo fato dos eslavos do sul serem uma muralha, de acordo com a mentalidade germânica, em 1938, a Alemanha tenta desmembrá-los, conspirando durante décadas para o desmantelamento da Iugoslávia, até atingir seu objetivo, em 1990, em uma época caracterizada pela cristalização da unipolaridade estadunidense no sistema internacional de Estados. Assim, a Alemanha, intervém ativamente no armamento dos seus preferidos domésticos, eslovenos e croatas, além da agrupação bosniak e dos invasores albaneses no Kosovo, obrigando a toda a União Europeia, além do Arco da Anglosfera, a apoiarem o referido desmembramento. Automaticamente, Eslovênia e Croácia, despontam como meros apêndices da economia alemã. Berlim deseja que, a nação sérvia, esteja ainda mais vencida, humilhada e agonizante, razão pela qual, tenta implementar a separação de Voivodina, como analisaremos ao final deste trabalho. Vale ressaltar que, atualmente, devido à liderança alemã na União Europeia, utilizando o euro como instrumento para consolidar sua posição como potência hegemônica regional, embora ocupada pelos Estados Unidos em questões geopolíticas e militares, Eslovênia e Croácia, se convertem em apêndices da economia alemã, estando totalmente acopladas ao vizinho gigante germânico.

Estados Unidos: Consolida-se como a única superpotência mundial no período compreendido, entre a queda do Muro de Berlim (1989), o desmantelamento da União Soviética e a intervenção estadunidense no Iraque, que impediu a anexação do Kuwait por Saddam Hussein, em 1991. Impõe a guerra à Sérvia para depois decretar a Paz, através dos Acordos de Dayton, em 1995. Aproveita o conflito, estimulando batalhões sanguinários albaneses no Kosovo, para alargar a influência da OTAN, levando-a a entrar em combate e criando um dispositivo de bases militares, que a colocam, numa posição estratégica nos Bálcãs, no Leste Europeu, na Europa Central e no Mediterrâneo, estando, relativamente próximos dos 3 *Big Players* (China, Irã e Rússia, juntos compondo a Tríplice Entente Euroasiática), que desafiam o controle hegemônico estadunidense (unipolaridade neoliberal), através de uma profunda aliança geoestratégica abrangente (é dizer, em todos os níveis).

18.2 - Principais intervenções forâneas contra os povos iugoslavos

- Reconhecimento unilateral pela Alemanha e Áustria da declaração de separação dos governos da Eslovênia e Croácia, bem como dos sunitas da Bósnia-Herzegovina.
- A preparação clandestina conduzida, durante anos antes da desintegração iugoslava, para a separação da Croácia, entre os ustashas croatas e o serviço secreto da Alemanha Ocidental, BND.
- Armamento clandestino e treinamento militar das tropas neo-ustashas e sunitas na Bósnia-Herzegovina, pelo BND alemão, CIA estadunidense, MI6 inglês, além de monarquias absolutistas árabes wahabistas do Golfo Pérsico.

- Sanções, bloqueios e embargos internacionais contra a República Federativa da Iugoslávia que, já naquele momento, se configurava sob a égide de uma Grande Sérvia, comandada pela fração nacionalista sérvia do partido, que havia resgatado preceitos soberanistas básicos da ideologia chetnik. As sanções afetaram, profundamente, a população civil.

- Apoio político e militar à operação militar croata, que levou à limpeza étnica de Krajina e regiões adjacentes, com inúmeros crimes de guerra e de lesa à humanidade por parte do Exército croata neo-ustasha, em coordenação com a OTAN. Esses eventos ocorreram em muitas manobras militares, sendo as mais famosas, as Operações Ralâmpago, Tempestade, Força Deliberada e Destacamento Ícaro.

- Criação de uma rede de bases militares terrestres, aéreas e navais, centros de espionagem e localização de tropas e esquadrões da OTAN, Estados Unidos e Alemanha na Hungria, Croácia, Itália, Bósnia-Herzegovina, Macedônia do Norte, Albânia, Grécia e Turquia. Os Bálcãs foram militarizados e ocupados pelo Complexo Militar Industrial estadunidense, com exceção da República Federal da Iugoslávia, que pagou a conta, através de severos bombardeios, por não aceitar ser ocupada militarmente pela OTAN.

- Estabelecimento de dois níveis de refugiados civis: os da primeira categoria, croatas, sunitas e invasores albaneses do Kosovo recebem ajuda; os de segunda, os sérvios, verdadeiras vítimas do conflito, são desprezados e marginalizados. É essa a hipocrisia dos grandes veículos de comunicação e seus patrões. Como podemos ver, vai muito além de, simplesmente, dois pesos e duas medidas.

- Apoio aos partidos e dirigentes políticos mais sanguinários e genocidas da região para que oprimam seus povos e os façam matar uns aos outros. Apesar de serem firmes defensores da agenda nacional-socialista da Alemanha nos Bálcãs, Tudjman da Croácia e Itzezbegovic do Estado bosniak wahabista, são rotulados de "democratas" pela imprensa corporativa. É dizer, tudo que serve para atender aos interesses sio-atlantistas, será pintado nos grandes meios de comunicação, de uma manera positiva, passando por Osaba Bin Laden, tratado como "Guerreiro da Liberdade", sendo respaldado por Jimmy Carter e Zbigniew Brzezinski, através da Operação Ciclone, até os membros do Exército Livre Sírio e Frente al-Nusra na tentativa de derrubar al-Assad, culminando com os Batalhões Aidar e Azov, além do Setor Direito e Svoboda, instrumentalizados atualmente, contra a Rússia soberanista e tradicionalista do regime euroasiano nacionalista putinista.

- Campanha de propaganda carregada de serviofobia, que apresenta os sérvios, em sua totalidade, sem fazer distinção, entre suas diferentes classificações, como um povo sanguinário, criminoso e o único responsável por todas as atrocidades cometidas.

- Ataques militares contra posições civis e militares sérvias na Bósnia-Herzegovina usando armas de urânio empobrecido, proibidas pela Convenção de Genebra, causando inúmeras mortes e feridos entre a população civil.

- Ameaças contínuas de intervenção militar em larga escala contra a República Federal da Iugoslávia.

- Apoio a grupos terroristas albaneses no Kosovo, que foram estabelecidos na diáspora albanesa na Suiça, como principalmente, o UÇK.

- Impedir, por todos os meios, a reconciliação e a unidade territorial histórica, natural, ancestral e originária da nação sérvia, para dominá-la e oprimi-la. Josip Broz Tito, Enver Hoxha, Vasil Radoslavov, Ante Pavelic, Josip Frank e Ivan Šarić, ficarão felizes em seus respectivos túmulos.

- Tribunal Penal Internacional para a ex-Iugoslávia, criado em 25 de maio de 1993, fabricado especialmente, para incriminar a Sérvia.

18.3 - Importantes crimes de guerra no desmembramento da Federação Iugoslava

Franco Tudjman: Mentor intelectual da Croácia contemporânea e considerado o 'Pai da Croácia Moderna', herdeiro da Croácia Ustasha (1941-1944) de Ante Pavelic. Reabilitador de criminosos ustashas altamente perigosos. Chefe das milícias croatas na Bósnia-Herzegovina, que orquestraram operação de limpeza étnica em Krajina, pela qual, refugiados civis sérvios, foram metralhados enquanto fugiam, além de uma série de torturas e apropiação indevida de bens. Expulsou milhares de sérvios e outros iugoslavos, não croatas, da Croácia. Defensor de um deslocamento massivo cruel, conduzindo a uma limpeza étnica, ofuscada, estrategicamente, pela mídia hegemônica. Marionete da Alemanha.

Ante Gotovina: General do Exército croata, força militar esta, legado da Croácia ustasha de outrora, responsável pela maior limpeza étnica em toda a Iugoslávia, caracterizada pela expulsão de 200.000 sérvios de Krajina e pelo assassinato de centenas deles.

Mihaljo Hrastov: croata neo-ustasha convicto, assassino direto de 13 prisioneiros indefesos do Exército Popular Iugoslavo, em 1991, pelo qual, foi condecorado por Tudjman.

Dobroslav Paraga: ex-"prisioneiro de consciência" na Iugoslávia, por ser, um dos ustashas, mais extremistas, chefe das milícias do Partido dos Direitos Croatas, responsável por inúmeros massacres contra a população civil sérvia, entre 1991 e 1995. Defendia uma espécie de Grande Croácia, incluindo grandes porções territoriais da Sérvia e a totalidade do território que, após os Acordos de Dayton de 1995, formou a entidade política artificial atlantista neo-otomana da Bósnia-Herzegovina.

Foto 45: Uma das visões das fronteiras da Grande Croácia defendida por Paraga.

Fonte: https://en.wikipedia.org/wiki/Dobroslav_Paraga

Alia Itzezbegovic: um dos ex-colaboradores mais relevantes da incursão alemã nos Bálcãs durante a Segunda Guerra Mundial. Mentor intelectual do projeto de criação de uma Bósnia-Herzegovina wahabista unida, 'limpa' de cristãos, sejam eles ortodoxos ou católicos. Títere dos interesses dos Estados Unidos e aliado de monarquias absolutistas wahabistas do Golfo Pérsico, além, obviamente, da Turquia. Por certo, é descendente de turcos. Repressor das populações sérvias e croatas, além de muçulmanos da oposição e de todos os que se opunham ao seu projeto. Chefe das Forças militares e paramilitares bosniaks e wahabistas internacionais atuantes nos Bálcãs, perpetrador de crimes contra a humanidade e contra civis croatas e sérvios, além de sunitas antagônicos a seu projeto.

18.4 - Apoio internacional às distintas forças protagonistas na guerra

União Democrática Croata. Partido de Franco Tudjman. Apoiado pela Alemanha, Vaticano, Opus Dei, União Europeia. É dizer, por grande parte da elite globalista, exemplificada pela OTAN.

Partido da Ação Democrática. Consiste na agrupação partidária de Alia Itzezbegovic. Respaldo por parte dos Estados Unidos, Alemanha, Turquia e monarquias absolutistas wahabistas árabes wahabistas do Golfo Pérsico.

Partido Radical Sérvio. Agrupação política de Vojislav Seselj. Apoiado pelos ultranacionalistas russos de Vladímir Vólfovich Zhirinovski, por ultranacionalistas romenos, vinculados a organizações herdeiras da Guarda de Ferro e do Partido Nacional Cristão, como o *Partidul Romania Mare*, pelos precursores do movimento *Noua Dreaptă*, por voluntários nacionalistas gregos e búlgaros, além de outros nacionalistas voluntários eslavos, como eslovacos e tchecos, que também apoiaram as Forças sérvias. Sem esquecer voluntários franceses.

Foto 46: Voluntários nacionalistas gregos ortodoxos respaldando os batalhões servo-bósnios, em 1995.

Fonte: Desconhecida

Exército de Libertação do Kosovo. Apoiado pela Alemanha, pelos Estados Unidos, pelo regime albanês de Sali Berisha, pela Turquia e pela elite globalista, novamente sob o disfarce da OTAN.

Partido dos Direitos da Croácia e Nova Direita Croata. Abertamente partidárias do movimento ustasha, são apoiados por grupos com tendência ideológica semelhante em países como,

Alemanha, Áustria, países bálticos, Ucrânia, Bélgica, com a benção dos grandes poderes mundiais.

Partido Democrático Sérvio: partido de Karadzic na Bósnia. Inicialmente apoiado por Milošević. Mais tarde, recebe apoio de uma pequena parte da terceira via nacionalista francesa, do nacionalismo russo e eslavo em geral, além de nacionalistas gregos e romenos.

Embaixada estadunidense: Como nos evidência a história contemporânea, as várias embaixadas estadunidenses mundo afora, consistem, além de centros diplomáticos, representando os Estados Unidos no exterior, em uma rede operativa de ninho de espionagem, como bem descreveu Khomeini, no biênio 1979-80.

Por certo, é sempre necessário enfatizar que, a Guerra da Bósnia poderia ser muito bem evitada se não fosse a intromissão do Tio Sam (tão interessado no estabelecimento de uma entidade política chamada Bósnia-Herzegovina, localizada no coração da Iugoslávia encravada entre Croácia e Sérvia), através de seu embaixador na Iugoslávia, impedindo a concretização do Acordo de Lisboa, que haveria detido o derramamento de sangue e a guerra que varreu a região por 3 anos. Zimmermann, 21º Embaixador dos Estados Unidos na Iugoslávia, de 1988 a 2002, desempenhou um papel diplomático e geopolítico ativo durante os estágios iniciais da Guerra da Bósnia.

De acordo com Robert W. Tucker, professor emérito de política externa estadunidense na Universidade Johns Hopkins e David C. Hendrickson, professor da Universidade do Colorado, Zimmermann pode ter frustrado o Acordo de Lisboa, também conhecido como plano de paz Carrington-Cutileiro. Esse foi um acordo que teria feito a paz entre as três forças, bosniak, sérvia e croata, vivendo dentro dos limites da Bósnia-Herzegovina pela criação de um sistema de cantões, como existe na Suíça. Numa época em que, a Bósnia-Herzegovina estava entrando em guerra por motivos territoriais, esse plano propunha o compartilhamento do poder entre as 3 comunidades em todos os níveis administrativos e a devolução do governo central às 3 partes implicadas no pleito sangrento. Em 28 de março de 1992, dez dias após a assinatura do acordo por cada um dos três lados, Zimmermann foi a Sarajevo para se encontrar com Alija Izetbegović, presidente da Bósnia-Herzegovina, dando a Izetbegović garantias de apoio dos Estados Unidos a um Estado, 'totalmente independente', sem divisão interna.

Poucos dias depois de conhecer Zimmermann, Izetbegović retirou a sua assinatura e renunciou ao plano de paz que tinha acordado em Lisboa, declarando subitamente a sua oposição a qualquer tipo de divisão da Bósnia-Herzegovina. Dentro de semanas, como vimos em outras passagens desta obra, uma guerra completa se desenvolveu. Três anos e meio depois, o Acordo de Dayton que todos os três lados aceitaram em novembro de 1995, encerrando assim a guerra, apresentava um sistema de cantões muito semelhante, dividindo a Bósnia-Herzegovina internamente ao longo de linhas étnicas. Escrevendo em 1997, Alfred Sherman, analista político inglês, que, dito de passagem, havia participado como voluntário ao lado dos comunistas na Guerra Civil Espanhola (1936-1939), tornando-se conselheiro de Margaret Thatcher, descreveu o envolvimento de Zimmermann na Bósnia, juntamente com a Política externa estadunidense geral nos Bálcãs, como: "mentindo e trapaceando, fomentando a guerra, na qual, os civis, são a principal vítima e em que ódios antigos se alimentam de si mesmos".

À medida que o conflito bósnio evoluiu para uma guerra total durante a primavera de 1992, Zimmermann apoiou a política de intervencionismo militar estrangeiro. Segundo a jornalista, Samantha Power, autora de A Problem from Hell: America and the Age of Genocide, a carreira de Zimmermann na Iugoslávia foi marcada pela "frustração com a resistência do governo Bush em intervir". Seu último ato oficial antes de ser chamado de volta aos Estados Unidos, em 16 de maio de 1992, foi escrever um memorando confidencial chamado "Quem matou a Iugoslávia?" para o secretário de Estado. Cada uma das cinco seções do memorando era encabeçada por um verso do poema "Who Killed Cock Robin?". Na análise de Zimmermann, o nacionalismo dos líderes balcânicos levou ao fim da República Federal Iugoslava.

Zimmermann renunciou ao serviço diplomático em 1994 em protesto contra a relutância do presidente Bill Clinton em intervir na Guerra da Bósnia. Ele fez campanha para persuadir os EUA de que deveriam agir para acabar com o que ele via como "agressão sérvia nos campos de extermínio da Bósnia" e era da opinião de que, "ataques aéreos da OTAN contra os sérvios em qualquer lugar durante a guerra, teriam interrompido esta última, conduzindo a um acordo negociado".

18.5 - A reconfiguração demográfica e a percepção de mundo da prisão comunista ao renascimento do enfren-

tamento étnico, potencializado pelo Sio-Atlantismo Unipolar

Eslovênia: Antes conviviam, entre 89% e 92%, de eslovenos étnicos, com pequenas minorias sérvias e croatas. Hoje, os eslovenos, que compõem 93% do efetivo populacional, foram educados, para odiar os sérvios.

Croácia: Sob o Estado titoísta, convivem em um Sistema Prisional de Povos, que a mídia oficial, comandada pelo Comitê Central Titoísta, afirma ser de paz e igualdade, 78% croatas com 12% sérvios, perto de 2% iugoslavos e 7% "outros". Hoje, os sérvios foram expulsos às centenas de milhares e os poucos que ficaram, menos de 3%, mais a minoria iugoslava e outras minorias são completamente oprimidas e marginalizadas no Novo Estado Independente da Croácia.

Bósnia-Herzegovina: Anteriormente conviviam 43% de sunitas, 31% de sérvios, 17% de croatas, 5% de iugoslavos e 2% de "outros" (judeus, seja qual for a sua etnia dentro da agrupação confessional judia e ciganos). Hoje, depois de uma guerra criminosa com dezenas de milhares de mortos, as populações estão divididas e há centenas de milhares de refugiados, enquanto as novas gerações são educadas no ódio étnico. Podemos citar um caso peculiar. Dragan Tanic, originário da região da Bósnia-Herzegovina, é um sérvio-bósnio. Sua esposa, Sanja, é de ascendência mista, croata e bósnia. Eles se preocupam em constituir família na Bósnia-Herzegovina, um país devastado pela guerra que, nas aulas de religião e história, as crianças são separadas com base em sua origem étnico-religiosa. Eles se perguntam: "se tivermos filhos, qual será o seu lugar?".

Sérvia: Antes, 87% sérvios, 3% bosniaks, 3% iugoslavos, 1% albaneses, 1% ciganos viviam juntos. Nas últimas décadas, foi necessário acomodar dezenas de milhares de refugiados croatas-sérvios e bósnios-sérvios. As forças nacionalistas sérvias têm peso político-eleitoral e assumimos que, muito provavelmente, dificultam a vida dos bosniaks e albaneses, parte como legado do que ambos fizeram contra os sérvios, atuando como instrumentos globalistas, para que, seus verdadeiros patrões anti-Sérvia, pudessem orquestrar a mutilação territorial e defender a implementação de seus interesses geoestratégicos.

Kosovo: 82% de albaneses viviam juntos (legado da invasão turca que abriu caminho para a albanização daquela região, bem como, parte do legado da autonomia concedida por Tito em 1974, que estimulou a imigração albanesa para o Kosovo, permitindo maioria esmagadora), 10% sérvios e 6% de outros. Atualmente, há uma guerra fratricida entre albaneses e sérvios, com a qual, ambas as populações crescem em ódio étnico desenfreado. Em parte como legado de uma enorme pressão popular, a autonomia do Kosovo foi dissolvida pela Sérvia em 1989 e, embora a constituição sérvia estabelesse que a região constitui uma província nacional inseparável, os sérvios têm sido privados dos seus direitos, com verdadeiros massacres e chacinas, postas em prática, pelas milícias do Exército de Libertação do Kosovo, que atuam em conjunto com os homens da OTAN, sendo ambas as forças que, efetivamente, gerem a província do Kosovo, utilizando-a como narco-estado, sendo uma extensão dos negócios obscuros de magnatas, como o apátrida George Soros, além de um protetorado bélico-estrutural estadunidense.

Voivodina: A nação sérvia está presente em 66% do efetivo populacional. Húngaros, 17% (legado da invasão magiar). Os eslovacos representam 3%. Croatas, cerca de 4%, romenos 3% e outros 6%. Abordaremos esta região, por sua relevância, em um capítulo em particular.

Macedônia do Norte: anteriormente conviviam 64% de macedônios contemporâneos (búlgaros étnicos eslavos, de religião ortodoxa), 21% albaneses (legado da invasão albanesa), 5% turcos (como resultado da expansão turca), 3% de ciganos e 2% de sérvios (principalmente na zona fronteiriça com a Sérvia). 3% é formado por gregos, os chamados 'macedônios ancestrais', que preservam a etnia helênica, compartilhada entre o grosso do efetivo populacional grego. Completa a lista, outros, que compõem 2% da população. A tensão entre os dois grupos étnicos majoritários, albaneses e macedônios, que nada mais são do que búlgaros étnicos, segundo o conceito etnográfico tradicional, é cada vez mais forte e pode explodir a qualquer momento, elevando as discrepâncias e criando o cenário para um confronto sangrento entre ambos grupos. De fato, alguns consideram que, os albaneses ainda não iniciaram uma grande revolta contra o território da Macedônia do Norte, como fizeram com os sérvios em Kosovo, pois sabem que representam uma grande minoria, em comparação com 64% da população, composta por eslavos ortodoxos.

18.6 - As religiões e suas vertentes confessionais, com as devidas respectivas relevâncias no processo de desintegração da ex-Iugoslávia

Igreja Católica Romana: Maioria entre eslovenos, croatas e um setor minoritário de albaneses. Na Croácia, sacerdotes, padres e bispos católicos, respaldados pelo Papa, alimentam a limpeza étnica contra os sérvios e a destruição de igrejas ortodoxas.

Wahabismo: Desde o tempo do Mufti de Jerusalém que, na Segunda Guerra Mundial, apoiou as tropas bosniaks, existe uma corrente pan-wahabista, cujo principal líder foi Alia Itzezbegovic e que tomou o poder em Sarajevo. Recebeu o apoio dos terroristas wahabistas do califado pessoal de Osama Bin Laden, da monarquia saudita, dos guerrilheiros pastuns, dos assassinos do GIA argelino, dos muhahideen do Mek, a serviço de Saddam Hussein e de certas milícias sudanesas, além das famosas monarquias absolutistas wahabistas do Golfo Pérsico. Empreenderam um programa de construção de 'mesquitas' (que, na realidade, são centros de propagação do wahabismo), a marginalização das mulheres e o ódio sistemático aos cristãos, ortodoxos ou católicos.

Igreja Ortodoxa Sérvia: Os ortodoxos alimentam e advogam, ideologicamente, o projeto nacionalista de uma Grande Sérvia, preservando os limites territoriais históricos e naturais da Sérvia ancestral, medieval e contemporânea. Portanto, aqui não se trata de uma ideologia expansionista necessariamente, assentando-se, meramente, na preservação das fronteiras das terras habitadas, em sua maioria, por sérvios étnicos. Atualmente, pode ser considerada uma ideologia nacionalista irredentista, tendo como objetivo real, a recuperação dos territórios perdidos, anelando reparar a profunda injustiça do processo de mutilação estatal perpetrada pela OTAN, ao longo da caótica, para os sérvios, década noventista.

18.7 - Linha ideológica da elite globalista, de algumas ONGs e máfias apátridas, além de supostos "intelectuais" militaristas, como Mendiluce, Kouchner e Bernard Henry Levi

Em primeiro lugar, assumem a versão alemã e da OTAN, praticando e compartilhando, sentimentos, violentamente orientados a uma serviofobia desenfreada. Apóiam as soluções militares da OTAN, da Alemanha e dos EUA para o conflito. Não questionam que não foi o desmembramento da Iugoslávia, o principal crime contra os povos que constituíam um Estado comunista artificial, mantido sob um regime totalitário encabeçado pela figura de Tito, mas a mutilação da Sérvia que foi o maior crime contra um povo, neste caso, o ethos sérvio, a principal vítima desse caos que se instalou nos Bálcãs na década de 1990.

Em seguida, ignoram e descartam os problemas das populações refugiadas sérvias da Croácia, da Bósnia-Herzegovina e do Kosovo. Fazem apologia e propaganda do regime fantoche de Sarajevo, apresentando-o como defensor do seu 'povo', democrático e multiétnico, quando, na realidade, Alija Izetbegović fez todo o possível para consumar uma Bósnia 100% wahabista, livre de sérvios ortodoxos e croatas católicos. Nesse processo, criminalizam as vozes nacionalistas sérvias que reivindicam apenas a preservação de sua integridade territorial em suas fronteiras ancestrais, históricas e naturais. Com isso, silenciam por completo, a história nacional sérvia, é dizer, a trajetória histórica que consolidou um ethos nacional sérvio, muito bem consolidado, incrustado e enraizado, em todas as regiões defendidas e reivindicadas pelos nacionalistas sérvios, que foram defendidas, a ultrança pelas forças patrióticas neo-chetniks nos anos 1990.

Se não fosse o bastante, exigem o incessante reforço militar das tropas genocidas neo-ustashas, bosniaks e pan-albabesas pela OTAN e a punição contra os sérvios. Apóiam, sistematicamente, todas as intervenções armadas da elite globalista, como o envio de tropas e a instalação de bases militares dos EUA em áreas adjacentes, como o ocorrido no Kosovo. Mantêm o falso mito de que a Sérvia é a grande e única causa dos motins e desconversam, freando o que dizem ser 'narrativa sérvia', que consideram "fábulas" ou "teorias da conspiração", inventadas pela retórica sérvia. Tudo visando garantir os interesses geoestratégicos das grandes potências, que usam seus serviços de inteligência, orquestrando manobras internacionais, bandeiras falsas, várias sabotagens, operações encobertas e intervenções 'humanitárias'. Ao insistir que os únicos criminosos de guerra são os sérvios, sendo os únicos a serem punidos, apoiam criminosos de guerra croatas, albaneses e bosniaks. Silenciam o fato da ajuda humanitária que suplicaram e orquestraram, caiu, em grande medida, nas mãos de máfias corruptas, nunca chegando, às populações necessitadas.

Consideram que a "independência" é criar mini-estados, quando a realidade prática na conjuntura geopolítica nos mostra que, esses últimos, incapazes de autogovernar-se, caem imediatamente, sob o controle de grandes corporações geofinanceiras vinculadas com atores estatais, que financiaram seus separatismos. A verdadeira independência, diferentemente do difundido pela elite globalita, representa uma soberania plena, composta por certos princípios básicos, como a vinculação estatal de setores chaves e de Segurança Nacional, como, além do Banco Central, hidrocarburos e semi-condutores. É dizer, tudo vinculado a energia, economia. Apenas com a proteção de setores geoestratégicos, é possível estabelecer uma soberania plena, adquirindo, portanto, uma total independência. Além, obviamente, do poder dissuasório, através de armamentos nucleares. O rol maligno que a OTAN desempenhou no processo de mutilação da Sérvia Histórica moldou profundamente o imaginário coletivo sérvio, fazendo com que, os sérvios, em geral, consolidassem um sentimento de profunda aversão e repulsão por aquela organização. A verdade é que, nada na vida é em vão, tudo tem uma explicação e, obviamente, parte como legado da atuação da OTAN naquelas sangrentas batalhas dos anos 1990, os sérvios não iam compartilhar uma paixão ou apreço por aquela agrupação militar supranacional, que nada mais é, do que uma extensão do poderio bélico estadunidense estacionada do outro lado do Atlântico.

19 - A grande fraude midiática dos 'Massacres de Sarajevo'

Em 27 de maio de 1992, três morteiros mataram 17 civis e feriram 150 em uma padaria em Sarajevo. Em 30 de maio, o Conselho de Segurança da OTAN, estabelece o embargo comercial contra a então República Federativa Iugoslava, já composta meramente, de Sérvia e Montenegro, responsabilizando os sérvios, pelos ataques. Em 6 de fevereiro de 1994, uma explosão mata 66 civis e fere 200 no mercado Markale de Sarajevo. Novamente, os sérvios são acusados sem provas e, em 9 de fevereiro, um ultimato da OTAN os ameaça com ataques aéreos se não retirarem sua artilharia a um raio de 20 km da cidade. Em 28 de agosto de 1995, um projétil mata 41 civis em um mercado de Sarajevo. A sede do Forpronu afirma, no dia 29, que a responsabilidade é dos sérvios. E, assim sendo, a OTAN, como resposta, lança ataques maciços contra a República Federal da Iugoslávia.

Podemos estabelecer pequenas, mais sérias reflexões sobre o caso. Parte como legado do fato de jamais haverem apresentado provas contundentes da suposta culpabilidade sérvia, parte como legado do modus operandi da elite globalista, podemos suspeitar, profundamente, de todos os eventos acima mencionados, constituírem bandeiras falsas para culpar os sérvios, ganhando assim, a opinião pública, através da forte atuação da mídia hegemônica, operando desde suas trincheiras de desinformação desenfreada, ancorados em uma virulenta serviofobia, para que pudessem lançar ataques contra o país, algo que gerou, dito de passagem, enormes perdas nas forças militares sérvias, também matando muitos civis.

Após esta pequena introdução, as perguntas que ficam são: a quem interessava esses massacres? Para o governo lacaio de Itzezbegovic? Quem foi realmente o responsável pelos massacres? Não há mais dúvidas. O general canadense, Mackenzie, chefe dos observadores da ONU, em seu livro "*The Peacekeeper: The road to Sarajevo*"; o mediador inglês, David Owen, em sua obra "*Balkan Odyssey*"; um oficial russo, presente nos locais dos massacres, especialistas ingleses e franceses, setores da imprensa comprometidos com a verdade e não com a propaganda barata atlantista, já afirmaram claramente: as tropas bosniaks, sob ordens do governo de Alia Itzezbegovic, atacaram abertamente a população civil sunita de Sarajevo, para levar a OTAN a punir os sérvios e apresentá-los, como carrascos, perante a opinião pública mundial. Assim opera, o *playbook* da Política Externa estadunidense, há 200 anos, algo seguido por seu mais famoso serviço de inteligência.

20 - A falácia do Massacre de Srebrenica e a consequente gigantesca fraude geopolítica, uma fabricação midiática anti-sérvia

Foto 47: O triângulo Bill Clinton, Madeleine Albright e Alia Izetbegovic, implicado nas turbulências balcânicas.

Fonte: Desconhecida

Um acontecimento que ficaria para a história, como o 'Massacre de Srebrenica' e que, ainda ecoa no imaginário popular, quando se relembram as guerras iugoslavas dos anos 1990, representa um evento muito mal abordado pela grande mídia, que molda, infelizmente, a percepção coletiva. Veremos, ao longo deste capítulo, que dito fenômeno contemporâneo, consistiu em uma falácia criada e fabricada pela mídia hegemônica para justificar a limpeza étnica dos sérvios, como afirmou o ex-espião francês, confirmando as palavras do renomado jornalista estadunidense, David Halberstam, vencedor do Prêmio Pulitzer, o maior prêmio de jornalismo investigativo do mundo.

O renomado autor, Dr. Edward Herman, conversou com John Robles, do *The Voice of Russia*, sobre os acontecimentos em torno do 'Massacre de Srebrenica', um dos vários pretextos para a invasão "humanitária" da ex-Iugoslávia e desmantelou a versão "oficial", que sempre foi promovida pela mídia corporativa. Dr. Herman revela que houve, de fato, vários massacres em Srebrenica e regiões adjacentes, entre 1992 e 1995, sendo que, a morte de soldados bosniaks em Srebrenica (um dos pretextos mais famosos da OTAN) foi uma resposta à morte de mais de 4.000 sérvios, sendo destes, quase 2.500 civis, a maioria mulheres e crianças, uma limpeza étnica, que ocorreu em Srebrenica e cidades vizinhas, por mais de 3 anos.

Robles sempre questionou o termo "O Massacre de Srebrenica" e a maneira como o *establishment* globalista manipulou a mídia para manipular os fatos, estimulando uma serviofobia desenfreada. Afirma que, "O Massacre de Srebrenica", que aliás, põe sempre entre aspas, consistiu em vários massacres na zona de Srebrenica, anteriores a julho de 1995, nos quais, um grande número de sérvios foram mortos por forças militares bosniaks, que saíam, precisamente, de Srebrenica. Estima-se que houve mais de 150 aldeias sérvias totalmente destruídas e um estudo dá o nome de 2.383 civis sérvios mortos, entre 1992 e julho de 1995. Portanto, cabe a nós divulgar e que, o mundo reconheça esses trágicos eventos, claramente configurados como limpeza étnica: "O Primeiro Massacre de Srebrenica". Algo que foi desenvolvido, por certo, ao longo de três anos, num processo de des-servianização da área. Este detalhe, por si só, já coloca em cheque a retórica oficial de que, o único massacre na região, ocorreu em 11 de julho de 1995, sendo tratado, este também, de uma maneira totalmente distorcida, como veremos.

Estamos falando de 2.383 civis sérvios assassinados antes de julho de 1995. E o Exército sérvio da Bósnia tomou Srebrenica, em julho de 1995. Isso é o que é chamado na grande mídia de "Massacre de Srebrenica", mas, na verdade, isso é, primeiro e acima de tudo, uma construção político-midiática, que contém claramente, fins e severas implicações geopolíticas.

Em 11 de julho de 1995, o número aproximado de mortes, provavelmente, é da ordem de 500 a 2.000. Em outras palavras, menos da metade do número de civis sérvios mortos antes de julho de 1995. No entanto, a afirmação globalista é que, 8.000 homens e meninos foram executados no Massacre de Srebrenica, mas devemos observar e ressaltar que, eram homens, sempre homens, todos adultos, todos soldados, enquanto os 2.383 civis mortos, de etnia sérvia, incluíam um grande número de mulheres e crianças, assim como de idosos. Durante os eventos de 11 de julho, estamos falando da morte de indivíduos, essencialmente do Exército. E é claro que, nunca provaram que havia 7.000 ou 8.000 mortos. Os corpos nas sepulturas somam cerca de 2.500, sendo a maioria destes, oriundo de combates. Uma das grandes distorções do sistema de propaganda globalista é que, todos os corpos encontrados depois de julho de 1995, contam como executados, embora saibamos muito bem que, um grande número deles, morreu em combate.

Durante a Guerra da Bósnia no início dos anos 1990, a ONU declarou a cidade de Srebrenica uma "área de segurança", sendo esta região, palco de incursões das tropas do governo bosniak, durante as quais, várias centenas de sérvios foram mortos. Nikolic, um sérvio da cidade, diz que seu filho e sua neta foram mortos em um ataque no dia de Natal de 1993. Os sérvios pediram vingança e, em julho de 1995, as Forças sérvias da Bósnia, tomaram Srebrenica e mataram, como evidenciado por Herman e Halberstam, entre 500 e 2.000 guerrilheiros bosniaks, a grande maioria deles, mortos em combates e enfrentamentos.

Assim que, outro fato importante, que deve ser ressaltado sobre o Massacre de Srebrenica é que, todos aqueles assassinatos de sérvios, entre 1992 e 1995, ocorreram em uma área que deveria ser um "porto seguro". Srebrenica era um lugar seguro, um porto seguro. Suponia-se que seria desmilitarizado, mas nunca foi. Desta maneira, os soldados bosniaks iriam para Srebrenica e matariam civis sérvios. Tudo isso é completamente ignorado na grande mídia. É como se os sérvios chegassem em julho de 1995 e começassem a matar, arbitrariamente, como se nada tivesse acontecido. De fato, um militar das Nações Unidas, que estava na área, um oficial francês, Phillip Morillon, foi questionado pelo tribunal iugoslavo: "Por que os sérvios fizeram isso?" Respondeu que, está absolutamente convencido de que, o fizeram devido à carnificina anti-sérvia perpetrada por comandantes bosniaks antes de julho de 1995. Este é o chefe do Exército das Nações Unidas, mas, como sabemos, tais informações não chegaram à imprensa corporativa. Ou seja, os vários primeiros massacres, sucedendo no hiato de três anos, entre 1992 e 1995, é o que deu origem ao segundo 'massacre', que teve menor número de mortos e, principalmente, em idade militar, pelo fato das mortes de 11 de julho, serem oriundas de enfrentamento e combate, não sendo execuções massivas sumárias, como tenta entreter, de uma maneira totalmente hipócrita, a mídia corporativa.

Então, como estamos verificando, todo o panorama que implica, o que se conhece no senso comum, como o famoso Massacre de Srebrenica, representa uma gigantesca fraude geopolítica. Houveram mortes de bosniaks, mas não um massacre segundo a concepção semântica clássica, já que, grande parte das mortes deu-se a cabo, por combate e enfrentamento, sendo estes pleitos militares, parte como legado de vingança, em resposta dos vários ataques perpetrados pelas gangues, milícias e batalhões bosniaks, entre 1992 e 1995, quando muitas mulheres e crianças sérvias padeceram, diferentemente do ocorrido em julho de 1995. Por certo, uma das manobras que se desenvolveram no que ficaria consagrado no imaginário popular, como Massacre de Srebrenica, é que, 20.000 mulheres e crianças de Srebrenica, foram levadas para um local seguro pelo Exército sérvio, não sendo mortas, apenas homens, em idade militar, que participaram de enfrentamentos, caíram em combate. Então, analizando dados do que aconteceu, houve aproximadamente, 500-2000 mortes.

Nesta perspectiva, portanto, é sempre necessário estabelecer o devido contexto dos acontecimentos e suas profundas particularidades e matizes, através de um enfoque multidimensional. Como observado, o panorama local bósnio, por parte dos sérvios, consistia em uma luta pela defesa da integridade territorial da população habitada por maioria étnica sérvia, configurando nestas regiões, a reação do Exército bósnio-sérvio, diante do massacre de civis, em larga escala, ao longo de 3 anos. Toda esta informação é, de maneira estratégica, completamente suprimida de circulação!

Os grandes meios de comunicação querem alimentar a ilusão de que, os sérvios, do dia para a noite, entraram em Srebrenica e começaram a matar devido a uma sede de sangue imparável, o que, obviamente, como estamos constatando, não se sustenta.

Após estas constatações, temos 2 Srebrenicas. O primeiro de 1992 a 1995 e, o aclamado pelos veículos massivos de comunicação, consumado em 11 de julho. Cerca de 2.380 civis, principalmente mulheres e crianças, foram mortos inicialmente. Estamos tratando de civis. Porém, é necessário recordar que, também houve centenas de mortes de militares sérvios naquele período, o que eleva o número de sérvios mortos de 2.380 para, aproximadamente, 4 mil. E então, em retaliação, aproximadamente, 2.500 wahabistas, autodeclarados soldados bosniaks, acabaram mortos em enfrentamentos com membros do Exército sérvio, na região de Srebrenica, em julho de 1995. Como estamos podendo observar, o esforço para a reivindicação de 8.000 não se sustenta, sendo que, mais de 2.000 morreram, em combate. Uma fração, dito de passagem, muito grande. Então, as execuções foram, como estamos vendo, provavelmente na ordem de 500 a 1.000, sendo estes últimos, responsáveis diretos pela morte de um grande número de civis sérvios. Wahabistas convictos, influenciados pela ideologia da Casa de Saud.

Os comandos militares sérvios possuíam listas de soldados bosniaks, que estiveram implicados em massacres, mas honestamente, não se pode afirmar com precisão se eles foram os únicos que perderam a vida. No entanto, certamente um número significativo de mortos estava nessas listas, chamadas pelos sérvios de "listas de vingança". Portanto, o "Massacre de Srebrenica", representou uma mentira que justificou a limpeza étnica dos sérvios, não só nas regiões adjacentes a Srebrenica, mas também em Krajina, para a qual, a OTAN, vinculada diretamente aos neo-ustashas de Tudjman, promoveu uma verdadeira des-servianização da área, como confessou um ex-espião francês. A chamada, "Operação Tempestade", fazia parte da preparação para Dayton. A Casa Branca se prontificou em respaldar a Croácia na ação, mas foi incapaz de fornecer as razões sólidas para entrar no conflito e, nessas conjunturas, qualquer elemento que pudesse resultar atraente e oportuno para usar de pretexto, ganhando a opinião pública, fazia-se altamente necessário, escreveu em sua obra-prima, David Halberstam, historiador e jornalista estadunidense, que morreu em um misterioso acidente automobilístico, logo após a publicação do livro. Mais uma morte sob enorme suspeita.

Quando o ex-presidente sérvio, Slobodan Milošević, mencionou a chamada "conexão francesa", em seu julgamento no Tribunal Internacional de Haia para a ex-Iugoslávia, em maio de 2003, que, segundo tal estadista, foi o ator culpado do Massacre de Branjevo, o juiz Richard May, não permitiu mais discussões sobre o assunto e, imediatamente, o silenciou. Ao perceber o ocorrido, Milošević olhou nos olhos de Drazen Erdemovic, membro do Exército da Republika Srpska, tentando chamar a atenção para um grupo de mercenários das fileiras dos comandos militares, que recebia ordens do serviço de inteligência francês. Milošević descobriu que, pela execução dos bosniaks, em Branjevo, o prêmio era de 12 quilos de ouro. Para cobrir todo o caso, o Tribunal tinha que ter seu próprio homem e, portanto, como revelou o *WikiLeaks*, em 2006, era muito importante para a França que Serge

Brammertz sucedesse Carla del Ponte como promotora principal, porque o promotor do tribunal é detentor de um enorme poder, tendo a autoridade de apontar os que serão acusados. No entanto, o espírito da "Conexão Francesa", permanece flutuando no tribunal até hoje. O julgamento do general Radislav Krstic, com o especialista em defesa geral, Radovan Radinovic, aponta para uma associação de membros da 10ª Brigada de Reconhecimento com os franceses.

Vojislav Seselj, que testemunhou a favor de Milošević em 2005, em relação ao caso de Branjevo, culpou os agentes franceses. Em fevereiro de 2012, Radovan Karadzic, abordou o cenário tratado, de maneira semelhante, diante do depoimento de Erdemovic. A defesa dos réus levantou a questão sobre o por que, outros assassinos não estão em Haia. Em seu livro, "*War in Peacetime*", o historiador e jornalista David Halberstam, o eminente escritor estadunidense, pesquisador e vencedor do Prêmio Pulitzer, apontou para a "conexão francesa" no crime de Srebrenica. Escreveu que, em julho de 1995 na Bósnia-Herzegovina, chegou à conclusão de que, a evacuação de Srebrenica estava sendo usada para outros planos, contendo em seus propósitos, a "Operação Tempestade" na Croácia, que também fazia parte da preparação dos Acordos de Dayton. A ideia foi dada pelos franceses, tendo sua própria infraestrutura secreta, em algumas unidades militares da Republika Srpska. Os famosos e, sempre presentes, elementos de infiltração. O fator chave foi o presidente da França, Jacques Chirac. O massacre de Srebrenica foi um disfarce para a limpeza étnica gratuita dos sérvios em Krajina e Eslavônia Oriental, que ocorreria logo em seguida, afirmou este autor.

Os eventos sombrios, como acontecimentos tenebrosos e o misterioso caso do Décimo Esquadrão de Reconhecimento, também foram tratados por Germinal Civikov, que não hesitou em perguntar em sua obra, "*Crown witness*", como é possível que, de 1996 a 2009, o Tribunal não tenha emitido acusações contra alguns indivíduos. Quem cometeu o maior crime em solo europeu desde a Segunda Guerra Mundial? Recebeu uma resposta indireta: "o tribunal não está interessado em peixes pequenos".

O Tribunal de Haia realizou uma manobra hábil e nunca apresentou acusações contra esses indivíduos que podem contestar o testemunho de Erdemovic. Como exemplo de como o Tribunal fez tudo, para que nenhum dos executores aparecesse acidentalmente no Tribunal de Haia e "rasgasse" o testemunho de Drazen Erdemovic, Germinal Civikov cita o caso da testemunha 'camarada" croata, Marko Boksic, que obviamente embriagado atropelou um homem em Boston e fugiu do local, em agosto de 2004. Durante sua prisão, foi reconhecido por um bosniak e mais tarde emergiu como o carrasco de Branjevo em 1998, recebendo asilo político na Alemanha (embora já estivesse marcado como criminoso de guerra). Curiosamente, justamente na Alemanha, um dos maiores financiadores da desintegração da Iugoslávia e da mutilação da Sérvia Histórica. Da Alemanha mudou-se para os Estados Unidos e, ao preencher os documentos para entrada neste país da América do Norte, Boksic forneceu informações incorretas sobre o serviço militar, o que configura, um delito grave.

Jornalistas estadunidenses perguntaram ao Tribunal se eles solicitariam a extradição de Boksic para Haia. Em 26 de agosto de 2004, o conselheiro de Carla del Ponte, Anton Nikiforov, sinalizou que, o Tribunal tinha opções limitadas e não podia lidar com "peixinhos". O último depoimento de Erdemovic foi no Tribunal da Bósnia-Herzegovina no julgamento de Aleksandar Cvetkovic, um dos responsáveis pelos prisioneiros executados em Branjevo. Cvetkovic foi extraditado para a Bósnia-Herzegovina pelas autoridades da Entidade Sionista, onde viveu pelo menos, sete anos, adquirindo residência. Não obstante, o Julgamento de Primeira Instância, consumado pelo juiz Darko Samardzic, com sentença de 2 de julho de 2015, absolveu Aleksandar Cvetkovic das acusações, não acreditando no depoimento de Drazen Erdemovic. A favor da defesa, Franc Kos, Stanko Kojic, Vlastimir Golijanin e Zoran Goronja testemunharam, com todos admitando que mataram pessoalmente, enquanto Cvetkovic, por sua parte, era, meramente, o motorista das tropas sérvias.

Outro segredo vazado do Pentágono foi o fato de que, Bill Clinton, Madeleine Albright e Alia Izetbegovic, planejaram os crimes de Donji Potočari, uma cidade seis quilômetros a nordeste de Srebrenica. As provas à disposição do Pentágono sobre os acontecimentos de Srebrenica, são mantidas como segredo militar e, portanto, só poderão ser vistas após 30 ou 50 anos. No entanto, de acordo com algumas gravações, foi possível ver claramente o que aconteceu. Segundo muitos testemunhos, o destino de Srebrenica foi decidido em abril de 1993, conforme declarado pelos próprios bosniaks, com o acordo sendo travado, entre o então presidente dos Estados Unidos, Bill Clinton e Alia Izetbegovic, então representante da Bósnia-Herzegovina. Clinton, conforme confirmado por Izetbegovic, prometeu intervenção militar se os sérvios entrassem em Srebrenica e realizassem o massacre de

5.000 bosniaks. Ou seja, já tinham tudo muito bem planejado para processar os sérvios perante a mídia hegemônica e, assim, conquistar a opinião pública. Após cada revelação, vão saindo as irrefutáveis evidências de que, tudo já estava, devidamente, premeditado.

Hakija Meholjic, ex-chefe de polícia em Sreberenica, conta como recebeu a notícia de que foram massacrados. Em setembro de 1993, foi convidado para Sarajevo, para o Parlamento da Bósnia com um grupo de concidadãos. Foi o primeiro lançamento dos nativos de Srebrenica dos enclaves depois de 1992. 17 deles foram transportados por dois helicópteros para a cidade de Miljacka. A ligação veio do presidente Izetbegovic, como abordado por Meholjic:

> Na reunião da Presidência de Guerra do município, determinamos qual delegação iria para Sarajevo. Imediatamente, tivemos uma premonição de que, os grandes problemas seriam resolvidos... Naser Oric estava previsto para atender, mas ele não quis. Do aeroporto de Sarajevo, os ônibus nos levaram ao Holiday Inn. Era o momento do Parlamento da Bósnia, durante o qual, decidiram um plano de Paz para a divisão da Bósnia. Fomos recebidos pelo Presidente Izetbegovic e, logo após a saudação, perguntou: "O que você acha de trocar Srebrenica por Vogosca? Houve silêncio por um momento, então respondi: 'Sr. Presidente, se você nos chamou para um acordo fechado, não deveria tê-lo feito, porque deveria ser capaz de enfrentar o povo e aceitar o ônus dessa decisão por nós". Discordamos sem discussão. Logo, retrucou: "você sabe, em abril de 1993, Clinton me ofereceu, após a queda de Cerska e Konjevic Polje, que as forças chetniks entrassem

> em Srebrenica e realizassem o massacre de cinco mil muçulmanos e que haveria uma intervenção militar. O mais difícil foi quando deixei Sarajevo, com meu colega Adnan Karović dizendo: "Hakija, você está exausto! Por favor, se Srebrenica cair, mate minha mãe para que ela não caia nas mãos deles!".

O público ouviu falar do 'genocídio' de Srebrenica pela primeira vez, em 10 de agosto de 1995, da tribuna da ONU em Nova York, quando a secretária de Estado dos Estados Unidos, Madeleine Albright, "forneceu" evidências de satélite do massacre sérvio, no centro de Podrinje, através do Serviço de Inteligência dos EUA. A famosa estratégia de fabricações midiáticas, muito bem orquestradas, pelo aparelho de *Soft Power* estadunidense. Em particular, em uma sessão fechada, o Conselho de Segurança da ONU, os primeiros embaixadores mostraram uma foto do estádio de futebol em Nova Kasaba, repleta de refugiados, seguida de uma outra fotografia, explicada por Madeleine Albright, representava uma vala comum, onde terminou toda aquela multidão. Também afirmou que, de acordo com a inteligência dos EUA, ao tomar a cidade, as Forças sérvias liquidaram, pelo menos, 7.500 cidadãos da cidade, que estava sob proteção da ONU. "Existem imagens melhores e mais nítidas, mas não podem ser mostradas, porque as técnicas e a tecnologia (de onde surgem) devem ser protegidas", disse a secretária de Estado. Após um discurso tão dramático, equipes de investigadores de Haia foram formadas e começaram a cavar o terreno para detectar sepulturas e identificar os corpos. Os locais das imagens foram previamente sinalizados com bandeiras amarelas.

O almirante Boško Antić, especialista em defesa do Tribunal, declarou sobre o destino das imagens satelitais, invocadas por Madeleine Albright. Lembre-se que, o juiz do Tribunal de Haia, Richard Goldstone, solicitou imediatamente, ao Conselho de Segurança da ONU, que os estadunidenses entregassem essas provas ao tribunal. Porém, logo seria informado de que, as informações sobre Srebrenica do Pentágono, são um segredo militar e só podem ser reveladas após 30 ou 50 anos. O ex-investigador-chefe do Tribunal de Haia (1996-2001), Jean-Rene Ruez, lançou mais luz sobre as imagens de satélite. Ruez agiu com base nas "evidências de satélite". Na revista *Cultures & Conflicts*, em resposta à pergunta de um repórter sobre como, graças aos satélites, o massacre poderia ser acompanhado, simultaneamente, respondeu:

> O termo, imagens de satélite, deve ser removido. O nome oficial é 'imagens feitas a partir da plataforma de reconhecimento aéreo'. Estas são as imagens feitas pelo U-2. As plantas do U-2 são tecnologia dos anos 1960. As figuras cobrem o solo em um raio de 30 quilômetros e tudo nele é, teoricamente, potencialmente visível. Se você tem aquela imagem, sabe o que está acontecendo naquela área, mas na prática, é impossível interpretar a imagem de antemão se você não sabe o que a imagem está direcionando e se não faz comparações com o campo de observação.

Ruez revelou sua descoberta em 2007, após vasculhar a área previamente marcada por Albright. Ljubisa Simic, médica da defesa dos réus de Haia desde 2008, reconheceu os restos mortais das vítimas, cujos corpos foram descobertos durante a investigação realizada pelo Tribunal de Haia, de 1996 a 2001, modificando as alegações de Ruez, apresentando os resultados obtidos pelo TPII. Simic afirmou que, os investigadores trabalharam em 13 locais neste período, alguns dos quais, continham inúmeras valas comuns. Pela evaporação do fêmur, foram encontrados 1.923 corpos, enquanto o Tribunal abriu 3.568 casos, desde que os esqueletos individuais foram dispersos. Durante a análise do conteúdo das valas comuns, foram encontrados, um total de 442 corpos, nos quais, estavam presentes vendas ou marcas de ligaduras nas mãos. Para este número de pessoas, com grande probabilidade, podemos confirmar que foram baleadas. Nas valas comuns, foram encontrados ferimentos causados por granadas de estilhaços de vários tamanhos em vários corpos, levando a uma conclusão indiscutível de que, essas vítimas, morreram durante as operações de combate. O total de corpos, que foram encontrados vestígios de estilhaços e outros tipos de munição de artilharia é de 477. O total de corpos com ferimentos por arma de fogo, segundo esta análise, é de 655. Em alguns corpos, não havia vestígios ou ferimentos causados por armas de fogo. O número de casos, sem causa determinada de morte, foi de 411.

No entanto, embora com todos esses componentes abordados até o momento, por incrível que pareça, o Tribunal Penal Internacional para a ex-Iugoslávia (TPII), fabricado pelos grandes poderes para incriminar as lideranças sérvias, em um cenário geopolítico internacional caracterizado pela hegemonia neoliberal em seu máximo auge, instituiu as demandas do vencedor, contrariando os fatos verificados, reforçando a tese de que, independentemente do ocorrido, os atores vencedores impõem a ordem, estabelecendo o status quo. Neste contexto, em março de 2016, o TPII condenou injustamente, o líder sérvio-bósnio, Radovan Karadzic, por múltiplas acusações de genocídio em Srebrenica, crimes de guerra e contra a humanidade, sentenciando-o a 40 anos de prisão. Aos 71 anos, foi uma sentença de prisão perpétua. A referida personalidade, serviu como presidente da região autônoma da Republika Srpska na Bósnia-Herzegovina, de 1992 a 1996.

Como estamos observando, não seria exagero afirmar que, o suposto genocídio em Srebrenica foi mais um mito do que um massacre. As mortes foram, enormemente, infladas. O TPII foi estabelecido para culpar os sérvios por crimes de guerra cometidos, principalmente, pelos protegidos pelos fundadores de dito órgão. Srebrenica era uma combinação de base militar wahabista e uma "zona segura" para refugiados. O presidente sérvio e líder da República Federal da Iugoslávia, Slobodan Milošević, queria evitar a entrada dos comandos militares sérvios na região, talvez entendendo o cenário, interpretando-o como uma armadilha estabelecida pelos Estados Unidos e seus aliados para incriminar os sérvios, usando o fato como pretexto para implacar uma agressão total. No julgamento de Haia, Radovan Karadzic argumentou que: "... antes do alegado massacre de julho de 1995, que falsamente reivindicou 8.000 mortes bosniaks, as forças wahabistas, baseadas em Srebrenica, realizaram numerosos ataques a aldeias sérvias próximas". Os oficiais bosniaks de Sarajevo retiraram seus comandantes de Srebrenica, deixando milhares de soldados sem líderes.

Quando as Forças sérvias da Bósnia capturaram Srebrenica, em 11 de julho de 1995, os civis queriam partir devido às condições caóticas. As mulheres e crianças foram separadas dos homens para localizar os perpetradores das mortes sérvias nas aldeias vizinhas, de maioria étnica sérvia e, assim, orquestrar vingança. Apenas um pequeno número foi detido. As supostas vítimas de Srebrenica refletiram mentiras e meias-verdades, com base no que se sabe, omitido dos relatos da mídia oficial. O número de 8.000 incluiu a estimativa da Cruz Vermelha de 3.000 "testemunhas", supostamente detidas pelos sérvios da Bósnia, junto com outras 5.000, que a Cruz Vermelha, afirmou "fugiram de Srebrenica", muitas delas para a Bósnia Central por segurança, não terminaram senda mortas. Anos depois, equipes forenses descobriram 2.361 corpos, mortos decorrentes de combates intensos, incluindo combatentes de ambos os lados, não civis massacrados. O presidente sérvio, Slobodan Milošević, Radovan Karadzic e o general servo-bósnio, Ratko Mladic, foram considerados culpados perante o público, mesmo antes do julgamento. Milošević, por exemplo, morreu por negligência médica em Haia e seria absolvido, como veremos em outro capítulo. Karadzic foi injustamente condenado e preso. E, Mladic, foi tratado injustamente da mesma forma. O juiz presidente, Alphons Orie, disse injustificadamente que suas ações estavam "entre as mais flagrantes conhecidas pela humanidade", uma perversão ultrajante da verdade.

Na realidade, tudo o que envolve esse tribunal é uma mentira, um circo. Este é um tribunal da OTAN, fabricado para culpar a Sérvia, espalhando injustiça, não o contrário. O tribunal é totalmente tendencioso desde o início, uma vez que, sua missão já estava escrita antes, inclusive, do início do processo. Mladic foi falsamente acusado de duas acusações de genocídio, cinco acusações de crimes contra a humanidade e quatro acusações de violações das leis ou costumes de guerra, incluindo a fantasia do abordado suposto Massacre de Srebrenica, tanto recordado nos veículos massivos de comunicação. A chamada, contagem de corpos, representou uma invenção. Milhares de supostas vítimas não foram massacradas, fugindo da área de conflito. No entanto, terminaram sendo incluídos no número de mortos míticos para inflá-lo, atendendo assim, interesses geoestratégicos de máfias apátridas. Mladic, após haver sido considerado culpado em primeira instância em novembro de 2017, apelou à segunda instância, julgada em junho de 2021, sem sucesso. A injustiça globalista se impera, cada vez mais. Ou seja, Mladic foi condenado pelo voto categórico dos vencedores e pelo enorme peso da Política Externa dos Estados Unidos nos amaranhados institucionais globalistas.

Outrora na história, entre 1918-19, os Aliados travavam a reintegração da Áustria à Alemanha, sendo esta a vontade popular espontânea da Marca do Leste ou Reino Oriental, chamando-se Áustria-Alemanha neste biênio, após a desintegração do Império Áustro-húngaro, agora, os militares sérvios foram condenados por mentiras fabricadas pelos grandes poderes, personalidades que, apenas defenderam o seu povo, perante o genocídio perpetrado pela intervenção sio-atlantista, comandada pelos Estados Unidos. Não é à toa que, Radovan Karadžić e Ratko Mladić, gozem de grande prestígio no imaginário coletivo sérvio. Para eles, «o melhor dos julgamentos é feito por seu povo». Ratko Mladic expressou seu sentimento nas seguintes palavras:

> Temos plena consciência de que, a guerra não é a única forma de defender nossos valores. Mas se esses valores estão fundamentalmente ameaçados, como é o caso hoje, então a guerra é a única maneira de defendê-los. Tudo o que nos impeça de nos defender é uma injustiça. Não queríamos aquela guerra, ela nos foi imposta, como todas as outras. Defender o próprio povo é um dever sagrado.

De fato, seu pensamento reflete, realmente, como funciona a mentalidade de uma significativa parcela do efetivo populacional sérvio em relação aos acontecimentos que sacudiram os Bálcãs na década de 1990. De acordo com uma pesquisa publicada em janeiro de 2009 pelo canal de televisão sérvio *B92*, apenas 14,29% dos sérvios denunciariam o paradeiro de Mladić às autoridades em troca de um milhão de euros se soubessem de sua localização. Segundo o mesmo estudo, 20,57% não teria uma atitude definida e, 65,14%, o grosso populacional, não daria essa informação, sendo leal a Mladić.

Em 2015, a Rússia, já de cabeça erguida, voltando ao tabuleiro de xadrez geopolítico e recuperando seu peso geopolítico de outras épocas, vetou uma resolução do Conselho de Segurança, no 20º aniversário do caso de Srebrenica, sinalizando que apenas os sérvios eram culpados e responsabilizados pelo ocorrido nos turbulentos anos noventistas na conflagrada península balcânica, reconhecendo tratos seletivos por parte da grande mídia e das instituições em relação aos vários atores implicados. Washington, sob a presidência de Clinton, atribui à Sérvia, total responsabilidade, pois quer que a Iugoslávia seja violada, mutilada e balcanizada para facilitar o controle das grandes corporações geofinanceiras e de seu aglomerado militar em zonas geoestratégicas, inviabilizando a consolidação de uma potência regional, que pudesse antagonizar-se, futuramente, com o projeto estadunidense de unipolaridade, projetando uma hipotética futura aproximação com Moscou, recordando os vários laços culturais-históricos entre ambos povos. Assim, era necessário sepultar o projeto soberanista sérvio chetnik, moldando sua Política Exterior, mais ou menos, vinculada com os interesses geopolíticos de Washington.

Como vemos, não é exagero afirmar que, Bill Clinton, representa o personagem político que atende, perfeitamente, à alcunha de Carniceiro dos Bálcãs. Slobodan Milošević foi falsamente acusado de genocídio, crimes contra a humanidade, graves violações das Convenções de Genebra e violações das leis ou costumes de guerra, como o próprio Tribunal apontou, em 2016. Na condenação injusta de Radovan Karadzic, por parte do TPII, em março de 2016, Milošević foi exonerado postumamente, sem aviso prévio e, praticamente despercebido, enterrado na condenação de 2.590 páginas de Karadzic. É assim que opera a mídia corporativa. Condenam Karadzic, com a grande mídia concedendo-lhe todos os olofotes e silenciando, ao mesmo momento, a absolvição do estadista mais difamado, pelos veículos massivos de comunicação, durante aqueles anos, como foi, Slobodan Milošević, sendo inocentado, sempre muito relevante ressaltar este detalhe, dez anos após sua morte. Então, a pergunta que fica é: Karadzic e Mladic serão absolvidos um dia, quando já tiverem morrido, de forma que, cada um deles não possa mais dizer e dar seus depoimentos antes de um julgamento verdadeiramente justo? Embora, no caso de Mladic, a segunda instância de junho de 2021, é considerada definitiva.

O general português, Carlos Martins Branco, que serviu na guerra, como Chefe Adjunto da Missão de Observação Militar da ONU, na Croácia e na Bósnia-Herzegovina, entre 1994 e 1996, em suas memórias, anunciou que, "a guerra nos Bálcãs anuncia as descobertas e desenvolvimentos na área de Srebrenica desde julho de 1995". Ele também aponta em suas lembranças que, "não houve genocídio em Srebrenica em 1995, mas sim em Krajina!". Ao contrário de inúmeras invenções e 'versões' de 'especialistas' pagos, falsas testemunhas e promotores da Nova Ordem Mundial da OTAN, o General Branko Martins, lida com fatos e dados *in loco* coletados pelas autoridades competentes, que foram enviados oficialmente ao escritório de Zagreb, onde ficava a sede da missão de monitoramento da ONU. Em seu livro, o General Branco, descorre abertamente, sobre um verdadeiro genocídio: a notória agressão croata à República Sérvia de Krajina, no verão de 1995, quando o Exército croata neo-ustasha, executou o assassinato em massa de todos os sérvios ali encontrados.

A referida personalidade esteve no terreno na Bósnia durante a guerra e, em particular, durante a queda de Srebrenica. Pode-se concordar ou discordar de sua análise geopolítica, mas é realmente necessário, ler o relato de como Srebrenica caiu, quem são as vítimas cujos corpos foram encontrados até agora e por que o autor acredita que, os sérvios, tão difamados pelos veículos massivos de comunicação, queriam conquistar Srebrenica e fazer que os bosniaks fujam, em vez de pretender massacrá-los.

A comparação entre Srebrenica e Krajina, bem como, a reação da mídia pela "imprensa livre', divulgada pela grande mídia, também é bastante instrutiva. Há pouca dúvida de que, pelo menos, 2.000 bosniaks morreram lutando contra o Exército sérvio melhor treinado e comandado. No entanto, a questão permanece: quando ocorreu a maioria dessas baixas em combate? De acordo com a análise que veremos, foi antes da queda final de Srebrenica: os bosniaks ofereceram pouca resistência no verão de 1995. O general português, Carlos Martins Branco, foi vice-diretor de operações do UNPF (Fundo de População das Nações Unidas) e suas informações são baseadas em relatórios de observadores militares das Nações Unidas, que foram enviados a Srebrenica durante aqueles dias, assim como, vários outros documentos das Nações Unidas, que não foram divulgados por razões óbvias. Suas fontes de informação não são *Ruder & Finn Global Public Affairs*, sendo que, seu nome não está incluído no banco de dados deles. Aponta que há razões para acreditar que, os números foram usados e manipulados para fins de propaganda. Essas cifras e informações não fornecem uma compreensão séria do conflito iugoslavo. O artigo é baseado em informações verdadeiras e inclui sua análise dos eventos. Por certo, o ocorrido é ainda mais longo e complexo do que nos revelaram, tanto o português, como os demais especialistas.

Porém, neste caso, com a atenção da mídia na área, a defesa militar do enclave teria revelado a verdadeira situação das zonas de segurança, havendo mostrado que nunca foram zonas genuinamente desmilitarizadas, como afirmado, mas sim, muito bem protegidas, com direito a presença de unidades militares armadas. A resistência militar colocaria em risco a imagem de "vítima", tão cuidadosamente construída e que os bosniaks consideravam vital manter. Ao longo de toda a operação, ficou claro que havia profundas divergências entre os líderes do enclave. Do ponto de vista militar, a confusão era total. Oric, o carismático comandante de Srebrenica, estava ausente. O governo de Sarajevo não autorizou seu retorno para liderar a resistência. O poder militar caiu nas mãos de seus tenentes, que tinham um longo histórico de incompatibilidade. A ausência de liderança clara de Oric levou a uma situação de total inaptidão. Ordens conflitantes de seus sucessores paralisaram completamente as forças sitiadas. O comportamento dos líderes políticos também é interessante. O presidente local do Partido Social Democrata da Bósnia-Herzegovina (SDP), Zlatko Dukic, em entrevista a observadores da União Europeia, explicou que Srebrenica fazia parte de uma transação comercial que envolvia uma rota de apoio logístico a Sarajevo, via Vogosca. Também afirmou que, a queda do enclave fazia parte de uma campanha orquestrada para desacreditar o eixo sio-atlantista e ganhar o apoio dos países sunitas. Esta foi a razão pela qual, Oric manteve distância de suas tropas. Essa tese também foi defendida por apoiadores locais. Outro aspecto curioso foi a ausência de reação militar do 2º Corpo do Exército bosniak, que em nada atenuou a pressão militar sobre o enclave. Sabia-se que, a unidade sérvia na região, o "*Drina Corps*", estava esgotada e que o ataque a Srebrenica só foi possível com a ajuda de unidades de outras regiões. Apesar disso, Sarajevo não levantou um dedo para lançar um ataque que teria dividido as Forças sérvias e exposto as vulnerabilidades criadas pela concentração de recursos em torno de Srebrenica. Tal ataque teria reduzido a pressão militar no enclave.

Também é importante registrar o apelo patético do Chefe de certas municipalidades - *Opstina*, Osman Suljic, em 9 de julho, implorando aos observadores militares, que dissessem ao mundo inteiro, que os sérvios estavam usando armas químicas. O mesmo senhor posteriormente acusou a mídia de divulgar notícias falsas sobre a resistência das tropas no enclave, o que exigiu uma negativa da ONU. De acordo com Suljic, as tropas bosniaks não responderam e nunca responderiam com fogo de artilharia pesada. Simultaneamente, queixou-se da falta de alimentos e da situação humanitária. Curiosamente, os observadores nunca foram autorizados a inspecionar os depósitos de reserva de alimentos. A ênfase colocada pelos líderes políticos na falta de resposta militar e na ausência de provisões alimentares, sugere uma política oficial que começou a ser perceptível.

Em meados de 1995, o prolongamento da guerra enfraqueceu o interesse público. Houve uma redução substancial da pressão da opinião pública nas chamadas 'democracias neoliberais', entre aspas, pois, como nos retrata, a experiência de diferentes povos, sintetizando particularidades de suas trajetórias históricas, além da concepção semântica clássica, existem milhares de definições do que é democracia. Quem se coloca na posição de falar, como representante do conceito "único" de democracia, fora do qual, todos são autoritários e fascistas, está simplesmente querendo desumanizar e apagar o Outro da esfera pública, sendo o perfeito exemplo do Totalitarismo Liberal, que impera em nossa era. Como sabemos, o neoliberalismo promovido pela Escola de Chicago e pelo Consenso de Washington, duas ideologias ultra-neoliberais, nada tem a ver com práticas democráticas, sendo todo o contrário, levando e conduzindo a uma plutocracia bancocrática oligárquica monopolística, sem precedentes ao longo da história, que retém, aproximadamente, 98% da riqueza planetária. Dito isso, esclarecendo algo relevante, voltemos aos Bálcãs. Embora a extensão do pleito bélico, estendendo-se de 1992 a 1995, tenha debilitado o interesse popular, um incidente dessa magnitude, como foi o caso de Srebrenica, que dito de passagem, até hoje ecoa no imaginário popular, proporcionaria notícias para os meios de comunicação por várias semanas, podendo despertar a opinião pública e incitar novas paixões. Dessa forma, seria possível matar dois coelhos com um único tiro: poderia haver pressão para levantar o embargo e, ao mesmo tempo, seria difícil para os países ocupantes retirarem suas forças, hipótese defendida e liderada por líderes da ONU. Figuras como, Akashi e Boutros-Boutros Ghali, desempenharam um papel relevante nesse processo.

Os bosniaks sempre se refugiaram na esperança secreta de que, o embargo fosse suspenso. Isso se tornou o principal objetivo do governo de Sarajevo e foi promovido pela votação no Senado e no Congresso dos Estados Unidos a favor de tal medida. O presidente Bill Clinton, no entanto, vetou a decisão, exigindo uma maioria de dois terços em ambas as câmaras. O colapso dos enclaves deu o ímpeto decisivo que a campanha precisava. Após sua queda, o Senado dos Estados Unidos votou com uma maioria de dois terços para suspender o embargo. Estava claro que, mais cedo ou mais tarde, os enclaves cairiam nas mãos dos sérvios, algo que já se entendia como inevitável. Houve um consenso entre os negociadores (a administração dos EUA, a ONU e os governos europeus, principalmente de Berlim) de que, era impossível manter os três enclaves bosniaks e que deveriam ser trocados por territórios na Bósnia Central. Madeleine Albright então sugeriu essa troca em várias ocasiões a Izetbegovic, com base nas propostas do Grupo de Contato. Já em 1993, na época da primeira crise do enclave, Karadzic havia proposto a Izetbegovic a troca de Srebrenica pelo subúrbio de Vogosca, um movimento que incluiu o intercâmbio de populações. Este foi o propósito das negociações secretas para evitar publicidade indesejável. Isso implicava que, os países da União Europeia e do continente americano, aceitavam e incentivavam a separação étnica. A verdade é que, tanto os estadunidenses, quanto o presidente Izetbegovic, concordaram tacitamente que não fazia sentido insistir em manter esses enclaves isolados em uma Bósnia dividida. Assim, em 1995, ninguém mais acreditava na inevitabilidade da divisão étnica do território. Em junho de 1995, antes da operação militar em Srebrenica, Alexander Vershbow, assistente especial do presidente Bill Clinton, declarou que, "os Estados Unidos deveriam encorajar os bosniaks, a pensar em termos de territórios com maior coerência e compacidade territorial". Em outras palavras, isso significava que os enclaves deveriam ser esquecidos. O ataque a Srebrenica, sem a ajuda de Belgrado, foi totalmente desnecessário e provou ser um dos exemplos mais significativos do fracasso político da liderança sérvia, embora, como vimos acima, tenha sido realizado como uma reação aos acontecimentos sucedidos, entre 1992 e 1995. O erro de cálculo faz-se presente aqui, pois, os grandes poderes usariam tal incidente, como mero pretexto, para ganhar a opinião pública, usando-o como uma bandeira falsa para promover uma "intervenção humanitária", servindo assim, a interesses geoestratégicos do Eixo sio-atlantista, capitaneado pelo Arco Transatlántico da Anglosfera.

Neste processo de fabricação, a mídia de massa, administrada por meia dúzia de corporações globalistas, exacerbou o panorama ao transformar os enclaves em um poderoso ícone dos meios massivos de comunicação, culminando a um cenário, que seria logo, como era de esperar-se, explorado por Izetbegovic. A CNN transmitia diariamente, imagens de valas comuns repleta de milhares de cadáveres, obtidas de satélites espiões. Apesar da precisão microscópica na localização desses túmulos, é certo que, nenhuma descoberta até o momento, confirmou tais suspeitas. Como não há mais restrições de movimento, inevitavelmente especulamos por que eles ainda não foram mostrados ao mundo. Se houvesse realmente, um plano premeditado de genocídio, como martela, a mídia corporativa, em vez de atacar numa só direcção, de sul para norte, deixando a hipótese de fugir para norte e oeste, os sérvios teriam feito um cerco para garantir que ninguém poderia escapar. Os postos de observação da ONU ao norte do enclave nunca foram perturbados e permaneceram ativos após o fim das operações militares. Obviamente, existem valas comuns nos arredores de Srebrenica, como no resto da ex-Iugoslávia, como um todo, principalmente, em todas as regiões que houveram profundos embates, pleitos, choques, enfrentamentos e combates bélico-militares, além de bombardeios por parte dos ataques agressivos da OTAN, porém, não há razões para a campanha que foi montada, nem os números disseminados pela CNN. Além do que, a maioria dos cadáveres em valas comuns e clandestinas, em todo o território da ex-Iugoslávia, são de etnia sérvia, informação reveladora, estrategicamente ocultada pelos veículos massivos de comunicação. Krajina, Eslavônia Oriental, arredores de Srebrenica e em todo o Kosovo, dizem por si só. Os eventos que se desenvolveram nestas regiões refletem este cenário, confirmando tal afirmação com certa carga de mostruosidade, dor e indignação. O calvário coletivo do povo sérvio foi descomunal.

Nas regiões próximas a Srebrenica, as valas comuns estão repletas de um número limitado de cadáveres de ambos os lados, resultado de batalhas e combates acalorados e não de um plano premeditado de genocídio, como ocorreu contra as populações sérvias em Krajina, no verão de 1995, quando o Exército croata neo-ustasha, executou o assassinato em massa de todos os sérvios encontrados lá, provocando um êxodo de 200.000 mil sérvios étnicos, que foram obrigados a buscar refúgio na Sérvia ou na colindante Republika Srpska, principalmente na cidade de Banja-Luka. Neste caso, a mídia manteve silêncio absoluto, apesar do genocídio ter ocorrido em um período de três meses. O objetivo de Srebrenica era vingar-se abertamente dos massacres de sérvios por bosniaks, ocorridos entre 1992 e 1995, ao contrário do que aconteceu em Krajina, em que, embora não houvesse ação militar, o Exército croata dizimou aldeias inteiras. Apesar de saber que, os enclaves já eram uma causa perdida, Sarajevo insistiu em tirar dividendos políticos do fato. A receptividade criada aos olhos da opinião pública mundial, facilitou profundamente, a venda da tese do genocídio, facilmente refutável, como estamo vendo.

Não obstante, mais importante do que a tese do genocídio e do isolamento político dos sérvios, foi a chantagem da ONU, já que, esta última, uniu forças com o governo de Sarajevo no conflito (que aconteceu depois) ou a ONU ficaria completamente desacreditada aos olhos do público, o que, por sua vez, geraria apoio à causa bosniak. Embora desde os primórdios, ficou claro e evidente o forte apoio, em todos os meios, do eixo sio-atlantista aos adversários dos sérvios, o ocorrido em 11 julho de 1995, consiste em um evento que marca um antes e depois nos conflitos balcânicos noventistas. Srebrenica foi a gota d'água, que levou a elite globalista, a concordar com a necessidade de acabar com sua neutralidade (ao menos de maneira pública) e iniciar uma ação militar contra um dos lados do conflito. Representou, portanto, um profundo ponto de inflexão, que uniu a dita elite mundial em seu desejo virulento e desenfreado, de quebrar a "bestialidade sérvia". Sarajevo sabia que não tinha capacidade militar para derrotar os sérvios, que, como herdeiros diretos do Estado Federal Iugoslavo, eram detentores de todo o corpo e aparelho militar. Portanto, era necessário criar condições para que, a "comunidade internacional", leia-se meia dúzia de atores estatais, capitaneados por grandes corporações geofinanceiras, pudesse entrar na cena para respaldar as Forças bosniaks. Srebrenica desempenhou um papel vital neste processo.

Srebrenica representa, um de uma série de atos de líderes sérvios, visando provocar a ONU a demonstrar sua impotência. Este foi um grave erro estratégico que lhes custaria caro. Quem só tinha a ganhar com a demonstração da impotência da ONU era a direção de Sarajevo. Em 1995, ficou claro e muito evidente que, a mudança do status quo, exigia uma intervenção poderosa que derrubaria o poderio militar sérvio, à época, a quarta maior força bélica do continente, só atrás de Inglaterra, França e Rússia. Srebrenica foi um dos pretextos, fruto da falta de visão estratégica da liderança sérvio-bósnia. As forças sitiadas poderiam facilmente ter mantido o enclave, pelo menos por muito mais tempo, se tivessem sido bem lideradas. Acabou sendo conveniente deixar o enclave cair assim. Como o bastião estava fadado a cair, era preferível deixar isso acontecer da maneira mais benéfica possível. Mas isso só teria sido possível se Sarajevo tivesse iniciativa política e liberdade de movimento, o que nunca aconteceria na mesa de negociações. A queda deliberada do enclave pode parecer um ato de terrível orquestração maquiavélica, mas a verdade é que, o governo de Sarajevo tinha tudo a ganhar, como mostraram os fatos e a cronologia histórica. Srebrenica não era um jogo de soma zero. Os sérvios obtiveram uma vitória militar, mas com efeitos colaterais geopolíticos muito negativos, resultando e culminando, em seu ostracismo final. É dizer, embora não houve, realmente, um genocídio propriamente dito, em sua concepção semântica clássica, caíram na armadilha sio-atlantista, algo que haviam plantado, entre o governo de Clinton e lideranças bosniaks, dito de passagem, desde 1993.

Poderíamos acrescentar uma nota final curiosa. Quando os postos de observação da ONU foram atacados e se mostraram indefesos, as forças se retiraram. As barricadas instaladas e montadas pelo Exército bosniak não deixavam passar as tropas que não eram tratadas como soldados em fuga da linha da frente, mas com uma sórdida diferenciação. Os bosniaks não apenas se recusaram a lutar para se defender, mas também forçaram outros a lutar em seu nome. Em um caso, o comandante de um veículo neerlandês decidiu, após discussões com o Exército da República da Bósnia-Herzegovina, passar por cima da barreira. Um soldado bosniak lançou uma granada de mão, ferindo-o mortalmente com os fragmentos. Assim, diante deste cenário, é importante ressaltar que, o único soldado da ONU a morrer na ofensiva de Srebrenica, foi assassinado pelos bosniaks.

Após todas estas constatações e observações, imaginamos já ser o suficiente para desmistificar a retórica inventada pelos meios de comunicação de massa, que funcionam como aparelhos massivos de desinformação, sobre o "Massacre de Srebrenica", que consiste, como visualizamos, em uma fabricação midiática, sendo uma profunda distorção geopolítica para atender específicos propósitos geopolíticos e geoestratégicos atlantistas.

21 - Legado da guerra e aspiração contemporânea vinculada à Grande Sérvia, um latente irredentismo maltratado

Foto 48: Mudanças na estrutura demográfica da ex-Iugoslávia, entre 1990 e 2015.

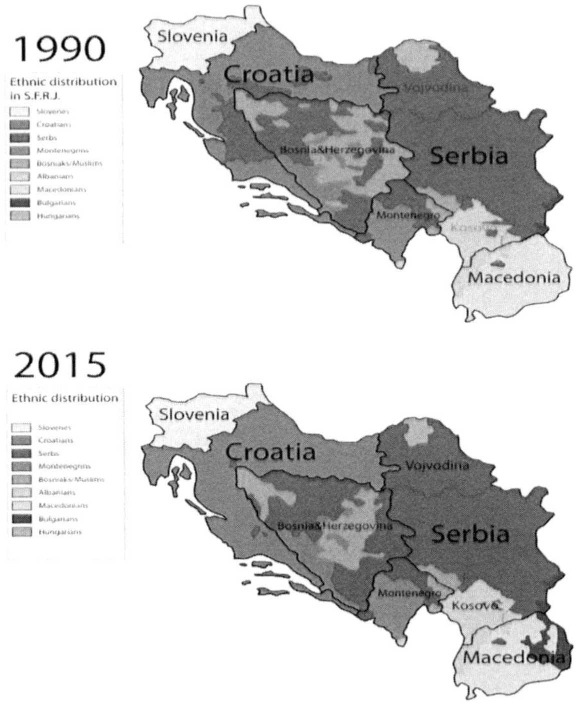

Fonte: https://es.wikipedia.org/wiki/Gran_Serbia

Uma das grandes dificuldades na consumação do ideal da Grande Sérvia, ao longo dos conflitos ocorridos na década de 1990, tem sido o caráter coercitivo da criação de um grande Estado sérvio contra a vontade de outros entes políticos antes da guerra. Como nos retratam os dados demográficos, os povos da Iugoslávia estavam altamente entremesclados, sendo, fisicamente impossível, estabelecer um Estado etnicamente uniforme, sem o deslocamento de um grande número de pessoas contra sua vontade. Seguindo esse ideal, as autoridades sérvias durante a guerra, objetivando a preservação das áreas de considerável presença étnica sérvia, sob a égide de uma Grande Sérvia, ainda que sob a nomenclatura de Federação Iugoslava, foram obrigadas a reagir às ações da OTAN, para garantir que pudessem estabelecer territórios monoétnicos sem oposição de grupos minoritários potencialmente desleais.

Os sérvios-bósnios se recusaram, terminantemente, a viver em um país dominado pelos sunitas bosniaks, preferindo lutar pela independência da Bósnia-Herzegovina que se plantava nos bastidores. Apoderaram-se do arsenal do Exército Popular Iugoslavo e ocuparam 70% da Bósnia, nos primeiros meses da guerra, consolidando o poder nas zonas de maioria sérvia, afastando-se de regiões compostas por grandes minorias problemáticas, incapazes de fazer parte de uma Sérvia unificada. Não obstante, o desfecho da contenda sangrenta de três anos, após serem difamados, constantemente nos veículos massivos de comunicação, causou um profundo trauma estrutural no ethos sérvio. A derrota militar sérvia, a queda de Slobodan Milošević, a criação da Republika Srpska, dentro da "soberania" na Bósnia-Herzegovina, a administração do Kosovo pela ONU e a sua "independência", desrespeitando a integridade territorial sérvia, não sendo reconhecida por Rússia, Espanha, China, México, Brasil, Bolívia, Argentina, entre outros entes políticos, o fim da Iugoslávia e da República da Sérvia e Montenegro, o êxodo de sérvios de grandes áreas da Croácia, Bósnia-Herzegovina e Kosovo, além das diversas acusações de crimes de guerra contra lideranças e militares-soldados sérvios, provocaram uma desmoralização, desalento e desestimulação na busca pela Grande Sérvia.

As atrocidades das guerras iugoslavas podem ter levado, até certo ponto, muitos sérvios a assumir uma posição muito mais forte contra as ideias que promovem esse objetivo, especialmente em Kosovo. De qualquer forma, a ideia da Grande Sérvia continua a ter influência nos políticos sérvios, tendo uma grande difusão na política interna, sendo um sentimento arraigado e impregnado na população sérvia, de uma forma geral, sendo também utilizado como um instrumento geopolítico. Assim, os sérvios ainda são vistos por muitos croatas, bosniaks e pan-albaneses, como uma barreira para as relações com suas populações e territórios vizinhos.

A propósito, a bandeira da Igreja Ortodoxa Sérvia, guardiã da identidade sérvia ao longo de séculos de luta, traz como estandarte enérgico um lema: "Só a unidade salvará os sérvios", ondulando e representando um ethos, profundamente marcado por sua trajetória histórica, repleta de sucessivos profundos momentos de ruptura. As guerras e os caprichos dos impérios conquistadores dispersaram os sérvios, que somam mais de dez milhões: ao sul, concentrados em pontos do Kosovo (onde restam 125 mil) e Montenegro; pela Sérvia central, onde hoje vive a maioria; ao norte, para a Hungria, e a oeste, em direção à Bósnia-Herzegovina e Croácia. Muitos emigraram para a Europa Ocidental e América do Norte. Passaram séculos lutando com fervor épico para reunir seu povo disperso, definir seu território, preservar sua singularidade, o legado de sua síntese histórica e são forçados a emigrar, parte como legado da profanação protagonizada pela intervenção criminal sio-atlantista. Ou seja, como vimos ao longo da obra, a busca pela unidade colocou os sérvios, não apenas contra seus vizinhos do mosaico étnico balcânico, como também, contra o mundo inteiro, salvo raras exceções. Hoje eles são frequentemente considerados os principais culpados nas guerras sangrentas que destruíram a Iugoslávia na década de 1990. Com muitos deles injustamente implicados em crimes contra a humanidade (incluindo limpeza étnica e genocídio na Guerra da Bósnia e no contexto kosovar), os sérvios reclamam que, a elite globalista, usando seus aparatos institucionais, como a ONU, o Tribunal Internacional de Haia para a ex-Iugoslávia, além da União Europeia e OTAN, os consideram e retratam, como os bandidos, enquanto, ao mesmo tempo, ignoram crimes perpetrados contra o povo sérvio por outros atores implicados na carnificina, que assolou os Bálcãs nos anos 1990.

Foto 49: Representação das terras irredentas e a territoriedade da Grande Sérvia.

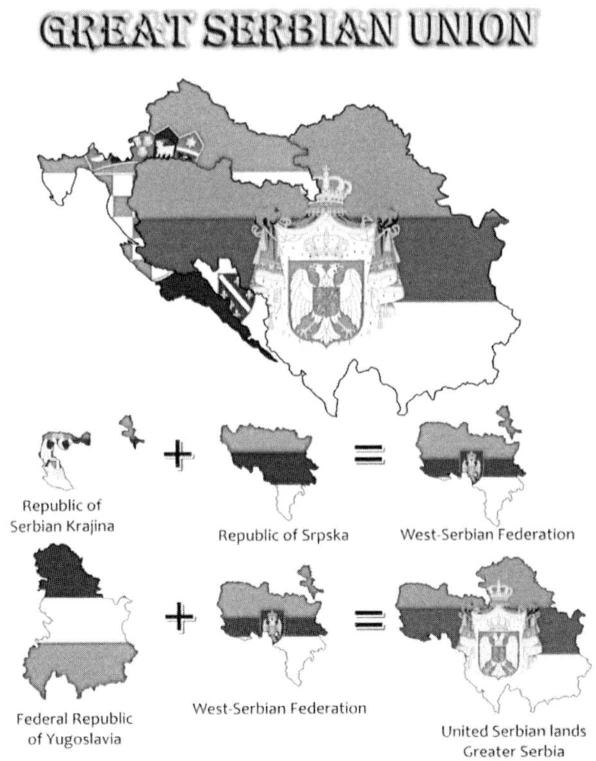

Fonte: Mundi Mapas

Assim, os sérvios enfrentam um dualismo polêmico: que sentido pode ter a unidade sérvia na Europa do século XXI? A questão causa tantas divisões entre os sérvios quanto preocupação entre seus vizinhos. Para Nakalamic, a resposta é cuidar, acima de tudo, do povoado em que mora. Por isso, aceitou o cargo de vereador na prefeitura de Rahovec (Orahovac), município do qual depende Velika Hoca. Ele é o único sérvio na corporação. O município pertence aos limites administrativos do Kosovo, território que, com 89% de população albanesa, se declarou independente da Sérvia, por meio de uma autodeclaração unilateral liderada por um terrorista, como Hashim Thaçi, em fevereiro de 2008, com o apoio dos Estados Unidos e União Europeia. Para muitos sérvios, isso faz de Nakalamic, um traidor. Muitos sérvios parecem resignados a aceitar as novas fronteiras e a perspectiva de uma Sérvia menor e menos beligerante. Quando Kosovo declarou sua independência, os telespectadores de todo o mundo assistiram a nacionalistas sérvios tomarem as ruas de Belgrado para quebrar vitrines e queimar um símbolo da arrogante interferência estrangeira, a embaixada dos EUA, também conhecida, por óbvias razões, como 'Casa do Ninho de Espiões'. Ao longo das últimas três décadas e de forma mais intensa, ocorreram diversas manifestações, pelas quais, os sérvios se uniram para condenar as ações dos Estados Unidos.

Foto 50: Nacionalistas sérvios rejeitam a Política Externa dos Estados Unidos, condenando os atos perpetrados pela desastrosa dinastia Clinton.

Fonte: Desconhecida

O governo sérvio vê, na independência de Kosovo, o desmembramento ilegal de seu território soberano, sendo um atentado à integridade territorial. Belgrado ordena que os sérvios-kosovares boicotem a eleição, com a maioria acudindo ao chamado. Sem o apoio necessário nas urnas em seu distrito, Nakalamic carece de voto no governo local, o que o impede de participar de orçamentos e funções administrativas.

"A população sai às ruas e se manifesta, mas ninguém realmente acredita que vamos recuperar Kosovo", diz Marina Alavanja, uma jovem da capital Belgrado. Alavanja, que estuda em Florença, é o exemplo de uma Sérvia liberal sensível internacionalmente, em quem os governos da Europa Ocidental depositam suas esperanças. Após a declaração ultraunilateral da independência de Kosovo, por parte do esforço globalista para tal secessão, além dos tumultos e revoltas subsequentes, o eleitorado sérvio chocou o mundo, na primavera de 2008, ao levar ao poder um governo pró-União Europeia, que prometia rastrear supostos criminosos de guerra sérvios, prova clara da crença generalizada de que, após uma severa campanha propagandística massiva, fator somado a chantagens e pressãos, a maior esperança de crescimento econômico e cultural, reside na interação com a organização supranacional.

Sem embargo, o enraizamento nacionalista ainda é bastante visível na Sérvia. Quem vê de fora não deve confundir resignação com aceitação, insiste Alavanja. "É o orgulho sérvio", explica ela. Não podemos dizer que vão ficar com o Kosovo, fazendo o que quiserem". "Que classe de povo seríamos?", afirma o senhor Popovic, um especialista em Direitos Humanos dedicado a investigar e processar sérvios implicados na contenda sangrenta. Ele é, às vezes, considerado um traidor nacional. Afirma também que, a distância entre nacionalistas recalcitrantes e globalistas na Europa Ocidental (entre eles o presidente da Sérvia, Boris Tadic) não é tão abissal quanto parece do lado de fora. Segundo Popovic, todos os grandes partidos abraçam, em maior ou menor grau, o ideal de unir os territórios povoados por sérvios, ambição que catalisou o conflito nos Bálcãs na década de 1990: "Seria inexato dizer que este país está dividido entre globalistas e nacionalistas", declara. A realidade é que, em tempos de tensões e rupturas institucionais, embora com décadas de profunda traição governamental, por parte dos governos de Boris Tadic (2004-2012 e Aleksandar Vučić (2017 aos dias atuais), que representam uma Sérvia superficial e desconectada de suas raízes históricas e genuínas aspirações milenares, prevalece, principalmente na Sérvia profunda, o ideal nacionalista, pois ainda persiste, fragmentos consagrados na memória coletiva, que, para os sérvios, é uma história de coragem e sofrimento nacional. "Os países pequenos costumam ser vítimas de injustiça", reflexiona Dragoljub Micunovic, uma figura da oposição durante os anos de Milošević, sendo nos últimos anos, um representante de alto escalão do aparelho jurídico-estatal sérvio, defensor de uma integração com o sio-atlantismo.

No entanto, embora afastado do ímpeto nacionalista sérvio, Micunovic traz à tona, a anexação da Bósnia (lar de muitos sérvios) ao Império Austro-Húngaro, em 1908, algo que apenas reforça a tese da forte penetração do nacionalismo em várias camadas da sociedade, alcançando figuras políticas de diversas tendências ideológicas e com outras prioridades. Apesar de se sentir indignada, a Sérvia teve que conceder. Mas, em 1914, o sérvio-bósnio, Gavrilo Princip, se vingou assassinando o príncipe herdeiro austríaco em Sarajevo, um assassinato que desencadeou a Primeira Guerra Mundial, sendo considerado o principal estopim para a eclosão da Grande Guerra, embora é sempre relevante salientar que, a França, por exemplo, também estava interessada em um grande conflito continental, tendo uma oportunidade para conceder-lhe à Alemanha, infligindo ao gigante rival geopolítico germânico, a revanche pelo desfecho da Guerra Franco-Prussiana, em 1871. Metade da população masculina em idade militar da Sérvia pereceu no conflito, porém, a guerra imposta resultando em um martírio coletivo, não foi em vão. O ente político invasor do Império Austro-húngaro foi extinguido e, na Sérvia contemporânea, Princip é considerado um herói. Ou seja, segundo o imaginário coletivo nacional sérvio, a libertação nacional da opressão do Império Austro-Húngaro teve um custo muito alto: metade da população masculina sérvia em idade militar. Esse enorme esforço nacional patriótico, aumentou as cifras de mártires sérvios caídos em batalhas ao longo de sua trajetória histórica, acompanhando Lazar, príncipe medieval sérvio, que, morto pelos turcos, em 15 de junho de 1389, na emblemática Batalha de Kosovo-Polje, terminou mutilado pelos otomanos.

O atual enfoque do sacrifício nacionalista sérvio é, por toda sua relevância histórica, sendo o berço civilizacional, além de sua complexa conjuntura geopolítica, indiscutivelmente, Kosovo. Milošević chegou à presidência, em parte por causa de sua promessa eleitoral de aniquilar o poder albanês no Kosovo. Quando morreu em 2006, estava imerso na maratona de julgamento por supostos crimes de guerra contra civis albaneses-kosovares, algo que, sem provas e evidências contundentes, foi negado pelo Tribunal Internacional, que o absolveu em 2016. É difícil determinar se, o que move alguns sérvios a considerar Kosovo sua Jerusalém, com outros o considerando, seu Calvário, representa uma genuína veneração cultural ou a persistência da defensiva propagandística de Milošević, que terminou gerando uma Cruzada Nacional Ortodoxa Sérvia contra o Sio-Atlantismo. O que não resta a menor dúvida é que, Kosovo representa o bastião geográfico original da civilização sérvia, sede histórica do Patriarcado da Igreja Ortodoxa Sérvia, fazendo com que, a busca pelo resgate desta província, se converta, automaticamente, em uma luta titânica por sua alma existencial. Ou seja, consiste na Palestina Eslava. O que Milošević fez foi resgatar toda a ideologia nacionalista sérvia, característica dos grupos chetniks, proibida e perseguida por décadas pelo Estado titoísta. Slobodan Milošević soube explorar perfeitamente esse sentimento, tão combatido, entre 1945 e 1980, no final dos anos oitenta.

Na colina a oeste de Velika Hoca, no sopé de um posto de observação ocupado por quase uma década pelas supostas Forças de paz da OTAN, um cemitério se estende com uma vista: ao lado das antigas fazendas e vinhedos em declive, que abastecem a vinícola da aldeia, propriedade do mosteiro sérvio ortodoxo, pequenas ermidas pontilham o vale. Alguns são tesouros medievais que abrigam afrescos ancestrais da vida de Cristo, ícones de santos, o Juízo Final. Ninguém, nem mesmo o pároco da aldeia, sabe explicar o por que, uma área agrícola despretensiosa ganhou, ao longo dos séculos, uma presença sagrada tão importante. No entanto, tudo tem seu significado, desde uma perspectiva histórica. Algumas igrejas, diz Bojan Nakalamic, foram construídas no século XIV, sob o reinado de Stefan Dusan. O monarca mais poderoso que governou os sérvios forjou e consolidou um império sem paralelo. Kosovo estava no centro desse império, quando Dusan se proclamou

'Imperador e Autocrata dos sérvios, gregos, búlgaros e albaneses'. Ironicamente, mas com a mão no coração, Nakalamic professou: "Por fora, sou um insignificante político de Kosovo, mas por dentro, sou um Dusan".

Em 1389, os sérvios são derrotados em Kosovo pelos turcos, acontecimento que abriria caminho para o processo de albanização daquela província. A Sérvia recuperou a independência no século XIX (consolidando-se entre 1878 e 1882, após as sucessivas insurreições nacionais de 1804 a 1835, que determina uma Constituição), recuperando Kosovo no século XX, durante o colapso do Império turco-tomano e o desmoronamento da Áustria-Hungria, podendo reunificar-se, embora naquele então, sob o manto do espírito iugoslavo. Vários séculos de domínio turco, não apenas moldaram o sentimento de perseguição experimentado pelos sérvios, mas também, os espalharam pelos Bálcãs ocidentais. Ao final do século XX, a maré da história mudou novamente com a dissolução da Iugoslávia. Muitos descendentes daqueles que fugiram do domínio otomano retornaram em massa, acrescentando um novo capítulo à história do sofrimento sérvio. No entanto, a angústia infligida pelos sérvios é, ao contrário, o que o mundo mais se lembra, sendo esta percepção, legado dos meios de comunicação de massa, que, como estamos podendo constatar ao longo desta obra, mais desinformam do que informam.

Como estamos vendo, para entender o processo de mutilação da Sérvia Histórica, devemos realmente remontar ao longínquo ano de 1389, data essencial na historiografia sérvia. Desta maneira, somente com uma abordagem profunda, com base em uma perspectiva histórica, é dizer, um enfoque multidimensional, pode-se comprender o processo de mutilação que a nação sérvia sofreu. As Guerras dos Bálcãs, ao longo da década de 1990, provocaram uma série de refugiados sérvios que, saindo das então regiões periféricas da ex-Iugoslávia, encontraram refúgio em Belgrado e outras áreas da hoje mutilada Sérvia. Assim, além da senhora Maritsa Stula, abordada em outro capítulo, em 2008, a Sérvia acolheu quase 320.000 pessoas procedentes dos confins da ex-Iugoslávia. Cerca de 250 mil eram do Kosovo, onde os albaneses transformaram aquela província num terror, através de um desenfreado processo de albanização. Quando Milošević se retirou, legado dos ataques da OTAN à Sérvia e mais de 850.000 exilados albaneses retornaram em massa de campos de refugiados estrangeiros, muitos sérvios fugiram, sabendo que eram alvos prioritários. Outros foram posteriormente expulsos, apesar da presença de 'pacificadores internacionais', que nem sempre intervêm quando multidões enfurecidas atacam civis desarmados. O resto, como Stula, veio da Croácia ou da Bósnia-Herzegovina.

Stula aborda com profunda nostalgia, a casa que perdeu na região da Krajina, mas ressalta que tudo poderia ter sido pior. Ela foi colocada como cozinheira em Delta City, um novo shopping center de luxo, inaugurado em 2007, pelo homem mais rico da Sérvia. Graças às reformas econômicas dos governos pós-Milošević, a economia sérvia experimentou uma forte recuperação, com crescimento médio de 7%, nos últimos anos. A renda dos cidadãos está aumentando rapidamente e o shopping lota todos os dias. Sem dúvida, Stula nunca teve um salário melhor. Mas, mesmo assim, se conseguir juntar o dinheiro necessário para obter os documentos que lhe permitem viajar para a Europa Ocidental, planeja deixar a Sérvia para sempre, quem sabe para Inglaterra, onde o filho mais velho conseguiu matricular-se na universidade.

Christopher Anderson, repórter estadunidense, em sua viagem à Sérvia, conta que, certa noite, em uma festinha realizada em Belgrado a bordo de uma casa-barco no rio Sava, as reprovações à sua nacionalidade foram muito mais ferozes e o sentimento de ressentimento, algo bastante presente, estando impregnado no povo, sendo um pouco do reflexo, da reputação que goza Washington no país, fenômeno similar da reação de quando, a senhora Maritsa Stula, descobriu que ele era estadunidense: "Bad, bad America. Por que os estadunidenses estão expulsando essas pobres pessoas de suas casas em Kosovo? Clinton, Bush...". Seguindo a desaprovação coletiva, dois jovens de cabelos compridos e tez avermelhada, o convidaram a adivinhar quantas toneladas de munição de urânio empobrecido, os Estados Unidos haviam jogado em seu país em 1999 e quantos casos de câncer poderiam causar: "Você sabia que, os bombardeios estadunidenses da chamada Guerra do Kosovo, mataram inúmeros civis sérvios?", perguntou um deles. Provavelmente não, eles supunham, pois, como nos mostra a história contemporánea, a mídia corporativa exercia uma eficaz censura a qualquer informação que não retratasse os sérvios como 'nazistas revividos', quando a verdade histórica é, como nos retratam os fatos, completamente inversa. Foram, precisamente os sérvios, mortos à machadadas, pelos ustashas, esses últimos protegidos e acobertados no Estado Independente da Croácia, pela Alemanha Nacional-Socialista e com a benção do Vaticano, entre 1941 e 1944. Assim, fazendo tal analogia, um dos sérvios (um jovem de vinte e poucos anos que falava inglês e que poderia passar por um típico urbanista de qualquer outro lugar da Europa sem nenhum problema), que dialogava com Christopher Anderson, volta à época da Segunda Guerra Mundial, estando à beira das lágrimas: Por acaso você possui, alguma ideia, do que foram condenados a sofrer os sérvios?

Não obstante, esse sentimento nacionalista, carregado de emoções, legado de tanto sofrimento e maltrado, tão forte em muitos sérvios, é contrabalançado por um impulso de olhar para o futuro, pela convicção de que, o caminho mais seguro é deixar de lado velhas diferenças e focar em questões práticas. No oeste da Sérvia, existe uma aldeia chamada Sljivovica, nome da aguardente de ameixa, conhecida no exterior como slivovitz. Pertence à gama de destilados de frutas chamados rakija, elemento fundamental na vida social dos sérvios e outros iugoslavos, principalmente croatas e eslovenos, as três autênticas vertentes étnicas da região, segundo a concepção semântica clássica do componente "povo", entendendo os macedônios, como partes integrantes da Bulgária Maior e, por sua parte, os latinos italianos da Ístria e Dalmácia, vinculados historicamente, à Itália.

Assim, a Sérvia de hoje é uma nação dividida, repleta de contradições internas, herança de sua conturbada história, também associada à histórica resistência nacional contra inimigos externos e rivais geopolíticos forâneos, que a quisseram ver extinta do mapa mundi. Com a Sérvia cada vez mais perto de ingressar na União Europeia, a rakija sérvia pode sobreviver? A produção de licor é estritamente regulamentada na União Europeia, o que favorece os grandes destiladores, enquanto a rakija mais apreciada é feito em casa, tendo uma produção artesanal. Alguns produtores domésticos de rakija compartilham uma profunda fobia de ingressar no bloco geoeconômico continental, que, na verdade, vai muito mais além de, simplesmente, uma organização supra-nacional com enfoques econômicos. Na prática, funciona como Órgão de Relações Públicas da OTAN, tendo severas implicações geopolíticas, com a grande maioria das ordens, vindo de Washington. Não em vão, seus precursores ideológicos são Richard Kalergi, Jean Monnet e Karl Popper.

No entanto, Ostoja Stanic, de 32 anos, enquanto destilava o tradicional slivovitz, em um alambique enegrecido, disse que os sérvios querem ingressar na organização e que sua família planeja expandir o negócio. À medida que o país converge com o resto da Europa, disse ele, novos mercados se abrirão e as pessoas que só têm acesso ao slivovitz industrial poderão provar a coisa real. Seu tio, Ostoja Stanic, de 80 anos, falou da guerra de sua juventude e dos partisanos de Tito, para ele os verdadeiros heróis por travar uma resistência heróica contra os alemães. Por outro lado, outros anciãos relatam os massacres de inocentes perpetrados pelos seguidores de Tito. Era uma ilustração perfeita da história sérvia. Contradições e incógnitas por todo lado. E, com a guinada liberal das últimas décadas, legado de massivas ondas propagandísticas globalistas, a força do imparável ímpeto espontâneo nacionalista, característico do ethos sérvio, tendia a diminuir, porém, com um profundo declínio da unipolaridade neoliberal estadunidense no sistema internacional de Estados, algo sentido, de maneira paulatina desde 2008, cenário que acompanha uma reascensão meteórica de China, Irã e Rússia, que voltam com peso ao tabuleiro geopolítico, resgatando seus devidos lugares, no rol das superpotências históricas, advogando pela estruturação do mundo multipolar e sua consolidação, com a volta do ideário dos grandes espaços territorias, ancorados em perspectivas civilizacionais, o espírito nacionalista sérvio, que já demonstrou ser bastante forte e enraizado na população, tende a aflorar novamente, como sempre ocorreu ao longo da história, em momentos de profundas rupturas geopolíticas estruturais.

Portanto, a sociedade sérvia vive um impasse entre essas duas tendências retratadas, que estão no ar, de acordo com as projeções mundiais, desde 2008. Mais do que destilar as injustiças infligidas aos sérvios ou que os sérvios infligiram a outros, a prioridade de uma ala da população é aderir à União Europeia. Outros, ancorados num sentimento soberanista, associado a um nacionalismo irredentista e a um resgate do protagonismo geopolítico do povo sérvio, aspiram à reunificação da Sérvia Histórica, vinculado a uma aproximação geopolítica com a Tríplice Entente Euroasiática, é dizer os 3 grandes que desafiam a hegemonia neoliberal estadunidense no sistema internacional de Estados, composta pelo Eixo da Resistência, Moscou-Teerã,-Pequim, que protagonizam, uma aliança geoestratégica abrangente. A nação sérvia se encontra, então, no início do século XXI, confrontada com este dilema, sendo este, talvez, o desafio nacional sérvio para o século XXI: vincular-se com o Eixo Transatlântico da Anglosfera, que capitaneia o Sio-Atlantismo ou acompanhar o trem euroasiático, que adquire, cada vez mais, protagonismo geopolítico na esfera mundial.

Foto 51: Folder sérvio estabelecendo uma analogia como se o processo de suas amputações territoriais fosse realizado em outro país, usando o território francês como exemplo, esperando reflexão sobre o ocorrido.

Fonte: Desconhecida

22 - A inocência de Slobodan Milošević e a consequente incontida absolvição do artífice do renascimento chetnik: um golpe retumbante para a elite globalista

Foto 52: Cartaz retratando o líder sérvio nos Céus perante a absolvição na Terra

Fonte: http://www.detectivesdeguerra.com/2016/10/el-tribunal-penal-internacional-de-la.html

Tiveram que passar dez anos para que a justiça fosse feita em relação ao caso Milošević. Morto em 2006, quando esteva preso nas masmorras de um tribunal internacional, depois de ter sido condenado, antecipadamente, pelos meios de comunicação hegemônicos, uma vez que, como sabemos, aqueles que os dirigem, estavam profundamente interessados na sua condenação. Milošević chegou a ser comparado a números sanguinários do passado. Porém, em meados de 2016, dez anos depois, sob total silêncio da mesma mídia que o condenou, por unanimidade, o Tribunal Internacional de Haia, reconheceu tardiamente a inocência de Milošević, que inclusive morreu em circunstâncias até então mantidas em sigilo para evitar qualquer desconfiança, na opinião pública, sobre as verdadeiras causas de sua morte repentina. Os sérvios, porém, sempre culparam a elite globalista de tê-lo matado, com muitos difundindo a versão de envenenamento. Na mentalidade coletiva sérvia, era necessário fazê-lo, 'queimando arquivos'. Algo não novo na história mundial contemporânea, basta recordar o sucedido com Enrique Camarena Salazar, em 1985, entre muitos outros casos.

Era rotina para a mídia justificar, não só os bombardeios da OTAN na Sérvia e Kosovo, como também, as sanções econômicas contra o país liderado por Milošević. Neste cerco, este último Milošević passou os últimos cinco anos de sua vida, preso aguardando a conclusão das investigações do Tribunal, que, curiosamente, só ocorreu dez anos após sua fatídica morte, ainda sob enorme suspeita, quase sempre envolvendo os personagens sombrios da elite globalista. Reconheceu-se que, Slobodan Milošević, além de defender seu país, tentou impedir os crimes cometidos durante a guerra em que a OTAN bombardeava diariamente a região, utilizando falsos argumentos, como agora apontado pelo Tribunal Internacional de Haia. Como se não bastasse, a manipulação de informação, que continua, como testemunha o silêncio midiático sobre a sentença proferida em 2016, sempre houve fortes indícios de que, Milošević morreu em circunstâncias duvidosas.

O Tribunal de Haia garante que, Slobodan Milošević, não participou de nenhum "empreendimento criminoso conjunto" para 'limpar etnicamente' a Bósnia-Herzegovina de sunitas e croatas. No entento, certos analistas de Relações Internacionais, mesmo após tal veredito, mantêm o discurso hegemônico dos anos 1990, continuando a tratá-lo, por incrível que seja, como um criminoso de guerra. A verdade é que, são prisioneiros de uma retórica falaciosa, sendo reféns de uma narrativa que já ruiu. Tudo o que foi divulgado a esse respeito, tentando criminalizar Milošević, como decretado pelo veredito, é sem fundamento, até porque, pode ser comprovado que, "Slobodan Milošević havia afirmado que membros de outras nações e grupos étnicos deveriam ser protegidos e que, no interesse nacional dos sérvios, não deve haver a discriminação contra outros grupos étnicos". Além disso, o próprio Milošević declarou em alto e bom tom que, "os crimes de qualquer grupo étnico devem ser combatidos energicamente".

Na realidade, o próprio Tribunal de Haia não se esforçou para tornar públicos os 2.590 relatórios conclusivos. É possível que, os próprios responsáveis pelo Tribunal, tenham dito que era difícil alguém ler um relatório desse tamanho. O conteúdo, também relata, o *Latin American Resumem*, que Milošević foi encontrado morto em sua cela, 72 horas depois que seu advogado enviou uma carta ao Ministério de Relações Exteriores da Rússia, denunciando que Milošević estava sendo envenenado deliberadamente.

Em um relatório oficial do Tribunal de Haia sobre a investigação realizada sobre sua morte, foi confirmada a descoberta de um medicamento (rifamicina) em um exame de sangue, algo jamais prescrito por seus médicos. A rifamicina neutralizava os efeitos de outro medicamento, que Milošević ingeria para pressão alta, multiplicando as probabilidades de contrair um ataque cardíaco. Desta maneira, os fatos mostram que, muitas vezes, mesmo antes de uma sentença definitiva, alguém pode ser julgado antes do tempo pela mídia hegemônica, totalmente interessada em sua condenação. A história, como se sabe, está repleta de exemplos a esse respeito. No caso particular de Milošević, sempre houve a suspeita de que, poderosos interesses geopolíticos preferiam vê-lo morto antes do final do julgamento, que o declarou inocente.

Além de Slobodan Milošević, outro ex-presidente sérvio, já havia sido inocentado perante o Tribunal Penal Internacional para a Ex-Iugoslávia (TPII). Milan Milutinovic, foi considerado inocente na quinta-feira, 26 de fevereiro de 2009, das acusações de crimes de guerra e crimes contra a humanidade, que enfrentou no Tribunal Penal Internacional para a ex-Iugoslávia. Para o julgamento de Milutinovic, foram ouvidas 113 testemunhas de acusação e 118 testemunhas de defesa. Sem esquecer de Miroslav Radić, capitão do Exército iugoslavo, absolvido em 27 de setembro de 2007, na acusação de envolvimento no 'Massacre de Ovčara', após a Batalha de Vukovar. Diante de tudo isso, cabe uma profunda indagação reflexiva, por que tanto ódio aos sérvios?

23 - Serviofobia e suas raízes históricas

Foto 53: *Serbien muss sterbien!* ("A Sérvia deve morrer!"), uma caricatura austríaca, que circulou após o assassinato do arquiduque Franz Ferdinand da Áustria em 1914, retratando a Sérvia como um ente terrorista retratada de maneira altamente pejorativa.

Fonte: https://es.wikipedia.org/wiki/Serbofobia

Sabe-se que, o sentimento antissérvio foi uma das marcas características do Império turco-otomano, em parte como legado da enorme resistência sérvia ao deslocamento massivo cruel e genocida a que foram submetidos os sérvios quando estavam sob domínio otomano. Daí vem toda uma literatura, desenvolvida pelos sultões turcos que compartilham uma série de crônicas, de forma totalmente pejorativa, em relação aos sérvios. Além dos otomanos, outro ator forâneo invasor, contribuiu, rotundamente, para a disseminação desenfreada do sentimento antisérvio: o

Império Austro-húngaro, entidade política conformada antes da Monarquia Dual, estabelecida em 1866-67, pela Dinastia dos Habsburgos e pelo Reino da Hungria.

Neste contexto histórico, o debacle e o inevitável desmoronamento destes entes políticos, entre 1912 e 1918, contribuem para uma profunda intensificação na retórica antisérvia. Após as Guerras dos Bálcãs em 1912–13, o sentimento antissérvio aumentou na administração austro-húngara da Bósnia-Herzegovina. Oskar Potiorek, governador desta última, fechou muitas sociedades culturais e políticas sérvias e, contribuiu significativamente, para o clima antissérvio antes da eclosão da Primeira Guerra Mundial. É dizer, estava no ar, um profundo clima de tensão, faltava um estopim para desatar o estalhido de uma grande chacina, como viria dar-se a cabo com a eclosão da Grande Guerra. O assassinato em 1914 do arquiduque Francisco Ferdinando da Áustria-Hungria e de sua esposa, a duquesa de Hohenberg, levou ao pogrom anti-sérvio em Sarajevo, onde croatas e sunitas, se envolveram em violência durante a noite de 28 de junho e grande parte do dia seguinte. Isso, por sua vez, gerou uma profunda divisão étnica sem precedentes na história da cidade. O romancista Ivo Andrić referiu-se a este evento como "Sarajevo frenesi de ódio". Ações violentas contra os sérvios foram organizadas fora de Sarajevo e, mais de uma centena de prisões de pessoas suspeitas de terem participado ou auxiliado no assassinato do arquiduque, ocorreram na cidade. Os ataques se espalharam para outras grandes cidades do Império Austro-Húngaro, no que hoje representa a Bósnia-Herzegovina, Croácia e Eslovênia. As autoridades prenderam ou extraditaram para a Bósnia-Herzegovina, cerca de 5.500 sérvios proeminentes, dos quais, entre 700 e 2.200, morreram na prisão. Mais de 460 sérvios foram condenados à morte e uma milícia especial de maioria bosniak, conhecida como *Schutzkorps*, começou a perseguir, sistematicamente, os sérvios.

Foto 54: Cartão postal com uma propaganda austro-húngara dizendo "Sérvios, vamos esmagá-lo em pedaços!"

Fonte: https://pt.wikipedia.org/wiki/Sentimento_antiss%C3%A9rvio

Serviofobia ou sentimento anti-sérvio, é um termo usado para descrever um sentimento de hostilidade ou ódio contra os sérvios ou a Sérvia. A expressão tem sido usada para descrever uma "forma nova e moderna de discriminação desenfreada" contra os sérvios. Também se refere à perseguição histórica aos sérvios étnicos, conduzida por croatas, albaneses, húngaros, turcos, bosniaks (eslavos sunitas balcânicos), estadunidenses (recentemente) e, em menor escala, búlgaros. O termo foi usado em círculos literários e culturais, desde antes da Primeira Guerra Mundial. Os escritores croatas, Antun Gustav Matoš e Miroslav

Krleža, descreveram casualmente, algumas figuras políticas e culturais como "serviófobas". Krleža, no quarto volume de "Conversas com Miroslav Krleža", de 1985, editado por Enes Čengić, indica claramente que percebiam um entusiasmo anti-sérvio no comportamento dessas pessoas. Miloš Acin-Kosta, em seu livro *Draža Mihailović i Ravna Gora*, dedica uma seção à serviofobia, durante a Segunda Guerra Mundial.

O sentimento antissérvio foi, cada vez mais alimentado, pela ideologia do nacional-socialismo alemão após a nomeação de Adolf Hitler, como chanceler em 1933. As raízes podem ser encontradas em sua juventude em Viena. A ocupação da Sérvia pelo Eixo permitiu que, o movimento ustasha, uma organização terrorista e genocida croata ultracatólica, carregasse uma ideologia anti-sérvia até as últimas consequências no Estado Independente da Croácia (1941-1944). No maior campo de concentração da Croácia naquele período, Jasenovac, a esmagadora maioria das vítimas foram sérvios, como vimos em um capítulo específico. O Exército de ocupação alemão também cometeu crimes contra a população civil sérvia, como o Massacre de Kragujevac, um assassinato em massa de 2.778 a 2.794 civis sérvios, a maioria homens e crianças. Este trágico acontecimento foi um dos símbolos da brutalidade da ocupação alemã na memória popular iugoslava, em especial, sérvia. A poeta e escritora sérvia, Desanka Maksimović, escreveu um poema sobre o massacre intitulado Krvava bajka ("um conto de fadas sangrento"). Em 2012, a Assembleia Nacional da Sérvia aprovou uma lei declarando o dia 21 de outubro como feriado, o dia em memória das vítimas sérvias da Segunda Guerra Mundial. Assim, todo mês de outubro o massacre é recordado no Parque

Memorial e no Museu 21 de Octubre, onde são exibidos poemas e filmes relacionados com a memória das vítimas caídas na Segunda Guerra Mundial. Em 1995, Cadik Danon, rabino-chefe da Iugoslávia, em uma carta aberta ao Comitê Judaico Estadunidense, durante a Operação Força Deliberada da OTAN durante a Guerra da Bósnia, escreveu sobre esta discriminação, em uma atmosfera de profundo sentimento anti-sérvio:

> ...propaganda anti-sérvia irrestrita, que perdurou nesta guerra, seguindo o modelo liderado pela Alemanha nacional-socialista, mas com meios mais eficientes e de forma mais cara e sofisticada. ... Mesmo os judeus estadunidenses não foram capazes de suportar esse veneno de propaganda, ... eles não reconheceram a natureza germano-croata e racista do dogma serviofóbico. Eles não identificavam a serviofobia como irmã gêmea do anti-judaísmo...

Durante a Operação Tempestade, empreendida pelas Forças croatas, os famosos neo-ustashas, respaldados pelo eixo sio-atlantista, durante mais de 48 horas, no quadro das Guerras dos Bálcãs, cerca de 250.000 sérvios, que viviam em Krajina e Eslavônia, foram expulsos, sendo deslocados em massa e despojados de todos os seus bens. O que realmente aconteceu foi uma desapropriação cruel, uma limpeza étnica, que também contém o nome de genocídio. Também foram registrados diferentes atos de perseguição na Guerra do Kosovo contra a população sérvia. Durante a chegada da Força do Kosovo (KFOR) em junho de 1999 e os tumultos de 2004 na região, mais de 140 locais sagrados foram destruídos, a maioria deles, patrimônio histórico da Igreja

Ortodoxa Sérvia. Esses são apenas alguns capítulos, sofridos pelos sérvios na intervenção sio-atlantista mutiladora dos anos 1990, que retrata Cadik Danon, em sua oportuna observação.

Segundo os que usam o termo, a serviofobia pode ir do ódio individualizado à perseguição institucionalizada. Um exemplo de serviofobia é o uso do *'jingle Alle Serben müssen sterben'* (Todos os sérvios devem morrer), que se tornou popular em Viena, em 1914. O uso do termo "Chetnik", como designação pejorativa para qualquer vínculo aos sérvios (e não apenas ao movimento paramilitar sérvio) é comum entre croatas e bosniaks, durante e após a Guerra da Iugoslávia na década de 1990. *"Za dom spremni!"*, por exemplo, expressão usada constantemente por extremistas croatas de orientação ustasha, uma saudação croata, que causa profunda polêmica devido ao seu uso durante a Segunda Guerra Mundial pelos membros governamentais do Estado Independente da Croácia, era o seu equivalente à saudação *'Sieg Heil'* da ideologia nacional-socialista alemã.

Alguns outros exemplos de serviofobia, ao longo da história, podem ser facilmente encontrados. Assim sendo, diante deste contexto, podemos lembrar algumas personalidades que nunca esconderam sua serviofobia:

Ante Pavelić, fundador do movimento ustasha.

Ante Starčević, conhecido como, "Pai da Pátria croata».

Josip Frank, político, sendo um dos precursores ideológicos da ideia de uma Grande Croácia.

Ivan Šarić, arcebispo católico croata e colaborador do regime ustasha.

Vasil Radoslavov, político búlgaro, durante a Primeira Guerra Mundial.

Josip Broz Tito, homem forte da República Federal da Iugoslávia, de 1945 a 1980.

Bill Clinton, ex-presidente dos Estados Unidos, de 1993 a 2000.

Hashim Thaçi, ex-soldado albanês e ex-presidente dos limites administrativos do Kosovo.

Alia Izetbegović, precursor ideológico de um ente político para a Bósnia-Herzegovina.

Kolinda Grabar Kitarovic, presidente da Croácia de 2015 a 2020.

Gunther Fehlinger, presidente do Comité Austríaco para o Alargamento da OTAN para a região balcânica, Cáucaso e leste europeu, além da Irlanda.

24 - Amputação contemporânea de Voivodina: o próximo pseudo-estado da Europa?

Embora de maneira silenciosa, se mantêm nos bastidores e nas entrelinhas, tensões perpetradas pela Tirania de Bruselas e pela OTAN contra a Sérvia, cogitações de novas amputações pairam no ar. Consiste em uma guerra híbrida que não se atrave a dizer seu nome. Assim que, a questão que fica é, depois de Krajina, Republika Srpska, Kosovo e Montenegro, procuram também amputar Voivodina? Seria essa região, o próximo pseudo-estado da Europa? Diante de tantas entidades políticas artificiais formadas recentemente, como alguns dos casos mencionados, além das existências de República de Moldávia, Macedônia do Norte, Ucrânia, Bélgica e Bósnia-Herzegovina, não seria improvável imaginar que, desde as altas cúpulas globalistas, estejam movendo as peças, não satisfeitas pelo conduzido na década noventista, para mutilar, ainda mais, a nação sérvia.

A todos que aspiram por um movimento nacionalista soberanista, é sempre relevante identificar, como operam os tentáculos do Império Anglo-Sionista em suas guerras indiretas, que visam a desestabilização interna daquelas nações, que se caracterizam por garantir sua soberania, sendo esta última, uma palavra chave e um valor sagrado, que deve ser melhor entendido por todos, sendo, o princípio de territoriedade, elemento indispensável em soberania. De modo geral, um dos aspectos geopolíticos do globalismo é o pan-separatismo. Ou seja, a defesa da fragmentação de todas as nações ao redor do mundo para dificultar o acúmulo de poder necessário para iniciativas soberanistas relevantes. Menos os Estados Unidos, claro. Por enquanto. E é, precisamente o componente soberano, que dá impulso a um projeto de nação, inviabilizando automaticamente, os interesses geoestratégicos, geopolíticos e geoeconômicos das grandes corporações geofinanceiras do globo terrestre, que se escondem atrás de instituições governamentais de certos Estados, além de ONGs e outros organismos e entidades, retendo uma considerável parte da riqueza planetária, em suas mãos. Neste contexto, é primordial ressaltar que, como indica o advogado, escritor, geopolitólogo e líder da organização nacionalista brasileira, Nova Resistência, Raphael Machado, "a distinção entre 'manifestação democrática' e 'tentativa de golpe' é se George Soros está financiando ou não".

24.1 - Contextualização histórico-geopolítica da província sérvia de Voivodina

Voivodina, embora não possua a mesma relevância histórica e existencial de Kosovo, não representa uma região qualquer. Estamos falando da porção setentrional da Sérvia, que conecta o país com a Europa Central, através da fronteira com a Hungria, também concedendo saídas à Europa oriental, por meio de uma das fronteiras que o país possui com a Romênia. Uma região que, de acordo com o último censo demográfico, realizado em 2013, que ratifica o de 2002, entre 65% e 70% da população, é composta por sérvios ortodoxos. Sua capital é Novi Sad, cidade localizada às margens do rio Danúbio. Além de capital da província autônoma de Voivodina, também corresponde à capital do distrito de Bačka do Sul, sendo um grande centro industrial e cultural nacional, abrigando instituições, como o *Matica Srpska* ou o Teatro Nacional da Sérvia. Estimativas demográficas não oficiais colocam o número de habitantes entre 380.000 e 400.000. Suas estruturas econômicas e produtivas foram afetadas, profundamente, durante o bombardeio da OTAN à Iugoslávia, tendo impactos diretos na população e no meio ambiente.

Parte como legado de sua localização, sendo integrante da periferia imediata do ethos sérvio e consistindo em um ponto de encontro entre várias regiões da Europa, a trajetória histórica de Novi Sad é repleta de momentos de ocupação, com sucessivas interações culturais, frutíferas ou não. Na Idade da Pedra (cerca de 4500 a.C) havia assentamentos humanos localizados na margem direita do Danúbio, no território da atual Petrovaradin. Mais tarde, a região foi conquistada pelos celtas (no século IV a.C) e, posteriormente, pelos romanos no século I a.C. A fortaleza romana chamada Cusum foi construída neste território no século I, sendo incorporada à Panônia romana. Os hunos, ancestrais magiares, devastaram Cusum no século V. Petrovaradin é mencionado, pela primeira vez em documentos históricos, em 1237. Desde então, a cidade passou pelo domínio húngaro, turco-otomano e austríaco. Curiosamente, todos eles, entes políticos invasores. O assentamento urbano na margem esquerda do Danúbio começou, em 1694. O primeiro nome deste assentamento foi, "Cidade dos Sérvios" (*Ratzen Statt*), que em 1748, foi alterado para Novi Sad. No mesmo ano, tal urbe recebeu o status de "cidade real livre". Durante os séculos XVIII e XIX, Novi Sad foi, além da maior cidade dos sérvios, o centro cultural da nação, uma alma coletiva que por séculos não teve Estado próprio, estando sob domínio otomano, entre 1459 e 1815 (embora o processo de consolidação libertária tenha consolidado entre 1878 e 1882). Assim, não em vão, Novi Sad é conhecida como a "Atenas dos Sérvios", algo que, por si só, já evidencia, a relevância cultural, histórica e civilizacional de Novi Sad, no imaginário coletivo sérvio.

Durante a revolução de 1848-49, no contexto da Primavera dos Povos, que terminaria libertando o continente da prisão determinada pela ordem geopolítica estabelecida no Congresso de Viena de 1815, o Exército húngaro, talvez lembrando-se do que seus ancestrais hunos haviam feito séculos antes, devastou a cidade, fazendo com que, Novi Sad, perdera grande parte de sua população. A Sérvia conquistaria sua independência da Turquia, mas a região de Voivodina permanece integrada à Hungria dentro do Império Austro-Húngaro, levando a um incremento no sentimento nacionalista sérvio na região e como um todo, cristalizando as bases teóricas de um irredentismo que aflorava, cada vez com mais força, no imaginário coletivo, elemento que logo refletiria em atos enérgicos. Esse irredentismo contou, obviamente, com a força do componente demográfico. Nesta explosão irredentista nacionalista, a enorme presença étnica sérvia na região (66% do efetivo populacional), sustentava-se na relevância histórico-civilizacional deste bastião geográfico sérvio.

Neste processo, as tropas sérvias libertaram a cidade em novembro de 1918, com a ajuda do Exército Real Romeno. O fim da Primeira Guerra Mundial e o conseqüente inevitável desmembramento do Império Austro-Húngaro possibilitaram a incorporação da região de Voivodina ao Reino da Sérvia.

Desde então, Novi Sad passou a fazer parte da nação sérvia e, posteriormente, do Reino dos Sérvios, Croatas e Eslovenos (que mais tarde, em 1929, mudaria seu nome para Iugoslávia). Neste ano, Novi Sad tornou-se a capital do Danúbio Banat, uma das novas províncias do Reino da Iugoslávia. A Hungria e as potências do Eixo ocuparam a cidade em 1941, com os húngaros, mais uma vez na história, protagonizando atrocidades na cidade, terminando sendo libertada novamente, em 1944. Desde 1945, é a capital da região de Voivodina.

Devastada pelos bombardeios da OTAN durante a Guerra do Kosovo em 1999, Novi Sad perdeu suas três pontes sobre o Danúbio, assim como, os sistemas de comunicação, água e eletricidade. Áreas residenciais foram bombardeadas com bombas de fragmentação várias vezes, enquanto sua refinaria de petróleo foi bombardeada diariamente, causando poluição severa e sérios danos ecológicos. Até hoje, nem a OTAN, nem nenhum dos países que bombardearam a Iugoslávia, durante aquela agressão indevida, pediram desculpas à população civil da cidade.

A verdade é que, após essa síntese de contextualização histórico-cultural introdutória, é importante ressaltar que, embora com esta profunda raiz cultural e sentimento de pertencimento ao universo histórico sérvio, perdura, por parte dos grandes poderes, o processo de dissociação e desvinculação da região com a Sérvia, algo que pode deteriorar-se, dependendo da forma como se desenvolvam os acontecimentos, que visam, tristemente, outra mutilação da Sérvia Histórica. Os globalistas têm operado, como vimos, com movimentos disfarçados. Operações encobertas e atos de sabotagem. São as chamadas *Guerras Híbridas*. Os Estados Unidos e a União Europeia se preparam para completar o objetivo da guerra que desencadearam contra a Sérvia, desde 1992, com um importante capítulo em 1999. Depois de terem arrancado dela Krajina, importantes enclaves na atual Bósnia-Herzegovina (República Srpska), Kosovo e Montenegro, estão provocando um processo para consumar a separação da província autônoma de Voivodina e, para isso, promovem uma tentativa de modificar a população local, instalando uma nova equipe governamental no poder, na vizinha Croácia, além de comprar os meios de comunicação na Sérvia.

Caso a União Europeia e a OTAN tenham sucesso, a província sérvia de Voivodina seguirá o mesmo caminho que Kosovo (arrancado da Sérvia por essas duas organizações, através das ações enérgicas dos Estados Unidos, seus aliados e tentáculos balcânicos, convertendo-se em um consórcio UÇK-KFOR), como a próxima falsificação de um ente político existente nos Bálcãs. Depois de ver o sangramento da província kosovar pelas tropas da OTAN, como resultado das manobras da UE, a Sérvia está prestes a perder a fértil província de Voivodina, na bacia do Danúbio, em benefício de mutiladores de fronteiras naturais, que querem reger o continente, através da Tirania que provém de Bruselas.

24.2 - A serviofobia de Kolinda Grabar Kitarovic atrelada à mutilação de Voivodina

Se os comentários da Secretária-Geral Adjunto para a Diplomacia Pública da OTAN e ex-presidente croata, Kolinda Grabar Kitarovic, quando ainda ocupava o cargo atlantista, antes de ser designada presidente, são uma indicação do que está em andamento e preparação, podemos ter a certeza de que, outro frente de batalha globalista está destinado a seguir maltratando a Sérvia. Assim, a Croácia passará a desempenhar o papel de bastião nos planos da OTAN de tomar a província de Voivodina da Sérvia. Esta última será proclamada uma província multiétnica e multilingue, uma "pátria' independente de húngaros, eslovacos, croatas, romenos, sérvios e ciganos (roms), assim como, de refugiados albaneses, recentemente enviados para a região, através de vários ônibus, procedentes do Kosovo, através de ações coordenadas e manobras protagonizadas por Bruselas.

Com a maior discrição, o fundo de investimento, *Kohlberg Kravis Roberts* (KKR), em janeiro de 2015, decidiu comprar os principais meios de comunicação, como equipes de imprensa e canais de televisão, na Sérvia. A KKR colocou a liderança de seu *Think tank* nas mãos do general David Petraeus, ex-diretor da CIA. Os meios de comunicação e as ONGs financiadas por George Soros, já designam Voivodina, como o 'Kosovo húngaro', ainda que, 66% da população seja sérvia, com 13,4% de presença étnica húngara, diferentemente do caso kosovar, onde os albaneses, legado de um processo de ondas migratórias massivas ao longo da histórica, compõem atualmente, a maioria do efetivo populacional. Por certo, a presença de húngaros étnicos em Voivodina, assim como o pertencimento da região, primeiro ao Reino da Hungria e, depois, ao Império Austro-húngaro, representam legados da expansão magiar.

Com 25 grupos étnicos, é uma das regiões com maior diversidade étnica de toda a Europa, podendo isso ser usado, para os interesses globalistas, para a exploração da diversidade, divulgando a região, como um exemplo de coexistência multiétnica e multicultural. Não obstante, ao tratar Voivodina como o "Kosovo húngaro", pode ser provável um favorecimento à etnia magiar, que representa a maior minoria, abrangendo, aproximadamente, 14,3% do efetivo populacional. Nesta perspectiva, sendo o único grupo étnico a poder empreender uma luta demográfica a curto prazo contra os sérvios, segundo George Soros, a região será, para os húngaros, a mesma que Kosovo representou para os albaneses. Nestas empreitadas e campanhas, vemos como a serviofobia segue latente, sendo tratada por muitos, como um instrumento de atuação geopolítico e frente de guerra híbrida.

Para os grandes geoestrategistas sio-atlantistas e os engenheiros demográficos da rede operativa sorista, Voivodina constitui um terreno fértil para os conflitos étnicos e a continuação do plano de fragmentação dos Balcãs e, nisso, inclui-se o projeto da mutilação final da Sérvia. Os húngaros representam 14% da população local, os croatas 2,7, os eslovacos 2,6, os romenos 3,1, enquanto os sérvios, como já mostramos, representam, aproximadamente, 66% da população. No entanto, a rede operativa sorista e seus incontáveis meios de comunicação, manipulam a informação e a realidade, a ponto de fazer apelos em seus monopólios desinformativos, tratando aquela província como, além de 'Kosovo húngaro', 'a pátria dos roms', em alusão ao povo cigano, desejando converter tal província sérvia, em um bastião multiétnico encravado na conexão da Europa Central com a península balcânica. No entanto, os ciganos configuram apenas, 1,3% da população local. Por sua vez, os "bunjevci", assimilados aos croatas, representam uma fração ainda menor na demografia provincial, compondo 0,85%. No censo de 2011, em termos de etnia, 16.706 habitantes da região autônoma se autoproclamaram bunjevci e 47.033 croatas. Nem todos os croatas da Voivodina têm raízes bunjevac, sendo o outro grande grupo, os šokci.

Kolinda Grabar Kitarovic, presidente da Croácia de 2015 a 2020, viveu toda a sua infância nos Estados Unidos. Em 1993, ingressou no Ministério croata de Relações Internacionais. Em 2003, obteve um assento como deputada, tornando-se então, Ministra croata da Integração Europeia, depois Embaixadora nos Estados Unidos, seguido pelo posto de Secretária-Geral da OTAN. Terminou ocupando o cargo de presidente da Croácia, entre 15 de fevereiro de 2015 e 2020, sendo também, membro da Comissão Trilateral. E, como sabemos, essa última não representa uma organização qualquer, longe disso. A Comissão Trilateral é um fórum de discussão privado fundado em julho de 1973 por iniciativa de David Rockefeller, ex-membro executivo do Conselho de Relações Exteriores e do Grupo Bilderberg, reunindo personalidades de destaque da economia e dos negócios das três principais áreas econômicas do globo terrestre: América do Norte, Europa e Ásia-Pacífico. Zbigniew Brzezinski, um conselheiro de Rockefeller que era especialista em assuntos internacionais (mais tarde Assessor de Segurança Nacional do presidente Jimmy Carter de 1977 a 1981), deixou a Universidade de Columbia para organizar o grupo, junto com uma série de personalidades, destacando-se os ex-presidentes dos Estados Unidos, Bush pai, Jimmy Carter e Bill Clinton, além do ex-secretário de Estado dos Estados Unidos, Henry A. Kissinger. Neste meio está envolvida Kolinda Grabar Kitarovic.

Após uma vitória apertadíssima sobre o então presidente croata, Ivo Josipovic, por uma margem extremamente duvidosa da ordem de 50% a 49%, alguns diriam 1% ao estilo de Soros, a senhora Kolinda Grabar Kotarovic, não perdeu tempo em desafiar a Sérvia em seu discurso pós-eleitoral, declarando que lutará pela autonomia dos croatas na Voivodina, significando que apoiará a possível secessão daquela província sérvia, em um tom provocativo e ofensivo, desrespeitando a Sérvia e ameaçando sua integridade territorial, violando uma série de normas do Direito Internacional Público, como a Não intervenção. Também anunciou que pretende restabelecer as estreitas relações com a Alemanha, o que não surpreende ninguém, quando se conhece os laços históricos de seu partido, a União Democrática Croata (HDZ), agrupação política herdeira dos ustashas, com aparelhos estatais da Alemanha.

Grabar Kitarovic também teve uma reação negativa em relação à decisão da Corte Internacional de Justiça (CIJ) de Haia, que rejeitou a proposta que acusava a Sérvia de ter cometido genocídio, durante a guerra de 1991-1995 entre a Croácia e a Sérvia, que, na época, ainda mantinha o nome de República Federal da Iugoslávia. A Corte Internacional de Justiça também descartou a proposta de resposta que a Sérvia apresentou contra a Croácia baseada na acusação de genocídio cometido pelas Forças croatas, apoiadas pela OTAN, durante as Operações Tormenta e Tempestade, além da Força Deliberada e do Destacamento Ícaro. Nestas empreitadas militares, as Forças croatas e seus conselheiros dos EUA contra a autodeclarada República Sérvia de Krajina, protagonizaram uma limpeza étnica contra a população sérvia das regiões orientais da Croácia. Algo iniciado, sendo posto em prática, dito de passagem, pelo genocídio perpetrado pelos ustashas, entre 1941 e 1944.

E, para citar um novo exemplo dos estreitos vínculos, entre o movimento neo-ustasha e o sionismo internacional, temos a assessora política da Sra. Grabar Kitarovic e chefe do poder de transição, quem realiza documentários, Jadranka Juresko Kero, outra infiltrada estadunidense nas estruturas governamentais do Leste Europeu e incansável defensora da causa sionista. A referida personalidade viveu, desde 1999, no *Upper East Side*, em Manhattan, casando-se em Domagoj Kero. Sabe-se que, com a inesperada vitória do HDZ contra a Coalizão Popular, nas eleições parlamentárias de 2020, a Sra. Grabar Kitarovic, vem promovendo uma ascensão da figura de Jadranka Juresko-Kero na esfera pública croata, sendo inclusive cogitada para ocupar o cargo de primeiro-ministro. Em seu período como embaixadora nos Estados Unidos, Grabar Kitarovic fechou acordos comerciais, entre a grande empresa de alimentos Podravka e distribuidores estadunidenses, acordos que incluíam produtos, como, carne bovina croata e patê de frango. E acontece que, quem dirige as operações da Podravka nos Estados Unidos é, justamente, o Sr. Domagoj Kero, marido de Jadranka Juresko Kero e ex-Cônsul Geral da Croácia, em Nova York. 'Qualquer semelhança não é mera coincidência', diriam muitos, sendo perfeitamente aplicável aqui, este famoso refrão popular.

A Sra. Grabar Kitarovic e seus aliados repetem a canção, tão ecoada e ouvida em Voivodina em tempos contemporâneos, que a região nunca foi historicamente sérvia ou romena, reforçando o fato de que, antes da Primeira Guerra Mundial, fazia parte do Império Austro-húngaro. No entanto, devemos lembrar que, o referido Império se caracterizou por um ente político detentor de terras usurpadas, sendo uma entidade governamental repleta de nacionalidades, inclusive a própria identidade croata, que se voltaria contra essa força estatal, através de um profundo revivamento cultural, através do movimento ilírio. E, numa releitura do que aconteceu no atual leste da Ucrânia antes do golpe do Maidan em 2014, perpetrado por serviços de inteligência contra o presidente eleito democraticamente, Viktor Yanukovych, a língua sérvia e o alfabeto cirílico estão sendo eclipsados em Voivodina pela pretensão dos não sérvios de transformar novamente aquela região, em parte integrante de uma pseudo-nação germano-magiar, onde se utilizaria o alfabeto latino, em detrimento do cirílico.

24.3 - Manobras globalistas na tentativa de des-servianização de Voivodina

Como vemos, não existe consenso entre os detratores de uma Voivodina devidamente integrada à Sérvia. O 'Kosovo húngaro', a 'Pátria dos Roms' e uma espécie de resquíscio de uma pseudo-nação germano-magiar, são cogitados para promover qualquer tentativa de des-servianização da região, sendo tentativas de narrativas e retóricas para orquestrar a última cartada secessionista à Sérvia. O objetivo, portanto, não é favorecer húngaros, albaneses, austríacos, croatas ou até ciganos, como tenta entreter os meios massivos de comunicação mas sim, manter o processo de amputação territorial contra a Sérvia, usando tal território como plataforma de projeção, atendendo assim, pretensões geoestratégicas, geoeconômicas e geopolíticas dos grandes poderes. Mesmo com um governo, relativamente alinhado com Wall Street e a City

Londrina, não terminam as agressões anti-sérvias por parte da elite dominante, o que reforça a tese de que, as narrativas globalistas noventistas, contra Belgrado, não passaram de meros pretextos, para alcançar seus objetivos.

Portanto, diante destas averiguações, tudo indica claramente que, Voivodina consista em um dos próximos alvos de atuação da rede operativa sorista, devidamente acoplada e amaranhada com uma estrutura de poder muito bem consolidada nas altas cúpulas de relevantes instituições mundo afora. A União Europeia está conduzindo à essa região, albaneses residentes da província sérvia do Kosovo, da Macedônia do Norte e de Montenegro. Ao chegar em Novi Sad, a autodeclarada "capital" do 'Estado Independente de Voivodina' por Soros, estes albaneses recebem 35 euros, concedidos por representantes da União Europeia, para entrarem num táxi e se dispersarem pela província. Eles então, solicitam uma residência permanente. É assim que se inicia um processo de desestabilização demográfica. No último censo, realizado em 2011, apenas 3.360 sunitas foram registrados em toda a província. No entanto, a implantação de albaneses de outras regiões eslavas, incluindo a região de Kosovo, tem o óbvio desafio de colocar lenha na fogueira para iniciar uma rebelião e insurgência separatista semelhante ao ocorrido em Kosovo. Aqui vemos claramente, como a elite globalista, atua contra os governos que resistem aos seus interesses, verificando, nas mais profundas entranhas, a forma pela qual, as grandes corporações financiam um projeto que não se sustenta, em termos históricos, étnicos, religiosos, culturais e civilizacionais, como é o caso, além desta pretensão globalista de estabelecer uma Voivodina multiétnica independente, a Grande Albânia ou Grande Hungria, diferentemente dos chamados 'irredentismos benignos', é dizer, com respaldo histórico, como os casos da Grande Romênia, a Enosis grega, a Bulgária Maior, o Grande Irã, a Reconquista mexicana, a Unificação da ilha irlandesa e a reintegração da territorialidade da Real Audiência de Charcas (resgate da Antofagasta boliviana), apenas por mencionar alguns exemplos em diferentes continentes e com seus respectivos distintos contextos históricos.

As diferentes agências de George Soros e os condutores da elite globalista operam intensamente em Voivodina. Inserido neste amaranhado de atores não-estatais, está o NED (*National Endowment for Democracy*) e o *Open Society Institute*. Bojan Pajtic, presidente do governo provincial da Voivodina (2004–2016), que é fluente em húngaro e inglês, possui estreitos vínculos com personagens das ONGs financiadas por George Soros e da CIA, quadros que colaboram estreitamente com a Secretária de Estado para os Assuntos Europeus, Victoria Nuland, que, por sua vez, organizou a vitória eleitoral da Sra. Grabar Kitarovic, na Croácia e que, não poupou forças para promover uma guerra pela sucessão da Voivodina com a cumplicidade de provocadores profissionais, recém-chegados da Hungria, da Albânia, dos limites administrativos do Kosovo e de acampamentos ciganos em diferentes regiões dos Bálcãs. Victoria Nuland, como sabemos, não é uma figura qualquer. Foi porta-voz do Departamento de Estado dos Estados Unidos de 2011 a 2013 durante a presidência de Obama e, de 2013 a janeiro de 2017, foi responsável pela Política externa para assuntos europeus e eurasianos. Ocupou o posto de Embaixadora de Carreira, o posto diplomático mais alto no Serviço de Relações

Exteriores dos Estados Unidos. De 2005 a 2008, foi Representante Permanente dos Estados Unidos na OTAN. Também atuou como consultora sênior do *Albright Sonebridge Group*, uma consultoria de estratégia e diplomacia empresarial com sede em Washington. Foi diretora executiva do *Center for a New American Security* de janeiro de 2018 a fevereiro de 2019. Em 5 de janeiro de 2021, foi anunciado que, o presidente eleito Joe Biden, nomearia Nuland para servir como Secretário de Estado Adjunto para Assuntos Políticos na equipe de Antony Blinken. Inserida neste meio, está implicada ao lado do ex-senador John McCain e do político Lindsey Graham no golpe do Maidan em 2013-14 na Ucrânia, afirmando ela mesmo Washington ter "investido 5 bilhões de dólares para criar uma Ucrânia segura, próspera e democrática".

Se a Ucrânia representa, de alguma forma, um exemplo, é precisamente o que a senhora Nuland e seus parceiros globalistas neoliberais reservaram para a Voivodina, que consiste em limpar esta província de sérvios, garantindo assim, uma entidade política aliada às companhias petrolíferas e de gás natural, capitaneadas por grandes famílias de banqueiros, as famosas máfias apátridas, para que possam explorar as reservas de hidrocarbonetos existentes em uma região chamada Banat, no leste da Voivodina, na fronteira com a Romênia. Ou seja, exatamente da mesma forma como a região do Kosovo foi arrancada à Sérvia, pelo menos do ponto de vista étnico e logístico, uma vez que, diplomaticamente, continua como o status quo de uma província sérvia, com a intenção de facilitar a passagem e transporte do oleoduto e garantir aos Estados Unidos uma base militar permanente na área onde está localizado Camp Bondsteel; uma Voivodina separada de Belgrado, estaria destinada a alimentar a OTAN com recursos, como gás e petróleo existentes na região de Banat e com a fértil bacia do Danúbio, para a produção de alimentos geneticamente modificados. Assim como na Ucrânia, o Complexo Militar Industrial e Comercial dos EUA enxergam em Voivodina, um alvo para a extração de seus hidrocarbonetos e do agronegócio da Monsanto.

Neste contexto, podemos relacionar, perfeitamente, as profundas conexões existentes entre Monsanto, Ucrania, Nuland e Washington. A edição australiana da *National Review* de julho de 2022, escreve que, três grandes consórcios transnacionais estadunidenses, adquiriram 17 milhões de hectares de terras agrícolas ucranianas. Em comparação, toda a área do estado brasileiro do Ceará é de, aproximadamente, 16 milhões de hectares. Assim, três empresas estadunidenses compraram mais terras agrícolas úteis na Ucrânia. A área total da Ucrânia é de 600.000 quilômetros quadrados. Quais são essas empresas? Cargill, Dupont e Monsanto. Seus principais acionistas são *American Vanguard, BlackRock* e *Blackstone*, sendo, o segundo deles, um fundo de $10 trilhões, *Vanguard* $6 trilhões e *Blackstone* $881 bilhões. Estas são empresas que estão criando o futuro da civilização? Na verdade, são os arquitetos da miséria.

Portanto, o que está sucedendo em Voivodina, nada mais é do que, uma manipulação demográfica, algo similar ao ocorrido durante a ocupação otomana do Kosovo, passando pela égide estatal titoísta e pela atual administração consorcial UÇK-KFOR, anelando uma total inversão étnica. Ou seja, uma tentativa de marginalizar a população sérvia, 66% dos habitantes da província, como foi conduzido com os sérvios que vivem nos enclaves de

Zubin Potok, Zvecan, Kosovska Mitrovica e Leposavic, no norte da província sérvia kosovar, completamente esquecidos, devido à precipitação criminosa da União Europeia, OTAN, Estados Unidos e seus aliados, para converter Kosovo, em um ente político independente, etnicamente albanês, sendo, na realidade, um narcoestado comandado por uma elite espúria.

Em 2014, a OTAN e os demais provocadores comprometidos com a cartilha da elite globalista, colocaram as cidades de Lugansk, Donetsk e Mariupol, nas manchetes da imprensa mundial, como zonas de conflito. Se os neoliberais globalistas, como a Sra. Grabar Kitarovic, Juresko Kero e Victoria Nuland, alcançam seus objetivos geopolíticos, geoeconômicos e geoestratégicos, os recontos sobre os banhos de sangue nos chegarão, agora, desde Novi Sad, Sremska Mitrovica, Kanjiza e Subotica, cidades localizadas nas linhas de separação étnica na Voivodina, embora tais demarcações estejam longe de serem claras e precisas, devido ao complexo cenário étnico da região, ainda que saibamos claramente que, os sérvios constituem quase 70% do efetivo populacional, sendo que, 77% da sociedade provincial, possui a língua sérvia, como idioma materno, seguido pelo húngaro com 14%, eslovaco com 2,71% e o romeno com 2%.

25 - Considerações Finais e Projeções Futuras em um mundo caracterizado por uma profunda transição da Ordem geopolítica

25.1 - O amparo da Doutrina Wolfowitz na Cruzada Neoliberal de Bill Clinton

Como pudemos observar, os grandes poderes e seus instrumentos de atuação, como certos organismos institucionais, lobbies e alguns serviços de inteligência, referidos neste complexo amaranhado de atores, por exemplo, a União Europeia, a OTAN e a CIA, orquestraram a cena, movendo o cenário operacional balcânico, para servir a seus interesses geopolíticos, geoestratégicos e geoeconômicos. Mutilaram, territorialmente falando, a nação sérvia, afastando também, um regime nacionalista, antagônico às diretrizes de Washington, Berlim e Londres, inviabilizando assim, um projeto de nação, impedindo a consolidação de uma soberania plena sustentada e desenvolvida pelo resgate do espírito nacionalista sérvio chetnik, que, aproveitando o caráter de herdeiro da estrutura e logística da ex-Iugoslávia, despontava, inegavelmente, como uma potência regional. Neste contexto, de consolidação da unipolaridade estadunidense, evitando a emersão de qualquer polo de poder que poderia configurar-se como uma ameaça futura às pretensões de hegemonia global estadunidense, como estipulava a Doutrina Wolfowitz de 1992, os Estados Unidos também buscavam a destruição da infraestrutura e da máquina militar da Iugoslávia, legado em grande parte, à República Federal da Iugoslávia, chefiada por Josip Broz Tito, que seguiu uma política independente na era da Guerra Fria.

Assim, como um jogador de xadrez, a Política Externa dos Estados Unidos, decidiu agir para eliminar um Estado forte e militarmente bem respaldado, legado das aquisições da era titoísta. Além disso, o ressurgente Estado nacionalista sérvio, consistia aos olhos de Washington, como um aliado histórico e leal da Rússia. Portanto, sob os interesses da Anglosfera, em seu ápice unipolar sem precedentes, a consolidação de um poderoso enclave pró-russo ao sul do Danúbio, necessitava ser, totalmente, desmantelado, além de promover uma lição a atores que ousassem promover e conduzir uma política independente. Desta maneira, a agressão à Sérvia também era uma advertência a outros atores, inibindo-os de tentar algo e de mover qualquer direção em busca de um projeto soberanista. Como vemos, a intervenção desproporcional anti-Sérvia, não apenas significou um atentado contra o país balcânico, mas também, um golpe feroz a qualquer alternativa de romper os cercos que protagonizava o auge da unipolaridade neoliberal estadunidense no sistema internacional de Estados.

A rejeição de Milošević à vitória da oposição no primeiro turno nas novas eleições para a presidência federal em setembro de 2000 levou a grandes manifestações em Belgrado em 5 de outubro, conduzindo também, ao colapso da autoridade do regime. O candidato da oposição, Vojislav Koštunica, tornou-se presidente da Iugoslávia, em 6 de outubro de 2000. Em 11 de abril de 2002, o Parlamento iugoslavo aprovou uma lei que permitia a extradição de todos os indivíduos acusados de crimes de guerra pelo Tribunal Penal Internacional. Nestas orquestras e arranjos parlamentários, fica latente e evidente, a necessidade de eliminar um governo nacionalista para que, um mais permeável aos seus interesses, pudesse aprovar a extradição de todos os personagens envolvidos nos sangrentos conflitos ocorridos na região, entre 1991 e 1999. Sob o regime de Slobodan Milošević, ancorado em uma perspectiva nacionalista chetnik, nada disso seria aceito, com os globalistas estando, devidamente, cientes disso.

25.2 - Das cinzas da guerra à secção montenegrina, a dolorida perda litorânea

Em março de 2002, os governos da Sérvia e Montenegro concordaram em reformar a nova República Federal da Iugoslávia para uma nova forma de cooperação muito mais fraca chamada Sérvia e Montenegro. Por ordem do Parlamento Federal Iugoslavo, em 4 de fevereiro de 2003, a Iugoslávia, pelo menos no nome, deixou de existir. Em Belgrado, um governo federal foi mantido, mas assumiu poderes amplamente cerimoniais. Os governos individuais da Sérvia e Montenegro conduziram suas respectivas partes territoriais quase como se fossem independentes. Limites físicos são estabelecidos entre as fronteiras de ambas as repúblicas. Em 21 de maio de 2006, 55,5% dos eleitores montenegrinos em um referendo especial, votaram pela independência de Montenegro de sua união com a Sérvia, motivada por abrir caminho para sua entrada na União Europeia. Muitos montenegrinos consideraram que, o fato de estarem sob um governo ainda conturbado, dificultava e travava a entrada na organização supranacional europeia, devido às suas opções serem muito limitadas pelo cenário de isolamento geopolítico e econômico, que a Sérvia vive desde a eclosão das guerras balcânicas noventistas, culminando a um ambiente deflagrado. 55,5% do efetivo populacional dos montenegrinos esteve favorável ao projeto secessionista, seguido, como era de esperar-se pelo reconhecimento formal da União Europeia. Em 3 de junho de 2006, Montenegro declarou formalmente sua independência, com a Sérvia seguindo o exemplo dois dias depois, efetivamente dissolvendo os vestígios da ex-Iugoslávia, que se remonta, não apenas ao Estado titoísta de 1946, mas às cinzas da Primeira Guerra Mundial, com o Reino dos Sérvios, Croatas e Eslovenos, modificando sua nomenclatura para Iugoslávia, em 1929.

Em Podgorica, após os primeiros resultados oficiais, Đukanović proclamava no meio das comemorações que, "os cidadãos de Montenegro recuperaram a sua soberania". Enquanto isso, grupos unionistas, fieis e leais à ancestral irmandade sérvia-montenegrina, sustentada por um ideário pan-sérvio, protestavam, rotundamente, contra os resultados, considerando a existência de várias irregularidades, especialmente em algumas cidades de maioria albanesa. Não é a toa que, os censos de Montenegro, não possuem qualquer credibilidade. A cada cinco anos, um montenegrino se declara sérvio e muda de opinião na amostragem seguinte. Essas infrações no referendo, no entanto, nunca foram levantadas e abordadas pela mídia corporativa. Em Belgrado, as autoridades federais pediram calma. Por um lado, o presidente da Sérvia, Boris Tadić, reconheceu os resultados, enquanto o primeiro-ministro, Vojislav Koštunica, por sua vez, afirmou ser necessário esperar até que as denúncias dos grupos dissidentes fossem resolvidas. Várias autoridades se pronunciaram. Javier Solana, Alto Representante para a Política Externa e de Segurança da União Europeia, o mesmo personagem, de tendência marxista, diga-se de passagem, que havia participado da agressão sio-atlantista contra a Sérvia uma década antes, como era de esperar-se, obviamente, respaldou o referendo especial: "respeitaremos totalmente o resultado do referendo", solicitando, posteriormente, que ambas as partes, unionistas e secessionistas, façam o mesmo, algo que, a Organização para a Segurança e Cooperação na Europa (OSCE) também fez.

De acordo com a legislação montenegrina, os resultados oficiais devem ser entregues no prazo de quinze dias após o plebiscito, devendo ser aprovado pela Assembleia Nacional no prazo de 60 dias. Em seguida, devem ser feitas as mudanças necessárias na Constituição de Montenegro para decretar a independência para a qual, a Assembleia deve ser dissolvida e convocadas eleições para a promulgação de uma nova constituição no prazo de 90 dias. Esta nova Assembleia deverá adotar, com quórum de 2/3, as alterações propostas ou criar um novo documento. Por outro lado, Montenegro começou a ser reconhecido internacionalmente, rapidamente, por várias organizações internacionais, como a Organização das Nações Unidas. Sobre o que foi expresso por Đukanović, um dos principais passos do país foi apresentar uma candidatura para fazer parte da União Europeia, seguindo os passos do seu antigo parceiro iugoslavo, a Eslovênia. Os montenegrinos pró-independência acreditam que, após sua separação com a Sérvia, o processo será agilizado, já que, Montenegro não enfrentaria o veto que existia sobre a antiga federação sérvio-montenegrina, devido à demora na captura de Ratko Mladić, capturado em 26 de maio de 2011, entre outros empecilhos. Assim, o ímpeto da independência montenegrina foi dado apenas com base no desejo de metade da população de aderir à União Europeia e não por um movimento genuíno e espontâneo, que brotasse das entranhas do povo. Com isso, Bruselas mutilava, ainda mais, a nação sérvia.

25.3 - Obstacularização Nacional Sérvia e o Início do Século XX

A mutilação perpetrada pela OTAN herdou uma Sérvia totalmente dividida. Por um lado, uma parcela da população sérvia, historicamente vinculada à terceira via nacionalista, manifesta-se com frequência em Belgrado, portando retratos de seus líderes dos anos 1990, como Radovan Karadzic, acusado injustamente de crimes de guerra.

Foto 55: Sérvios protestam contra a sentença de Radovan Karadzic, perante as decisões do Tribunal Internacional de Haia para a ex-Iugoslávia, numa das várias manifestações nacionalistas, em Belgrado.

Fonte: Desconhecida

Por outra perspectiva, outros preferem uma inclinação geopolítica aos interesses do eixo sio-atlantista, querendo uma maior integração com Bruselas. Neste dualismo, que persiste por duas décadas, os sérvios de hoje, dividem-se entre, de um lado, o anseio, enraizado na sua história, de unir o seu povo disperso, consolidando uma estrutura estatal soberana e acoplada geopoliticamente com a Tríplice Entente Euroasiática, que integra seu histórico aliado (Rússia) e, de outro, o desejo de entrar na chamada União Europeia, aceitando a triste realidade de uma Sérvia diminuída, legado da mutilação perpetrada pela OTAN, com raízes nos cinco séculos de ocupação otomana, passando pela Guerra Fria, pela qual, o país foi aprisionado na Prisão dos Povos da falaciosa ideologia da "Irmandade entre os Povos", característica do Estado titoísta, que minou a autêntica irmandade pan-eslava do sul, legado do renascimento cultural ilírio e do ressurgimento da consciência sérvia, unidos pela perspectiva da coexistência do ideário iugoslavo, cristalizada e potencializada pela ameaça de atores forâneos derrotados, entre 1912 e 1918, Áustria-Hungria e a Turquia otomana, respectivamente.

No entanto, diante esse dualismo, tendo como respaldo a negativa por mais de 60% de entregar seus líderes militares dos anos 1990 ao Tribunal Internacional, podemos afirmar que, de fato, a maioria dos sérvios defende seus heróis, tão difamados pelos meios de comunicação de massa. Desta maneira, inserido neste ambiente, repleto de manifestações de cunho nacionalista, é difícil não encontrar bandeiras, estandartes e trapos com imagens das lideranças paramilitares que defenderam os interesses nacionais sérvios, de integridade territorial, soberania e não intervenção, durante a década noventista, como Radovan Karadzic, Ratko Mladić, Slobodan Milošević e Vojislav Šešelj.

A territorialidade sérvia, elemento central identitário, também nos mostra uma série de outras peculiaridades. Na Sérvia rural, ainda é costume as pessoas fazerem a colheita à mão. República dominante da Iugoslávia histórica, a Sérvia mantém intacta a tradição da agricultura familiar, pois, ao contrário da maioria dos territórios sob regime comunista, praticamente não foi objeto de coletivização.

Foto 56: Mulher sérvia colhendo a colheita à mão, tradição nacional.

Fonte: Christopher Anderson

Dominando do alto de Belgrado, na confluência do Danúbio e do Sava, está a colossal fortaleza de Kalemegdan, localizada em uma colina onde os romanos, aproveitando sua localização estratégica, construíram um acampamento militar. Diferentes impérios posteriores, que governaram a região, apoderando-se do forte, usaram o castelo como um posto avançado de fronteira. A seus pés se entrelaçam as ruas do centro histórico de Belgrado, cuja decadência se pode apreciar a elegância de outrora. De vez em quando, distingue-se um edifício ainda em ruínas, uma lembrança dos ataques aéreos da OTAN durante a Guerra de Kosovo, mais de duas décadas atrás. A oeste, do outro lado do Sava, encontra-se Nova Belgrado, uma vasta e anônima grade urbana montada às pressas após a Segunda Guerra Mundial. E, na periferia da cidade, um pequeno e tranquilo acampamento, antigo centro da juventude comunista, abriga refugiados sérvios fugidos dos novos países surgidos após a desintegração, não só da República Federativa da Iugoslávia (como Eslovênia e Croácia), mas do debacle do ideário de preservação da integridade territorial da Sérvia unificada em suas fronteiras históricas, como os casos de República Srpska, Montenegro e Kosovo.

Entre eles está Maritsa Stula, uma mulher baixinha na casa dos cinquenta anos, de caráter meigo e sorriso distante. Morava em Osijek, uma cidade croata 160 quilômetros a noroeste de Belgrado, em uma região onde, séculos atrás, os governantes austríacos concederam terras e liberdade religiosa aos sérvios, que fugiam do domínio otomano se concordassem em protegê-los dos turcos, convertendo essa zona, em uma histórica fronteira militar, confinada na região fronteiriça, entre as atuais Croácia e Sérvia, sendo um enclave cobiçado pela República Sérvia de Krajina no contexto das guerras iugoslavas na era noventista. Na década de 1970, quando Stula começou a criar uma família em Osijek, ambos os impérios estavam extintos há muito tempo, mas havia mais de 600.000 sérvios ortodoxos vivendo na Croácia católica (14% da população), sobreviventes do genocídio perpetrado pelos ustashas, que desejou exterminá-los, entre 1941 e 1944. Stula explica que, "sob o regime titoísta, ninguém se importava com quem era croata e quem era sérvio. A Iugoslávia era forte e próspera, o marechal Tito, presidente vitalício, manteve o poder em suas mãos hábeis e todos os iugoslavos eram iguais".

O bairro conhecido como Nova Belgrado é repleto de blocos de apartamentos altos e cinzentos. Consiste em um distrito da capital, construído depois da Segunda Guerra Mundial para abrigar uma população, majoritariamente do campo. Com 1,6 milhão de habitantes, a que já foi, a cosmopolita cidade da Iugoslávia de Tito, tenta recuperar seu ímpeto econômico e cultural, após a guerra e os anos de adversidade e penúrias que proporciona as cinzas das incontáveis contendas sangrentas e da obstacularização geopolítica causada pelo isolamento dos sucessivos governos sérvios.

Foto 57: Bloco de apartamentos, em Nova Belgrado.

Fonte: Christopher Anderson

A guerra herdou ao país, uma série de edifícios destruídos e danificados, sendo, um deles, o Quartel General do Exército Iugoslavo, em ruínas, desde que foi atingido pela OTAN durante a Guerra do Kosovo, em 1999. Embora pesquisas revelem que, a população apoiaria a integração na União Europeia, retratos como este, com prédios bombardeados, fazem muitos sérvios questionarem a recente tendência pró-União Europeia no país.

Foto 58: Quartel General do Exército Iugoslavo, em ruínas, após um dos vários bombardeios realizados pela OTAN contra a nação sérvia.

Fonte: Christopher Anderson

Porém, o sombrio declínio pós-comunista não é a única face que a cidade mostra ao mundo. Em muitas zonas da Cidade Velha de Belgrado, existem ruas elegantes e avenidas charmosas, com propriedades do século XIX renovadas. Os residentes de

Belgrado lotam as lojas bem abastecidas da cidade. Segundo o Banco Mundial, a renda na Sérvia aumentou, consideravelmente, nos últimos anos pré-pandemia, entre 2008 e 2019, enquanto o crescimento econômico atingiu 7% ao ano. Enquanto muitas famílias ainda lutam para sobreviver, o número de carros estrangeiros sofisticados, TVs de tela plana e outros itens de luxo, estão aumentando à medida que, o consumismo se instala. São os legados dos anos de lenta recuperação, que passam por uma pequena estagnação, parte como legado do período pandêmico e da crise institucional do neoliberalismo.

Foto 59: Residentes de Belgrado vão às lojas bem abastecidas da cidade, que se projeta ao futuro sem perder a sua essência, sustentada por um nacionalismo profundamente enraizado.

Fonte: Christopher Anderson

25.4 - Dilema nacional em uma reorientação geopolítica mundial (2008-...)

O incremento dos aparelhos do poderio globalista na Sérvia se deve, em grande parte, às aquisições de empresas nacionais, como no setor da indústria automobilística, quando a fábrica *Zastava* foi adquirida pela *Fiat* no outono de 2017. Muitos viram tal ato, como resultado de uma aproximação com as estruturas de Bruselas, devido à eleição sérvia de 31 de maio daquele ano, com a chegada à presidência de Aleksandar Vučić, um governo mais permeável e flexível aos interesses globalistas.

Foto 60: Uma tradicional família do sul da Sérvia passa por uma placa desejando boa viagem: "*Srecan put!*", em despedida do Zastava que dirigem, fábrica adquirida pela Fiat.

Fonte: Christopher Anderson

Portanto, a Sérvia de hoje vive, além de territorialmente mutilada, dividida entre uma possível entrada na União Europeia e a defesa de sua soberania. Cabe aos sérvios da geração atual e dos de amanhã decidir qual rumo querem seguir, precisando sempre lembrar que, seus novos aliados globalistas, estão trabalhando para amputar sua nação, seu bastião do norte, conhecido como Voivodina. Tal elite é, historicamente conhecida, por não ter amigos, nem mesmo aliados, mas apenas interesses reais e concretos, circunstancias e cirúrgicos, que quase nunca estão vinculados à defesa do interesse das nações mundo afora.

Esse impasse sérvio, que retrata um dualismo político doméstico bastante visível, reflete a mais significativa dicotomia na esfera mundial na atualidade, que se manifesta, entre, de um lado, globalistas apátridas e, de outro, nacionalistas soberanistas tradicionalistas. Neste contexto de polarização, a Sérvia se divide, entre os defensores de uma integração com o trem euroasiático, que recupera protagonismo geopolítico e a decadente estrutura atlantista. Os nacionalistas, obviamente, defendem os interesses nacionais, ancorados na velha premissa de soberania total. Neste impulso e reivindicações, advogam pelo controle estatal sobre setores chaves da economia, como Hidrocarbonetos, Semicondutores e Banco Nacional, defendendo assim, a posse de recursos naturais primordiais, abarcando também, reservas de lítio, minas de cobalto, etc. As chamadas Cartas Geoestratégicas, vitais para o desenvolvimento. O setor nacionalista também sustenta a crença da defesa do tecido social, das leis trabalhistas e da idiossincrasia nacional, é dizer, a preservação das tradições, cultura e celebrações do povo. Por outro lado, os globalistas defendem uma espécie de Estado mínimo, chamado minarquismo, pelo qual, as funções governamentais são limitadas à proteção de seus cidadãos contra a violência, roubo, fraude e ao cumprimento de contratos, evitando a intromissão estatal em outras esferas, que é reduzida a 6%. Neste cenário, centram suas atenções no indivíduo, em detrimento da sociedade e do bem comum.

Este ambiente de profunda polarização doméstica, entre nacionalistas soberanistas e globalistas apátridas, que dito de passagem, é visualizado em todos os países, não sendo um fenômeno apenas presente na Sérvia, encontra-se conectado com uma bipolaridade de blocos, que se manifesta no âmbito institucional mundial, fazendo parte de um contexto geopolítico integral total. Vivendo atualmente, desde 2008, uma transição entre a unipolaridade neoliberal estadunidense e a multipolaridade, somos testemunha de uma bipolaridade de blocos geopolíticos, com suas respectivas alianças geoestratégicas. De um lado, o Sio-Atlantismo, capitaneado pelo Arco Transatlântico da Anglosfera e, de outro, a Tríplice Entente Euroasiática, composta pelo Eixo da Resistência, comandado por Rússia, Irã e China, advogando pela consumação e consolidação do mundo multipolar, que deve marcar a pauta do século XXI, sendo a ordem geopolítica da soberania dos povos, através da harmonia entre vários polos de poder, em detrimento da hegemonia que marcou a tendência durante a era da unipolaridade neoliberal estadunidense (legado da evolução de 215 anos de protagonismo geopolítico da Anglosfera).

A unipolaridade neoliberal estadunidense mantém seu protagonismo institucional global, sob a sustentação de uma tríade: aproximadamente 850 bases militares, muitas delas cercando a Tríplice Entente Euroasiática; a hegemonia dolarcêntrica no sistema geofinanceiro mundial e o poder das grandes corporações, como Wall Street, City Londrina, Goldman Sachs, Vanguard, BlackRock, Rothschild e Rockefeller, que detêm o monopólio midiático. Assim, desta maneira, ainda vivendo um período de profunda transição, todos que tentam livrar-se deste poder, são perseguidos, censurados, sabotados, difamados e sancionados, sendo precisamente, o que a Sérvia sofreu na década noventista, sendo a 'bola da vez' dos 'atores malvados'. Claramente, por todas as razões apresentadas ao longo desta obra, a Sérvia não seria a exceção, sofrendo, além dos bombardeios sio-atlantistas, uma série de restrições e pressões na esfera internacional. Fuga de capitais, desvalorização da moeda, embargos, bloqueios e sanções econômicas e comerciais, entre outras proibições, assédios e cercos, além de pressões estruturais, que sufocam a economia, colocando a população, em muitas ocasiões, contra as próprias lideranças, que representam os protetores do povo. É assim que funciona a estratégia do choque. Se não bastasse esse amaranhado de operações, dá-se a cabo, nos meios massivos de comunicação, uma profunda campanha midiátiva de demonicação do povo sérvio, objetivando ganhar a opinião pública e validar, diante do mundo, suas ações, como intervenções, bombardeios, estabelecimento de bases militares, etc.

Assim temos, o modus operandi da elite globalista contra governos que não aceitam seus ditados, sendo, o projeto soberanista sérvio, ao tentar manter sua integridade territorial e seu status de potência regional, um alvo de agressão dos grandes poderes. Atualmente, diante das cinzas das guerras balcânicas noventistas, gerando profundas cicatrizes ainda bastante visíveis, a sociedade sérvia vive um impasse que ainda perdura, que pode ser desequilibrado pela meteórica transição da ordem geopolítica que vivemos, caracterizada pela deterioração da condição de unipolaridade estadunidense e a conseqüente multipolaridade. E, neste ímpeto multipolar, atrelado com os grandes espaços territoriais, os sérvios podem encontrar o momento oportuno para reivindicar suas terras irredentistas e aspirar, neste processo, um resgate do protagonismo geopolítico, reivindicando seu devido lugar, no rol das potências regionais europeias, já em um mundo pautado pela lógica multipolar.

Foto 61: Regiões históricas da Sérvia, com ilustrações de seus heróis em suas respectivas regiões.

Fonte: Srbstvo Page

Referências Bibliográficas:

ANDERSON, Christopher. **Serbia: una nación dividida**. 6 fevereiro 2018. National Geographic Espanha. Disponível em: <https://www.nationalgeographic.com.es/mundo-ng/grandes-reportajes/serbia-dividida_480/1>. Acesso em 5 de fevereiro de 2019.

DÉRENS, Jean-Arnault. **Tráfico de órgãos: um relatório devastador.** 12 janeiro 2011. Le Monde Diplomatique Brasil. Disponível em: < https://diplomatique.org.br/trafico-de-orgaos-um-relatorio-devastador/>. Acesso em 12 de abril de 2023.

Drone, bandeira e briga encerram partida entre Sérvia x Albânia. 14 outubro 2014. O Estadão. Disponível em: <https://esportes.estadao.com.br/noticias/futebol,drone-bandeira-e-briga-encerram-partida-entre-servia-x-albania,1576760>. Acesso em 1 de fvereiro de 2019.

GIELOW, Igor. **Guerra na ex-Iugoslávia moldou jogadores da nacionalista Croácia.** Folha de São Paulo. 12 julio 2018. Disponível em: <https://www1.folha.uol.com.br/esporte/2018/07/guerra-na-ex-iugoslavia-moldou-jogadores-da-nacionalista-croacia.shtml>. Acesso em 1 fevereiro de 2019.

GONZÁLEZ, Lorena. **Boban y la patada que presagió una guerra.** Libero. Disponível em: <https://revistalibero.com/blogs/contenidos/boban-y-la-patada-que-presagio-una-guerra>. Acesso em 1 de fevereiro de 2019.

LENDMAN, Stephen. **Srebrenica: Ratko Mladic's Sham Trial and Conviction.** Global Research. 23 noviembre 2017. Disponível em: <https://www.globalresearch.ca/srebrenica-ratko-mladi-cs-sham-trial-and conviction/5619617?utm_campaign=mag-net&utm_source=article_page&utm_medium=related_articles&-fbclid=IwAR2hrwDMldLxd_10a5ClppzE5DdHIgWAOY12a-ZKX0K6N7yLlZKfNjsQGf14>. Acesso em 30 de janeiro de 2019.

MADSEN, WAYNE. **¿Será Voivodina el próximo seudo Estado de Europa?** Red Voltaire. 26 fevereiro 2015. Disponível em: < https://www.voltairenet.org/article186906.html>. Acesso em 11 de abril de 2023.

MAYR, Walter. **As aldeias da sharia: o problema do Estado Islâmico na Bósnia**. Diário de Notícias 'Der Spiegel'. 10 abril 2016. Disponível em: <https://www.dn.pt/mundo/as-aldeias-da-sharia--o-problema-do-estado-islamico-na-bosnia-5118761.html>. Acesso em 3 de abril de 2023.

RAUPP, Ivan; VIANA, Edson. **Kosovo é motivo de tensão entre Sérvia e trio da Suíça antes de jogo; entenda.** 21 junho 2018. Globo.com. Disponível em: <https://globoesporte.globo.com/futebol/copa-do-mundo/noticia/kosovo-e-motivo-de-tensao-en-tre-servia-e-trio-da-suica-antes-de-jogo-entenda.ghtml>. Acesso em 1 de fevereiro de 2019.

RODRIGUES, ANA. "Kosovo, a grande mentira." Militar português recorda experiência vivida há 20 anos. 20 novembro 2019. Renascença. Disponível em: < https://rr.sapo.pt/2019/11/20/mundo/kosovo-a-grande-mentira-militar-portugues-recorda-experien-cia-vivida-ha-20-anos/noticia/172443/?fbclid=IwAR0iFUrWIAo-3Clkf-CXJP2yo2voKJC5vhDhR6EYc_iNghHJuKNZu_zyAwVI>. Acesso em 12 de abril de 2023.

SECRET OF THE PENTAGON LEAKED - THIS IS THE TRUTH ABOUT SREBRENICA: Clinton, Madeleine Albright and Izetbegovic planned the crimes in Potocari! Telegraf. 16 julho 2015. Disponível em: <https://www.telegraf.rs/english/1661315-secret-of-the-pentagon-leaked-this-is-the-truth-about-srebrenica-clinton-madeleine-albright-and-izetbegovic-planned-the-crimes-in-potocari>. Acesso em 30 de janeiro de 2019.

"There was no genocide in Srebrenica". South Front. 18 junho 2017. Disponível em: <https://southfront.org/no-genocide srebrenica/?fbclid=IwAR1zYrS7MgZzsMiCHg6_sed0BQvKrbjX7HFeDF9i7nfK5OcpV_nMjiRECKc>. Acesso em 8 de fevereiro de 2019.